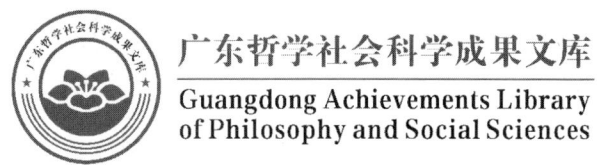

广东哲学社会科学成果文库
Guangdong Achievements Library
of Philosophy and Social Sciences

文化唯物主义与现代美学问题
——20世纪英国马克思主义文学批评理论范式与经验研究
（第二版）

WENHUA WEIWUZHUYI YU XIANDAI MEI XUE WENTI

段吉方 著

中山大学出版社

·广州·

版权所有　翻印必究

图书在版编目（CIP）数据

文化唯物主义与现代美学问题：20世纪英国马克思主义文学批评理论范式与经验研究/段吉方著. —2版. —广州：中山大学出版社，2023.9
（广东哲学社会科学成果文库）
ISBN 978-7-306-07908-4

Ⅰ.①文⋯　Ⅱ.①段⋯　Ⅲ.①马克思主义—文学评论—理论研究　Ⅳ.A811.691

中国国家版本馆CIP数据核字（2023）第172362号

出 版 人：	王天琪
策划编辑：	金继伟
责任编辑：	王　璞
封面设计：	曾　斌
责任校对：	周　玢
责任技编：	靳晓虹
出版发行：	中山大学出版社
电　　话：	编辑部 020-84110771，84113349，84111997，84110779
	发行部 020-84111998，84111981，84111160
地　　址：	广州市新港西路135号
邮　　编：	510275　　传　真：020-84036565
网　　址：	http://www.zsup.com.cn　E-mail: zdcbs@mail.sysu.edu.cn
印　刷　者：	佛山市浩文彩色印刷有限公司
规　　格：	787mm×1092mm　1/16　17.5印张　320千字
版次印次：	2023年9月第2版　2023年9月第1次印刷
定　　价：	78.00元

如发现本书因印装质量影响阅读，请与出版社发行部联系调换

《广东哲学社会科学成果文库》
出版说明

　　《广东哲学社会科学成果文库》经广东省哲学社会科学规划领导小组批准设立，旨在集中推出反映当前我省哲学社会科学研究前沿水平的创新成果，鼓励广大学者打造更多的精品力作，推动我省哲学社会科学进一步繁荣发展。它经过学科专家组严格评审，从我省社会科学研究者承担的、结项等级"良好"或以上且尚未公开出版的国家哲学社会科学基金项目研究成果，以及广东省哲学社会科学规划项目研究成果中遴选产生。广东省哲学社会科学规划领导小组办公室按照"统一标识、统一封面、统一形式、统一标准"的总体要求组织出版。

广东省哲学社会科学规划领导小组办公室
2017 年 5 月

作者简介

段吉方，男，华南师范大学文学院教授、博士生导师，华南师范大学审美文化与批判理论研究中心常务副主任，华南师范大学国家语言文字推广基地执行主任，国家社会科学基金重大招标项目首席专家。主要从事文艺理论方面的研究，主要研究方向为现代西方美学、西方马克思主义文论与美学研究。

目　录

导　论　问题与方法：20 世纪英国马克思主义文学批评研究的缘起 … 1

第一章　文化与社会：20 世纪英国马克思主义文学批评的理论背景与发展 …… 11
    第一节　20 世纪英国马克思主义文学批评的理论背景 ………… 11
    第二节　20 世纪英国马克思主义文学批评的发展历程 ………… 22
    第三节　20 世纪英国马克思主义文学批评的理论特征 ………… 32

第二章　"文化唯物主义"的理论生成与理论创构 …………… 41
    第一节　雷蒙·威廉斯与"文化唯物主义"的理论创构 ………… 41
    第二节　"大众文化转向"与"文化唯物主义"的批评实践 …… 49
    第三节　"文化唯物主义"与伯明翰学派的大众文化研究 ……… 62

第三章　审美意识形态与马克思主义文学批评中的美学问题 ………… 75
    第一节　"审美意识形态"的思想来源及其理论表达方式 ……… 75
    第二节　雷蒙·威廉斯的"感觉结构"理论与审美意识形态 …… 87
    第三节　意识形态与文学生产：特里·伊格尔顿的意识形态批评 ………………………………………………………… 98

第四章　"葛兰西转向"的问题形式及其理论意义 ……………… 111
    第一节　葛兰西的文化领导权思想及其理论影响 ……………… 111
    第二节　"葛兰西转向"与 20 世纪英国马克思主义文学批评的理论更新 …………………………………………………… 121
    第三节　文化研究与文化治理：马克思主义文学批评新的历史维度 ……………………………………………………… 134

第五章　悲剧与现代性：现代悲剧研究的问题领域及其提问方式 …… 144
第一节　20世纪英国马克思主义悲剧理论的基本问题 …………… 144
第二节　感觉结构与悲剧经验：雷蒙·威廉斯的悲剧理论 ……… 155
第三节　神义论、反讽与马克思主义：特里·伊格尔顿的悲剧研究 …………………………………………………………… 161

第六章　形式主义与马克思主义：从异质发展到理论对话 ………… 172
第一节　形式主义与马克思主义：从异质发展到理论对话的路径与方式 …………………………………………………… 172
第二节　意识形态与文学形式：特里·伊格尔顿对形式主义的反思与批判 ………………………………………………… 185
第三节　超越"文本形而上学"：托尼·本尼特对形式主义的马克思主义批评 ……………………………………………… 195

第七章　理论面向现实：20世纪英国马克思主义文学批评的"经验性" ……………………………………………………………… 205
第一节　审美幻象研究与20世纪英国马克思主义文学批评的理论资源 …………………………………………………… 205
第二节　理论与实践：20世纪英国马克思主义文学批评的"经验性" ………………………………………………………… 213
第三节　文化研究与"理论之后"：英国文化研究的中国接受与反思 …………………………………………………… 223
第四节　语境与问题：文化唯物主义与中国马克思主义文学批评的理论建构 …………………………………………… 235

参考文献 ……………………………………………………………… 248

后　　记 ……………………………………………………………… 260

再版后记 ……………………………………………………………… 266

Contents

Introduction: Problems and Methods: The Origin of the 20th Century British Marxist Literary Criticism ········· 1

Chapter One Culture and Society: The Theoretical Background and Development of the 20th Century British Marxist Literary Criticism ··· 11
    Section 1 The Theoretical Background of the 20th Century British Marxist Literary Criticism ········· 11
    Section 2 The Development of the 20th Century British Marxist Literary Criticism ········· 22
    Section 3 The Theoretical Features of the 20th Century British Marxist Literary Criticism ········· 32

Chapter Two The Formation and Construction of "Cultural Materialism" Theory ········· 41
    Section 1 Raymond Williams and the Construction of Cultural Materialism Theory ········· 41
    Section 2 "Mass Culture Turn" and the Practice of Cultural Materialism ········· 49
    Section 3 "Cultural Materialism" and the Mass Culture Study of Birmingham School ········· 62

Chapter Three Aesthetic Ideology and the Aesthetic Issues in Marxist Literary Criticism ········· 75
    Section 1 The Origin of "Aesthetic Ideology" and Its Theoretical Expression ········· 75
    Section 2 Raymond Williams's "Structure of Feeling" Theory and Aesthetic Ideology ········· 87

Section 3　Ideology and Literary Production: Terry Eagleton's Ideological Criticism ·· 98

Chapter Four　The Issues of "Gramsci Steering" and Its Theoretical Significance ·· 111
Section 1　Gramsci's Cultural Hegemony Theory and Its Theoretical Influence ·· 111
Section 2　"Gramsci Steering" and the Theoretical Innovation of the 20th Century British Marxist Literary Criticism ·················· 121
Section 3　Cultural Study and Cultural Governance: The New Historical Dimension of Marxist Literary Criticism ···················· 134

Chapter Five　Tragedy and Modernity: The Domain of Modern Tragedy Study and its Ways of Questioning ·················· 144
Section 1　The Fundamental Problems of the 20th Century British Marxist Tragedy Theory ·· 144
Section 2　"Structure of Feeling" and Tragic Experience: Raymond Williams's Tragic Theory ·· 155
Section 3　Theodicy, Irony and Marxism: Terry Eagleton's Study on Tragedy ·· 161

Chapter Six　Formalism and Marxism: From Heterogeneous Development to Theoretical Dialogue ·································· 172
Section 1　Formalism and Marxism: The Methods and Ways from Heterogeneous Development to Theoretical Dialogue ············ 172
Section 2　Ideology and Literary Form: Terry Eagleton's Reflection and Criticism on Formalism ·································· 185
Section 3　Beyond "Textual Metaphysics": Tony Bennett's Marxist Criticism on Formalism ·································· 194

Chapter Seven　Theory and Reality: The "Empiricalness" of the 20th Century British Marxist Literary Criticism ·················· 205
Section 1　Aesthetic Mirage Study and the Theoretical Resources of the 20th Century British Marxist Literary Criticism ·············· 205

Section 2   Theory and Practice: The "Empiricalness" of the 20th Century
             British Marxist Literary Criticism ·························· 213
Section 3   Cultural Study and "After Theory": The Reception and Reflection of
             British Cultural Study in China ···················· 223
Section 4   Context and Problems: The Theoretical Construction of Marxist
             Literary Criticism in China ···························· 235

Reference ·· 248

Postscript ·· 260

Postscript to reprint ··· 266

导论　问题与方法：20世纪英国马克思主义文学批评研究的缘起

一

英国文学理论家特里·伊格尔顿曾说："马克思主义是一门高度复杂的学科，其中被称为马克思主义文学批评的部分更是如此。"[①] 可以说，一直到今天，伊格尔顿曾经的理论困扰——"熟悉这门学科的读者会觉得是老生常谈，而对这门学科完全陌生的读者却感到困惑难解"[②]——仍然没能够得到很好的回答。

马克思主义文学批评已经在人类思想文化中经历了超过一个半世纪的发展历程，在这个过程中，马克思主义文学批评所面临的社会现实、历史语境以及思想传统都发生了重大的变化，特别是经过了20世纪纷繁复杂的社会文化与意识形态的洗礼，作为一种文学实践形式与文化传统的马克思主义文学批评也不断发展，其理论发展方向进一步呈现多元化的趋势。

毫无疑问，这是马克思主义文学批评理论进步的表现。但是，我们也应该看到，在马克思主义文学批评的发展中，各种理论模式与理论观点的争论也是复杂的，有人认为，马克思和恩格斯在其生前并没有就文学批评问题发表专门性的研究成果，他们留下的是对美学和文艺问题的"散见式"和"片段式"的思考；也有人提出，马克思、恩格斯关于文学研究的理论成果是融合在他们的经济学、哲学、历史学、人类学、社会主义等问题领域之内的，他们是在讨论哲学、历史学、社会学、人类学等问题时顺便涉及文学理论与文学批评问题的；更有人提出，马克思主义文学批评的理论原则与方法观念更多地受限于它的意识形态理论和社会历史研究方法，

[①] ［英］特里·伊格尔顿：《马克思主义与文学批评》，文宝译，人民出版社1980年版，第1页。

[②] ［英］特里·伊格尔顿：《马克思主义与文学批评》，文宝译，人民出版社1980年版，第1页。

意识形态研究遮蔽了美学的和历史的批评方法的具体形式，也影响了马克思主义文学批评的系统性、统一性、连贯性。之所以会出现这些理论观点的论争，说明关于马克思主义文学批评的理论体系、理论特质研究在今天仍然有继续探讨的空间；同时，也向我们提出了，在当代语境下，马克思主义文学批评研究更需要深化和完善它的理论品格，以更加积极和有效的话语方式应对各方面的理论论争与挑战。

这个任务无疑是艰巨的。在这方面，德国学者沃尔夫冈·伊瑟尔也向我们传达了他的忧虑："与马克思主义理论的总体发展水平相比，马克思主义文学批评理论正落得越来越远。"① 在当代文化背景下，马克思主义文学批评的理论形态已经从一元走向了多元，由封闭走向了开放，由单一走向了综合，马克思主义文学批评的理论范式也发生重要的转型，在这种语境下，正像卢卡奇说的那样："如果认为将马克思主义经典作家的言论加以搜集和系统排列就可以产生一部美学，或者至少是构成美学的一个完整骨骼，只要加入连贯的说明性文字就能产生出一部马克思主义文学批评，那就完全是无稽之谈了。"② 马克思主义文学批评从经典观念到多元主题的发展，这是无法阻挡的历史洪流，也是它的当代发展的表现。马克思主义文学批评的问题领域不断深化，需要我们更加重视马克思主义文学批评的历史语境，不断回到马克思主义文学批评的提问方式，同时也更需要密切关注马克思主义文学批评研究的不同理论形态与发展方向，不断吸收有益经验，以提升理论的生命力。

正是出于这样的考虑，20世纪英国马克思主义文学批评才被纳入我们的理论思考的范围。近几年来，20世纪英国马克思主义文学批评理论产生了重要影响，考德威尔、雷蒙·威廉斯、理查德·霍加特、E. P. 汤普森、斯图亚特·霍尔、特里·伊格尔顿、托尼·本尼特等理论家的思想不断受到学界重视，学术界对20世纪英国马克思主义文学批评的研究也有明显的理论回潮态势，并形成了一种难能可贵的整体性研究的局面，这主要表现为由以往注重雷蒙·威廉斯、特里·伊格尔顿等某个理论家的思想，开始转向对20世纪英国马克思主义文学批评整体理论形态的研究；由对20世纪英国马克思主义文学批评具体问题的研究，开始转向挖掘其整体发展线索与理论的对话性、互动性的研究。这种理论格局的变化，说明了20世纪英

---

① ［德］沃尔夫冈·伊瑟尔：《怎样做理论》，朱刚等译，南京大学出版社2008年版，第126页。
② ［匈牙利］卢卡奇：《审美特性》（第一卷），徐恒醇译，中国社会科学出版社1986年版，第5页。

国马克思主义文学批评理论研究的兴起不是一种单向的理论引入的结果，也不是一两个有分量的理论家的思想受到较多关注的结果，而是作为一个整体的"20世纪英国马克思主义文学批评理论"展现较突出的理论价值与实践影响的表现。正是在这个过程中，20世纪英国马克思主义文学批评的理论范式与经验问题开始凸显出来。

当然，自从美国著名科学哲学家托马斯·库恩在《科学革命的结构》（1962）中提出"范式"这个概念以来，在它不断被应用到文学理论以及其他人文社会科学研究的过程中，一直存在着一定的质疑和争论。究竟什么是"范式"，人文社会学科使用"范式"这个概念是否恰当，文学理论研究是否存在某种"理论范式"，等等，这些问题仍然值得做出严肃的理论说明。

按托马斯·库恩的理论，"范式"指的是一个成熟的科学共同体在某个时期内所形成的研究方法、问题领域和解答标准的整体标示，"取得了一个范式，取得了范式所容许的那类更深奥的研究，是任何一个科学领域在发展中达到成熟的标志"①。在科学研究中，每一个新的"范式"的出现，既意味着科学共同体取得了重大的科学成就，同时也意味着科学研究的基本问题、方法标准以及应答方式的变革。在严格意义上，文学理论研究以及文学批评的"理论范式"与库恩的"范式"概念是不在一个学理层面上的，因为文学理论以及人文社会科学研究的基本问题、方法标准以及提问方式与科学研究有重要的区别，特别是文学理论与文学批评面对文学阐释过程及其文学价值建设，自然有它的基本的问题属性和人文特征的规定。那么，我们为什么还使用"理论范式"的概念呢？在这里必须做出说明。

我们把"20世纪英国马克思主义文学批评理论"作为一种文学批评的理论范式来观照，并非直接套用库恩的"范式"概念。"20世纪英国马克思主义文学批评"并非拥有一种天然的固定的理论形式与理论观念，也不是库恩所说的那种科学共同体的科学研究行为，我们使用"理论范式"的概念，主要是为了阐释作为一种理论形态的20世纪英国马克思主义文学批评在突破传统马克思主义文学批评研究格局与理论态势上产生的重大变化和影响，以及它在20世纪西方文化研究中的意义和价值。20世纪英国马克思主义文学批评形成了独特的文化唯物主义理论模式及其审美意识形态批评，不但对马克思主义文学批评整体理论研究格局的发展起到了重要的促进作用，而且还对历史学、文化学、政治学、哲学等诸多现代人文学科的

---

① ［美］托马斯·库恩：《科学革命的结构》，金吾伦等译，北京大学出版社2003年版，第10页。

发展有明显的挑战和推动，它的基本问题，如文化唯物主义、大众文化、审美意识形态、审美幻象、文化经验与文化生产方式等不断得到深入的讨论，这些问题对中国当代文学批评与美学研究的积极影响鲜明可见。20世纪英国马克思主义文学批评理论不但极大地丰富了马克思主义美学与文学批评的理论园地，并且在与现当代人文学科许多研究领域交融并进、影响互渗的过程中，不断展现出强劲的理论影响，在这个意义上，它的理论形态与影响又具备库恩所说的那种理论的"范式"特征。我们以"理论范式"的概念切入作为一个整体的"20世纪英国马克思主义文学批评"，目的正是深入分析它的理论形态与影响究竟表现在哪里，这种理论形态是如何生成的，具有什么样的理论特征与品格。正是在这个意义上，我们不仅仅着眼于那种一般性的理论阐释工作，更希望在批判性的视野中思考如何更有效地展现马克思主义批评的理论品格，为当代中国马克思主义文学批评及文学理论研究拓展理论空间，展现理论把握现实的效应，这也是20世纪英国马克思主义文学批评理论范式与经验研究的应有之义。

二

20世纪英国马克思主义文学批评理论有着重要的理论价值，蕴含着复杂的思想潜能，对其进行深入的理论探讨首先是一种回望思想传统与理论经验的过程。从国家和地域的角度看，20世纪英国马克思主义文学批评理论无疑属于时下所谓的"西方马克思主义"理论阵营。英国学者佩里·安德森在他的《西方马克思主义探讨》一书中曾经提出，与考茨基、列宁、托洛茨基等经典马克思主义者对政治经济研究的关注不同，从卢卡奇开始，本雅明、阿多诺、葛兰西、马尔库塞、戈德曼、阿尔都塞、萨特等20世纪西方马克思主义者更加注重研究上层建筑，他们注意的焦点是文化，"在文化领域特别是艺术中耗费了主要精力和才华"[①]。佩里·安德森充分肯定了西方马克思主义理论家对当代马克思主义理论发展做出的贡献，但是，20世纪英国马克思主义文学批评的理论形式与表达方式与西方马克思主义仍然有不尽相同之处，这与它的独特的美学经验与文化传统是分不开的。

20世纪英国马克思主义文学批评涉及的理论家众多，考德威尔、雷蒙·威廉斯、理查德·霍加特、E.P.汤普森、斯图亚特·霍尔、特里·伊格尔顿、托尼·本尼特等理论家分别具有不同的理论背景，各自有着复杂

---

① ［英］佩里·安德森：《西方马克思主义探讨》，高铦等译，人民出版社1981年版，第96页。

的研究经历，要想找到他们理论研究中绝对同质化的共性是不容易的，同时也不一定恰当。但是，从他们各自的理论发展脉络及其研究方法中我们仍然可以看出某些共有的理论倾向与经验。

首先，这些理论家都不同程度地体现出了对工人阶级与大众文化经验的重视，他们的理论研究有很大一部分是从工人阶级文化与生活方式的立场上展开的，并在这个过程中融入关于马克思主义与社会文化发展的思考。其次，他们不仅在当时的社会文化语境中提供了一种关于工人阶级与大众文化的正面描述，而且更多地调整了对待大众文化的价值观。最后，他们接受了马克思主义，但不是在传统与机械的方法观念上复述马克思主义，而是在充分尊重本土文化经验传统与域外思想理论优势的过程中，将马克思主义与本土文化传统中某些重要的思想进行创造与转换，充分发扬文化研究的治理特性，从而体现出了更深层次的理论追求与理论建构。在20世纪英国马克思主义文学批评中，马克思主义理论观念与英国本土文学批评、美学经验、审美文化现实从对抗走向了融合，从接受走向了共生，最终在思想层面上融汇成了一种独特的文化传统。在这种文化传统中，马克思主义的经济基础/上层建筑理论模式、文化唯物主义与文化分析方法、民族志研究与审美意识形态批评、大众媒介与技术分析方法模式有着综合性的应用，从而体现出了不同于欧美其他国家的理论形态与表达方式。

20世纪英国马克思主义文学批评的理论形态与表达方式在伊格尔顿那里曾经得到过阐述。在1996年编著的《马克思主义文学理论读本》一书中，伊格尔顿曾根据马克思主义文学批评在特定历史时期的发展以及马克思主义理论内部的发展状况，将马克思主义文学批评分为四种模式：人类学的模式、政治学模式、意识形态论模式以及经济学模式。① 其中，他们所说的"经济学模式"就是以英国马克思主义文艺理论家雷蒙·威廉斯和英国文化研究学派为代表的。特里·伊格尔顿提出，不同模式的马克思主义文学批评是马克思主义在不同的历史条件下回答不同现实问题所形成的。特里·伊格尔顿对马克思主义文学批评的理论模式的分析有他的合理之处，这四种理论模式大致能够概括当代西方马克思主义文学批评的理论发展状况与形态。但伊格尔顿的阐释也存在简单化的地方，他把以雷蒙·威廉斯和英国文化研究学派为代表的马克思主义文学批评概括成"经济学模式"是不恰当的。以雷蒙·威廉斯和英国文化研究学派为代表的马克思主义文学批评体现出了对社会生产方式与文化生产过程的重视，威廉斯的文化唯

---

① ［英］特里·伊格尔顿：《历史中的政治、哲学、爱欲》，马海良译，中国社会科学出版社1999年版，第109页。

物主义理论在理论模式上依赖"文化与社会"的阐释路径，存在着"文化经济学"分析的色彩，但与那种经济学阐释分析的理论思路仍然有重大差别，"经济学模式"难以完全涵盖它们的理论特征。比如，在"文化与社会"的阐释路径上，雷蒙·威廉斯还提出了"感觉结构"等重要的理论概念，理查德·霍加特、斯图亚特·霍尔等人倡导大众文化的社会分析，但也重视大众文化研究的历史与经验，强调工人阶级文化、青年亚文化、大众传媒等大众文化类型在社会文化构成中的意义与作用。

毋庸置疑，以雷蒙·威廉斯等人为代表的英国马克思主义文学批评的确是当代马克思主义文学批评发展的重要方向，20世纪英国马克思主义文学批评理论家对他们所置身的文化与生活现实做出了批判性的审视，他们的理论话语是在反思社会整体文化发展的过程中形成的，他们的理论研究已经形成了一种重要的理论形态，已经具备了理论范式上的特征。这种理论范式的特征在于从文化经验的分析中把握当代马克思主义理论发展与现实问题，它不是那种完全哲学化、思辨性的形式，不是自上而下的理论思辨的结果，而是来源于对工人阶级与大众文化经验的重新书写，它的理论的经验性影响正是它的现实感的表现。

正是在这个意义上，20世纪英国马克思主义文学批评理论范式的影响已经超越了传统的理论与实践的关系，而且上升到了文化与社会发展层面上，具有文化传统意义。这种理论范式启发我们要思考这样的问题，当代马克思主义文学批评理论研究并非仅是理论层面上的案头研究工作，而是应该在现实的立场上重新审视文化与生活的关系，并从文化与实践的层面上展现出它与现实的呼应过程，这也决定了马克思主义文学批评必然地会受到历史语境以及思想文化变革的影响，它在社会文化变革的历史中提出并呼应着它自身的"感觉结构"。所以，仅从理论的层面上进行马克思主义文学批评研究还是不够的，马克思主义文学批评不仅仅是一种理论形态，更是一种关于文化与社会的思想观念，蕴含了理论思考与现实经验之间特有的交流体验方式。同时，这种理论范式也启发我们做这样的反思，在当下，马克思主义文学批评所面临的文化与历史语境都发生了很大的变化，马克思主义文学批评也面临着深刻的话语转换危机，在今天，是否像霍加特在《识字的用途》中所描写的那样，工人阶级仍然拥有自己的文化与经验？工人阶级的文化是否像 E. P. 汤普森在《英国工人阶级的形成》中所描写的那样，仍然保持一份纯粹的文化传统？无论从学理上，还是现实上，我们都可以感知到这其中包含的现实挑战给理论研究提出的难题。我们能否一如既往地拥有20世纪英国马克思主义文学批评给我们提供的那份来自

"底层"的思想的坚定性？能否在面临各种危机的时刻顺利地将它的思想遗产转化为迎接挑战的动力？这些问题单靠那种理论化的研究是无法解决的。

正是有了这种危机意识，才更需要我们将马克思主义文学批评的思想遗产转化为迎接挑战的思想动力，"只有把马克思的著作视为在一个整体的语境下来解读，才是富有启发性的"①。对于当代马克思主义文学批评研究而言，更需要我们从当代文化语境出发，审视和判断马克思主义文学批评理论的问题领域和思想形式，也需要我们从现代性的视野中，更深入地观照包括马克思主义文学批评在内的当代文学艺术理论的生产机制与价值属性，并且时刻在关注现实审美文化经验的过程中展现我们对于相关理论问题的把握，只有在这个意义上，20 世纪英国马克思主义文学批评理论范式与经验的研究才有可能是一种有价值的思考。

三

在马克思对美学和艺术问题的研究已经过了一个半世纪以后的今天，德国文学理论家沃尔夫冈·伊瑟尔还以十分惋惜的语调写道，马克思"还没有讲清自己为什么依然喜爱希腊史诗这个棘手的问题就停了笔"②。虽然这个问题早已在 20 世纪 40 年代卢卡奇为米·里弗什茨编选的《马克思、恩格斯论艺术和文学》一书写的序言中就得到了澄清："马克思主义文学批评和文学史的最普遍的原则我们能在历史唯物主义的学说中找到"③，但是，关于马克思主义文学批评与美学研究的理论有效性问题仍然需要不断地强化。在当代历史条件下，马克思主义文学批评正接受历史的洗礼，法国结构主义大师德里达曾揶揄地认为，马克思正以一个"慈父般形象"在后现代社会中"幽灵式地徘徊"。④ 无论是在西方还是中国，当代社会文化与思想发展的语境都更加复杂，文化研究与文学批评涉及的领域也日益广泛，文化的发展将马克思主义文学批评推进到了一个复杂的时代，也裹挟着各种理论纷争。在这个意义上，德鲁·米尔恩的这个概括并不是危言耸听："像马克思主义一样，马克思主义文学批评也陷入了深深的危机。这种危机反映了资本主义熔化一切看上去坚固的东西的能力，它甚至有能力把对文学

---

① ［英］德鲁·米尔恩：《解读马克思主义文学理论》，陈春莉译，见《马克思主义美学研究》（第 11 辑），中央编译出版社 2008 年版，第 109 页。
② ［德］沃尔夫冈·伊瑟尔：《怎样做理论》，朱刚等译，南京大学出版社 2008 年版，第 126 页。
③ ［匈牙利］卢卡奇：《卢卡奇文学论文集》（第 1 卷），徐恒醇译，中国社会科学出版社 1980 年版，第 275 页。
④ ［法］雅克·德里达：《马克思的幽灵》，何一译，中国人民大学出版社 1999 年版，第 20 页。

价值的精神和功利的要求消融成一种高谈阔论。"①

我们不得不承认马克思主义文学批评也正面临着这样的难题，在当代历史条件下，不断发展更替的资本主义社会的意识形态，种种关于宏大理论的抵抗呼声，让马克思主义文学批评面临着被后现代主义文化理论消解与解构的危险。在这样一种充满思想对抗的语境中，恰当有效地回应这些理论分歧，既是马克思主义文学批评研究的应有之义，同时也是我们从事20世纪英国马克思主义文学批评理论范式与经验研究的目标之一。在《路易·波拿巴的雾月十八日》中，马克思曾指出，资产阶级社会的斗士们从过去的历史事件中找到了"为了要把自己的热情保持在伟大的历史悲剧的高度上所必需的理想、艺术形式和幻想"②。在现代社会语境中，文化和艺术所面临的危机已经越来越沉重，美学和批评也面临着各种分裂的现实所折射出的复杂矛盾，马克思主义文学批评要在这个特殊的历史阶段有效应对各种危机与挑战，把握人类审美文化发展的方向，就必须面对严峻的现实，深刻地总结文化与社会层面上展现出的新的历史趋向，把握历史与现实交汇中审美文化的表征形式与表达机制。

20世纪英国马克思主义文学批评理论范式还启发我们更深刻地关注"中国问题"与"中国经验"。在当前文化语境中，中国马克思主义文学批评与其他文论研究一样处于一种多元化、多极化的文化生态和理论格局之中，这不仅仅是充满了希望，同时也是一个孕育危机、提出问题、面临挑战的过程。中国马克思主义文学批评在当下仍然面临着不同理论传统的矛盾与冲突所带来的压力与焦虑，也置身于不同理论话语趋同与求异的困难所带来的危机与挑战之中。特别是从20世纪80年代以来，世界文学理论的大发展、当代西方各种文化思潮的不断涌现、种种思想裂变的冲击以及审美文化经验的复杂变化，更给中国马克思主义文学批评理论研究增加了更大的难度。中国马克思主义文学批评同样亟待在问题意识和实践效应方面有所作为，特别是在理论范式的凝练与发展上取得重要的理论突破。马克思主义文学理论研究如果忽略了理论把握现实问题的有效性，这本身便意味着它的文化创造力和思想竞争力的弱化，因为它往往决定的是文化发展和思想建设的内在的底蕴和精神。正是在这个意义上，中国马克思主义文学批评问题也应该被纳入我们的理论思考之中。

---

① ［英］德鲁·米尔恩：《解读马克思主义文学理论》，陈春莉译，见《马克思主义美学研究》（第11辑），中央编译出版社2008年版，第106页。

② ［德］马克思：《路易·波拿巴的雾月十八日》，见《马克思恩格斯文集》（第2卷），人民出版社2009年版，第427页。

经过了一个多世纪的发展，马克思主义文学批评理论的历史走向更加复杂，关于马克思主义文学批评的各种争论也更加热烈。马克思主义文学批评理论的研究首先要回到它的历史语境中，这个历史语境就是文化多元化发展的现实。20世纪英国马克思主义文学批评一直没有离开20世纪英国社会与文化发展的整体脉络，在如今，新的文化语境和社会背景产生了各种新的文化思潮以及各种新的理论问题，这就更需要我们不断反思它的理论传统与方法观念，并在反思中不断总结理论经验，尽量在学理层面上深化发展它的理论。雷蒙·威廉斯、理查德·霍加特、E. P. 汤普森、斯图亚特·霍尔、特里·伊格尔顿、托尼·本尼特，这些理论家的思想都是经过多年的发展，不断地经受各种检验，乃至多次遭受批评才形成的，甚至一直到今天，他们的理论研究还在接受人们的质疑。这也意味着一种理论观念的形成一定是长期的理论研究和实践检验的结果，除了他们自身的理论探究，更需要社会文化的锤炼与拓展。正是出于这种原因，现在谈20世纪英国马克思主义文学批评的理论范式问题，一定需要不断检省他们曾有的理论传统和经验，并不断做出批判性的反思。

20世纪英国马克思主义文学批评丰富了马克思主义文学批评的理论园地，作为一种文化传统，它增强了马克思主义文学批评把握现实文化经验的能力。我们研究20世纪英国马克思主义文学批评，就是要从理论与经验的视角出发，深入地展现它的这种文化传统的全貌，从而实现对它的理论范式与经验的把握。我们把理论研究的视野定位在"20世纪英国马克思主义文学批评"，但理论探索的目光没有仅仅局限在"20世纪"这样一个固定的时间跨度之内，而是包括了从20世纪一直到今天的一个时间长度，目的也是为展现了20世纪以来的英国马克思主义文学批评的晚近发展的现实，以突出研究对象的整体性和完整性。除此之外，在研究过程中，我们还力求呈现世界范围内马克思主义文学批评的兴起与发展、兴盛与衰落、连续与断裂、重组与替代、停滞与回归的历程，从不同角度观察马克思主义文学批评新的发展趋向，理解它在不同历史时期以及不同地域时空中的理论形态的变化过程，进而深入地把握马克思主义理论在深入文化现实与文化经验过程中所展现出的理论能力与批判能力，马克思主义文学批评的起伏跌宕的发展历程也为我们的研究提供了重要的理论参照。

在研究的方法层面上，我们努力以"审美意识形态"与"审美幻象"理论问题为核心，突出20世纪英国马克思主义文学批评所提出的核心问题，力求将批评分析与文化阐释结合起来，力图在美学的高度和思想的高度展现20世纪英国马克思主义文学批评的文化视野、基本问题、理论范式及其美学精神。在研究的内容层面上，我们没有采用专人研究的方式，也没有简单地按照时间与历史线索做线性发展历程的分析，而努力突出关键词研究、核心问题研究与方法论研究，具体研究过程围绕20世纪英国马克思主义文学批评发展的核心问题展开，其间整合贯穿诸多理论家思想观念之间的影响、交融与促进的过程，目的是以当代马克思主义文学批评研究的整体格局与思想视野为"根"，以20世纪英国马克思主义文学批评的基本问题与理论范式研究为"本"，整体把握20世纪英国马克思主义批评的理论面貌与思想精神，并积极呼应中国马克思主义文学批评的历史与经验，在20世纪英国马克思主义文学批评理论与中国问题的相关性上找到准确定位与深入的理论解析的路径。

马克思曾说："理论只要彻底就能说服人；所谓彻底就是要有直面现实的勇气，以及在学理上系统阐释现实问题的能力。"① 在20世纪英国马克思主义文学批评中，马克思主义的经济基础/上层建筑的理论模式、文化研究与文化分析方法、审美意识形态与审美幻象研究、马克思主义与审美形式、媒介发展与大众文化研究等学理问题日益深入，这无论对于马克思主义文学批评研究还是中国当代文学理论发展，都是难能可贵的经验。在中国学界，针对20世纪英国马克思主义文学批评的大量学术研究和学术译介活动也已经开展，考德威尔、雷蒙·威廉斯、理查德·霍加特、斯图亚特·霍尔、特里·伊格尔顿、托尼·本尼特等人的著作不但广为中国学界所熟悉，而且研究拓展不断深入，理论影响仍然在持续，西方学界与中国当代学者们的交流对话不断发展，这也让我们的研究有了持续的可能和动力。我们期待，20世纪英国马克思主义文学批评理论范式与经验研究在面向当代各种复杂的审美文化现实的过程中，展现出更加令人信服的内容。

---

① ［德］马克思：《〈黑格尔法哲学批判〉导言》，见《马克思恩格斯文集》（第1卷），人民出版社2009年版，第9页。

第一章　文化与社会：20世纪英国马克思主义文学批评的理论背景与发展

20世纪英国马克思主义文学批评理论是考德威尔、雷蒙·威廉斯、E. P. 汤普森、理查德·霍加特、斯图亚特·霍尔、特里·伊格尔顿、托尼·本尼特等文学理论家将马克思主义文学批评理论与英国本土的文化研究经验、文学批评传统有效结合所展现出来的理论范式。它注重从"文化与社会"的视角揭示某种既定历史时期的文学理论问题，进而反思社会整体文化的发展历程，从而体现了独特的思想视野与理论阐释路径。理解20世纪英国马克思主义文学批评独特的起源语境、理论背景、批评传统，是把握其理论范式的逻辑生成及其理论特性的基本前提。

第一节　20世纪英国马克思主义文学批评的理论背景

20世纪英国马克思主义文学批评家各自有着自己的学术背景与研究重点，各自的理论形态必然存在差异。他们生活在不同时代，面对不同的社会与文化问题，从整体上把握他们的理论思想，当然不能人为主观地臆断和捏合，不能简单地给他们贴上"马克思主义文学批评家"的标签。在他们漫长而丰富的理论探索中，首先离不开20世纪英国独特社会语境和文化经验的熏染与磨砺，其次离不开英国文学批评传统的启迪与转化，最后离不开域外马克思主义理论观念的影响与启发。在某种程度上，这也正是他们的文学批评理论的"文化共性"。

一、20世纪英国马克思主义文学批评的起源语境

对20世纪英国马克思主义文学批评理论的起源语境做出解析，这本身是一个重要的理论问题。20世纪英国马克思主义文学批评理论发展的历史

跨度较长，20世纪西方社会历史及其英国社会文化变迁也较为复杂，文化与社会的同构历程及其方式蕴含了较为丰富的思想内容，辨析起源语境问题就是为了充分展现这其中的思想张力及其理论孕育的背景。

20世纪英国马克思主义文学批评家，无论是早期的考德威尔、韦斯特，还是处于理论奠基阶段的理查德·霍加特、雷蒙·威廉斯、斯图亚特·霍尔、E.P.汤普森，以及处于理论发展与丰富阶段的特里·伊格尔顿、托尼·本尼特，他们的理论思想都不同程度地与20世纪英国社会历史文化发展进程有密切的关系，体现出了文学批评研究与现实文化经验交互影响的特性。这也意味着20世纪英国马克思主义文学批评理论并非完全是一种个体理论建构的结果，正像马克思主义理论本身是历史发展的一部分一样，20世纪英国马克思主义文学批评也处于"历史"之中。20世纪英国马克思主义文学批评是在工人阶级与大众文化经验的思想语境中发展起来的，现代英国工人阶级的成长史以及他们成长中所包含的特有的审美文化经验，构成了20世纪英国马克思主义文学批评理论重要的理论土壤与思想氛围，同时也是理查德·霍加特、雷蒙·威廉斯、E.P.汤普森、斯图亚特·霍尔等人完善理论建构的重要体验方式。

英国是世界上最早发生工业革命的国家，工业革命的一系列技术变革引起了从手工劳动向机器生产转变的重大飞跃，不但在英国产生了数量庞大的产业工人，而且也影响了工人阶级文化经验的发展。E.P.汤普森曾经指出，在1790—1830年之间，英国工人阶级仍然是以"单数"的形式存在的，具体表现为阶级意识的初步成长，即各个不同群体之间的利益认同以及工人阶级与其他阶级利益对立的意识。但到了1832年左右，就已经形成了基础雄厚的、自觉的工人阶级的社会事业机构和工人阶级群体形式，以及相应形式的政治和工业组织。[①] 19世纪30年代以来，欧洲国际共产主义运动的风起云涌更对英国工人阶级意识发展与工人阶级文化经验的成长起到了巨大推动作用。在西欧19世纪三四十年代发生的三大工人起义中，英国工人阶级的表现非常积极，特别是在著名的"宪章运动"中，英国工人阶级不但以巨大的政治力量发挥了重要作用，而且表现出了重要的文化与美学影响，英国工人阶级文化的兴起也是非常突出的。

1848年欧洲革命后，马克思本来可以返回德国，但他最终决定在英国开展理论研究。马克思从1849年移居伦敦到1883年逝世，他的理论思考的成熟阶段是在英国完成的，英国是他从事理论研究的"第二故乡"，英国工

---

① ［英］E.P.汤普森：《英国工人阶级的形成·前言》，钱乘旦等译，译林出版社2006年版，第4页。

人阶级文化经验的发展对他的理论思考有重要的影响。而在恩格斯的研究中，来自英国社会工人阶级的文化体验也占据了重要的内容。恩格斯对英国工人阶级的生活现实有比较清楚的认识，在写于1844年9月至1845年3月的《英国工人阶级状况》中，恩格斯考察了19世纪以来英国工业社会的发展现实，深刻地阐释了无产阶级与资产阶级之间的矛盾的历史根源和现实因素，并对英国工人阶级物质贫困的生活现状与文化贫困的精神现状有深刻的体察。尽管在当时的社会条件下，工人阶级文化意识还不发达——"缺乏历史感""遇事不能采取复杂观点""难以从具体经验中作出抽象选择""缺乏想象力"等缺陷往往被看作工人阶级文化的典型特征，[①] 对工人阶级文化经验的认识还没有脱离"群氓""庸众"等狭隘观念，但这不影响马克思和恩格斯的理论研究最初从英国产业工人生存现实中获得了直接的经验参照。

按照佩里·安德森的说法，马克思和恩格斯的理论早期在英国工人阶级文化中的影响还不很突出，"他们在创建主要工业化国家中工人阶级全国性组织的时候没有直接发挥过作用，而是为欧洲和北美各地的战斗者和领导人出主意、作指导"[②]。但19世纪40年代以后，马克思和恩格斯的思想与工人阶级文化意识之间发生了重要的联系，工人运动锻炼了工人阶级的文化意识与阶级观念，马克思主义从工人阶级的政治运动和文化斗争中获得了直接的思想来源，马克思主义在英国社会的影响也日益广泛。此后，在19世纪60年代，英国工人阶级开展了争取普选权的斗争。1973年欧洲爆发了石油危机，英国无法幸免，英国煤矿工人要求增加工资举行了罢工行动，一度迫使政府宣布全国处于"紧急状态"。1976年，在经济危机的背景下，为反对詹姆斯·卡拉汉政府，英国工人罢工运动迭起，劳资冲突加剧。这些历史性事件不但对资本主义社会产生重要影响，也锻炼了英国工人阶级的文化意识与阶级观念，从而促进了工人阶级意识的成长与工人阶级情感的强化。

工业革命与工人阶级运动的影响使工人阶级的生活方式、情感认同、组织形式以及群体意识得到了发展，为工人阶级文化的兴起创造了条件。英国著名历史学家霍布斯鲍姆在他的《革命的时代》中曾说道："不论怎么估计，工业革命无论如何都可能是自农业和城市发明以来，世界历史上最

---

① [美]西摩·马丁·李普塞特：《政治人——政治的社会基础》，张绍宗译，上海人民出版社1997年版，第69页。
② [英]佩里·安德森：《西方马克思主义探讨》，高铦等译，人民出版社1981年版，第11页。

重要的事件。"① 工业革命不但创造了巨大的生产力，使社会面貌发生了翻天覆地的变化，还导致了文化领域的深刻变革。在很长的一段历史时期，西方社会文化领域的变化都可以在工业革命的历史中找到鲜明的印记。霍布斯鲍姆曾经谈到，在19世纪30年代，英国以外的地区还不曾感受到工业革命的影响，但当时的文学艺术已经明显地梦魂萦绕于资本主义的兴起，这其中就包括巴尔扎克的《人间喜剧》。② 正是从这个时期开始，工业革命之后的社会和历史不断成为文学与文化批评的主题。工业革命之后，当英国背负着"世界工厂"的盛名步入现代西方工业文明之际，它必将面对社会文化变迁所导致的种种文化弊端。工业革命所催生的巨大的社会生产力以及所导致的社会关系的变革，在将英国较早地推进到了西方社会现代化的轨道的同时，也让那种"从牛身上榨油，从人身上赚钱"的资本主义社会的"贪婪哲学"③在文化层面上获得了淋漓尽致的表现，这也意味着被称为"从这污秽的阴沟里泛出了人类最伟大的工业溪流，肥沃了整个世界"④的工业革命从它的发端时刻就蕴含着深刻的文化反省的空间。

马克思主义文学批评在英国的发端呼应了工业革命之后资本主义兴起的文化经验。20世纪英国马克思主义文学理论家在他们理论孕育的过程中遇到了文化与社会的新变局，他们重点关注20世纪以来英国社会工人阶级文化经验发展与丰富的过程，不但以自身的理论研究凸显了工业革命以来资本主义社会的意识形态现实与"感觉结构"特征，而且在学理层面上反思批判现代资本主义历史条件下社会生产方式变革所导致的人们日常交流与情感体验方式的变化，从而展现出了新颖的理论观察视角和理论体验形式。特别是在20世纪50年代以来的英国马克思主义文学批评理论的奠基时刻，理查德·霍加特的《识字的用途》、雷蒙·威廉斯的《文化与社会》、E.P. 汤普森的《英国工人阶级的形成》等理论著作，既鲜明地带有社会历史发展与文化生产方式变革的印迹，同时也以他们的理论思考，展现了马克思主义批评是如何在英国现代社会发展中形成自身的理论特色，同时又以这个理论特色紧密呼应现实文化经验这一突出的文化问题的。在《英国工人阶级的形成》中，E.P. 汤普森说："不管怎么说，我们自己也不是在社会进步的最终点上，工业革命时期，人们失败了的某些事业，也许能够

---

① [英] 霍布斯鲍姆：《革命的年代》，王章辉等译，江苏人民出版社1999年版，第35页。
② [英] 霍布斯鲍姆：《革命的年代》，王章辉等译，江苏人民出版社1999年版，第33页。
③ [德] 马克斯·韦伯：《新教伦理与资本主义精神》，陈维纲译，陕西师范大学出版社2002年版，第23页。
④ [英] 霍布斯鲍姆：《革命的年代》，王章辉等译，江苏人民出版社1999年版，第32页。

让我们看清至今仍须整治的某些社会弊病。"① 这种审视和思考也让 20 世纪英国马克思主义文学批评在它的理论发端的时刻就多了一份实实在在的批判眼光，既反观传统又积极关注现实，理论图景呈现出了丰富的文化内蕴。

20 世纪英国马克思主义文学批评家积极关注当时社会的工人阶级文化经验，除了工业革命以来社会语境的影响之外，还与他们自身的成长经历与情感感受有关。他们之中的很多理论家都与工人阶级的生活有着非常亲密的联系，雷蒙·威廉斯、理查德·霍加特、斯图亚特·霍尔、特里·伊格尔顿等人都有着工人阶级出身的文化背景，比如理查德·霍加特出身于英国利兹的工人阶级家庭，他的著名的《识字的用途》从"一种属于个人的、局部的观察角度"②表达了对工人阶级文化的深刻感受。雷蒙·威廉斯是出身于威尔士工人阶级的"平民理论家"，从 20 世纪 60 年代开始介入马克思主义文学批评研究以来，威廉斯的理论思考长期关注工人阶级的文化经验，这也是他后来从生活方式的角度研究"文化"概念的重要的思想基础。特里·伊格尔顿也出身于工人阶级家庭，并且一直以来都非常强调他的工人阶级出身和文化身份。斯特亚特·霍尔虽然出身于中产阶级家庭，但长期的流散经历使这位牙买加黑人理论家更深刻地体察了现代社会变迁所带来的种种情感体验上的矛盾。至于 E. P. 汤普森，他也是一位出身于工人阶级的马克思主义历史学家，美国学者丹尼斯·德沃金认为，虽然他曾经尖锐批评过雷蒙·威廉斯的《文化与社会》，但威廉斯在书中描写的思想传统其实与他的家庭背景比较接近。③

在 20 世纪英国马克思主义文学批评理论的起步阶段，很多理论家都与工人阶级的成人教育有直接的联系，这一点，也是值得我们认真思考的内容。雷蒙·威廉斯曾经在"牛津远程教育代表团"从事了十多年的成人教育工作，在很长的一段时间内，他基本上是白天从事写作与研究，晚上则对成人进行培训。在成人教育工作中，威廉斯讲授过公共写作、公共演讲、文学阅读等课程，他教给学员很多与他们的工作直接相关的技能，比如如何写报告、备忘录、契约书以及如何进行委托发言等，他甚至还教一些家庭主妇如何阅读文学作品。④ 理查德·霍加特在 1946 年到 1959 年的十多年

---

① ［英］E. P. 汤普森：《英国工人阶级的形成·前言》，钱乘旦等译，译林出版社 2006 年版，第 4 页。
② ［澳］格雷姆·特纳：《英国文化研究导论》，唐维敏译，（台北）亚太图书出版社 2000 年版，第 49 页。
③ ［美］丹尼斯·德沃金：《文化马克思主义在战后英国》，李凤丹译，人民出版社 2008 年版，第 142 页。
④ ［英］雷蒙·威廉斯：《政治与文学》，樊柯等译，河南大学出版社 2010 年版，第 62 页。

时间担任的是赫尔大学成人教育课程的讲师。威廉斯和霍加特在从事成人教育工作阶段，所教授的学员中大部分来自工人阶级，他们由于种种原因不能接受高等教育，但在威廉斯看来，他们的学习态度是非常认真的。威廉斯和霍加特也正是在从事成人教育的工作中才对英国的教育体制、文化体制有了非常深刻的认识。威廉斯的《文化与社会》就是他在1949年左右教授成人教育课程的一部分，而对于霍加特而言，他的成人教育的学员是他后来的《识字的用途》最初的听众。这种出身背景、情感体验、教育经历与工人阶级文化经验有着一衣带水的联系，对20世纪英国马克思主义文学批评理论的发端有重要的影响，从这些理论家后来的理论研究与文化实践来看，这种天然的情感联系正是一条看不见的思想血脉，影响着他们理论思考的方向与切入现实的角度，这也让20世纪英国马克思主义文学批评在起源语境上多了一份情感认同层面上的深意。

正是因为威廉斯、霍加特、伊格尔顿等人重视工人阶级的生活方式、价值立场和文化经验，他们的文学批评理论才能够在文化与社会、文学与历史、文本与经验的张力中呈现出深刻的思想感染力，体现出了明显的理论与经验交相呼应的特征。他们对工人阶级文化经验的重视不仅仅是从情感与认同出发，展现工人阶级的生产方式、组织方式、情感态度，而且更从学理层面上，总结工人阶级文化经验的发展脉络，把握工业革命后英国社会文化现实的发展趋向，特别是把握当代资本主义社会的历史与文化走向，并在这个过程中完成深刻的理论建构。他们的理论研究构成了20世纪英国马克思主义文学批评主要的理论策源地，也体现了20世纪英国马克思主义文学批评在起源语境上的鲜明特征。

二、"传统的再生产"：英国文学批评传统的继承与超越

20世纪英国马克思主义文学批评理论在英国的生成发展也有一个与本土文化与文学批评传统相调适的过程，这个传统就是从19世纪以来在英国文学批评中就已经广泛存在的所谓"英文研究"传统。

在马克思主义文学批评在英国开始萌发的时候，它首先面对的就是"英文研究"强大的思想惯性。"英文研究"指的是英国文学批评中的那种根深蒂固的精英意识和观念，它始于英国的维多利亚时期，最初的倡导者是19世纪英国著名诗人、评论家、曾任牛津大学诗学教授的马修·阿诺德。20世纪初，英国著名文学批评家F. R. 利维斯将这种批评传统进一步发扬光大。F. R. 利维斯从1925年开始在剑桥大学伊曼纽尔学院任教，作为一个资

深的文学评论家，他像他的先驱者马修·阿诺德一样，坚持文学批评与生活批判相统一的原则，并在文学批评中倡导一种集文雅的社会风俗、高尚的趣味习惯以及共同的文化标准于一身的评判原则。在《伟大的传统》中，利维斯认为，在任何批评开始之前都要坚持一种"差别意识"，要做"重大的甄别区分"，[①] 这种区分是以文学批评的精英主张为标准的。在他看来，文学和批评应该承担一种塑造社会整体文化的责任，以延续既有的人文价值和抵抗社会的精神危机，而能够承担这种责任的就是那种精英主义的文化。他和他的妻子 Q. D. 利维斯一直以当时的《细绎》杂志为中心捍卫这种精英主义的文化传统，对当时英国社会中的大众文化保持十分的警惕并坚决地加以拒斥。他们认为，社会文化只能由那些相当明敏且有防卫能力的精英人士来完成和持有，那只能是少数人的意识和行为，不必向社会大众传播，以免那些精英主义文化受到唯利是图的商业主义的影响而引起文化上的贬损。

利维斯的这种批评观念在当时有广泛的影响，后来研究者常用"利维斯主义"来概括他的"英文研究"中的精英主义取向。在利维斯的文学批评生涯中，他始终也是从一种基本的"英文性"出发，坚持"英文研究"对英国社会民族精神和社会观念的深层影响和规约。在这种"利维斯主义"观念主导下，英国文学批评长期坚持以莎士比亚、狄更斯、雪莱、拜伦、柯尔律治、华兹华斯等人创造的英国"文化武库"为研究对象，极力排斥当时社会上的大众文化，特别是日益兴起的工人阶级文化。在"利维斯主义"批评观念中，"英文研究"也成了捍卫英国文化伟大传统、赓续英国民族精神和提升社会理性的手段，它不但为英国文学批评和文学研究厘定了具体的规则，而且在当时形成了一种稳固的学术研究机制，影响了英国文学批评理论的学术方向和价值判断准则。

"英文研究"传统对 20 世纪英国马克思主义文学批评理论的生成有着复杂的影响。首先，无论是理查德·霍加特还是雷蒙·威廉斯，他们都曾经在不同层面上受到它的理论影响，甚至吸收了这种批评传统的思想养分，他们是先继承这种传统进而才"走出"这种传统的。英国马克思主义文学批评家托尼·本尼特就曾经指出，在雷蒙·威廉斯身上，存在着"历史唯物主义传统"与"社会批判中的浪漫主义和其他道德派系"的两难。[②] 甚至，威廉斯在写作《文化与社会》的过程中仍然没有完全摆脱那种"利维

---

① [英] F. R. 利维斯：《伟大的传统》，袁伟译，生活·读书·新知三联书店2002年版，第3页。
② [英] 弗朗西斯·马尔赫恩：《当代马克思主义文学批评》，刘象愚等译，北京大学出版社2002年版，第13页。

斯主义"的批评传统。而霍加特则直接地说，他的《识字的用途》受 F. R. 利维斯与 Q. D. 利维斯的影响很深。① 尽管威廉斯和霍加特后来都接受了马克思主义，并在文学批评中不再坚持英国文学批评原有的精英观念，但"英文研究"传统对他们仍有重要的理论启发，他们正是在继承"英文研究"传统的过程中才完成将文化经验分析融入理智思考的过程的。

其次，英国文学批评中的"英文研究"传统锤炼与丰富了雷蒙·威廉斯等20世纪英国马克思主义文学批评家审美文化经验研究的理论技巧，为他们后来的理论研究提供了文学化、美学化的经验。从18世纪英国经验美学开始，英国文学批评传统中就存在着明显而重要的经验分析的传统，经过"英文研究"的熏陶影响，20世纪英国马克思主义文学批评家更加强化了那种文本批评与分析的经验。理查德·霍加特、雷蒙·威廉斯、斯图亚特·霍尔、特里·伊格尔顿都有文学批评研究的学理背景，经过了严格的职业化的文学研究训练，这种学术训练和职业培养使他们获得了深入社会文化文本所必备的批评素养，这在某种程度上是与英国文学批评中的经验分析特别是"英文研究"的批评传统分不开的。比如威廉斯在写作《文化与社会》的过程中，采用的就是"利维斯主义"的文本分析的策略，而霍加特在《识字的用途》中则成功地将文学表意实践的经验分析方法应用于文化研究。

最后，"英文研究"传统也为20世纪英国马克思主义文学批评的理论生长与发展提供了广阔的文化空间。20世纪英国马克思主义文学批评能够在强大的"英文研究"的学术惯性中有效地融合工人阶级文化经验分析，能够在精英主义文学研究盛行的学术传统中接受并发展马克思主义批评，并形成有特色的理论研究，这是与英国文学批评传统的审美文化特质分不开的，这种特质正是"英国研究"所开创的广阔的文化空间带来的。在这种文化空间中，精英主义的学术传统、审美分析的批评实践、工人阶级文化经验的观察视角与马克思主义理论把握方式得到了深度融合，正是由于这个原因，英国学者马尔赫恩认为，英国马克思主义文学批评中一直存在着不断"接近利维斯主义"倾向。②

托尼·本尼特曾指出，在西方马克思主义文学批评家那里，他们在接受马克思主义理论的过程中总是存在一个"前马克思主义"的哲学立场，

---

① [英] 理查德·霍加特：《文化研究四十年——霍加特访谈录》，胡谱中译，载《现代传播》2002 年第 5 期。

② [英] 弗朗西斯·马尔赫恩：《当代马克思主义文学批评》，刘象愚等译，北京大学出版社 2002 年版，第 13 页。

"对于卢卡奇来说是黑格尔,对于科蒂莱是康德,而对于阿尔都塞则是斯宾诺莎"①。这种情形也可以用来说明 20 世纪英国马克思主义文学批评理论的产生过程。E. P. 汤普森后来提出了关于"英国文化研究"的"英国特性"研究,雷蒙·威廉斯坚决主张走出精英主义的文化研究模式,并对"利维斯主义"背后的英国文学批评的权力机制展开激烈批评,特里·伊格尔顿认为利维斯等人的"英文研究"脱离了整个的社会生活,并强调"今天英国的英国文学学生是'利维斯的信徒'",而我们今天已经"没有必要再做一个挂标签的利维斯信徒,就像没有必要再做一个挂标签的哥白尼信徒那样"。②但从深层次上,他们都没有完全排斥"英文研究"的学术传统,这也正是为什么威廉斯的《文化与社会》原本是为"抗拒"艾略特和利维斯而作,但又对利维斯充满了理论叙事上的"怀旧"的原因。从这个意义上说,"英文研究"传统对 20 世纪英国马克思主义文学批评而言不仅仅是一个需要被超越的"哈姆雷特的幽灵",③ 也是一种"传统的再生产"。

所谓"传统的再生产"是着眼于学理层面上的,即是说虽然雷蒙·威廉斯、理查德·霍加特、斯图亚特·霍尔以及后来的特里·伊格尔顿等人长期以来无法适应英国文学批评中的"英文研究"传统,都曾先后对"英文研究"传统有过理论上的批判,但这种批判不能理解为单方面的思想抗拒,而是一种深层次的理论超越,他们正是在继承与超越这种理论传统的过程中才走向马克思主义文学批评的理论建构的,这不但展现出了英国马克思主义文学批评与"英文研究"之间的那种"传统的再生产"的丰富的理论张力,而且奠定了英国马克思主义文学批评的理论基础,他们的理论选择对后来的英国马克思主义文学理论发展也有着重要的理论启发。

在 20 世纪英国马克思主义文学批评理论中,严肃的理论超越是建立在本土文学批评传统的思想继承基础上的,当它完成了这一超越,它的文化理论也就突破了既定的文化成规,走向了新的理论飞跃。

三、马克思主义在英国的兴起与英国马克思主义文学批评传统的确立

马克思主义在英国的兴起与英国马克思主义文学批评传统的确立有着

---

① [英]托尼·本尼特:《本尼特:文化与社会》,王杰等译,广西师范大学出版社 2007 年版,第 14 页。
② [英]特里·伊格尔顿:《现象学,阐释学,接受理论——当代西方文艺理论》,王逢振译,江苏教育出版社 2006 年版,第 30 页。
③ [英]托尼·本尼特:《本尼特:文化与社会》,王杰等译,广西师范大学出版社 2007 年版,第 14 页。

不可分割的关系。

首先,从时间起源来看,马克思主义在英国社会产生广泛影响的时刻也正是英国马克思主义文学批评的萌芽时期。马克思主义在英国最早的理论影响是在20世纪20年代发生的,1920年英国共产党诞生之后,英国马克思主义获得了初步发展,英国马克思主义文学批评也正是在这个时期经由考德威尔、韦斯特等人得以初步发展的,因此,马克思主义在英国的兴起与20世纪英国马克思主义文学批评的发端有着时间起源上的同一性。

其次,从理论生成的角度说,马克思主义的兴起与英国马克思主义文学批评传统的确立有着深刻的思想渊源。在20世纪30年代,考德威尔、韦斯特等人初步接受了马克思主义,但在当时,无论对马克思主义的理解,还是马克思主义文学批评实践,英国马克思主义的整体表现都是非常稚嫩的,马克思主义文学批评更存在着明显的简单化的缺陷。20世纪40年代,经过"考德威尔论争"之后,特别是在英国共产党历史学家小组的努力下,马克思主义在英国获得了深入发展。共产党历史学家小组是20世纪40年代形成于英国的一个重要的学术团体,由一批充满活力的青年历史学家组成,成员有E. P. 汤普森、霍布斯鲍姆、希尔、多布、哈里森等,他们接受了马克思主义,对马克思主义历史编纂学做了深入的研究,他们的理论工作"开创性地探索并部分成功地解决了马克思主义基本原理与英国民族理论传统相结合这个重大课题,从而使马克思主义在英国的理论土壤中得以生根、成长,并最终结出了硕果"①。这时,马克思主义在欧洲也开始受到较多的关注,马克思主义立场和观念开始对社会领域中的文化与思想产生影响,也正是在这个时刻,雷蒙·威廉斯、理查德·霍加特等英国马克思主义文学批评家开始走向马克思主义,他们强调马克思主义与文化理论的关系,并把马克思主义引入文化研究与文化分析过程,从而为英国马克思主义文学批评的确立奠定了重要基础。

最后,从思想精髓上看,英国马克思主义的兴起也是雷蒙·威廉斯、理查德·霍加特等人完善马克思主义文学批评思考的重要的思想源泉,马克思主义理论观念是他们从事马克思主义文学批评实践的重要的理论原则。20世纪50年代以来,正是在马克思主义理论的启发下,雷蒙·威廉斯、理查德·霍加特等人在批评考德威尔、韦斯特等英国早期马克思主义批评家机械和僵化观念的同时,开始采用从个体生活的角度统摄社会结构的文化分析方法,并关注经济生活和社会精神之间的复杂关系,从而实现了马克

---

① 张亮:《英国马克思主义理论传统的兴起》,载《国外理论动态》2006年第7期。

思主义文学批评跨越式的理论发展。

在当代西方马克思主义文学理论中，英国马克思主义文学批评无论是从理论成就还是从理论贡献而言，都是不容忽视的。20世纪英国马克思主义文学批评重要的理论代表如理查德·霍加特、雷蒙·威廉斯、特里·伊格尔顿、斯图亚特·霍尔、托尼·本尼特，他们不但以自身的理论探索丰富了马克思主义理论的园地，而且以鲜明的理论立场和问题意识发展了不同于欧美其他国家的马克思主义批评理论。但是，作为一种文化传统的马克思主义文学批评的确立与马克思主义理论兴起之间的关系也是复杂的，从20世纪30年代英国马克思主义文学批评的初步发展，到50年代英国马克思主义文学批评的理论奠基，乃至70年代英国马克思主义文学批评在发生"葛兰西转向"之后的整体理论拓展，英国马克思主义文学批评家对待马克思主义的态度也有着一个复杂的变化过程。雷蒙·威廉斯在20世纪50年代创作《文化与社会》的时候就对马克思主义的经济决定论很不满意，到了1977年的《马克思主义与文学》中，仍然不断调整他对马克思主义的理论态度；理查德·霍加特写于1958年的《文化的用途》已经带有马克思主义批评的理论色彩，但从1964年任伯明翰大学"当代文化研究中心"主任，到1968年转往联合国教科文组织任职，这段时间他对马克思主义的态度又比较模糊；斯图亚特·霍尔在20世纪50年代开始从马克思主义思想视野思考文化问题，但他的思想也存在着与马克思主义不完全同步的特征。

霍尔认为，"英国文化研究"与马克思主义理论的关系是："在马克思主义周围进行研究，研究马克思主义，反对马克思主义，用马克思主义进行研究，试图进行发展马克思主义研究。"① 这一点也确实是20世纪英国马克思主义文学批评理论的特殊之处。理查德·霍加特、雷蒙·威廉斯、斯图亚特·霍尔、特里·伊格尔顿等从马克思主义那里获得了深入社会文化实践的思想原动力与批评实践方式，他们与那种传统的机械的马克思主义批评划清界限之时，也从马克思主义思想广泛的预见性与实践性中获得了思想掘进与理论拓展的启发，他们是在不断地反思甚至批判马克思主义的同时走向马克思主义批评的，但这不影响20世纪英国马克思主义文学批评展现出超越性的思想力量，它并非简单地复述马克思主义的固有观念，而是在与自身理论传统的调适中，在文学研究的具体过程中实践马克思主义理论原则，进而走向马克思主义理论的深刻发展的，这一点也是20世纪英国马克思主义文学批评重要的理论背景。

---

① ［美］丹尼斯·德沃金：《文化马克思主义在战后英国》，李凤丹译，人民出版社2008年版，第5页。

马克思主义在英国的兴起为英国马克思主义文学批评传统的确立做出了重要的思想策动，也为 20 世纪英国马克思主义文学批评的理论生成提供了重要的理论建构路径，这同样是一个理论超越与回归的过程。正是在英国马克思主义兴起的理论启发下，20 世纪英国马克思主义文学批评实现了理论生成、发展与丰富的过程，也创造了一种泽被后世的思想遗产和马克思主义文学批评的理论范式。

第二节　20 世纪英国马克思主义文学批评的发展历程

20 世纪英国马克思主义文学批评理论经历了多重的思想变革。从发展进程上看，大致经历三个阶段：20 世纪 30 年代至 40 年代，以考德威尔为代表的早期理论孕育与争辩阶段；20 世纪 50 年代至 70 年代，以雷蒙·威廉斯、E. P. 汤普森、理查德·霍加特、斯图亚特·霍尔等为代表的理论奠基与丰富阶段；20 世纪 80 年代以来，以特里·伊格尔顿、托尼·本尼特等为代表的理论纵深发展阶段。20 世纪英国马克思主义文学批评理论的每一次理论进展都充满着本土文化传统、域外马克思主义理论观念影响及其文学批评实践的交融汇合，每一次理论发展都有质的飞跃。把握 20 世纪英国马克思主义文学批评的理论发展，不仅需要历史线性发展的纵深视野，更需要理论内部不同层次、不同面向的细致考察。这不仅是一个复杂的学理发展的过程，更是一个复杂的观念变革与思想融合的过程。

一、考德威尔与 20 世纪英国马克思主义文学批评的早期传统

在 20 世纪英国马克思主义文学批评理论发展中，克里斯托弗·考德威尔（Christopher Caudwell）是一个重要的理论先驱。考德威尔 1907 年出生于英国一个中产阶级家庭，曾当过报社记者、图书出版公司职员。1933 年开始从事文学创作，1933 年至 1937 年曾先后出版了七部侦探小说和一部长篇小说，并创作了一些诗歌和短篇小说。从英国文学史来看，这位自学成才的文学青年在英国文学发展轨迹上并未留下太多精彩的记录，倒是 20 世纪 30 年代开始接触马克思主义并着手从事马克思主义文学批评的理论思考，使他在英国文学史上有了重要的记载。

考德威尔 1935 年加入英国共产党，1937 年在西班牙内战保卫马德里的

战斗中不幸牺牲。在其短暂的人生生涯中，考德威尔在书斋和战场之间留下了为数不多的批评文献。1935年至1937年，考德威尔先后出版了《幻象与现实》(*Illusion and Reality*)、《论垂死的文化》(*Studies in a Dying Culture*)、《再论垂死的文化》(*Further Studies in a Dying Culture*)、《传奇与现实主义》(*Romance and Realism*)等文学批评著作。其中被称为"英国马克思主义文学批评的第一部重要文献"① 的《幻象与现实》，奠定了他在早期英国马克思主义文学批评理论研究中的先驱地位。

《幻象与现实》是考德威尔的文学理论研究的代表作，也是他的马克思主义文学批评研究的重要的理论著作。在《幻象与现实》中，考德威尔考察了近代英国诗歌在英国资本主义社会产生发展的历史，并对叶芝、艾略特、乔伊斯、劳伦斯等20世纪30年代的英国作家进行了严肃的批评。考德威尔认为，文学作为参与现实斗争的一种方式，并不是超然独立的自由人的神话，"文学是由社会力量决定的，是由分泌着它的社会运动决定的"②。封闭的艺术世界是不可能实现的，诗歌绝不单纯是现实世界的幻象，诗歌产生于一种社会现实。从幻象与现实的能动关系出发，他认为以叶芝、艾略特、乔伊斯、劳伦斯等为代表的资产阶级文学表现出越来越严重的个人主义，完全封闭在自身的天地里，严重地脱离现实，已经演变为了僵化的自然主义和温情的资产阶级幻象。考德威尔认为，这样一种局面是不利于英国文学发展的。在他看来，改变当时资产阶级文学困境的方式在于现实的斗争，他说："事态已发展到这样的地步，通过社会关系的小修小补，通过艺术手段使本能适应环境已于事无补了。社会关系本身必须重建……但只有一种革命性的解决方法。"③

在《幻象与现实》中，考德威尔较早地将马克思主义唯物辩证法的方法论立场和唯物史观应用于英国文学批评中，其中展现的用马克思主义立场统摄自然与社会、主观与客观、理论与实践的批评观念，以及在幻象与现实的辩证理解中展现出的批评实践，是20世纪英国马克思主义文学批评最早的理论形态。

除了《幻象与现实》，考德威尔的其他著作也体现出了一定的理论探索成绩。在《传奇与现实主义》中，考德威尔深刻地批评了当时英国文学批

---

① ［美］雷纳·韦勒克：《近代文学批评史》（第5卷），杨自伍译，上海译文出版社2005年版，第224页。

② ［英］克里斯托弗·考德威尔：《考德威尔文学论文集》，陆建德等译，百花洲文艺出版社1995年版，第414页。

③ ［英］克里斯托弗·考德威尔：《考德威尔文学论文集》，陆建德等译，百花洲文艺出版社1995年版，第431页。

评普遍存在的主客对立的二元论文学观念，他认为："主观和客观并不是互相排斥、严格对立的。事实上，完全的客观性把我们带回到完全的主观性，反之亦然。"① 特别难能可贵的是，在考德威尔早期的马克思主义文学批评思考中，他已经较早地注意到了工人阶级意识与当时社会审美文化发展的关系，在《论垂死的文化》中，他已经注意到了当时英国社会工人阶级文化经验崛起的现实，特别是注意到了当时社会出现的大众文化的特征，并结合他的文学批评实践对这些新兴文化形式予以批判，从而体现了先驱性的理论探索精神。

考德威尔的著作大部分是在他去世后出版的，引起的反响也是复杂的。从迄今为止人们对他的评论来看，人们对这位英年早逝的批评家仍然给予了深深的敬仰与同情，考德威尔的生命历程更是被人们看作激情涌动的社会生活的一个精彩片段。受当时的历史条件及其理论接受的限制，考德威尔的马克思主义文学批评不可避免地存在机械应用的缺陷，有些批评尝试甚至"粗糙鲁钝"，② 但他对20世纪英国马克思主义文学批评的理论开拓之功还是不能抹杀。英国文学史家和文学评论家戴维·洛奇认为，《幻象与现实》"是第一部英国的马克思主义批评家所写的文学理论著作，在许多方面至今仍是最好的著作"。③ 也有的研究者认为，他是"战前英国唯一真正最早的马克思主义者"。④ 考德威尔现实生命中的政治活动赢得了后人的尊重，他的马克思主义文学批评理论也应该获得恰如其分的评价，20世纪40年代英国马克思主义文学理论研究中的"考德威尔论争"正是对他的马克思主义文学批评的有效的理论回应。

20世纪40年代，以英国《现代季刊》（*Modern Quarterly*）为核心，英国学术界发起了"考德威尔论争"。英国学者莫里斯·康福斯、伯奈尔、乔治·汤普森、阿诺德·凯特尔等围绕考德威尔的理论遗产问题以及考德威尔是否是一个马克思主义者的问题展开了激烈的辩论。莫里斯·康福斯、伯奈尔等人批评考德威尔的作品存在僵化地理解马克思主义的理论缺陷，否认考德威尔是一个马克思主义者；乔治·汤普森、阿诺德·凯特尔等则推崇考德威尔的《幻象与现实》等作品，并把它们看作马克思主义文艺理

---

① ［英］克里斯托弗·考德威尔：《考德威尔文学论文集》，陆建德等译，百花洲文艺出版社1995年版，第333页。
② ［美］雷纳·韦勒克：《近代文学批评史》（第5卷），杨自伍译，上海译文出版社2005年版，第224页。
③ ［英］戴维·洛奇：《二十世纪文学评论》，葛林等译，上海译文出版社1993年版，第338页。
④ ［英］戴维·麦克莱伦：《马克思以后的马克思主义》，林春等译，东方出版社1986年版，第333页。

论研究的重要尝试。莫利斯·康福斯、凯特尔等人对考德威尔的马克思主义者身份的质疑已经逐渐湮没在英国马克思主义文学批评的历史之中，从20世纪英国马克思主义文学批评理论的发展来看，"考德威尔论争"的马克思主义文学批评学术史意义已经远远超出了论争本身。

20世纪40年代以后，随着论辩的偃旗息鼓，人们已经逐渐认识到，在斯大林主义的马克思主义盛行时期，尽管考德威尔在应用马克思主义哲学观念和理论方法上还存在机械化、简单化的缺陷，但仍然不能抹杀他的批评实践对20世纪英国马克思主义文学批评理论发生与发展的意义，他的理论探索是20世纪英国马克思主义文学批评研究在30年代最鲜明的理论标志和代表。我们相信，如果不是考德威尔英年早逝，他日后所能取得的马克思主义文学批评成就是无法估量的。而且，就当时的现实情形来看，面对"一战"后英国社会政治动荡、经济艰难以及法西斯主义威胁的现实，在社会政治与意识形态变革呼声不断高涨的过程中，考德威尔主动接受并力行马克思主义理论研究与批评实践，这对马克思主义在20世纪英国社会思想文化领域中的接受发展有着积极的意义。

而从美学与批评的角度而言，考德威尔的马克思主义文学批评实践其实是在20世纪英国文学发展的现实语境中较早地将马克思主义理论观念、思想方法融入审美文化现实经验的理论先行者。从当时英国文学与批评的现实情形来看，在精英主义文学传统已然生成，经验主义文学观念影响深远，形式主义、语义学、新批评等重视文学"内在研究"的批评流派已经崛起的情况下，考德威尔强调文学批评的现实主义特色，重视马克思主义文学批评实践与现实文化的关系，他的理论探索与20世纪英国马克思主义文学批评的理论传统有着内在的一致性，对20世纪英国马克思主义文学批评理论发展的意义也是重要的。

二、"英国文化研究"与20世纪英国马克思主义文学批评的理论奠基

在20世纪英国马克思主义文学批评理论的发展历程中，20世纪50年代以来以雷蒙·威廉斯、E.P.汤普森、理查德·霍加特、斯图亚特·霍尔为代表的"英国文化研究"是一个重要的理论阶段，也是20世纪英国马克思主义文学批评的理论奠基与丰富发展的时刻。这里所说的"英国文化研究"特指由英国早期文化理论家雷蒙·威廉斯、E.P.汤普森、理查德·霍加特、斯图亚特·霍尔所开创的在英国生长的"文化与社会"研究学派，

是从伯明翰学派的理论内部发展出的与英国工人阶级文化经验有重要理论关联的学术传统，与当下泛化的"文化研究"有一定差别。

在一般的观念中，人们普遍会认为"英国文化研究"是当代西方文化研究领域中的学术传统，人们习惯将"英国文化研究"看作伯明翰学派的理论继承与实践拓展，甚至认为"英国文化研究"仅仅是指英国伯明翰大学当代文化研究中心（CCCS）那一历史时段的研究。我们当然不能忽略"英国文化研究"与伯明翰学派的理论继承关系，但是，将"英国文化研究"仅仅局限在伯明翰大学当代文化研究中心的理论视野上，难以完全概括"英国文化研究"的学术面貌。

首先，"英国文化研究"是一个整体性的概念，它所涉及的理论家非常复杂。不但包括"正牌"的伯明翰学派的理论家，也就是直接在 CCCS 工作过的成员如理查德·霍加特、斯图亚特·霍尔、理查德·约翰生和乔治·拉朗，还包括没有直接在 CCCS 工作过但对"英国文化研究"同样有过启发和重要理论贡献的理论家，如雷蒙·威廉斯、E. P. 汤普森等。其次，"英国文化研究"是一个历史性的概念，它不仅仅指伯明翰学派那一个既定历史时段的文化研究，伯明翰学派之前的马修·阿诺德、利维斯主义的批评传统与伯明翰学派之后的马克思主义文化理论家雷蒙·威廉斯、特里·伊格尔顿、托尼·本尼特的研究仍然属于"英国文化研究"学术传统之内，而且现在看来，他们在马克思主义文化理论研究中的作用越来越不容忽视。最后，从学术传统上看，"英国文化研究"也不仅是指伯明翰学派那一时期的研究，而且是一个有着复杂的理论观念发展和学术经验整合的过程。

在学术传统上，作为一个整体的"英国文化研究"的学术谱系基本上是在四个维度上展开的：其一，它是随着英国文学学科的学术发展而发展的，与英国文学研究的学术迈进有极大的同一性；其二，它是在对文化与道德、文化与素养、文化与生活方式的培育、文化与精英文学培养等观念的批判中发展而来的传统，主要表现为对英国文学批评传统中的"利维斯主义"的审美道德意识和精英主义观念的批判性超越；其三，它是在对工人阶级与大众文化经验研究、英国成人教育的职业训练以及战后英国商业文化、消费文化经验的深入总结与理论提升中发展而来的传统；其四，它还是一系列理论思想催生的结果，如马克思主义、阿尔都塞思想、葛兰西的文化领导权理论、福柯的文化观念以及布尔迪厄的社会文化学理论，都对"英国文化研究"总结和提升英国工人阶级与大众文化经验起到了重要的作用。

由于"英国文化研究"有着伯明翰学派创造的辉煌的开端，所以人们将"英国文化研究"与伯明翰学派联系在一起也不足为奇。但从上述学术谱系也可以看出,在"英国文化研究"的学术传统内部,包括伯明翰学派的文化研究仍然存在着多种学术资源与理论观念的思想整合。"英国文化研究"传统的生成和发展与20世纪英国马克思主义传统之间也有着复杂的理论联系。

首先,从"英国文化研究"的起源来看,"英国文化研究"传统的生成与英国马克思主义理论传统有一定的关系。"英国文化研究"的理论发端的时刻,也正是英国马克思主义文学批评传统确立的时期。其次,从文化观念来看,马克思主义理论传统在英国的传播与发展促进了英国"左派文化"的发展,而英国"左派文化"的产生特别是工人阶级文化的发展,为"英国文化研究"提供了重要的思想土壤。"英国文化研究"重要理论代表雷蒙·威廉斯、理查德·霍加特与E. P. 汤普森等都出身于工人阶级,他们是"二战"以后崛起的、具有"左派文化"立场的英国新一代知识分子的代表,他们的理论研究为"英国文化研究"理论的发展起到了重要的推动作用。最后,在方法原则上,20世纪50年代"英国文化研究"的"文化与社会"研究视角与马克思主义理论传统的启发也有重要的关系。"英国文化研究"的一大理论侧重也就是从工人阶级文化经验、大众文化分析出发,在"文化与社会"的理论谱系上发展出一种特殊的文化研究模式,从而对文化体制、文化格局甚至政治格局产生重要影响,而这与马克思主义理论观念有着或隐或现的理论和实践上的联系。特别是雷蒙·威廉斯,他在把马克思主义文学批评发展到"文化唯物主义"的"关键时刻"①的同时,更使"英国文化研究"与马克思主义理论的联系变得紧密而重要。20世纪70年代,"英国文化研究"在文化主义与结构主义理论范式的分裂中,正是从葛兰西的马克思主义理论获得了理论启发,从而实现了理论的重生与新的飞跃。

正是在"英国文化研究"的理论促动下,20世纪50年代到70年代,英国马克思主义文学批评展现出了最丰富的理论图景。在这一时期,雷蒙·威廉斯的《文化与社会》《关键词》《漫长的革命》、理查德·霍加特的《识字的用途》、E. P. 汤普森的《英国工人阶级的形成》,既是"英国文化研究"的宣言式的作品,向来在"英国文化研究"传统中占据重要的位置,也是20世纪英国马克思主义文学批评的理论奠定之作。相对于英国早期的马克思主义批评,这一时期的理论研究使马克思主义文学批评开始走出蜗居于象牙塔内的学院风格,在文化分析中摆脱了经济基础/上层建筑的

---

① [英] 弗朗西斯·马尔赫恩:《当代马克思主义文学批评》,刘象愚等译,北京大学出版社2002年版,第16页。

僵化分析模式，使马克思主义理论与文化研究在作为理想价值的文化和作为可实现的生活方式的文化之间找到了融合的基点。现在看来，这种影响对20世纪英国马克思主义文学批评理论的发展意义非凡，不但起到了理论奠基的作用，而且带来了理论上的丰富发展，更重要的是促进了"英国文化研究"传统与马克思主义文学批评传统深刻的理论联系。"文化"与马克思主义的理论联系也成了这一时期英国马克思主义文学批评理论的重要主题，它的重要贡献是激发了马克思主义文学批评的理论活力，而这种理论活力也为后来的英国马克思主义文学批评家所继承。

三、马克思主义文学批评的纵深发展与理论突破

由于受到各方面的限制，伯明翰大学当代文化研究中心同时期的工作人员从来没有超过3人，这也预示它从一开始面临的就是前途未卜的命运。[①] 20世纪50年代奠定的"英国文化研究"学术传统从70年代开始分化。1974年，霍加特从伯明翰大学当代文化研究中心辞职；1980年，霍尔相继离开；90年代以后，乔治·拉伦在官方的压力下，将文化研究中心与社会学系合并，成立了文化研究与社会学系。2002年，伯明翰大学文化研究与社会学系在各种压力下解散。一度风生水起的伯明翰大学当代文化研究中心不复存在了。伯明翰大学当代文化研究中心虽然在体制形式上消失了，但这不影响"英国文化研究"已经成了一个永远被人们纪念的学术传统，它之后的思想余脉更是产生了重要而积极的影响。

20世纪英国马克思主义文学批评在"英国文化研究"阶段获得了辉煌的理论奠基性的发展，伯明翰学派的文化研究告一段落之时，也正是英国马克思主义文学批评吸收多重理论资源与文化经验从而再度走向深入发展之日。特别是从20世纪八九十年代以来，随着世界性和全球化的文化研究思潮愈演愈烈以及各种后现代主义哲学文化思潮的风起云涌，20世纪英国马克思主义文学批评更加展现出了引人注目的影响。

由于伯明翰大学当代文化研究中心的重要影响，目前学界基本上把伯明翰学派与伯明翰大学的当代文化研究中心的理论成就等量齐观，这是符合事实的。但也要注意的是，其实在学术跨度上，伯明翰学派远远超出了当代文化研究中心实质的研究时限，包括了当代文化研究中心成立之前以及当代文化研究中心合并和解散之后的理论发展与传承过程。"英国文化研

---

① ［英］理查德·霍加特：《文化研究四十年》，胡谱忠译，载《现代传播》2002年第5期。

究"并没有一个绝对的开端,"英国文化研究"更多地指的是20世纪60年代以来在英国发生的文化研究的理论与方法,它甚至不是一个有明确时间线索的学术团体的行为。其实,伯明翰学派也是如此,它是一个比较宽泛的学术联合体,而非固定的学术团体。在理论发展上,伯明翰学派既包括20世纪60年代由理查德·霍加特、斯图亚特·霍尔主持的当代文化研究中心的理论研究,其成员为伯明翰大学当代文化研究中心的核心成员,如理查德·霍加特、斯图亚特·霍尔、理查德·约翰逊、乔治·拉伦、保罗·威利斯、迪克·赫布迪奇、安吉拉·麦克罗比等,学界往往称其为"早期伯明翰学派"。英国马克思主义文学批评发展到20世纪80年代之后,理论观念和实践方式与"早期伯明翰学派"都有不同的变化。这个变化既有对早期"英国文化研究"传统的呼应,也有从文化实践的当下语境出发对英国文学批评传统的批判;既有理论建构和实践方式上的继承,更有在不同文化视野与文化语境中的超越。其中重要的理论代表是特里·伊格尔顿和托尼·本尼特,他们进一步将英国马克思主义文学批评传统发扬光大了。

特里·伊格尔顿的文学思想非常复杂,他是在雷蒙·威廉斯的启发下走上马克思主义文学批评研究道路的,同时又是西方马克思主义以及阿尔都塞学派文学批评的重要代表。在他的身上,既有以雷蒙·威廉斯为代表的重视文化与社会分析的英国马克思主义文学批评传统的影响,也有重视意识形态文化实践功能的阿尔都塞学派思想的影子,还有强调文学批评"革命"精神的本雅明思想的影响,多重理论资源在伊格尔顿的马克思主义文学批评中形成了一种"理论合力",从而使他的马克思主义文学批评观念呈现出非常明显的理论对话性。

伊格尔顿的马克思主义文学批评理论研究主要体现在《瓦尔特·本雅明或走向革命的批评》《文学理论:导论》《反本质》《审美意识形态》《后现代主义的幻象》《文化的概念》《甜蜜的暴力》等作品中,他的马克思主义文学批评注重以审美意识形态为核心问题,在当代文化政治研究的视野中把握文学批评的现实状况与实践走向,既体现了一个马克思主义文学理论家的宏观视野,同时又在思想精神上展示了马克思主义文学批评深入社会文化现实的批判意识。伊格尔顿对20世纪英国马克思主义文学批评传统有着较深刻的理解,他曾多次批评考德威尔等英国马克思主义文学批评僵化和机械的理论模式,他甚至认为考德威尔的观点仅仅是"资产阶级认为艺术'组织混乱的现实'这一批评滥调的变种"[①]。但伊格尔顿说,他并没

---

① [英]特里·伊格尔顿:《马克思主义与文学批评》,文宝译,人民文学出版社1986年版,第27页。

有把考德威尔视为所谓"庸俗的马克思主义"而不屑一顾的意思,相反,伊格尔顿认为,马克思主义"是依据产生文学的历史条件来分析文学的;同样,它还需要了解历史本身的条件"①。因此,他其实仍然比较珍视英国马克思主义的批评传统。

在20世纪英国马克思主义文学批评理论发展中,伊格尔顿是继雷蒙·威廉斯之后贡献最大的理论家,虽然他探讨的问题很多都溢出了文学的疆界,并且主动介入当代文化思想领域中的各种纷争,时常表现出凌厉辛辣的批评风格,但在学理层面上扎实推进了"英国文化研究"的学术传统,丰富和拓展了英国马克思主义文学批评中的"文化唯物主义"的理论范式。伊格尔顿的马克思主义文学批评理论还蕴含着深刻的"文化与社会"的个案分析和实证研究的理论形态,他的审美意识形态研究、悲剧研究、文化政治批评不但构成了20世纪英国马克思主义文学批评的基本问题,而且也为20世纪英国马克思主义文学批评拓展方法论视野提供了重要的理论参照。他与雷蒙·威廉斯、路易·阿尔都塞、瓦尔特·本雅明等西方马克思主义理论家的批判与对话关系,构成了20世纪英国马克思主义文学批评研究的重要的思想资源,所以他当之无愧地成了20世纪80年代以来英国马克思主义文学批评理论纵深发展与理论突破的理论代表。

相比理查德·霍加特、斯图亚特·霍尔、E. P. 汤普森、雷蒙·威廉斯,包括特里·伊格尔顿,托尼·本尼特是英国马克思主义文学批评研究的"后来者",处于英国马克思主义文学批评传统继承与深化的位置上,但这不影响托尼·本尼特的马克思主义文学批评理论与实践有独树一帜的风格与鲜明可见的特色。

托尼·本尼特的马克思主义文学批评与文化研究主要发生在20世纪70年代以后,在20世纪八九十年代更加活跃,他的马克思主义批评理论研究主要集中在他的《形式主义与马克思主义》、《马克思主义与通俗小说》、《文学之外》、《博物馆的诞生——历史、理论和政治》、《将政策引入文化研究之中》、《文化与治理性》、《知识分子、文化政策:技术的、实践的、批判的》、《邦德及其超越》(与珍妮·沃考特合作)等著作中。托尼·本尼特的理论与早期"英国文化研究"的学术传统有不同之处。就学术传统而言,他从英国文学学科的学术训练获得的批评经验不是很鲜明,他的文化研究理论不像雷蒙·威廉斯和特里·伊格尔顿那样注重对英国社会发展中的文学经验的剖析和对话,也不像伯明翰学派的文化研究那样强调对大众文化

---

① [英]特里·伊格尔顿:《马克思主义与文学批评》,文宝译,人民文学出版社1986年版,第271页。

进行直接正面的研究，特别是对英国文学批评中的"利维斯主义"观念，他表现出了宽容式的理解，更强调对之进行学理性的分析，并注意到了雷蒙·威廉斯等人的批评理论的"二重性"立场以及对"英国文化研究"的理论选择的潜在影响。就教育背景而言，托尼·本尼特大学和研究生阶段的专业是政治学、社会学、哲学和经济学，研究兴趣集中在艺术和文学社会学，所以他更多的是从社会学、人类学等学科角度关注文学问题，更加注重实证性的统计分析和人类学、社会学方法的应用与批评实践。就学术经历而言，本尼特早年也曾从事英国成人教育工作，像雷蒙·威廉斯等人一样对英国工人阶级的教育现状和文化经验有深刻的体察，但后来又长期受聘于澳大利亚文化与媒介政策研究中心，学术兴趣转向了文化的治理性、文化研究与文化机构、文化研究与文化政策、文化研究与知识分子等问题上。对这些问题，他既有理论上的总结和提升，又有文化实践上的实际工作，所以相比"英国文化研究"的学术传统而言，托尼·本尼特的马克思主义文学批评研究更加注重经验性、实效性与参照性。最后，就哲学观念与思想方式而言，他对"英国文化研究"中的"利维斯主义""阿尔都塞传统"以及文化研究中"文化主义"与"结构主义"两种范式没有明显的继承，他对雷蒙·威廉斯、特里·伊格尔顿、阿尔都塞的批评理论也有较多批判，而对福柯的"治理性"观念以及葛兰西的文化领导权观念则有明显的借鉴，并在他们的理论基础上更加注重文化研究的治理性与实践研究。

因而，本尼特的理论较多地体现了对"英国文化研究"早期传统的超越性，其文学批评理论观念不同于西方马克思主义的哲学传统，也不同于早期"英国文化研究"的文化分析方法，而是注重经验性、治理性、实效性的批评实践。但是，他的这种超越也是建立在及时、必要的理论呼应的基础上的。他充分重视"英国文化研究"的实践取向，对马克思主义理论中的经济基础/上层建筑观念以及"英国文化研究"的"文化唯物主义"传统又有明显的理论呼应，对文学的意识形态、文学的历史性、文化研究与马克思主义、马克思主义批评与通俗小说的关系具有深刻的理论见识。正是在这个意义上，托尼·本尼特的马克思主义文学批评既超越了"英国文化研究"中的文化主义和结构主义范式，又对20世纪"英国文化研究"的学术传统具有理论范式上的反思与深化，从而展现了20世纪英国马克思主义文学批评在八九十年代以来的新的理论发展。

特里·伊格尔顿和托尼·本尼特也是当前马克思主义文学批评研究正活跃的学者，其理论影响也早已超出了英国本土，特别是20世纪90年代以来，他们在当代文化研究理论与实践中的活跃表现与实践影响更是奠定了马克思主义文学批评家的先锋角色与位置，从而与 20 世纪 30 年代的考德威尔，50—70 年代的理查德·霍加特、斯图亚特·霍尔、雷蒙·威廉斯共同构成了 20 世纪英国马克思主义文学批评学术谱系的重要理论坐标。他们的理论成绩也标志着 20 世纪英国马克思主义文学批评理论的纵深发展，一直到今天，这个发展仍然在持续。

第三节　20 世纪英国马克思主义文学批评的理论特征

　　20 世纪英国马克思主义文学批评是马克思主义理论与 20 世纪英国独特的文化传统与批评实践在共生、互动、选择、借鉴乃至批判中所产生的理论张力影响的结果。20 世纪英国马克思主义理论家在自觉选择与主动接受欧洲其他民族地域的马克思主义思想的基础上，在对本土文学批评传统的继承与超越中，形成了独特的文化马克思主义的批评理论形态。"文化与社会"构成了 20 世纪英国马克思主义文学批评特殊的观察视角；理论建构与文化分析相融合的"民族志"研究体现了 20 世纪英国马克思主义文学批评的阐释路径；在马克思主义立场上积极面向现实文化经验，不断增强理论对象化现实的能力的"文化唯物主义"观念，则展现了 20 世纪英国马克思主义文学批评的理论品格。

一　"文化与社会"：20 世纪英国马克思主义文学批评的观察视角

　　"文化与社会"是一种宽泛的说法，指的是 20 世纪英国马克思主义文学批评的观察视角和批评方式。"文化与社会"的传统最早是由理查德·霍加特、雷蒙·威廉斯及 E. P. 汤普森等人共同奠定的。在理查德·霍加特的《识字的用途》、雷蒙·威廉斯的《文化与社会》、汤普森的《英国工人阶级的形成中》中，"文化"与"社会"不是截然分开的自足领域，而是彼此间充满了意义纠结与形式关联的综合地带，"文化与社会"的理论建构方式也更多地指向一种理论起源式的语境现实。这在理查德·霍加特的《识字的用途》中表现得非常明显。在《识字的用途》中，霍加特从"来自日常生活细节的兴趣"① 出发，对 20 世纪 30—50 年代英国工人阶级生活现状与文化进行了细致的描写，其中涉及工人阶级的教育、文化、宗教、娱乐、家庭生活等各个方面。在他的笔下，英国工人阶级的生活与文化没有因为工业革命而受到影响，反而仍然保持着类似工业革命前的那种有机社会的生活态度，工人们可以坐车外出郊游、喝啤酒、吃冰激凌，还可以旁若无人地大笑和打闹。霍加特没有将工人描写成群氓，他的前辈马修·阿诺德与利维斯笔下的那一群"无政府主义者"的混乱生活已全然不见，展现的是浓郁的具有日常生活色彩的工人阶级日常文化景观。有的研究者指出，在《识字的用途》中，霍加特仍然还具有一定的"利维斯主义"倾向，因为他也认识到了文化的重要性，"然而，他的研究与利维斯派不同的地方是他对工人阶级文化细致入微的关注"②。霍加特独特的研究角度与切入工人阶级文化的方式强化了对工人阶级身份与阶级意识的认同，他的研究方式正是那种观察式的，从文化体验与经验构成的视角来把握工人阶级文化与日常实践的特征，这对于后来的英国马克思主义文学批评理论的生成具有积极的影响。

在理查德·霍加特写作《识字的用途》的时候，雷蒙·威廉斯正在创作他的著名的《文化与社会》。根据美国学者丹尼斯·德沃金的考察，在各自写作自己的理论著述的时候，他们并没有见过面，一直到 20 世纪 50 年代他们才仅仅通过 12 封信。③ 在《文化与社会》中，威廉斯就用"文化与社会"的观察方式来阐释 18 世纪中期以来到 20 世纪 50 年代的英国小说，并把工业革命以来英国社会的文化历史变迁与各种观念和价值变化的过程联系起来。在后来的《漫长的革命》中，威廉斯又谈道："我们的整体生活方式——从我们的共同体形态到教育组织和教育内容，从家庭结构到艺术和娱乐的地位——都深受民主和工业的发展过程以及它们之间相互作用的影响，也深受传播扩展的影响。这场深刻的革命构成了我们重要的生存经验当中很大的一部分，它正在被解释，而且的确以各种复杂的方式在艺术和思想的世界里引发了论战。"④ 在威廉斯看来，影响生活的革命有民主的革命、工业的革命和文化的革命，"只从政治和经济的角度来思考社会，是过

---

① Richard Hoggart. The uses of literacy: aspects of working-class life. England: Penguin, Harmondsworth, 1958, p. 147.
② [英] 约翰·斯道雷:《文化理论与通俗文化导论》，杨竹山等译，南京大学出版社 2001 年版，第 73 页。
③ [美] 丹尼斯·德沃金:《文化马克思主义在战后英国》，李凤丹译，人民出版社 2008 年版，第 133 页。
④ [英] 雷蒙·威廉斯:《漫长的革命》，倪伟译，上海人民出版社 2013 年版，第 3 页。

于狭隘的,摆脱这种思考的方式显然可以走得更远"①。威廉斯的《文化与社会》曾被誉为"英国战后知识分子生活的一个创新事件"②,它开创了一个新的理论研究传统,这种传统"从个人对文本的阅读,转进到整个社会的运动,寻找特定再现实践如何连接到整个文化的观看方式"③,强调的正是从"文化与社会"的角度重新阐释变化中的社会观念及其价值。

在20世纪英国马克思主义文学批评理论发展中,关于"文化与社会"的理论观察视角,不能不重提E. P. 汤普森。他的《英国工人阶级的形成》虽然不是专门的文学研究与文学批评著作,但它在英国工人阶级文化经验与阶级意识产生过程上的系统研究,对英国马克思主义的理论兴起、对20世纪英国马克思主义文学批评传统的确立都具有非凡的意义。在《英国工人阶级的形成》中,汤普森完整阐述了工业革命与英国工人阶级文化经验形成的关系。在汤普森看来,英国工业革命的历史造成了被剥削者的一种社会和文化上的汇合,工业革命以来,人民要同时从属于两种无法忍受的关系,一种是经济剥削的加剧,另一种是政治压迫的加强。这种经济的与政治的双重压迫,使英国工人阶级成了一种独特的存在。汤普森向我们说明,在英国,工人阶级的产生不仅仅由于工资收入、生活状况等可度量的经济生活,更多的是一种"社会和文化的构成"④。以往的经济学家以统计数字为基础,他们把工人阶级看成劳动力,看成群氓,看成一系列原始材料;还有的研究者把工人阶级看作"福利国家的先驱""社会共和国的前辈""理性工业关系的早期实例"。在汤普森看来,这些看法其实都是从工人阶级已然生成的角度出发的,而忽视了作为一个阶级的工人阶级生成过程中的"天路历程",所以他说他的目的是:

> 我想把那些穷苦的织袜工、卢德派的剪绒工、"落伍"的手织工、"乌托邦式"的手艺人,乃至受骗上当而跟着乔安娜·索斯科特跑的人都从后世的不屑一顾中解救出来。他们的手艺与传统也许已经消失,他们对新出现的工业社会持敌对态度。这看起来很落后,他们的集体主义理想也许只是空想,他们的造反密谋也许是有勇无谋;然而,是

---

① [英]雷蒙·威廉斯:《漫长的革命》,倪伟译,上海人民出版社2013年版,第136页。
② [英]约翰·斯道雷:《文化理论与通俗文化导论》,杨竹山等译,南京大学出版社2001年版,第80页。
③ [澳]格雷姆·特纳:《英国文化研究导论》,唐维敏译,(台北)亚太图书出版社2000年版,第55页。
④ [英]E. P. 汤普森:《英国工人阶级的形成·前言》,钱乘旦等译,译林出版社2006年版,第4页。

他们生活在那个社会剧烈动荡的时代，而不是我们；他们的愿望符合他们自身的经历。如果说他们是历史的牺牲品，那么他们现在还是牺牲品，他们在世时就一直受人诅咒。①

汤普森无疑为我们理解英国工人阶级文化经验的发展提供了一个很好的观察视角，也是一个很重要的理解方式，"阶级是一种关系，而不是一种东西"，"它之所以存在，既没有典型化的利益与觉悟，也不像病人躺在整形医生的手术台上那样让人随意塑造"。②汤普森的理论启发在于深刻地呈现了工人阶级文化经验生长的历史性，他强调的是工人阶级作为一个群体的组织形式、情感经验与文化构成，包括他们的阶级意识与情感态度、身份意识与文化认同以及价值体系、观念和习俗等是如何历史地形成的。正是以这种理论观察方式，汤普森既为马克思主义在英国的形成与发展做出了重要的理论奠基贡献，同时也与霍加特、威廉斯等人一道为英国马克思主义文学批评传统的确立做了重要的理论准备。

在 20 世纪英国马克思主义文学批评中，正是"文化与社会"的观察方式和批评传统把关于工人阶级文化经验的讨论引入文化研究领域，从而丰富了 20 世纪英国文化研究的理论空间和批评视野。"文化与社会"也体现了 20 世纪英国马克思主义文学批评最主要的理论建构方式，它强调从文化体验与经验构成的角度反思社会整体文化的进程，是 20 世纪英国马克思主义文学批评理论重要的理论特征。在"文化与社会"的观察视角上，20 世纪英国马克思主义文学批评在积极把握工人阶级审美文化经验的过程中完成了理论上的思考，同时也不断深入现实审美文化经验，这既是它的理论形式，同时也是一种重要的批评方法论立场。

二、"民族志"研究传统与 20 世纪英国马克思主义文学批评的阐释路径

"民族志"（ethnography）是源于文化人类学研究的一种重要的研究方法，是文化人类学家在田野调查的基础上对特定族群与社区文化的生活方式、生活态度及其文化样态进行整体描绘的观察和记录方式。"民族志"同时也是一种重要的关于社会文化的文本写入形式，往往融合了研究者在一

---

① ［英］E. P. 汤普森：《英国工人阶级的形成·前言》，钱乘旦等译，译林出版社 2006 年版，第 5 页。
② ［英］E. P. 汤普森：《英国工人阶级的形成·前言》，钱乘旦等译，译林出版社 2006 年版，第 4 页。

定时间长度的调查和体验基础上对特定社群文化的文字和影像记载。

民族志的研究范围和内容非常广泛，从研究范围上看，既包括大型文化人类学记录的"巨型民族志"，也包含微观社群与群体日常生活经验记载的"微观民族志"；从内容上看，既包括广阔社会视野中人类生活的检视和记载，也包括既定社会文化区域中的生存记录，以及具体的生活个体的个案访谈、档案记录与民俗文化资料文献的整理挖掘。

民族志研究的历史非常悠久，一般认为最早由英国籍的波兰人类学家布朗尼斯劳·马林诺夫斯基在20世纪20年代奠定基本的研究方法，20世纪30年代之后在文化人类学研究领域广泛传播。在马林诺夫斯基最初的"民族志"研究中，他倡导了一种"参与观察法"的研究方式，即研究者长期生活于田野调查对象的部落与族群之中，通过亲身体验与参与，了解他们的文化，并与自身的文化保持距离，从而对研究对象的文化习得、生活方式、生存禁忌与日常习俗等文化生活整体性经验有完整的了解和记录，进而理解不同文化族群之间的文化差异，并深刻认识自身文化的属性。由于民族志研究非常强调对特定族群、部落、社群生活方式和生活经验的体验和记录，它也是一种重要的文化研究方法，并为文化研究学者广泛继承。20世纪英国马克思主义文学批评理论在文化分析和文化研究过程中，就广泛参照了民族志研究的传统与方法，并融合关于工人阶级文化群体的文化经验分析，从而体现了从"民族志"传统出发的阐释路径。

20世纪英国马克思主义文学批评有针对性地选择、吸收和改造了"民族志"研究的传统与经验，这主要体现在以下几个方面。

首先，20世纪英国马克思主义文学批评理论家在"文化与社会"的观察方式中，将民族志研究与文化分析方法结合起来，使民族志研究成了英国文化研究最具特色的研究方法。在这方面，霍加特的《识字的用途》既将民族志研究引入文化分析过程，又发展了文化研究领域中的民族志方法。其次，民族志的研究方法与威廉斯的"作为一种生活方式"的文化概念深入结合，在将"文化"的概念引向日常生活方式的过程中，也在"生活文化"的模式上将文化研究与"民族志"传统紧密结合起来。英国学者安·格雷认为，雷蒙·威廉斯等人的"民族志"研究路径的发展证明了"生活文化"研究的重要性，"广义而言，文化被理解为不仅是有权势之人与精英所拥有的财产，也是通过互动以及由每日生活的际遇生产而成的"[①]。最后，更关键的是，"民族志"研究是伯明翰学派文化研究最重要的方法参照和借

---

① [英]安·格雷：《文化研究：民族志方法与生活文化》，许梦云译，重庆大学出版社2009年版，第50页。

用形式，在伯明翰学派学者的新兴传媒文化研究、工人阶级与青年亚文化研究中，如莫利的《电视、受众与文化研究》中电视与工人阶级受众的文化研究、鲍尔·威利斯的《学习劳动》对工人阶级青少年学习教育的研究、麦克罗比《工人阶级女孩与女性文化》对青少年俱乐部中的工人阶级女性研究、霍尔等人的《监控危机》对青年道德恐慌与媒介霸权研究，以及霍加特在《识字的用途》中对"点唱机男孩"（Joke—Box Boys）个案研究，霍尔与鲍尔、杜盖伊在《仪式抵抗》中对"索尼随身听"（Sony Walkman）的个案研究中，"民族志"的研究传统和分析模式已经成了一种重要的文化结构分析和文化批评方式，融入了英国文化研究的具体过程。在安·格雷看来，民族志研究传统和研究经验的引入使伯明翰学派的文化研究拥有了一种特殊的文化研究方式，这种研究方式关注"文化是如何在某些物质条件下产生的，以及如何透过这些物质条件而产生，他们反而不关注为何特定的个人会形成这些身份认同"。[①]

"民族志"研究的阐释路径对20世纪英国马克思主义文学批评的理论建构与发展有重要的意义，它是奠定20世纪英国马克思主义文学批评理论范式的重要手段，也是在文化唯物主义理论范式上发展出来的一种重要的研究方法，使20世纪英国马克思主义文批评在文化研究领域中获得了重要的理论成绩。

霍加特、威廉斯、霍尔等有效地将民族志研究传统与经验引入文化研究，也大大拓展了英国文化研究的范围，特别是使英国文化研究得以有效呼应了新的历史语境下工人阶级的阶级意识和文化意识的发展，展现出理论更新与发展的趋势。民族志研究方法在英国文化研究中也获得了新的理论发展，它由一种人类学研究的方法提升到了对文化整体的、细致的、动态的、情境化的体验分析与描述的层面上，大大提升了民族志研究方法的应用空间。特别是斯特亚特·霍尔在媒介文化研究中有效应用民族志研究方法，提出了重要的编码/解码理论，不但超越了法兰克福学派大众文化研究的消极受众论，而且标志着马克思主义立场上的媒介文化研究的新的理论进展。

正是由于对民族志研究传统与经验的发展与深化，这一时期英国马克思主义文学批评理论的变化也是巨大的，不但自身的理论传统发生了重要的转折，而且有效吸收了外来理论资源，特别是葛兰西的理论思想，引发了20世纪英国马克思主义文学批评理论的"葛兰西转向"的理论问题。在

[①] ［英］安·格雷：《文化研究：民族志方法与生活文化》，许梦云译，重庆大学出版社2009年版，第53页。

民族志研究的启发下，20 世纪英国马克思主义文学批评在传统的文学文本研究之外，对媒体、政治和意识形态关系、大众文化与日常生活、工人阶级与青年亚文化以及新兴媒介发展所孕育的生活文化给予了充分的关注，并充分运用葛兰西的文化领导权理论，深入细致地考察了西方资本主义社会中生产方式变革与文化构成，极大地拓展了 20 世纪英国马克思主义文学批评的理论空间，理论影响至今仍然鲜明可见。

三、"文化马克思主义"与20 世纪英国马克思主义文学批评的文化品格

在文化与社会的观察视角上，20 世纪英国马克思主义文学批评充分关注工人阶级与大众文化经验，形成了独特的文化唯物主义的理论范式以及审美意识形态批评的理论观念，在扬弃英国本土文学批评传统、充分吸收域外马克思主义理论思潮的基础上，扩大了马克思主义文学批评的理论视野，深化了马克思主义文学批评的基本问题，并在理论与现实的张力中展现了马克思主义文学批评把握现实审美文化经验的能力，体现出了重要的实践品格。

20 世纪英国马克思主义文学批评为什么会形成这样一种特殊的理论形态？20 世纪英国文化研究与马克思主义理论之间究竟存在着什么样的理论联系？文化唯物主义的理论范式与审美意识形态批评的观念为什么能够在英国马克思主义批评中产生？在如今这样一个"关于差异、多样性和多变性的异国故事层出不穷的时代"①，英国马克思主义文学批评给我们有哪些启发？又将面临什么样的挑战？这些问题值得我们深深地思考。

20 世纪英国马克思主义文学理论家，无论是理查德·霍加特、雷蒙·威廉斯，还是 E. P. 汤普森、斯图亚特·霍尔、特里·伊格尔顿、托尼·本尼特，尽管他们的理论观念在内部存在着一定的对话性和批判性的差异，但他们也有某种"共识"，这种"共识"就来自对工人阶级文化经验的某种趋同性的认可，也来自对英国文学批评传统的继承与超越，更有对英国社会历史与文化的关注与理论把握。正是这种趋同性体现了 20 世纪英国马克思主义文学批评的整体理论特性。

美国学者丹尼斯·德沃金曾把英国马克思主义文学批评的理论特性概括为"文化马克思主义"，这是一个较为中肯的评价。在他看来，这种"文

---

① ［英］特里·伊格尔顿：《历史中的政治、哲学、爱欲》，马海良译，中国社会科学出版社 1999 年版，第 102 页。

化马克思主义"的理论发展源于"努力确立对英国社会主义的理解"①，源于"英国人的反理论与经验主义倾向"②。在 20 世纪英国马克思主义文学批评中，无论是工人阶级文化经验发展与丰富的起源语境，还是文化与社会的观察视角，以及"民族志"研究的理论传统与文化分析的理论方法，都离不开 20 世纪英国马克思主义文学理论家在对现实文化经验的把握中不断强化与提升理论有效性的努力，他们的理论研究呈现出了明显的马克思主义理论研究中的文化倾向，体现了他们自身的文化与 20 世纪英国社会传统、马克思主义理论的深入结合，我们称他们是"马克思主义批评家"，不仅仅是给他们贴上马克思主义的标签，还因为他们的理论研究缔造了一种深刻的文化传统，他们的理论研究具有重要的理论的"经验性"成分。这种理论的"经验性"既是文化研究的方法精髓，同时也是马克思主义文学理论研究所内在含有的理论精神，构成了"文化马克思主义"的主要理论特性。

20 世纪英国马克思主义文学批评的理论特性还在于它的文化品格。20 世纪英国马克思主义文学批评诞生于理论与现实审美经验交互影响的过程，它的一个重要的理论品格就是面向现实的审美经验。考德威尔、雷蒙·威廉斯、理查德·霍加特、斯图亚特·霍尔、E. P. 汤普森、特里·伊格尔顿、托尼·本内特等 20 世纪英国马克思主义文学批评家，他们的马克思主义文学理论研究融入了广阔的社会文化现实，展现出了理论面向现实的深刻的实践特性与批判精神。在他们的努力下，马克思主义理论观念与英国本土文学批评、美学经验与文化现实从对抗走向了融合，从影响发展成共生，从应用性的方法手段变成了一种重要的文化实践方式，他们的理论贡献不仅仅是在英国本土文化发展中延续并推动了马克思主义的理论传统，更重要的是为我们在今天的视野中重新缅怀马克思主义文学批评的理论遗产提供了一份难能可贵的思想样板。它使我们相信，只要文化研究在继续，就不能放弃对文化知识的反思与思考，就不能放弃文化批判与政治实践。

目前，学界对 20 世纪英国马克思主义文学批评研究给予了充分的重视，很多理论与观念都得到了认真的探讨。但是，历史在发展，文化现实不断演进，工人阶级的文化经验与文化意识在整个社会文化系统中出现了很多复杂的情况，20 世纪英国马克思主义文学批评理论在今天仍然面临着历史

---

① [美] 丹尼斯·德沃金：《文化马克思主义在战后英国》，李凤丹译，人民出版社 2008 年版，第 5 页。

② [美] 丹尼斯·德沃金：《文化马克思主义在战后英国》，李凤丹译，人民出版社 2008 年版，第 8 页。

文化经验现实转换的冲击与挑战。雷蒙·威廉斯、理查德·霍加特、E. P. 汤普森、斯图亚特·霍尔、特里·伊格尔顿、托尼·本尼特等人缔造的理论传统在多大层面上还能与当代马克思主义文化发展的现实经验相融合，进而产生新的理论促进与文化创造，还需要我们认真地提炼反思，当然也有很多思想有待深入批判。更主要的是，在今天，工人阶级与大众文化经验已经不再具有雷蒙·威廉斯、理查德·霍加特等人在50年代、60年代面临的那种历史图景，面对当代社会生产方式的变化以及后现代哲学语境的影响，他们的理论研究如何才能焕发新的生机与活力，这也折射出了作为一个整体理论形态的20世纪英国马克思主义文学批评所面临的"感觉结构"。

但无论如何，他们的理论思考会让我们更深情地着眼当下。重视文化经验的形成与文化生产的具体过程，特别是强调社会生活方式中某种独特的文化经验对于解释文化生产与文化演变历程的重要性，这正是我们的理论研究需要坚持的实践精神，也是20世纪英国马克思主义文学批评重要的文化品格。

第二章 "文化唯物主义"的理论生成与理论创构

"文化唯物主义"是雷蒙·威廉斯提出的重要的理论观念。"文化唯物主义"的理论生成过程与20世纪英国马克思主义文学批评理论的思想演进是同步的,20世纪英国马克思主义文学批评的很多理论思考是在"文化唯物主义"的理论形式中展开的。对雷蒙·威廉斯的"文化唯物主义"理论进行个案考察,把握"文化唯物主义"理论的思想生成过程以及实践影响,是探究20世纪英国马克思主义文学批评理论范式与经验的一种重要的方式。

第一节 雷蒙·威廉斯与"文化唯物主义"的理论创构

雷蒙·威廉斯的"文化唯物主义"理论既有文化理论和美学理论建构上的意义,同时又有文学批评方法论层面上的启发,是20世纪英国马克思主义文学批评理论的核心理论范式,也是雷蒙·威廉斯在20世纪英国马克思主义文学批评理论发展中重要的理论建树。虽然雷蒙·威廉斯是在1977年的《马克思主义与文学》中才集中阐释"文化唯物主义"理论范式的,但在此前的一系列著作,如《文化与社会》《漫长的革命》《关键词》中都有相关的理论阐发,这种理论阐发也为20世纪英国马克思主义文学批评理论的发展做出了重要的理论准备。雷蒙·威廉斯已经去世多年,在这期间,马克思主义文化理论与美学研究发生了很大的变化,但至少从现在来说,任何总结20世纪马克思主义文学批评理论发展与影响研究的理论工作,都不能忽略"文化唯物主义"的理论与方法意义,当然,更不能忽略雷蒙·威廉斯与"文化唯物主义"理论创构的理论价值。

一、"文化唯物主义"的思想潜源

在20世纪英国马克思主义文学批评理论发展的视野中,雷蒙·威廉斯的理论贡献与影响是非常重要的,他是20世纪英国马克思主义文学批评中最多产和最有影响的理论家。有的研究者认为,他的文学批评与文化研究理论所展现出的理论视野与思想高度在20世纪西方左翼文化中是无与伦比的。① 雷蒙·威廉斯的马克思主义文学批评理论有着鲜明的理论特征与思想个性,当代英国文化研究学者托尼·本尼特曾提出,威廉斯的文化唯物主义理论不同于西方马克思主义理论家的理论,相比葛兰西、卢卡奇、本雅明、马尔库塞等西方马克思主义文学理论家而言,他不是将审美作为所有艺术的共同特性进而关注审美与现实的关系,而强调将文化分析融入文化研究的过程中,从而体现文化经验在理论建构中的重要位置。之所以如此,是因为威廉斯是在"结清了与英国批评传统之间的债务之后"②,才在马克思主义思想语境中发展自己的理论的,这也正指出了威廉斯文化唯物主义理论的思想特征。

一直以来,人们习惯将雷蒙·威廉斯视为西方马克思主义文学批评阵营中的学者,并将"西方马克思主义文学批评"视为一个整体的理论派别,其实,这种看法过于笼统。在所谓的"西方马克思主义文学批评家"的内部,他们的思想特色与文化个性有很大的差别,也各自有自己独特的理论侧重。英国马克思主义理论家佩里·安德森甚至认为,那些所谓的"西方马克思主义文学批评家"甚至谈不上他们的文学理论观念具有统一的特征,他们有时对邻国文化传统与文化经验并不具有太多的了解。③ 西方马克思主义文学批评理论具有高度的复杂性,就雷蒙·威廉斯来说,他的文化理论中有两方面内容是其他西方马克思主义理论家不具备的或者说不明显的:一是英国文化研究中的经验分析与英国文学批评的文本阐释传统,二是英国工人阶级的文化经验与文化分析的理论模式与方法。西方马克思主义文学批评家一般都注重马克思主义理论资源中的文化与美学因素,在威廉斯那里,他对马克思主义理论资源与理论传统中的文化与美学要素的理论阐释也占去了很大的比重,但与众不同的是,威廉斯更多地将这些要素与英国本土文化经验结合起来,他的理论展开的模式不是像其他文化理论家那样,或是直接地从马克思主义理论内部思考文学与美学问题,或是将马克思主义理论模式作为文学批评研究的入口,但在具体研究中仍然强调"审

---

① [美]丹尼斯·德沃金:《文化马克思主义在战后英国》,李凤丹译,人民出版社2008年版,第119页。
② [英]托尼·本尼特:《本尼特:文化与社会》,王杰等译,广西师范大学出版社2007年版,第15-16页。
③ [英]佩里·安德森:《西方马克思主义探讨》,高铦等译,人民出版社1981年版,第89页。

美之维",威廉斯更多地从英国工人阶级与大众文化经验分析的角度出发,在深入文化研究的具体过程中把握文化研究在现实实践方面的经验,然后才上升到学理层面上的思考。正是由于这方面的特性,威廉斯的文化研究理论才具有了在文化经验研究与马克思主义思想框架之间深层次思想融通的可能与途径,文化唯物主义理论正是这种思想融通的结果。

文化唯物主义理论是威廉斯在将马克思主义理论框架与思想模式融入英国文化研究经验的过程中形成的,对英国文化研究传统的回归与超越过程构成了文化唯物主义理论重要的思想潜源。就英国文化研究传统来说,雷蒙·威廉斯的理论思考与实践参与以及开创性的理论贡献是有目共睹的。由理查德·霍加特任首任主任的英国伯明翰大学当代文化研究中心(CCCS)成立于1963年,理查德·霍加特的《识字的用途》出版于1958年,E. P. 汤普森的《威廉·莫里斯:从浪漫到革命》《英国工人阶级的形成》分别出版于1955年和1963年,雷蒙·威廉斯的《文化与社会》《漫长的革命》分别出版于1958年和1961年。从这个时间过程来看,威廉斯的理论研究与英国文化研究传统的发展是同步的。在伯明翰学派的文化研究中,他们试图通过对流行音乐、电视媒介、电影、广播等通俗文化研究沟通文学艺术和社会生活的关系,试图通过对都市社会美感经验与生活经验的研究拓展文学研究的范围,展现新的文化形式的审美意义,从而超越英国19世纪以来英国文化批评中的审美道德批评传统,但是由于当时伯明翰学派理论家还缺乏一种明确的理论提升能力与理论把握方式,所以他们还不能单独完成这个重任,这个重任更多的是由威廉斯完成的。在《文化与社会》《漫长的革命》等著作中,威廉斯展现了与伯明翰学派理论家不同的理论选择。对英国文学批评传统,他既有批判,又有超越,更有文化理论重建的追求。他从英国文学批评传统中吸收了理论资源与批评方法方面的遗产,又将对审美道德传统的批判融化进了文化分析的形式之中,从而为他后来在"生活方式"的意义上理解阐释"文化"的概念,并在"生活方式"的意义上提出文化唯物主义理论提供了重要的思想潜源。从这个意义上说,英国文化研究的传统与经验留给雷蒙·威廉斯的既是一种宝贵的文学经验财富,也是一种需要在文化与社会的视野中重新反思和重新思考的理论空地,威廉斯正是沿着这种思考途径不断完善"文化唯物主义"的理论设想的。

二、"文化"概念的重释

对英国文化研究传统,威廉斯认可和接受的是它对英国文学的批判精神，反对的是它的精英主义观念，"与其说这是与19世纪英国文化批评的审美道德传统的明确决裂，还不如说它建构了一个学术环境，在这里，它们授予文化批评家角色的各种形式的道德权威能够在左派批判方案中被重新布置"①。威廉斯是在20世纪70年代左右才明显地展现他的文化左派批评家的立场的，特别是在接受了葛兰西的思想之后，他的马克思主义文学批评理论才表现出了对文学的意识形态特性、文化的意识形态力量、文化与权力的关系等问题的持续关注，这些后来都成了他的文化唯物主义理论的重要内容，但这显然与他早期对英国文化研究的理论总结有紧密的理论联系。在对英国文化研究传统的理论总结中，威廉斯展现出了他对"文化"构成方式的理解，显示了他对文化经验和生活方式的重视，并影响了他的"文化唯物主义"的理论发展。

从20世纪50年代末期开始，威廉斯有了对英国文化研究理论与经验的总结性思考，他所做的一项核心工作就是对"文化"概念的重释。在《文化与社会》《漫长的革命》《关键词》等一系列著作中，威廉斯表明了一种不同于"英文研究"的立场和视角。在《文化与社会》中，威廉斯通过"工业""民主""阶级""艺术""文化"五个关键词，阐释了1780—1950年英国近40位作家的思想面貌，展现了英国文化发展与社会历史发展的同步演变轨迹。他把文学研究的目光投向经济生活和社会精神之间的复杂关系，目的是发现这些关系复合体所包含的某些复杂的意义和价值，进而展现一定社会文化生活关系中各种要素的联系，突出文化与生活方式的关系，理论视角和阐释方式明显与利维斯以来的英国文化研究传统不同，已经明显地涉及了如何理解"文化"的概念。

而在《漫长的革命》中，威廉斯则直接提出了他对"文化"概念的理解。威廉斯采用一种人类学意义上的文化定义，认为文化是一个整体，是一种物质、知识与精神构成的"整体生活方式"，文化研究则是对这一整体生活方式的完整过程的描述。威廉斯提出，"文化"的概念有三种定义的方式，即理想型的文化、文献意义上的文化和作为一种独特生活方式的文化。对于前两种文化定义，威廉斯认为它们都有可能彼此排除各自指涉的文化含义，因此必须拓展"文化"这个概念。威廉斯强调，文化是一个不断发展变化的动态概念，文化的发展与个体生活乃至社会结构之间有着内在的联系，因此，"在把文化当作一个术语来使用时，不能只看到其意义和指涉之多变所造成的弊端（它阻止了想给文化下一个精确的专有定义的任何努

---

① [英]托尼·本尼特：《本尼特：文化与社会》，王杰等译，广西师范大学出版社2007年版，第14页。

力），还必须视其为一个真正复杂的综合体，它是与经验中的真实因素相对应的"①。他坚持从"生活方式"的角度来理解"文化"，认为"文化是对一种特殊的生活方式的描述"，"文化分析就是要阐明一种特殊的生活方式——即一种特定的文化——中或隐或显的意义和价值"。② 在威廉斯的马克思主义文学批评理论中，《漫长的革命》起到的理论作用是十分明显的。如果说在《文化与社会》中，威廉斯奠定的是文化研究的"文化与社会"的观察视角，那么，在《漫长的革命》中，威廉斯对"文化"概念的重释不但使他的文化理论具有了人类学和社会学的视野，而且构成了他以后的文化分析的方法论基础，他对"文化"概念的重新分析与梳理以及对文化构成方式的阐释也构成了他的文化唯物主义理论重要的理论建构方式。

在英国文化理论中，坚持从"整体生活方式"角度来理解"文化"的含义其实也并非从雷蒙·威廉斯开始的。就英国文化理论发展来看，在从柯尔律治到卡莱尔的文学传统，以及从纽曼、马修·阿诺德、劳伦斯、艾略特等人的艺术与文化批评中，也都曾涉及了文化与社会生活方式的关系。特别是在英国文学批评的先驱艾略特那里，他已经强调了作为一种整体社会发展的"文化"的含义，以区别于他所认为的个人的文化和团体、阶级的文化。但是，在艾略特那里，由于他有意识地强调"文化"的专门含义，即作为一种宗教、一种道德规范、一种法律体系、一种艺术作品的"文化"含义，所以他还不能完全将文化与整体生活方式中各种因素联系起来。威廉斯与他们的区别之处在于他更强调文化的社会意义，以区别那种只强调文化的知识构成（马修·阿诺德）、文化的经典构成、文化的精英立场（利维斯），以及那种有意识的专门的"文化"概念（艾略特）。这种理论思考与以往最大的区别在于重视文化经验形成的历史性及其对"文化"概念的意义生成作用。在《关键词》中，威廉斯曾经强调，在"文化"发展视野中，"没有一个语词可以个别独立，因为它必然是语言社会化过程的一个要素"，像"culture"（文化）、"aesthetic"（审美、美的）、"art"（艺术、技艺）、"behaviour"（行为、举止）、"dramatic"（戏剧、辩证的）、"fiction"（小说、虚构）、"empirical"（经验的），这些词语不仅仅"映照社会、历史过程"，而且，"一些重要的社会、历史过程是发生在语言内部，并且说明意义与关系的问题是构成这些过程的一部分"。③ 正是由于这种原因，这些词语与"bourgeois"（资产者、资产阶级分子）、"capitalism"（资本主

---

① ［英］雷蒙·威廉斯：《漫长的革命》，倪伟译，上海人民出版社 2013 年版，第 52 页。
② ［英］雷蒙·威廉斯：《漫长的革命》，倪伟译，上海人民出版社 2013 年版，第 51 页。
③ ［英］雷蒙·威廉斯：《关键词》，刘建基译，生活·读书·新知三联书店 2005 年版，第 16 页。

义)、"democracy"(民主)、"family"(家庭)、"hegemony"(霸权)、"monopoly"(专制、垄断)、"revolution"(革命、大变革、天体运行)、"socialist"(社会主义者、社会主义的)之间有一种"延续、断裂,及价值、信仰方面的激烈冲突等过程"。① 这也正是威廉斯对"文化"概念的重释所表达的含义,也是文化唯物主义理论所包含的内在的理论认识。

三、"文化唯物主义"的理论内涵

雷蒙·威廉斯"文化唯物主义"理论的提出与发展有着复杂的理论演变轨迹。他最早在1958年出版的《文化与社会》与1961年出版的《漫长的革命》中提出了文化唯物主义的理论设想,但直到1977年的《马克思主义与文学》中,才基本上从正面阐释它的理论内涵。那么,究竟什么是"文化唯物主义"? 在《马克思主义与文学》中,威廉斯认为,"文化唯物主义"是"马克思主义的核心力量的一部分",是"一种在历史唯物主义语境中强调文化与文学的物质生产的特殊性的理论"。② 就理论内涵而言,在威廉斯那里,所谓"文化唯物主义"是马克思主义的经济基础与上层建筑理论模式的辩证发展,它是从语言、意识形态、文学等影响和展现人类生活方式的"文化"概念出发,展现一定社会物质生产方式、物质生产过程与文学生产关系交互影响过程的理论观念,强调一定社会生活中的文化构成要素在文学生产与接受中的作用,并以文化的各种构成要素介入一定社会经济基础与意识形变化过程,进而实现对具体文学形式与文化实践的唯物主义分析以及对文化生产与社会生活方式的整体把握。

威廉斯认为,他的"文化唯物主义"概念与当时种种流行的马克思主义理论不同,"甚至同一些业已变化的马克思主义观点也有着区别"③,他所说的那种流行的马克思主义是指从马克思主义的经济基础/上层建筑理论模式出发片面强调"决定论"的理论观点,这种观点的缺陷在于把文化化约为某些先在的支配性的经济内容或政治内容的直接和间接的表现,并由此导致了对马克思主义的理论误解。在提出他的文化唯物主义理论的时刻,威廉斯反思了这种"决定论"的马克思主义理论观念,认为在马克思主义

---

① [英]雷蒙·威廉斯:《关键词》,刘建基译,生活·读书·新知三联书店2005年版,第16页。
② [英]雷蒙·威廉斯:《马克思主义与文学》,王尔勃等译,河南大学出版社2008年版,第6页。
③ [英]雷蒙·威廉斯:《马克思主义与文学》,王尔勃等译,河南大学出版社2008年版,第6页。

的经济基础/上层建筑理论观念中,"决定"(determination)一词已经超越了它原有的"设定边界"(setting bounds)或"设定限度"(setting limits)的含义,而有对那种内在、可预见的规律的把握的含义,并强调:"马克思主义已经发现了经济的客观外在体系的'规律',而其他一切事物便或迟或早、或直接或间接地遵循着这些规律。但这并不是这种意义得以生发的唯一方式。"① 威廉斯提出的"文化唯物主义"的内涵就基于这样的思考,他看重马克思主义的经济基础与上层建筑理论模式所包含的辩证思想和理论启发,但不赞成片面从经济"决定论"的角度来理解这种模式,他在马克思主义的经济基础与上层建筑理论模式中引入"文化"的概念,目的就是用"文化"的概念勾连社会物质生产方式和意识形态的复杂关系,改造并超越那种"决定论"的马克思主义理论,所以,他在马克思主义的理论模式和思想框架中提出"文化唯物主义",在理论内涵上也包含着经济基础、文化与意识形态的复杂理论联系。

在威廉斯提出并进而深入阐释他的文化唯物主义理论的过程中,马克思主义在英国的影响正日益突出。在这个时刻,他受马克思主义理论的影响,对于建立一种独特的马克思主义文学批评理论也倾注了很大的兴趣。在《文化与社会》中,威廉斯曾经强调,马克思本人也曾想建构一种文化理论,但没有完全建成,他认为,这并非意味着马克思对建立自己的文化理论的构想缺乏信心,"问题在于,他的远见卓识使他认识到这个问题的困难性与复杂性以及他实事求是的立身行事的准则"②。正是在对马克思主义的经济基础与上层建筑理论模式进行反思性拓展的基础上,威廉斯才提出了他的"文化唯物主义"理论,并为20世纪英国马克思主义文学批评研究奠定了重要的理论基础,"文化唯物主义"也成了一种重要的文化分析方法,为后来的马克思主义文学批评与文化研究融入工人阶级文化经验提供了重要的理论依据,威廉斯后来提出的"感觉结构""大众观察"等概念也正是从文化唯物主义的角度出发的。

四、"文化唯物主义"的思想价值及其理论影响

在威廉斯的理论研究中,"文化唯物主义"的理论内涵虽然在20世纪70年代才逐渐明晰,但从20世纪50年代开始,威廉斯在马克思主义文化

---

① [英]雷蒙·威廉斯:《马克思主义与文学》,王尔勃等译,河南大学出版社2008年版,第92页。
② [英]雷蒙·威廉斯:《文化与社会》,吴松江译,北京大学出版社1991年版,第344页。

研究与美学研究中已经不断地在应用与完善这个概念,因此,20世纪英国马克思主义文学批评在它的理论发展中,在很大层面上曾受到文化唯物主义理论的影响,甚至构成了20世纪英国马克思主义文学批评最重要的理论形式,为20世纪英国马克思主义文学批评理论范式的凝定起到了重要的理论推动作用。

首先,雷蒙·威廉斯的马克思主义文学批评理论的独特魅力以及他在20世纪英国马克思主义文学批评中的核心位置与文化唯物主义理论有密切的关系,威廉斯以后的马克思主义文学批评研究都不可轻视地要从他的文化唯物主义理论中吸收思想上的滋养。雷蒙·威廉斯的学生,20世纪英国马克思主义文学批评与文化研究重要的理论家特里·伊格尔顿曾经说:"在英国,任何想要逃避威廉斯著作的压力的马克思主义批评都会发现他是严重地残破和削弱。"① 特里·伊格尔顿曾深受威廉斯的影响,从20世纪60—80年代很长的一段时间,在伊格尔顿早期马克思主义文学批评理论研究中,他曾经多次提出要"回到威廉斯",这一过程正与威廉斯文化唯物主义理论的思想影响密切相关。

其次,正像特里·伊格尔顿说的那样,威廉斯"几乎是单枪匹马地把文化研究从他发现的比较粗糙的状态改造成异常丰富、资源雄厚的研究领域,因此,不可逆转地改变了英国的思想和政治图景,使成千上万的学生、同行和读者长久地得到他的思想赐与"②,而他的理论贡献也与文化唯物主义的理论建构分不开。

最后,就20世纪英国马克思主义文学批评的整体理论发展而言,雷蒙·威廉斯的文化唯物主义理论与霍加特的《识字的用途》所开创的文学与审美经验分析的理论模式有同样的理论价值,更重要的是,他在文化研究的文本经验分析之中体现了"社会与理论的紧密扣连"的理论特性,③ 从而具有了理论建构与文化分析双重的示范意义,也正是在这个层面上,文化唯物主义为后来的马克思主义文学批评与文化研究奠定了重要的阐释路径,具有了理论范式层面上的意义与价值。

在20世纪英国马克思主义文学批评中,马克思主义理论观念与方法开始真正发挥作用是从雷蒙·威廉斯开始的,他的文化唯物主义理论所展现

---

① Terry Eagleton. *Criticism and Ideology*. London: Verso, 1978, p. 24.
② [英]特里·伊格尔顿:《历史中的政治、哲学、爱欲》,马海良译,中国社会科学出版社1999年版,第266页。
③ [澳]格雷姆·特纳:《英国文化研究导论》,唐维敏译,(台北)亚太图书出版社2000年版,第51页。

出的对马克思主义理论本身的批判思考,也体现了20世纪英国马克思主义文学批评对马克思主义文化理论最旗帜鲜明的批判性创造。从这个角度而言,威廉斯的文化唯物主义理论也代表了一种新的马克思主义文化理论形式的崛起,它留给后世的理论遗产更加值得我们珍视,这也正是威廉斯能够在当代世界范围内如火如荼的文化研究领域保持重要的理论影响的原因。

从批判的眼光看,马克思主义文学批评的意义就体现在它在与当代其他社会文化思潮对话的基础上,更鲜明地展现了它的理论把握能力和精神导引能力,从而更有效地把握现实文化的发展动向。在威廉斯提出并集中阐释他的文化唯物主义理论的过程中,他极力强调马克思《〈政治经济学批判〉导言》的思想的丰富性与重要性,他对马克思的经济基础与上层建筑理论模式表示了极大的认可,但从更为动态的辩证解析中澄清了当时对这种理论模式的误用,并对那种对马克思主义吹毛求疵的批评观念进行了理论上的澄清,认为"在那些批评马克思的人当中存在着对马克思主义著作的惊人的无知"。[①] 从文化唯物主义理论的思想影响来看,威廉斯这种对待马克思主义的理论态度值得尊重,尽管像英国马克思主义文学批评家弗朗西斯·马尔赫恩说的那样,在威廉斯提出并深入阐释他的文化唯物主义理论的时候,他其实无意于戴上"马克思主义者"的桂冠,[②] 但20世纪70年代以来欧洲和北美理论界和思想界的反应证明,雷蒙·威廉斯的马克思主义理论家的地位不但得到了承认,而且他的马克思主义文化理论也得到了充分的认可,这也恰恰说明了他的文化唯物主义理论的思想影响。

第二节 "大众文化转向"与"文化唯物主义"的批评实践

"大众文化转向"是英国马克思主义文学批评在20世纪60年代以来重要的理论发展方向,20世纪英国马克思主义文学批评在经历了考德威尔等人早期的理论研究之后,它的重大的理论跨越正是在"大众文化转向"过程中发生的。"大众文化转向"既是20世纪60年代以来世界范围内大众文化兴起与发展的结果,同时也是理查德·霍加特、雷蒙·威廉斯等文化理论家的文化研究与理论实践的表现,特别是威廉斯"文化唯物主义"理论

---

① [英]雷蒙·威廉斯:《文化与社会》,吴松江译,北京大学出版社1991年版,第349页。
② [英]弗朗西斯·马尔赫恩:《当代马克思主义文学批评》,刘象愚等译,北京大学出版社2002年版,第13页。

影响下的文化表征。

"大众文化转向"对20世纪英国马克思主义文学批评理论发展产生了积极的意义,在"大众文化转向"的理论视野中,20世纪英国马克思主义文学批评不断强化文学经验中的物质构成、生产组织、家庭结构、阶级趣味等"生活方式"要素在文化研究中位置与价值,不断地将研究视野扩大到媒介、技术与文化理论的复合结构关系上,深化了"文化唯物主义"美学研究的理论视野。

一、"大众文化转向"的发生

"大众文化转向"发生在20世纪50—60年代,其标志性的成果就是雷蒙·威廉斯等人的大众文化研究。

在20世纪20—30年代马克思主义文学批评在英国发端时期,由于受到理论研究水平和时代发展的限制,考德威尔等人对马克思主义的理解、接受以及阐释过程在某种程度上仍然存在着简单化和机械化的方面,"大众文化转向"的发生则从根本上改变了这种格局,它是20世纪英国马克思主义文学批评发展中的一个重要的理论阶段,也是20世纪英国马克思主义文学批评发展的一个时代的分水岭。

"大众文化转向"首先是一种世界性的文化潮流,是20世纪中期以来世界范围内大众文化和通俗文化发展的结果。20世纪50年代以后,以英美国家为主,各种流行文化形式不断涌现,流行小说、朋克音乐、摇滚乐等种种新兴的艺术形式和文化体验加速了大众文化发展的世界性进程。在英国,随着大众文化与通俗文化的发展,出现了通俗小说、大众电视、流行音乐等新的大众文化形式,而且也出现了"披头士乐队"、"胡椒中士"、"谁人乐队"、"孤独之心俱乐部"、"朋克女王"薇薇恩·韦斯特伍德、"滚石乐队"等新的大众文化载体。这些新兴大众文化形式和载体的出现既受资本主义社会生产机制的影响,同时也体现了新兴媒介形式和文化传播手段广泛的社会渗透能力,加剧了20世纪中期以来英国社会文化的流行趋势,拓展了文化发展空间,同时影响了英国现代社会政治、经济和文化发展的格局,并对当代文化理论研究产生了重要的影响。

大众文化的兴起也引发了大众文化研究的理论热潮。法兰克福学派最早关注大众文化研究,霍克海默、阿多诺、本雅明等学者积极关注西方大众文化发展的现实与理论走向,并深入批判了大众文化背后的意识形态幻象与文化权力构成机制,从而成了西方大众文化理论研究的重要代表。在英国，随着新兴大众文化形式的不断出现，从 20 世纪 50 年代开始，理查德·霍加特、雷蒙·威廉斯、E. P. 汤普森、斯图亚特·霍尔等较早地认识到了大众文化研究的理论价值与意义。理查德·霍加特在《识字的用途》中就指出，由于受到社会语境变化的影响，英国当时的大众报刊、通俗小说等大众文化形式已经渗入社会发展的很多方面，并影响了社会文化结构的建构。《识字的用途》既详细描写了英国大众文化的发生，同时也深刻地分析了大众文化传媒的兴起对工人阶级文化的影响。理查德·霍加特同时也是后来伯明翰大学当代文化研究中心以及伯明翰学派重要的理论奠基者，他的《识字的用途》还建立起了大众文化文本的批判性阅读的方式，对英国文化研究的"大众文化转向"产生了重要的理论促进作用。

雷蒙·威廉斯的文化唯物主义理论与 20 世纪英国文化研究的"大众文化转向"之间充满着深刻的理论张力。"文化唯物主义"既是"大众文化转向"过程中的重要的理论成果，同时也对"大众文化转向"深层次的文化内涵有着直接的影响。在《漫长的革命》中，威廉斯曾考察了 19 世纪 40 年代的英国报刊业的发展，他对比分析了当时流行的重要报刊《泰晤士报》和一些"星期日报刊"，如《快讯报》（*Dispatch*）、《纪事报》（*Chronicle*）、《劳埃德周报》（*Lloyd's Weekly*）、《世界新闻报》（*News of the World*），以及在 19 世纪 40 年代大受欢迎的两份新期刊《伦敦杂志》和雷诺兹创办的《雷诺兹杂录》（*Reynolds' Miscellany*），提出："星期日发行的大众报纸实际上成了新闻业最成功的因素；新型期刊成长以来，它将引人入胜的浪漫小说与医疗处方、家务料理方面的建议以及读者来信结合在一起，与前十年里更为严肃的'民众教育'杂志形成对立……；廉价小说开始出现，……，剧院有了重大变化，'特许剧院'（the Patent Theatres）的垄断在 1843 年宣告结束，小剧院得到发展，1849 年后又出现了音乐厅。"①

威廉斯认识到，正是在 19 世纪 40 年代左右，英国社会文化发生了重大的变化，大众文化影响甚至主导了人们的社会体验形式，并成为社会文化发展的突出情势。威廉斯的研究突出地强调了大众文化的物质性，坚持大众文化的发展就是社会过程本身的演进，是社会经济与人们生活方式的内在组成部分，这样一种理论观念构成了他的文化唯物主义理论最初的研究计划，也奠定了英国文化研究的大众文化转向的理论基础。在《漫长的革命》《文化与社会》《关键词》等著作中，威廉斯还不同程度地涉及了对待"大众""工人阶级""大众文化"的价值观念问题，他用"漫长的革命"来描述

---

① ［英］雷蒙·威廉斯：《漫长的革命》，倪伟译，上海人民出版社 2013 年版，第 66 页。

英国 200 多年来工业、民主与文化的变革过程，并认为，单从民主革命、工业革命来说明社会的变化是不够的，而必须承认文化的发展在社会演进过程中的根本意义，"必须把它看得和民主的发展以及科技工业的兴起同等重要"。①

尽管威廉斯的理论观点有时候与理查德·霍加特等人会存在差异，但他们共同的理论趋向是一致的，他们对待大众文化的态度及其理论倾向有效地更新了 20 世纪英国马克思主义文学批评理论把握现实文化经验的方式，也突出了英国马克思主义文学批评的理论特质与品格，这个品格就是随着社会现实文化经验的不断发展而强化理论把握现实的方式与过程，这一点也正体现于英国文化研究的"大众文化转向"的理论过程之中。"大众文化转向"改变了 20 世纪英国马克思主义文学批评的理论面貌以及理论品格，也影响了 20 世纪英国马克思主义文学批评的理论格局，更促进了它的理论研究内容的深度和实践属性，这些理论变化的出现正是在调整与改变对待大众文化的价值观的过程中实现的。

二、为"大众文化"正名

"大众文化转向"也是 20 世纪英国马克思主义文学批评对大众文化的一次深层次的集体性的"理论重读"。在英国，从 18 世纪开始，"大众文化"中的"大众"的概念及其他所包含的思想意涵长期以来混淆不清，并充满了很多"误解"。在艾略特、奥威尔等英国维多利亚时代小说家的笔下，要么对"大众"避而不谈，要么就是嘲弄一番，"大众"成了"工人阶级"等"乌合之众"的代名词。而在 18 世纪的文化理论家马修·阿诺德以及后来的英国文学批评家利维斯那里，作为"大众"的"文化"和作为"少数人"的"文明"更是对立的，他们一方面对作为"大众"的"文化"进行锲而不舍的防御行动，一方面又坚定地维持作为"少数派"的"文明"。马修·阿诺德曾说："劳工阶级中最后还有个极其庞大的部分，它粗野、羽毛未丰，从前长期陷在贫苦之中不见踪影，现在它从蛰居之地跑出来了，来讨英国人随心所欲的天生特权了，并开始叫大家瞠目结舌了：它愿上哪儿游行就上哪儿游行，愿上哪儿集会就上哪儿集会，想叫嚷什么就叫嚷什么，想砸哪儿就砸哪儿。对于这些人数甚众的社会阶层我们可以起一个十分合适的名字，那就是群氓。"② 在马修·阿诺德的心中，这批"群

---

① ［英］雷蒙·威廉斯：《漫长的革命》，倪伟译，上海人民出版社 2013 年版，第 3 页。
② ［英］马修·阿诺德：《文化与无政府主义》，韩敏中译，生活·读书·新知三联书店 2002 年版，第 80 页。

氓"十分粗野,缺乏教养,没有公共责任和纪律观念。马修·阿诺德认为,文化之所以重要,因为它如同宗教一样包含了真正的思想、真正的美与光明,但在他看来:"文化并不企图去教育包括社会底层阶级在内的大众,也不指望利用现成的看法和标语口号将大众争取到自己的那个宗派组织中去。文化寻求消除阶级,使世界上最优秀的思想和知识传播四海,使普天下的人都生活在美好与光明的气氛之中,使他们像文化一样,能够自由地运用思想,得到思想的滋润,却又不受之束缚。"① 在马修·阿诺德的后来者利维斯明确地说这种理想只能是"少数人的文明"之时,无论是在英国文学传统之中还是在文化发展现实中,"工人阶级"与"大众文化"也就被视为了一种体现社会和文化的混乱与衰落的"无政府主义"的文化。正如英国文化理论家阿兰·斯威伍德在他的《大众文化的神话》中曾指出:"如果你想要找寻工人阶级的踪迹……你所能发现的只有暗无天日的深渊",而"就整个英国小说的伟大传统而言,当时新崛起的工人阶级如果不是缺了席,就是以'暴民'而非'阶级'的面貌出现","正是没有教养、处于原始状态的懵懂,行为不理性而不加节制,在这些19世纪的小说中都可以找到踪迹,它们并且以为,引导人类进步的唯一希望,虽是劳工运动,但却必须在'睿智'的中产阶级领导下,才有成功的希望。"②

20世纪英国文化研究中的"大众文化转向"首先要面对的正是这种对待大众文化的价值观,它的理论研究也必将伴随着为"大众文化"正名的过程。20世纪英国马克思主义文学批评家理查德·霍加特、雷蒙·威廉斯引领"大众文化转向"也正是在这个意义上体现他们的理论启发的。在理查德·霍加特的《识字的用途》中,他试图全面客观地展现他所熟悉的工人阶级与大众文化,他毫不回避当时工人阶级文化品位中的俗常成分,也突出了工人阶级文化的衰落现实。在霍加特看来,相比20世纪30年代,50年代英国工人阶级更多地表现出了道德严肃性的丧失。由于社会环境的变迁,工人阶级在盲目追求生活满足的过程中也展现出了对现实不加选择、不负责任地接受和顺从的缺陷,工人阶级在缔造自己的大众文化之时也破坏了古老健康的工人阶级文化的组织形式和象征方式。但霍加特认同英国文学与文化传统中的大众文化价值观,突出了那种体现工人阶级生活真实的大众文化。在他看来,尽管有生活方式和生存理想的偏差,但英国工人

---

① [英]马修·阿诺德:《文化与无政府主义》,韩敏中译,生活·读书·新知三联书店2002年版,第31页。

② [英]阿兰·斯威伍德:《大众文化的神话》,冯建三译,生活·读书·新知三联书店2003年版,第68页。

阶级与大众没有流露来自艰难时事中的贫穷和苦恼，而是更多地充满了开放、平等与乐观的生活情致。在霍加特的笔下，工人阶级的日常生活非常生动，甚至有着"浪漫的怀旧"式的文化色彩，显得耐人寻味。这正体现了霍加特对"工人阶级"与"大众文化"的不同定位。当然，在提出工人阶级文化衰落的同时，他也对大众文化对英国社会文化传统的攻击与操纵力量表现出了怀疑，但是，他并没有完全对"大众"与"大众文化"丧失信心，而是对工人阶级与大众文化在社会文化中的建构力量提出了期待，这也正是后来雷蒙·威廉斯力争拓展的地方。

雷蒙·威廉斯曾经多次考察了"大众"的概念。最早是在《文化与社会》中，他对大众（masses）一词进行了深入的词源学解剖，在他看来，"大众"是由三种社会趋势汇合而成的概念：第一，是大规模城市化导致人口集中于工业城镇而形成的人的实体的集合；第二，是大规模机器生产所引发的劳动关系变化后的产物；第三，是能够自我组织的工人阶级发展的结果。① 威廉斯指出，在人们的观念中，"大众"是"乌合之众"的代名词，往往具有趣味低下、容易受骗、反复无常等特征，这基本上是资产阶级文化基于资产阶级自身利益在社会文化结构分析和社会文化建构中形成的思想观念。在威廉斯看来，这种看法基本上是"有害的"，"先假定有一个少数派，然后以一己之见给它下定义，实际上是等于停滞不前而不去面对问题的转变，也不进行我们自己必要的调整"。② 威廉斯指出，事实上，在利维斯的时代，不但流行报刊、广告、流行小说、电影、广播等新兴文化经验已经十分发达，而且以它们为象征的整个生活方式已经扭转了批评家们面对的文化格局。就利维斯而言，在当时，他也不得不面对这一切。对此，威廉斯认为，在扩大文学研究的深度和广度方面，以及在将文学研究与其他兴趣和学科联系起来方面，没有几个人付出过比利维斯更多的努力，但是，要批评流行的报刊、广告、流行小说、电影等新兴文化形式所体现的感觉和思想方式，显然最终必须与当时人们的生活方式联系起来，而把新兴文化形式所产生的文化体验描述为"工人阶级文化"是不公平的。

由于工业革命的断层错位，英国传统的通俗文化已经支离破碎萎靡不振，伴随着资产阶级的上升，那些以新兴阶级的代表自居的人接受了资产阶级文化价值观念，在整个社会中于是有了"资产阶级文化"与"工人阶级文化"对立的传统，但是"使用一种共同语言的人也共同继承了一笔知识和文化传统的遗产，随着经验的每一次改变，这笔遗产会不断地被重新

---

① ［英］雷蒙·威廉斯：《文化与社会》，吴松江译，北京大学出版社1991年版，第377页。
② ［英］雷蒙·威廉斯：《文化与社会》，吴松江译，北京大学出版社1991年版，第329页。

评价。人为地制造一个'工人阶级文化'以对立于这个共同的传统，纯属愚蠢之举。在一个工人阶级成为支配阶级的社会中当然会产生出新的评价和作出新的贡献，但是由于这笔遗产所具有的复杂性，产生新的评价和作出新的贡献的过程将会是极其复杂的，把这种复杂性削减为一个粗糙的图式，毫无益处而言"。① 雷蒙·威廉斯指向的正是英国文化中漫长而坚固的精英主义传统，通过对大众文化的正名，威廉斯不但扭转了这种传统，而且提出了对工人阶级与大众文化的新的理解形式。威廉斯认为，在任何层次上，共同的文化都不是平等的文化。但是，生命的平等却是共同的文化所必须具备的，在人类所制造、所从事的一切事物中不可避免地有价值的区别，但这不是强调生命的不平等的理由，而应是一种共同的学习过程，工人阶级与大众文化理应纳入这个过程中。这又让我们想到马修·阿诺德当年的观念，根据马修·阿诺德的看法，工人阶级的孩子们必须先接受教化，然后才有资格接受教育，而完成这项工作正是文化的任务。

  在英国学者约翰·斯道雷看来："利维斯派和威廉斯之间的不同在于威廉斯需要大众文化，而利维斯派需要的只是消灭分歧、顺从的掌权者的文化。"② 威廉斯所做的贡献不仅仅是给工人阶级与大众文化一种正面的描述，更主要的是他调整了对大众文化的价值观。威廉斯对"大众"与"大众文化"保持了极大的宽容和审慎的态度，同时也不同意将"大众文化"等同于"工人阶级文化"和"无产阶级文化"，他重视的是新兴文化传播手段在聚集社会经验与建构社会文化内容方面的意义，并以此为目的提倡一种积极的"共同文化"的观念，从而对现代政治生活或社会关系做出了理论响应，在实现文化批评和审美经验的同一性中展现了工人阶级社会生活方式的状态。这也体现了威廉斯为大众文化"正名"的更深刻的美学意义，威廉斯是从人类整体生活经验与生活方式的立场上阐述他的大众文化价值观的，他在"共同文化"的理想上，追寻的是工人阶级与大众在文化与生活方式上的平等要求，其次才是展现大众文化的意义。在这个立场上，威廉斯的大众文化研究拥有了一种深刻的文化意义，在 20 世纪英国马克思主义文学批评理论中，尽管早期的伯明翰学派，后来的斯图亚特·霍尔、理查德·霍加特与 E. P. 汤普森都曾倾心于大众文化，但真正起到为工人阶级与大众文化"正名"效果的还是雷蒙·威廉斯。

---

 ① ［英］雷蒙·威廉斯：《文化与社会》，吴松江译，北京大学出版社 1991 年版，第 400 页。
 ② ［英］约翰·斯道雷：《文化理论与通俗文化导论》，杨竹山等译，南京大学出版社 2001 年版，第 79－80 页。

三、媒介与文化:"文化唯物主义"视野中的电视研究

在威廉斯写作《文化与社会》的时候,大众文化研究在欧美正受到较多的关注,并开始产生重要影响。雷蒙·威廉斯在为"工人阶级"与"大众文化""正名"的工作,除了奠定了 20 世纪英国马克思主义文学批评在大众文化研究中的理论位置之外,也体现了他对新兴媒介文化形式的态度。在《电影导论》《传播》《电视:技术与文化形式》《唯物主义与文化问题》等著作中,威廉斯提出,我们不应该忽视日益崛起的大众文化,随着电视等商业媒体的普及,那种以艺术经典为主流的精英文化观念并不利于文化的培育,他把研究方向对准大众文化、通俗文学、传媒电视等新兴文化形式,并试图以此恢复被文化研究所忽略的工人阶级文化经验的作用。

可以说,自《文化与社会》《漫长的革命》起,威廉斯就已经敏锐地认识到大众传播的意义,并提出了"大众传播"的概念。但在当时,威廉斯的"大众传播"概念还没有与广泛意义上的大众文化研究联系起来。1974 年,威廉斯出版了重要的理论著作《电视:技术与文化形式》,在这部著作中,他综合探索现代科技传播的发展对大众文化形式的影响与同构作用,揭示了现代科技发展与传媒文化影响下的大众文化崛起所导致的文化生产方式变革的意义。威廉斯提出,随着新科技推动的历史新纪元的到来,人们往往以"因果的概念"和"科技决定论"来处理科技与社会、科技与文化、科技与心理的关系,但是,我们可以退一步设想,把科技视为引发社会剧变的原因是否恰当?即使科技是社会剧变的因素,那么,科技变因与其他变因的关系又是什么?出于这样的思考,威廉斯以电视为核心,考察了科技进步与电视文化形式发展的深层次关系。威廉斯提出,"从机械与电子传输,一直到电报、摄影、电影、无线电广播电视,它们互相激荡辉映,构成了大社会转型的一部分"。[①] 在这个过程中,电视发展迅速,传播方式更为有效,在不同的文化层次上介入了社会文化的表意实践过程,同时也表征着意识形态的隐蔽机制的变化。

电视作为一种技术工具,是经由不同的途径发展而来的,商业运营、公共服务、军事通信、社会政治、传播政策等,都对电视从边缘地位进入结构复杂的社会传媒体系起到了重要的作用。威廉斯比较了广播、电视与电影这三类传播形式对于阅听受众的影响。广播是一个系统性的运作,受

---

① [英]雷蒙·威廉斯:《电视:技术与文化形式》,冯建三译,(台北)远流出版公司 2002 年版,第 31 页。

到了外在社会结构的制约，电视中的影像比电影差了许多，即使是高品质的电视影像，也只是把电视提升到低水准的电影的境界，但对于这个比较次等的视觉媒介，大多数人居然没有怨言，心甘情愿地接受，所以，电视的发展不完全是科技因素决定的，更主要是社会主导文化与意识形态参与的结果，也包括了人们在心理上愿意使用科技的愿望。正是在这个意义上，威廉斯提出："我们不但要拒绝所有形式的科技决定论，我们同时也得自我警惕，不要以为科技完全是被外在力量所决定。科技决定论是个与事实不符的概念，因为它无视于实质的社会、政治与经济上的意向，反而去强调发明创造的自主性与抽象的人类本质。"①

　　澳大利亚学者特纳认为，威廉斯的《电视：技术与文化形式》拒绝了美国式的科技决定论的大众传播理论，威廉斯不但集中关注电视与科技的关系，而且更加注重电视媒体与科技结构以及科技如何决定电视媒体的特征形式。② 这些内容明显地贯穿在威廉斯电视研究之中。威廉斯之所以拒绝美国式的大众传媒研究的科技决定论，除了反对"科技决定论"的武断观念之外，更主要的还是他的研究方法与理路不同。威廉斯曾对麦克卢汉的传播理论颇为不屑，他认为麦克卢汉的传播理论具有很多形式主义的内容，在他看来，麦克卢汉的传播理论其实是一种美学理论，这种美学理论发展到顶峰，摇身一变成了一种社会理论，这种变化是"科技决定论"精致化的负面象征。威廉斯与麦克卢汉传播理论的区别在于：麦克卢汉的传播理论是宏观的，强调科技与意识形态的关系；威廉斯的视角则是文本化的。对传播理论，威廉斯强调文本分析的文化研究方法，麦克卢汉则纵论科技与传媒的宏观发展，但威廉斯认为，"科技如何生发，并不只是由无名工程人员所引导的自主性过程，它更是人们为了要完成一定目的而开创的社会与文化志业"。③ 正因这种文本化的文化分析方法，威廉斯的电视文化研究更在乎对电视所表现的文化形式的分析，比如，他详细解析了电视中的"新闻"的建构过程，在他看来，新闻中时间的前后关系、事件的优先次序、事件的播报形态、视觉效果都是电视这种传播形式综合发挥作用的形式，"新闻"本身并不具备传播功能，关键是它的传播过程，特别是"视觉效果"方面更加重要，他说：

---

　　① [英]雷蒙·威廉斯：《电视：技术与文化形式》，冯建三译，（台北）远流出版公司2002年版，第162页。
　　② [澳]格雷姆·特纳：《英国文化研究导论》，唐维敏译，（台北）亚太图书出版社2000年版，第66页。
　　③ [英]雷蒙·威廉斯：《电视：技术与文化形式》，冯建三译，（台北）远流出版公司2002年版，第167页。

电视所想给人的印象，虽说是"眼见为信"，但不也有时候是瞒人耳目的吗？的确如此。举个例子，在报道民众示威或骚动等事件时，"镜头"所过，照的是警方被石头丢掷，或是民众被催泪瓦斯熏跑，对于造成什么样的效果，大有影响。在类似的事件中，我们最常见的是前一种情形，"中间"性意见通常是在评论里出现，很少在镜头中看见，所谓的"中立"性评论，如此看来也显然是很抽象的。①

此外，他还详细地阐述了电视节目的"编排方式"，他以三个英国频道和两个美国频道为个案，比较了电视节目在编排中的类目援用惯例以及电视中广告插播方式背后不同层面的需求与满足的关系。这些分析不但在视野上纵横开阔，而且内容结构与文化传播方式的文本分析更见长处。这是威廉斯大众传媒与大众文化研究的"英国特色"，实际上也是一种理论的品格，是威廉斯将英国文化研究的方法精髓应用于文化分析实践的结果。

在大众文化转向的理论视野中，英国文化研究中的传媒理论起步是比较早的，媒介研究与英国文化研究的整体理路是一致的。从霍加特的《识字的用途》，到威廉斯的《文化与社会》《漫长的革命》，再到霍尔的《编码/解码》、费斯克与哈特利的《解读电视》，英国文化研究对大众传播媒介给予了较高的关注，也是英国文化研究的主要领域及理论标志。英国文化研究中的传媒理论重视文本分析与经验分析，走出了"科技决定论"的局限，融合了对社会整体文化表意系统的考察，重视文化与意识形态建构的影响，从而有了更多的本土文化研究的思想特征，这些都是它的理论特征。这方面，雷蒙·威廉斯的研究堪为翘楚。不但是因为他的具体成果，更因为方法、观念与理论形式的进步，他不但对于英国文化研究在传媒理论方面的建树有重要贡献，对于我们认识电视这种大众传媒形式提供了重要的观察角度，而且对于我们更深入地观照当代科技文化发展背景下的大众文化走向有深入的启发。

当然，在这个过程中，他的体察与感叹、担忧与警惕，更体现了他对大众文化时代应有的人文关怀。在20世纪70年代，他预言："我们已经进入了传播科技的新纪元，其中有一大部分是以电视为中心，再行变化出来的新形式。"② 他同时也强调：

---

① [英]雷蒙·威廉斯：《电视：技术与文化形式》，冯建三译，（台北）远流出版公司2002年版，第65页。

② [英]雷蒙·威廉斯：《电视：技术与文化形式》，冯建三译，（台北）远流出版公司2002年版，第169页。

这些传播科技，是深远之文化革命的现代工具，可以用来教育民众，启发参与式民主的价值；它们也是当前复杂的都会与工业社会有效沟通传播所不可或缺的工具。然而，它们也可以在跨国企业集团的操纵下，以庸属的国家与机构为羽翼，沦落为短期之内能够奏效的反对工具；在夸言选择与竞争的名目下，更为深入我们的生活，从新闻到戏剧的各个层次，影响我们。就这样，这些传播科技可以一直拍击我们的生活，直到个人或群体对于种种不同之经验与问题的回应方式，几乎被局限在它们所设定的可能性为止。

我们很有理由相信，许多人会群起而攻之，反对这些这么恶劣的发展。然而，厘定有效决策的群体日益庞大，相互关联的机构，数量愈来愈多，犬牙交错复杂已极，使得辨认行为的归属都日渐困难，更不要说抗争。单枪匹马而无奥援，虽可激赏，但不可依恃。①

或许我们都同意威廉斯说的，收看电视已经成为高度工业化国家的独有特征之一，是日常生活不可或缺的一部分，我们似乎要把它当成生活进步的根本变化了，"就算不去谈社会与文化上最终的意涵，戏剧模仿人生百态而在电视中演出，再由我们来收看，现在已经是当代的一种主要的文化类型"。② 但又有多少人能体察到威廉斯对电视、科技与文化形式抱有的深入期待呢？

四、走向一种"工人阶级文化"："大众文化转向"的理论意义

20世纪60年代以来，英国社会民主党的政治影响不断突出，工团主义和工会主义促使了工人阶级文化意识的不断成长，特别是随着福利制度的实施，工人阶级文化经验得到了初步的培育。但到了70年代，随着撒切尔夫人的"新经济政策"的实施，社会民主党的政治影响受到很大削弱，新的社会矛盾也不断出现，工人阶级的文化经验受到很大影响。这时正是欧美大众文化飞速发展的时期，英国社会受到明显的感染，在这种情形下，大众文化本身蕴含的反抗力量与英国工人阶级文化经验之间有了一种非常特殊的交融联系。20世纪英国马克思主义文学批评中的"大众文化转向"正是承续并强化了这样一种文化情绪，从而在世界范围内的大众文化研究

---

① ［英］雷蒙·威廉斯：《电视：技术与文化形式》，冯建三译，（台北）远流出版公司2002年版，第189页。

② ［英］雷蒙·威廉斯：《电视：技术与文化形式》，冯建三译，（台北）远流出版公司2002年版，第79页。

中体现出了独特的理论指向。

在"大众文化转向"的理论视野中,理查德·霍加特、雷蒙·威廉斯等人的大众文化研究既是一种通常意义而言的"大众文化理论",但并非仅限于此,他们对"大众"的理解、对大众文化经验的重视,特别是对大众文化与工人阶级生活方式的关系的认识已经超越了普通意义上的通俗文化研究,而具有了审美体验、文化价值等深刻的美学含义以及社会学、文化学乃至人类学研究的广泛的理论意义,特别是他们的大众文化理论深刻地呼应并强化了马克思主义理论在英国文学批评与文化研究领域中的实践应用,因而在理论范式的意义上极大地推动了马克思主义文学批评理论的发展。其具体表现,我们可以从以下四个方面略做梳理。

首先,"大众文化转向"的发生进一步更新了英国大众文化与工人阶级文化研究的价值观,在实践层面上深化了20世纪英国马克思主义文学批评的现实性品格和实践性立场。在20世纪60年代,英国大众文化的发展有一个深刻的工人阶级文化经验发展的背景,工人阶级的生活方式、文化观念和日常生活对当时文化构成是一种重要的文化经验,这种文化经验在很大程度上构成了20世纪英国马克思主义文学批评呼应当时文化现实的有力方式,也体现了工人阶级生活方式与社会整体文化结构的组合关系。在这个意义上,"大众文化转向"与英国马克思主义文学批评理论之间体现了一种明显的经验同构特征,正像有的研究者所说的那样是"把社会主义的讨论——关于工人阶级富裕和大众传媒对工人阶级生活的影响——转移到文化领域"。[①] 这个转向无疑是深刻的,对20世纪英国马克思主义文学批评理论的影响也是至关重要的。

其次,"大众文化转向"在学理层面上凸显了20世纪英国马克思主义文学批评理论把握现实文化经验的效力,强化了20世纪英国马克思主义文学批评的批判性特征。在英国工业革命以来的历史中,工人阶级的文化经验面临着被资本主义体制所吸纳的挑战,资本主义体制提倡的是一种屈从于资产阶级上层精英文化的虚假的通俗文化,而在工人阶级成为社会最广泛的大众群体、工人阶级文化经验日益发展的情况下,在整个社会层面上,就有了从资本主义文化生产内部进一步调适社会经济、政治、文化发展进程的可能,从而使文化成为有效介入经济基础和上层建筑的重要的创生力量,这也就是雷蒙·威廉斯所说的"漫长的革命"。20世纪英国马克思主义文学批评正是在这种理论路径上实现它的批判性的,相比法兰克福学派的

---

① [美] 丹尼斯·德沃金:《文化马克思主义在战后英国》,李凤丹译,人民出版社2008年版,第194页。

大众文化的批判性立场和"否定辩证法"的主张，20世纪英国马克思主义文学批评在"大众文化转向"的影响下积极坚持大众文化研究，在理论研究中充分了吸纳了工人阶级文化经验的内容，并使文化经验研究上升为一种文化唯物主义理论的建构形式，表达了文化与生活方式研究的价值立场，从而体现出了对现实文化经验的把握过程和能力。在这个意义上，它虽然肯定大众文化研究，但仍然具有批判性，也体现了马克思主义文化理论新的时代发展。

再次，"大众文化转向"基本上也是在"文化与社会"视角与文化唯物主义理论范式上展开的，它充分体现了文化唯物主义观念的理论影响，同时也深化文化唯物主义理论的实践特性，标志着20世纪马克思主义文学批评理论范式的进一步完善。正像约翰·费斯克所说："大众文化由居于从属地位或被剥夺了权力的人群所创造"，[①] 约翰·斯道雷则认为，大众文化是"人民的文化"。[②] 他们的观念在20世纪英国马克思主义文学批评中的"大众文化转向"中进一步得到了印证。20世纪英国马克思主义文学批评重视大众文化研究，并从社会生产、传媒技术、现代文化机制的变化等综合社会变化过程中，加强对工人阶级文化经验的总结，阐释了其中蕴含的社会表达机制，这种研究已经不仅仅是一种文化现象的研究，而是一种文化唯物主义视野中的理论经验性研究，并在这个过程中充分观照大众文化经验与审美交流机制对认识现代生活、把握现代社会关系的作用，发现的是工人阶级与大众文化经验对整个社会文化形塑方式的变化。20世纪英国马克思主义文学批评中的大众文化研究不是一种理论上的自足的表现，理论上提出的问题其实是文化经验与审美认识上的概括，体现了文化唯物主义理论范式中文化与社会、理论与经验相互融合的理论特征与实践影响。

最后，20世纪英国马克思主义文学批评在提升和概括工人阶级与大众文化经验的过程中，没有完全走向阶级分析立场与政治化批评，而是充分认识到了工人阶级文化经验的兴起在英国资本主义文化发展中的作用，他们将研究焦点指向工人阶级文化经验和阶级意识的分析，重视工人阶级日常情感和审美经验，关注新兴文化条件下大众传媒与工人阶级生活方式和生产关系的变化，使英国文化研究拥有了一种难得的学理深度与思想性，这也意味着，文化唯物主义理论范式在大众文化与工人阶级文化经验中已经不仅仅是一种理论层面上的建构，具有思想层面上的文化意义。"大众文

[①] [英]约翰·费斯克：《解读大众文化》，杨全强译，南京大学出版社2004年版，第2页。
[②] [英]约翰·斯道雷：《文化理论与通俗文化导论》，杨竹山等译，南京大学出版社2001年版，第14页。

化转向"带给20世纪英国马克思主义文学批评研究的也是一个丰富的理论领域与现实空间,20世纪英国马克思主义文学批评是在这个空间中实现理论和学术传统与现实经验的充分融合的。

第三节 "文化唯物主义"与伯明翰学派的大众文化研究

"文化唯物主义"理论范式在文化理论上最鲜明的理论贡献是它影响了伯明翰学派的文化研究,将文化研究真正带入了社会领域。文化唯物主义理论不但对伯明翰学派的"文化主义"理论模式的生成与发展有重要理论奠基意义,而且影响了文化研究与文化分析的具体过程。"文化唯物主义"的思想影响与理论启发也使伯明翰学派的文化研究与马克思主义文学批评有了深入的理论联系,伯明翰学派的文化研究因此构成了20世纪英国马克思主义文学批评研究的重要阶段,体现了20世纪英国马克思主义文学批评重要的学术成就。

一、开端与发展:伯明翰学派与英国文化研究的学术传统

伯明翰学派不仅是英国文化研究重要的理论策源地,而且是英国马克思主义文化理论传承与创新的重要标志,伯明翰学派的文化研究对20世纪英国马克思主义文学批评具有不可忽视的理论贡献,构成了20世纪英国马克思主义文学批评理论中最富有活力和创造性的内容。

伯明翰学派的理论发端与英国伯明翰大学的当代文化研究中心的创立与发展有密切的联系。1964年,时任伯明翰大学英语系教授的文化理论家理查德·霍加特创立了当代文化研究中心,并担任该中心主任。[①] 20世纪50年代以后,随着战后英国经济的复苏以及社会关系的改变,英国迎来了一个工业发展和商业繁荣的时期,平民阶层迅速崛起,现代传播媒介迅速发展并影响深远,霍加特等人敏锐地认识到,一个新的大众消费社会

---

① 理查德·霍加特1964年担任"当代文化研究中心"第一任主任,5年后的1968年,由斯图亚特·霍尔接任。该中心第三任主任是1979年接任的理查德·约翰逊,第四任主任则是乔治·洛伦。1964年,"当代文化研究中心"开始培养研究生,到1980年霍尔离任,中心在读的硕士和博士生多达40人。

(mass consumer society）诞生了，与这个新的消费社会同时诞生的还有英国社会变迁中的通俗文化和大众文化，伯明翰大学的当代文化研究中心正是在这种背景下创立的。

当代文化研究中心主要关注当时英国社会大量出现的通俗小说、流行音乐、广播、电影、电视等各种新兴的大众文化形式，并研究随着这些新兴文化形式中出现的文化机构、文化实践及其与社会变迁的关系。按霍加特的说法，该中心创立之初，文化研究在伯明翰大学的处境并不被人看好，不但文化研究的内容和方向没有得到当时主流学术界的认可，而且面临着英国传统文学批评研究路径的压力。但是，霍加特等人已经感觉到了学术突围的必要与可能，所以，从一开始，他们就认为当时社会最新兴起的大众文化是值得研究的，"因为它是典型的。不是在道德的意义上，而是在作为文化本质的一个样板的意义上"。① 这样一种鲜明的学术定位孕育了当代文化研究中心日后辉煌的研究成果。

在后来的发展中，当代文化研究中心的文化研究工作充分吸收了传播学、结构主义、符号学等当代西方各种最新的理论方法，采取充分的跨学科实证研究方式，不断扩大研究领域，对当时英国社会兴起的大众文化以及与大众文化崛起密切相关的电视、电影、广播、广告、通俗小说、流行音乐、青年亚文化等新兴文化形式与传播媒介做了实质性的研究，并充分关注这些新兴媒介文化形式背后的意识形态与文化权力的生成与转化机制，从而在大众传播、媒介意识形态、青年亚文化、阶级与性别研究、大众文化与受众研究等方面形成了鲜明的理论特色，并产生了重大的理论影响。

从1971年开始，当代文化研究中心发布了八次年度研究报告，每次研究报告都充分展示了他们的研究成果，内容涉及传媒与大众文化、历史学、社会学、人类学、政治学、文学艺术等诸多领域，充分体现了跨学科、实践性、实证性与经验性的理论特征。从20世纪60年代开始，当代文化研究中心还相继出版了一系列理论研究论著，如霍尔的《通俗艺术》（1964）、《仪式抵抗》（1974）、《监控危机》（1978），威利斯的《学会劳动》（1977）、《世俗文化》（1978），约翰·克拉克的《光头党与青年亚文化研究》（1973），迪克·赫伯迪格的《亚文化：风格的意义》（1979），等等。他们的理论工作是"英国的知识和思想界，对战后英国社会发生的一系列错综复杂变化的一种回应"。②

---

① ［英］理查德·霍加特：《文化研究四十年》，胡谱中译，载《现代传播》2002年第5期。
② 赵斌、墨多克：《文化分析与政治经济——与墨多克关于英国文化研究的对话》，见李陀、陈燕谷主编：《视界》（第五辑），河北教育出版社2002年版，第57页。

正像英国文化研究的起源与发端并没有一个严格的历史分期一样，伯明翰学派也是各种文化理论相互交织影响的结果，它的理论生成与发展是与整个英国文化研究的学术传统融合在一起的。伯明翰学派正是在融入理查德·霍加特、雷蒙·威廉斯、斯图亚特·霍尔、E. P. 汤普森所开创的英国文化研究的学术谱系与学术传统中，才体现了理论上的活跃的生命力的。

伯明翰大学当代文化研究中心的学术研究重心在于20世纪60年代以来英国社会文化变迁中的大众文化形式与文化实践，它的这个学术重心的划定以及后来理论研究的继续正是受英国文化研究学术传统启发的结果。在这方面，雷蒙·威廉斯的文化唯物主义理论起到了非常重要的作用。在英国文化研究中，雷蒙·威廉斯是较早从事大众文化实践分析的理论家，同时也是伯明翰学派文化研究的重要的思想启蒙者。威廉斯对于英国文化研究最大的理论贡献就是将"文化分析"融入文化与社会之间的具体发展过程，并揭示出它们"有时是统一性和对应性的关系，有时又揭示出出乎意料的非连续性"。① 理查德·霍加特本身是伯明翰学派理论上的引领者，他的《识字的用途》既强调工人阶级文化有它自身的社会关系与社会组织方面的构成过程，又从描述日常生活的细节出发，深刻地展现了工人阶级文化呼应资本主义社会文化结构的过程，这也正印证了 E. P. 汤普森所说的："我相信，阶级是社会与文化的形成，其产生的过程只有当它在相当长的历史时期中自我形成时才能考察，若非如此看待阶级，就不可能理解阶级。"②

雷蒙·威廉斯、理查德·霍加特、E. P. 汤普森等人的文化理论展现出了一种难得的连续性，这种连续性也正是20世纪英国大众文化研究不断发展与融合的方向。理查德·霍加特的《文化的用途》、雷蒙·威廉斯的《文化与社会》《漫长的革命》以及 E. P. 汤普森的《英国工人阶级的形成》等都曾构成了伯明翰学派文化研究的重要的理论资源，伯明翰学派融入整体的"英国文化研究"大传统才得以不断将文化研究的经验与历史发扬光大，而"英国文化研究"的蔚为大观又是理查德·霍加特、斯图亚特·霍尔这些"早期伯明翰学派"的文化干将不断努力的结果，二者之间体现了一种学术传统的有效融合，其中最主要的表现就是影响了伯明翰学派的"文化主义"研究范式的生成。

伯明翰学派的代表人物斯图亚特·霍尔曾经有一篇重要的理论文

---

① ［英］理查德·约翰生：《究竟什么是文化研究》，见罗钢、刘象愚主编：《文化研究读本》，中国社会科学出版社2000年版，第19页。

② ［英］E. P. 汤普森：《英国工人阶级的形成·前言》，钱乘旦等译，译林出版社2006年版，第4页。

献——《文化研究：两种范式》受到了很大的关注。《文化研究：两种范式》写于20世纪80年代初期，是霍尔对伯明翰学派的文化研究的回顾性总结之作，由于霍尔曾亲自引领了伯明翰学派的文化研究，所以，他的理论总结自然有很强的说服力。在这篇文献中，霍尔提出，"英国文化研究"大致可以划分为两种主要的范式：文化主义范式与结构主义范式。文化主义范式是英国文化研究的理论奠基者理查德·霍加特和雷蒙·威廉斯创立的，结构主义的范式则是在阿尔多塞结构主义马克思主义和拉康结构主义及后结构主义精神分析的理论基础上形成的。伯明翰学派的文化研究从一开始就与文化主义范式有着深刻的学术方法上的渊源，那是因为在伯明翰学派的理论起点上，它吸取的正是雷蒙·威廉斯等英国文化研究理论家的文化分析理论，所以，"文化主义"成为英国文化研究的理论范式也是与文化唯物主义的理论影响分不开的。霍尔曾经总结了文化主义范式的特点是：

> 它以不同的方式把文化概念化为与所有社会活动相交织的概念：那些活动反过来被概念化为人活动的共同形式：人类的感官实践、男人和女人用以创造历史的活动。它对立于基础？层建筑模式对于唯心的和物质的力量的关系的阐释方式，尤其是"基础"被界定为简单意义上的"经济"所决定的方式。它偏重于更加广泛的阐释——社会存在和社会意识之间的辩证法：两者都不能分裂为不同的两极（在某些替代性阐释中则是"文化"和"非文化"之间的辩证法）。它把文化界定为起源于不同的社会集团和阶级的意义和价值，以集团或阶级既定的历史状况和关系为基础，集团和阶级则借此"处理"生存境况并作出反映；它同时把文化界定为切身的传统和活动，人们的理解则通过传统和活动来表达并且体现在传统和活动中。①

这种"文化主义"的理论范式正是威廉斯在《漫长的革命》中曾经深入地阐释的文化形式与物质生活的统一性或同构性联系的表达。约翰·斯道雷认为，威廉斯的研究"不仅构筑了文化主义的整体思路，还制定了它的基本步骤"。② 威廉斯的文化分析是在文化唯物主义理论中展现出来的一种理论立场，他强调："文化分析就是要阐明一种特殊的生活方式——即一种特定的文化——中或隐或显的意义和价值。"③

---

① ［英］斯图亚特·霍尔：《文化研究：两种范式》，付德根译，见《马克思主义美学研究》（第3辑），广西师范大学出版社2007年版，第420–421页。
② ［英］约翰·斯道雷：《文化理论与通俗文化导论》，杨竹山等译，南京大学出版社2001年版，第75页。
③ ［英］雷蒙·威廉斯：《漫长的革命》，倪伟译，上海人民出版社2013年版，第51页。

在威廉斯看来，这种分析包括历史批评，因为它已经将知性与想象性的作品与社会联系了起来；这种分析还包括从属于"文化"定义的生活方式要素的分析，如一定社会的生产组织、家庭结构、制度结构以及社会共同体成员相互沟通的独特形式，等等。威廉斯的文化分析方法"揭示了建立文化主义的决定性意义"，① 威廉斯正是在这个意义上奠定了伯明翰学派的文化主义的理论范式，这也是"文化唯物主义"与伯明翰学派发生深入的理论联系的基础，是伯明翰学派与马克思主义文化理论结缘的重要因素。

二、继承与更新：伯明翰学派与马克思主义批评的结缘

伯明翰学派的文化研究是一种非常重要的承前启后的理论资源，当代文化研究已经无法回避伯明翰学派文化研究的先驱性贡献，20世纪英国马克思主义文学批评更难以磨灭这一段发生在英国本土学术历程中的辉煌记忆。在文化研究领域，伯明翰学派的文化研究有效促进了文化研究的发展，对英国文化研究"文化主义"理论范式的生成起到了重要的推动作用，从马克思主义文学批评角度而言，伯明翰学派的"文化主义"理论范式在新的历史语境中发展了马克思主义批评理论，特别是伯明翰学派对雷蒙·威廉斯文化唯物主义理论观念的继承与发展，更将20世纪英国马克思主义文学批评推进到了一个新的历史阶段。

伯明翰学派与马克思主义的理论联系是在两个方面上促成的：其一，是雷蒙·威廉斯等英国马克思主义理论家理论影响的结果；其二，离不开伯明翰学派重要的理论家斯图亚特·霍尔的理论引领作用。在《文化与社会》中，雷蒙·威廉斯曾说："我们之所以对马克思主义的理论抱有兴趣，这是因为社会主义和共产主义在当今依然重要。我们要在肯定马克思主义的激励作用的前提下继续推进它的文化理论的发展。"② 这也正是包括威廉斯在内的英国马克思主义文学批评的理论目标之一。威廉斯对英国马克思主义文化理论最突出的影响是他的"文化唯物主义"观念突破了"经济决定论"的马克思主义所造成的种种理论僵局，他从历史唯物主义的角度重新阐释"文化""生产""决定"和"意识形态"等概念的内涵与表达机制，从而为伯明翰学派的文化研究提供了重要的理论支撑。

美国学者丹尼斯·德沃金曾指出：

---

① ［英］约翰·斯道雷：《文化理论与通俗文化导论》，杨竹山等译，南京大学出版社2001年版，第75页。

② ［英］雷蒙·威廉斯：《文化与社会》，吴松江译，北京大学出版社1991年版，第275页。

到了20世纪60年代末，伯明翰中心的文化研究者已经渐渐不满意于他们计划的理论基础。他们认为，如果他们的细读法是去阐明当代文化，那么它必须依靠对社会更广泛的理解，这种理解只能来自社会理论。中心与社会理论的最初相遇是过渡性和折中的，致力于发现结构的功能主义的替代品，不论如何，这种功能主义既被社会学内部的也被外部的发展所破坏了。中心研究者最初被德国唯心主义所吸引，但是正当他们开始将它看成是理解60年代末和70年代初的文化剧变的不适当的工具时，这种兴趣被证明是短暂的，因为它不能将当代社会中的权力、意识形态和阶级关系概念化。最终，中心期待在别处发现分析当代文化的某种方式：期待马克思主义与结构主义。①

理查德·约翰生认为，在英国文化研究中，一个重要的理论和方法论分歧贯穿始终，那就是他们不相信"抽象"和"理论"，而是"坚持把各种'文化'作为整体、在其具体场合、按其物质语境进行研究"。②对于伯明翰学派的学者来说，威廉斯的文化唯物主义理论提供的正是这种大众文化研究的经验视角，它启发了伯明翰学派"'听取'并重新创造了文化消费者和生产者活生生的经验，尤其是被压迫者团体的经验"。③ 这种经验视角也是英国马克思主义文学批评传统中的核心内容。

伯明翰学派的文化研究有两个非常重要的研究领域：大众传播媒介研究与青年亚文化研究。这两个研究领域都体现了这种"经验式"的文化研究的重要影响。比如格雷厄姆·墨多克和彼得·戈尔等人对大众传播媒介的研究就积极引进文化经验研究，他们的文化研究也是建立在对马克思主义传统的经济基础/上层建筑理论的重新理解上的；伯明翰学派的"青年亚文化研究"更是将工人阶级文化正在逐渐消失的元素与其他阶级成分的元素结合起来，从而开创了青年亚文化研究的新的格局。所以，美国学者丹尼斯·德沃金提出，伯明翰学派的理论研究与文化实践或许可以看作对马克思在《雾月十八日》中的著名论断的阐释："人们创造他们自己的历史，但是他们没有创造如他们所愿的历史；他们没有在他们自己选择的环境中

---

① ［美］丹尼斯·德沃金：《文化马克思主义在战后英国》，李凤丹译，人民出版社2008年版，第194页。
② ［英］理查德·约翰生：《究竟什么是文化研究》，见罗钢、刘象愚主编：《文化研究读本》，中国社会科学出版社2000年版，第18—19页。
③ ［美］丹尼斯·德沃金：《文化马克思主义在战后英国》，李丹凤译，人民出版社2008年版，第203页。

创造历史，而是在直接被发现、被给予和从过去遗传下来的环境中创造历史。"①

伯明翰学派与马克思主义理论传统的结缘还离不开斯图亚特·霍尔的理论引领。从1968年开始，霍尔曾经连续十年担任伯明翰大学当代文化研究中心主任，这十年也是当代文化研究中心学术飞跃的时期。在这十年中，霍尔不仅负责CCCS的全面工作，更主要的是，"在霍尔的影响下，中心的研究进入了与马克思主义的全新的和更紧密的关系之中"。② 在伯明翰学派的主要研究领域——大众传播媒介研究与青年亚文化研究中，霍尔的文化研究理论有效融入文化经验分析的理论方法，从而体现了英国文化马克思主义理论发展的重要成绩。

在著名的《电视话语中的编码与解码》中，霍尔从电视传媒的信息发送/接收模式的结构性方式与符码化过程出发，对电视传播话语形式的编码过程与大众认知系统的接受方式做了开创性的理论拓展，不但开创了大众传媒受众研究的理论方向，而且积极将马克思主义理论观念综合运用于媒介文化研究，在开启英国文化研究的"结构主义"理论范式的过程中，在伯明翰学派与马克思主义之间建立了深入的学术联系；在1964年出版的《通俗艺术》中，霍尔深入地探索了通俗艺术与青年亚文化发展的关系，看到了新兴大众传播文化形式正在兴起的历史趋势；在《仪式抵抗》中，则充分发掘了战后英国"青年亚文化"背后的文化形式和意识形态要素，强调"青年亚文化"不仅是社会文化变革中的重要的历史文本，而且从更深层上重构了英国工人阶级文化的历史。《通俗艺术》与《仪式抵抗》也被誉为是反映了伯明翰大学当代文化研究中心"关于亚文化的精华的和典型的论述"。③ 霍尔的研究极大地推动了伯明翰学派文化研究的跨学科、实践性的理论发展方向，更强化了以工人阶级大众文化研究为核心的英国马克思主义文学批评的理论传统。

在20世纪英国马克思主义文学批评理论中，伯明翰学派是一个非常特殊的理论团体。作为一个学术团体的伯明翰学派与20世纪英国马克思主义文学批评的很多重要的理论家，如理查德·霍加特、雷蒙·威廉斯、斯图亚特·霍尔都有着理论继承与更新的关系，同时他们的文化理论在启发了

---

① ［美］丹尼斯·德沃金：《文化马克思主义在战后英国》，李丹凤译，人民出版社2008年版，第203页。
② ［美］丹尼斯·德沃金：《文化马克思主义在战后英国》，李丹凤译，人民出版社2008年版，第195页。
③ ［美］丹尼斯·德沃金：《文化马克思主义在战后英国》，李丹凤译，人民出版社2008年版，第225页。

伯明翰学派其他理论家的同时，也更加强化了20世纪英国马克思主义文学批评的理论特征。马克思主义批评对伯明翰学派文化研究的实质意义在于它提供了一种重要的提出和思考问题的方式，并在大众传播媒介研究与青年亚文化研究中发挥了重要的作用，也说明20世纪英国马克思主义文学批评的发展开始充分发挥它的辐射性的理论影响，当然，更包括后来的文化研究理论。

三、一种"文化抵抗风格"的发掘："文化唯物主义"与青年亚文化研究

在伯明翰学派的文化研究的初期，英国大众文化研究已经有了较长时间的发展，特别是经过了雷蒙·威廉斯、理查德·霍加特的努力，"英国文化研究"基本上跨越了马修·阿诺德与利维斯的"文化与文明"的传统，开始重视工人阶级文化经验在社会文化构成中的作用，也廓清了"工人阶级文化"与"资产阶级文化"在表现形式、意识形态上的种种误解。但是，这并不意味着工人阶级文化已经成为"大众文化"的主要领域与唯一形式，特别是随着大众媒介与商业文化的崛起，社会文化领域中人们的情感体验方式与表达方式发生了重要的变化，这也迫切要求大众文化研究在走出"文化与文明"的传统中，充分把握社会时代风潮巨变中的审美趋向。伯明翰学派在文化研究领域的一个重要的标志性特征就是重视社会文化建构中的表意行为，注重从具体的文化实践与文化经验出发探索文化研究的表意内容，重视社会文化变迁中新兴的文化形式与文化风格，并积极从文化文本中挖掘体现各种文化权力与意识形态的要素。在这个过程中，伯明翰学派展现出了明显"文化与社会"的视野与"文化唯物主义"的理论路径，其中，青年亚文化研究是伯明翰学派的重要研究方向。

"青年亚文化"是20世纪60年代西方大众文化发展中的一种新的文化形式，体现的是处于社会主流文化之外的青少年群体的生活方式、生存立场、道德准则、价值观念与人生信仰，它往往与嬉皮士青年、光头党、飞车党、朋克一族等青少年群体边缘性、颠覆性与对抗性的社会行为联系起来，展现了西方大众传媒与商业文化崛起过程中青少年群体对社会主流文化既疏离抗争同时又适应调和的文化体验过程。"青年亚文化"与20世纪英国文化研究中的伯明翰学派的理论倾向与思想旨趣有很大的关系，"青年亚文化"研究也是伯明翰学派早期文化研究最有影响力的成果之一，不但奠定了伯明翰学派在西方文化研究领域中的领军地位，而且充分体现了20

世纪英国马克思主义文学批评的理论特色。

伯明翰学派的"青年亚文化"研究主要包含以下几方面的内容：首先，伯明翰学派的学者在英国大众文化发展的脉络中成功而有效地剥离出"青年亚文化"的文化属性与文化标示特征，使"青年亚文化"研究在英国工人阶级与大众文化研究的整体格局中，既成了大众文化研究的特殊内容，又展现出与"工人阶级文化"研究不同的目的与主张，从而成了伯明翰学派文化研究涉足的一个特殊领地。

霍加特在就任伯明翰大学当代文化研究中心主任时就曾强调，当代文化研究中心的研究方向将是"致力于当代社会中被忽略的媒介与文化现象"。① 所以，在20世纪60年代英国工人阶级文化获得长足发展以及理论总结之后，伯明翰学派就开始积极关注那些与时代变化风潮紧密相连的文化趋向，这就包括"青年亚文化"。霍加特在《识字的用途》中，描写了他在从事成人教育工作过程中发现的美国式的大众文化对英国的影响，他特别提出了一类具有代表性的人物——"点唱机男孩"（Joke—Box Boys）。所谓的"点唱机男孩"是受美国大众文化影响下的工人阶级的时尚青年，他们无所事事，感伤忧郁，喜欢往点唱机里投进硬币欣赏嘈杂的音乐来打发无聊的光阴。这是一群受时代文化影响的无聊青年，但霍加特从他们的行为和表现中发现了特有的大众文化的符码暗示，所以在《识字的用途》中，霍加特不但专门探讨这种文化现象，而且提出了"他们不仅是一种社会异物，而且是一种社会征兆"②的重要命题。1964年，斯图亚特·霍尔与沃内尔合作出版了《通俗艺术》，描述了青年亚文化的风格特征。《通俗艺术》曾深受威廉斯的文化唯物主义观念影响，特纳认为，霍尔的这部著作超越了霍加特的《识字的用途》，因为它不认为新兴媒体产生的文化形式是无用的，而是强调了新兴大众文化形式兴起的历史趋势。③ 这也是霍尔从事"青年亚文化"研究的突出的作品。1976年，霍尔等编辑出版了《仪式抵抗——战后英国青年亚文化》；1979年，迪克·赫伯迪格出版了《亚文化：风格的意义》。这两部著作成了英国伯明翰学派从事"青年亚文化"研究的扛鼎之作，从理论上奠定了"青年亚文化"研究的独特角度。

其次，伯明翰学派在对"青年亚文化"研究中，进行了充分的"文本

---

① Stuart Hall. *Culture*, *Media*, *Language*: *Working Papers in Cultural Studies*, 1972 – 1979. London: Routledge, 1992, p. 21.

② Richard Hoggart. *The uses of literacy*: *aspects of working – class life*. England: Penguin, Harmondsworth, 1958, p. 191.

③ [澳] 格雷姆·特纳：《英国文化研究导论》，唐维敏译，（台北）亚太图书出版社2000年版，第81页。

化"努力,嬉皮士青年、光头党、飞车党、朋克、摇滚乐、吸毒、酗酒等,这些行为本来是社会角落中的颓废景观,上升到文化层面上至多是文化潮流中的另类形象,但伯明翰学派在研究方法上独辟蹊径,不但深入剖析了这些文化现象的历史成因,而且借助于文化文本研究的方式,深入到"青年亚文化"的文化风格与文化结构的内部,发现了它们特殊的文化表意特征。霍尔的《仪式抵抗——战后英国青年亚文化》对英国"亚文化群体"如光头党、朋克、嬉皮士进行了集中分析,透过这些"亚文化群体"的表层行为方式,霍尔提出,他们在表面离经叛道的行为方式背后其实隐藏着深层的意识形态诉求,这种意识形态诉求与工人阶级文化的表达机制有深刻的差别,工人阶级文化更多地体现了工人阶级在生活方式层面上对自身文化归属的认同,而这些"亚文化群体"却缺乏自身的文化归属,比如"光头党"的行为,表面上看具有一幅激进的面孔,其实隐藏不住他们自身文化认同感的失落;朋克与嬉皮士一族虽然有完全的非主流色彩,但乖张的行为除了具有时尚的外表之外并不代表具有明确的政治目标。但是,他们的文化反应却不能忽视,恰恰是特殊文化语境中的文化反应使他们区别于工人阶级文化在集体利益上的共同性,他们构不成阶级,但展现文化象征意味。正是对这种文化象征意味的挖掘,使伯明翰学派在"青年亚文化"研究中逐渐走上了大众文化研究的经验道路。

除了霍尔等人编辑出版的《仪式抵抗——战后英国青年亚文化》之外,保罗·威利斯的《世俗文化》与《学会劳动》充分采用"民族志"的研究方法,深入考察了"青年亚文化"的风格类型,他充分借鉴 E. P. 汤普森《英国工人阶级的形成》中的分析方法,通过分组、个案、访问等多种方式,总结归纳"青年亚文化"群体与个体行为背后的文化潜能。在《学会劳动》中,威利斯以"铁锤镇男孩"为个案,切入"青年亚文化"的"民族志"传统。他考察了来自"铁锤镇"的 12 个男孩,分析了对他们的家庭出身、交友方式、文艺爱好、行为仪表等,甚至对他们的"男人意识"也进行了详细的研究。他之所以选择这 12 个男孩,是因为他们大都不爱学习但彼此很要好,而且都是工人阶级学校里的某种反抗文化的典型成员。威利斯发现了他们身上"反抗学校文化"的风格,如他们往往给自己加上自我加封出来的头衔,"课间的走廊上,你可以看到他们踢踢踏踏地走着路,过分亲热地打着招呼,当学校副校长走过使走廊上会顿时寂静下来","在教室里他们尽可能一伙人坐在一起,常常发出椅子的刮擦声,对最简单的要求也发出不耐烦的'啧啧'声,坐立不安的人不停地变换着坐姿或者干脆躺在椅子上。在自习课上,一些人明目张胆地歪趴在课桌上试图睡觉,以此来表示一种轻蔑,有些人背对课桌向窗外张望,或者甚至对着墙发呆。"①威利斯指出,这些"铁锤镇男孩"之所以有这样的"反抗学校文化"风格,是与他们的生活环境以及时代文化影响分不开的,更是当时阶级文化构成的反映。"铁锤镇"是一个典型的工业市镇,虽然已有两百多年的工业化的历史,但仍然带有现代垄断资本主义社会的典型特征,这些"铁锤镇男孩"的奇怪行为显然不仅是针对"学校文化",更主要的是对社会权威价值观的一种反抗,勤勉、服从、尊重这些往往用来形容工人阶级文化品格的词语,在这些工人阶级的后代——"铁锤镇男孩"身上却有截然相反的表现,这不禁会让人反思在一个"文化微观"世界,"工人阶级"究竟该拥有什么样的文化指涉含义?安·格雷认为,威利斯的理论框架显然是马克思主义的理论框架,他从事的是一个"微观"世界的研究,但应该放在一个宏观的世界下来理解。②威利斯承认,他所采用的研究方法就是"民族志","它允许在对客体的研究过程中把研究者的某种特殊活动、创造、人类的动力体现在分析和受众的体验中"。③这种别具一格的文化分析方式在威利斯的"青年亚文化"研究中获得了淋漓尽致的表现,也正体现了伯明翰学派的"青年亚文化"研究的理论贡献。

最后,伯明翰学派充分发掘了"青年亚文化"的"文化抵抗风格"以及意识形态特征,在使"青年亚文化"纳入英国文化研究的文化与社会、文化与权力、文化与意识形态的整体理论视野的过程中,充分展现了20世纪英国文化研究跨学科特征、开放性旨趣和批判性精神,也充分体现了20世纪英国马克思主义文学批评的理论特征与启发。这方面,迪克·赫伯迪格的《亚文化:风格的意义》是代表。

相比理查德·霍加特、斯图亚特·霍尔、理查德·约翰生等早期伯明翰学派文化理论家,迪克·赫伯迪格算是一个"学生辈"的学者,他早年曾在伯明翰大学当代文化研究中心攻读硕士学位,是斯图亚特·霍尔的学生。他日后的理论成就也恰恰证明了他并没有辜负伯明翰学派光辉的理论传统。1979年,28岁的迪克·赫伯迪格出版了《亚文化:风格的意义》这部代表伯明翰学派的"青年亚文化"研究的后起之秀的作品。在这部著作中,赫伯迪格广泛吸收阿尔都塞、罗兰·巴特、列维-斯特劳斯等结构主义

---

① [英]保罗·威利斯:《"哥们":一种反学校文化》,见陶东风等编:《亚文化读本》,北京大学出版社2009年版,第172页。
② [英]安·格雷:《文化研究:民族志方法与生活文化》,许梦云译,重庆大学出版社2009年版,第52–53页。
③ [英]保罗·威利斯:《"哥们":一种反学校文化》,见陶东风等编:《亚文化读本》,北京大学出版社2009年版,第169页。

和符号学研究方法,对"青年亚文化"的种种文化风格进行理论化的归纳。赫伯迪格指出,在关于"亚文化"的种种定义中,"风格"是"矛盾的定义以最引人注目的力量彼此相互冲突的场域"。①所以,他广泛地描绘了"青年亚文化"群体身上各种充满矛盾和悖论风格:一方面他们是时尚文化的试行者,但另一方面他们也是大众文化传媒缔造的压迫性社会体系的受害者,他们的存在构成了对体现中产阶级价值观的英国主流文化的反抗,如朋克,再现了摇滚音乐文本的一种糊涂乱抹,旨在揭穿那些华丽的摇滚音乐矫揉造作和奢华的风格。嬉皮士风格是在相对接近黑人聚居区的环境下形成的,一方面,他们代表了和黑人共享的一种社区空间的体验;但另一方面,也表现了某种对立的价值思考。无论是那些举止高贵的黑人,还是那些被敬仰的黑人英雄,都经常处于遭受羞辱的生活和挥之不去的危险之间,处在奴役和自由状态之间。所以,所谓的"文化抵抗的风格"恰恰展现了社会文化的"编码"特征,"青年亚文化"的"风格"研究就是为了阐释那些被编码的文化体验是怎样在各种不同场所(如工作、家庭、学校等)中得以成形的,以及这些场所又是如何各自将其独特的结构、规则与意义、价值体系强加在亚文化的体验之中的。在迪克·赫伯迪格的视野中,这些"青年亚文化"的表现已经不是个别行为的舒展与放浪,也不是涉世未深的少年行为,而是一种"群体文化"的表现,这种"群体文化"已经具备了区别于传统文学文本的文化文本特性,它需要被阐释同时也在被阐释中显现价值。迪克·赫伯迪格的理论意义在于他采取的深入的文化分析手段以及日常生活化的实践考察,使"青年亚文化"现象有了一种基于文化理论的把握形式,这也是伯明翰学派的"青年亚文化"研究具有批判性阐释价值的所在。

迪克·赫伯迪格指出:"亚文化不是特权的形式,它们并非超然于生产和再生产的反射性循环之外。"② 随着时代文化语境的变化以及伯明翰学派复杂的理论变迁道路的影响,"青年亚文化"研究后来逐渐淡出了伯明翰学派的理论视野,嬉皮士青年、光头党、飞车党、朋克一族,这些"青年亚文化"群体有的已经淡出了公众的视线,有的以新的文化变种出现,这说明"青年亚文化"也是一个历史化的范畴,在不同历史时期它可能拥有不同的存在方式与影响方式,当然,对"青年亚文化"研究的理论形式与方

---

① [美]迪克·赫伯迪格:《亚文化:风格的意义》,陆道夫等译,北京大学出版社2009年版,第3页。
② [美]迪克·赫伯迪格:《亚文化:风格的意义》,陆道夫等译,北京大学出版社2009年版,第107页。

法也会有一种历史性的转换。

但无论如何，他们作为一种特殊历史发展阶段的文化体验方式乃至文化文本形式，仍然有理论研究之必要与价值。从历史上看，"青年亚文化"研究不但构成了伯明翰学派文化研究理论传统与学术谱系的重要内容，而且，是伯明翰学派的文化研究理论最具理论启发性的表现之一。从现实看，在今天的文化研究过程中，"青年亚文化"现象仍然是不可忽视的内容，伯明翰学派的"青年亚文化"研究对我们的启发在于，文化研究不仅需要切实地面对"青年亚文化"的复杂景观与风格，更需要从文化经验入手实现对它的良好规约，因为，它自始至终都是我们这个社会的文化体验的一部分，并且是很有价值的一部分。

第三章　审美意识形态与马克思主义
文学批评中的美学问题

  审美意识形态研究是 20 世纪英国马克思主义文学批评主要理论问题之一。20 世纪英国马克思主义文学批评中的审美意识形态研究关注当代审美文化条件下人们情感交流和表达方式的变化，凸显文学研究与当代社会生产以及人们审美生活经验的内在关系，在意识形态与审美话语的张力结构中展现了马克思主义文学批评对象化现实审美经验的方式与能力。在 20 世纪英国马克思主义文学批评的早期阶段，审美意识形态的问题并没有得到集中的探讨，随着西方马克思主义文学批评的整体发展，在卢卡奇、葛兰西、阿尔都塞、本雅明等重要理论家的影响下，在 20 世纪中期以来的雷蒙·威廉斯、特里·伊格尔顿与托尼·本尼特那里，审美意识形态研究得到了深化。雷蒙·威廉斯的"感觉结构"理论蕴含了复杂的审美意识形态观念，特里·伊格尔顿的审美意识形态理论则是 20 世纪英国马克思主义文学批评最具理论启发性的内容。在审美意识形态研究中，20 世纪英国马克思主义文学批评积极关注社会生活方式与社会文化观念的现实演变，在更新马克思主义文学批评的方法论层面上有着重要的理论启示。

第一节　"审美意识形态"的思想来源
及其理论表达方式

  作为一个理论概念，审美意识形态是随着现代审美理论的深入发展才逐渐进入文学批评与美学研究的理论视野的。马克思、恩格斯等马克思主义经典作家曾提出并深入阐释了意识形态的概念，分析了审美话语与意识形态在哲学上、语境上与思想上的话语关联，为审美意识形态研究提供了重要的理论依据和思想框架，马克思主义文学批评中的审美意识形态概念就是在这种思想框架中展开的。在对审美意识形态问题的理论认识上，我们既要从马克思主义哲学观念与思想语境出发,更要考虑到马克思主义在面对文学批评与社会文化关系上的提问方式和思想精髓,特别是要着重分析马克思主义文学批评把握社会现实文化的理论方式,这样才能更深刻地理解马克思主义文学批评中的意识形态与审美意识形态概念的理论复杂性与现实价值。

一、马克思主义文学批评中的"审美意识形态"概念

审美意识形态是一个包含着多重理论内涵的概念,同时也是一个存在很大争议的概念。争议缘于意识形态这个概念本身的复杂性。从概念层面上而言,审美意识形态与意识形态的概念不可避免地存在复杂的理论联系。意识形态的内涵本身就很难说得清,斯洛文尼亚哲学家齐泽克曾不无无奈地说:"'意识形态'可以指称任何事物,从曲解对社会现实的依赖性的沉思态度到行动取向的一整套观念,从个体赖以维系其与社会结构之关系的不可缺少的媒介,到使得主导政治权力合法化的错误观念,几乎无所不包。"[1]

英国马克思主义文学批评家特里·伊格尔顿在他的理论研究中曾长期关注意识形态的概念,在1991年出版的《意识形态:导论》中,他罗列的意识形态的理论内涵有16个层面之多,分别是:

  1) 社会生活中的意义、符号和价值的生产过程
  2) 体现了特定社会集团和阶级特征的观念体系
  3) 协助占统治地位的政治力量合法化的观念
  4) 虚假意识
  5) 一种扭曲的交流
  6) 主体立场所在
  7) 为一定社会利益所激发的思想方式
  8) 同一性观念
  9) 社会必要的幻想形式
  10) 一种权力与话语的结合
  11) 自觉的社会行动者理解社会的媒介
  12) 一系列以行为为导向的信念

---

[1] [斯洛文尼亚] 斯拉沃热·齐泽克等:《图绘意识形态》,方杰译,南京大学出版社2002年版,第4页。

13) 语言现实和表象现实的凝合
14) 符号学的封闭
15) 个体的赖以同社会结构构成各种关系的媒介
16) 社会生活被转化为自然现实的媒介和过程 ①

在伊格尔顿的概括中，意识形态的这些含义彼此交叉重复，充满了理论上的悖谬的内容。正由于意识形态概念的复杂内涵，我们很难给它一个盖棺论定的定义。英国学者大卫·麦克里兰甚至认为："对意识形态的任何考察都难以避免一个令人沮丧的结论，即所有关于意识形态的观点自身就是意识形态的。"② 从19世纪初法国著名的法兰西学院学者安东尼·德斯图·德·特拉西最早提出"意识形态"一词，经过了马克思、列宁以及卢卡奇、曼海姆、阿尔都塞、葛兰西等西方马克思主义理论家的理论发展，以及来自哲学、语言学、精神分析等理论的丰富，意识形态概念各种理论内涵早已变得繁复纠葛、歧义丛生。

意识形态概念的复杂性以及意识形态研究学术谱系的发展为审美意识形态研究提供了进一步的理论阐发空间，其中马克思主义理论在意识形态研究中的理论建树及其理论影响为审美意识形态研究提供了重要的哲学基础。

在意识形态研究的学术谱系上，马克思和恩格斯最重要的理论发展和贡献是从一定社会历史条件出发，在对人的意识进行历史分析的基础上奠定了意识形态研究的唯物主义观念。在马克思主义以前虽然也有许多思想家坚持从人的历史意识出发看到意识形态问题，如18世纪意大利思想家维柯的《新科学》，19世纪斯达尔夫人的《从社会制度论文学》、英国泰纳的《英国文学史》，这些著作都对人的意识的社会历史条件和发展规律作出了探讨，但真正奠定人的意识的历史基础并对人的意识作出历史理解是从马克思开始的。在1845—1846年出版的《德意志意识形态》中，马克思和恩格斯认为，意识的产生是与人们的直接的物质交往联系在一起的，不是意识决定存在而是存在决定人的意识；在1859年的《〈政治经济学批判〉导言》中，马克思又对意识产生的社会历史条件做了更充分的论述。马克思明确提出："人们在自己生活的社会生产中发生一定的、必然的、不以他们的意志为转移的关系，即同他们的物质生产力的一定发展阶段相适合的生产关系。这些生产关系的总和构成社会的经济结构，即有法律和政治的上

---

① Terry Eagleton. *Ideology*: *an introduction*. London；New York：Verso, 1991, pp. 1 - 2.
② ［英］大卫·麦克里兰：《意识形态》，孔兆政等译，吉林人民出版社2005年版，第2页。

层建筑竖立其上并有一定的社会意识形式与之相适应的现实基础。"① 马克思提出必须区别开两方面的内容："一种是生产的经济条件方面所发生的物质的、可以用自然科学的精确性指明的变革；一种是人们借以意识到这个冲突并力求把它克服的那些法律的、政治的、艺术的或哲学的，简言之，意识形态的形式。"② 在对待"意识形态的形式"问题上，马克思强调的是文学、艺术、审美情感在社会变革中的作用，并强调在整个社会意识形态变革中，应该重视它的审美表达机制和运行规律，从而"第一次明确地在思想史上确立了批判性的意识形态的意义域"。③ 这个意义域的形成也为审美意识形态研究提供了理论上的依据，特别是与意识形态问题直接相关的经济基础/上层建筑的理论模式更为文学理论与批评研究提供了重要的思想框架。

正像威廉斯所说："任何对马克思主义文化理论的现代理解都必须从考察关于决定性的基础和被决定的上层建筑的命题开始。"④ 在学理层面上，审美意识形态概念内在地受马克思主义的经济基础/上层建筑思想框架的影响。"审美意识形态"不是"意识形态"概念与"审美"概念的简单叠加，由于"意识形态"概念与"审美"概念本身都比较复杂，在其思想意涵中蕴含着社会现实与审美话语之间相互交融、汇合以及思想分裂的思想空间，"审美意识形态"的概念正是根植于这个思想空间之中，它诞生在"意识形态"与"审美"概念复杂的思想张力中。美国学者丹尼尔·贝尔指出："意识形态之所以具有力量也就在于它的激情"，"意识形态最重要的、潜在的作用就在于诱发情感"。⑤ 审美意识形态重视的正是意识形态与审美话语之间复杂的表达逻辑与运行机制，强调的是意识形态研究的审美与情感的维度。

马克思和恩格斯没有明确地提出过"审美意识形态"的概念，这并非意味着审美意识形态的概念不属于马克思主义文学批评的概念范畴。马克思和恩格斯在他们的著作中主要论述的是作为哲学观念和方法原则的历史

---

① ［德］马克思：《〈政治经济学批判〉序言》，见《马克思恩格斯文集》（第2卷），人民出版社2009年版，第591页。

② ［德］马克思：《〈政治经济学批判〉序言》，见《马克思恩格斯文集》（第2卷），人民出版社2009年版，第592页。

③ 张一兵：《问题式、症候阅读与意识形态：关于阿尔都塞的一种文本学解读》，南京大学出版社2003年版，第114页。

④ ［英］雷蒙·威廉斯：《马克思主义文化理论中的基础与上层建筑》，胡谱忠译，载《外国文学》1999年第9期。

⑤ ［美］丹尼尔·贝尔：《意识形态的终结》，张国清译，江苏人民出版社2001年版，第394页。

唯物主义理论，但马克思和恩格斯都没有忽略审美问题，他们把审美问题与一定社会的生产方式、意识形态联系起来。马克思曾经说："当艺术生产一旦作为艺术生产出现，它们（艺术形式）就再不能以那种在世界史上划时代的、古典的形式创造出来。"① 马克思强调，文学与审美活动不可避免地被时代与社会语境所感染，也不可避免地与现实社会中的意识形态变革联系起来，文学生产也会以它特有的艺术形式、象征形式展现现实社会关系与现实文学经验，从而表征新兴的审美意识形态现实，而审美意识形态研究正是在这方面能够体现马克思主义美学的现实趋向和实践特征。所以，在对审美意识形态的问题上，我们更应该从马克思主义基本的哲学观念与思想语境出发，特别是要考虑到马克思和恩格斯面对现实文化经验的提问方式和思想精髓。

就马克思在审美意识形态问题上的哲学态度而言，审美意识形态问题的意义在于它展现了马克思主义批评与社会文化的关系，突出了马克思主义文学批评介入社会现实文化的形式与意义。在这个意义上，马克思主义的审美意识形态理论对当代文学批评研究有着重要的启发，即包括马克思主义文学批评在内的文学研究的生命力在于理论把握现实能力的提升，文学理论与美学研究需要在吸收当代社会文化思潮的思想能量的基础上，进一步增强它的对话能力和表达能力，从而更有效地把握现实文化的发展动向，展现理论把握现实能力和对现实精神的导引能力。随着当代审美文化现实的纵深发展，文学与批评理论的研究范式与思想形式必将发生一定的转变，包括文学艺术在内的当代审美文化的生产形式、表达方式、象征意蕴与交流形式也展现出了新的景观，文学批评与美学研究要展现出对这种新的文化生产与审美存在的描述能力、把握能力和整合能力，就不能忽视当代艺术生产的新的变化趋向以及艺术生产与意识形态之间新的张力形式，正是在这个意义上，审美意识形态研究才具有它的意义与价值。

二、现代审美理论的发展与审美意识形态研究的深化

在现代审美理论的发展中，审美意识形态研究的深入发展与西方马克思主义学者的理论贡献密不可分。20世纪以来，从卢卡奇开始，本雅明、葛兰西、阿多诺、马尔库塞、杰姆逊等西方马克思主义学者对审美意识形态问题有着持续的探讨。卢卡奇曾提出："现实主义是一切真正伟大的文学

---

① ［德］马克思：《〈政治经济学批判〉导言》，见《马克思恩格斯文集》（第8卷），人民出版社2009年版，第34页。

的共同基础。"① 卢卡奇是将现实主义的艺术形态与生产形式结合在一起考虑的,他是在20世纪西方资本主义社会的异化危机与人性分裂加剧的文化背景中探究现实主义文学的。在这个文化背景下,卢卡奇从黑格尔的辩证法思想与马克思的"反拜物教"思想中汲取了理论精神,提出以艺术的"总体性"理想克服现代社会文化危机造成的理论缺口与精神迷失,以起到救弊时代的作用。卢卡奇对现实主义问题的思考不仅仅是对一种文学风格与文学样式的考察,而且隐含着他对审美与意识形态问题的深入辨析,也就是像他所说的:"异化"的表象并不是现实本身,现实主义的文学是要提供一幅现实的图像,在那里,现象与本质能够融合成一个整体,因为真正伟大的现实主义"把人和社会当作完整的整体来加以描写,而不仅仅是表现他们的某个主观的方面"。② 现在看来,卢卡奇的思考仍然值得从审美意识形态研究的层面上作出认真清理。

除卢卡奇之外,美国学者杰姆逊在他的著作中曾多次阐述文学生产与意识形态的问题。在杰姆逊那里,审美的生产具有向意识形态靠近的"无意识修辞特性",在他看来,这种"无意识修辞特性"构成了马克思主义文学批评的"元话语"③方式。另外,阿多诺、马尔库塞等人也对审美形式的政治蕴含作出了深入的考察,他们的考察在一个时期内也丰富了西方马克思主义美学关于审美意识形态研究的理论思想。而德国学者本雅明对"革命性"文学批评以及马克思主义文学批评的"革命性"的思考,则是明确倡导审美意识形态批评的特里·伊格尔顿的主要思想来源之一。

在关于审美意识形态研究中,20世纪英国马克思文学批评家的理论创见占有非常重要的一席之地。考德威尔最早曾关注过审美意识形态问题,在考德威尔那里,审美意识形态的问题是以图解"诗歌""幻想"与"社会现实""社会力量""社会运动"之间关系的理论形式展开的,他对20世纪30年代英国作家叶芝、艾略特、乔伊斯、劳伦斯等人的分析,就采用了文化与意识形态分析的方法。20世纪英国马克思主义文学批评家雷蒙·威廉斯重要的"感觉结构"理论打通了个体生活经验与社会结构之间的联系,不但深化了马克思主义文化研究的理论模式,而且在社会经济生活与文化经验的层面上将审美意识形态问题引入了一个新的思想视域之中。威廉斯

---

① [匈牙利]卢卡奇:《卢卡奇文学论文集》(第2卷),徐恒醇译,中国社会科学出版社1981年版,第495页。
② [匈牙利]卢卡奇:《卢卡奇文学论文集》(第2卷),徐恒醇译,中国社会科学出版社1981年版,第55页。
③ [美]弗雷德里克·詹姆逊:《快感:文化与政治》,王逢振等译,中国社会科学出版社1998年版,第3页。

关于审美意识形态问题的理论视角与表达方式不但有惊人之处，而且有深刻的思想影响，后来的特里·伊格尔顿与托尼·本尼特等都曾受他影响。

特里·伊格尔顿在一个较高的理论水平上提出了审美意识形态的问题，在著名的《审美意识形态》中，伊格尔顿指出，审美话语之所以在人类文化思想的演进中有突出的作用，关键是因为审美话语对它所置身的意识形态语境提出了异常有力的挑战，"意识形态话语在所指的形式背后隐藏着必要的情感内容，在表面上赋予世界以特征的行动中描述了说话者与世界之间的生动关系"。① 伊格尔顿不仅指明了审美话语的意识形态内涵，而且通过美学史的考察以及通过从康德开始的"审美自律论"观念的探索，提出了审美意识形态的理论特征与表达形式。因此，在他那里，审美意识形态不仅仅是一种理论观念，而且是一种理论形式，这种理论形式来源于对趣味、情感、鉴赏判断等问题的审美机制的研究，以及对自由的理想、审美的抽象、审美自律化观念、主体经验的发挥、意识形态的隐蔽表达方式、审美价值的现实指向等问题的理论把握，他强调，从对审美与意识形态关系的种种争辩来看，"审美就等于意识形态"。②

伊格尔顿提出的这个观点以及他的审美意识形态理论有几个重要的理论前提。首先，他对审美意识形态问题的思考是与整体的资产阶级文化形式联系在一起的，他认为审美意识形态是资产阶级主导价值观发挥作用的重要手段，审美与资产阶级统治之间是一种有机的关系，而审美意识形态就是对审美话语和意识形态之间的这种深层次的联系的揭示。在这个意义上，伊格尔顿提出的"审美就是意识形态"以及他的审美意识形态观念并非仅仅强调"审美"与"意识形态"概念间的直接联系，而是强调对美学问题的理解与把握不能忽略意识形态的现实语境，同时强调以"审美意识形态"作为一种理论话语和理论方式把握资产阶级社会的文化表达机制与意识形态运作机制。其次，从伊格尔顿的理论思考方式而言，审美意识形态具有明显的批判性色彩和实践意识，这种实践意识来自对审美话语的价值理性的思考，注重的是美学理论向现实实践领域的拓展，具体说就是对资产阶级文化主导观念的挑战与批判。最后，从具体的理论观念上看，伊格尔顿的审美意识形态理论提出了对"审美自律论"的不同理解。在《审美意识形态》中，伊格尔顿是在关于康德的美学研究中明确提出"审美就

---

① ［英］特里·伊格尔顿：《审美意识形态》，王杰等译，广西师范大学出版社 2001 年版，第 85 页。

② ［英］特里·伊格尔顿：《审美意识形态》，王杰等译，广西师范大学出版社 2001 年版，第 91 页。

是意识形态"的，这个观念值得重视。伊格尔顿对审美自律性问题的分析与康德美学的自律传统构成了一定的挑战，但伊格尔顿并非明显地否定审美自律的观念，而是在审美自律性的社会语境中提出审美意识形态观念。这种对审美自律性的理解与资产阶级的文化生产关系有密切的话语关联，他也是在审美理论与资产阶级文化生产关系的背景下提出审美意识形态理论的。在他看来，文化生产在资本主义早期阶段通过物质生产成为"自律"的形式，这种"自律"形式区别于传统美学所承担的各种社会功能，但在商品社会，"审美自律"的问题已经发生了变化，当艺术品在市场上成了商品时，审美就成了"自我炫耀"的存在。伊格尔顿的审美意识形态研究试图阐明的就是这种新的文化语境中"审美自律"观念的模棱两可的特征，他试图揭示的是"美学既是早期资本主义社会人类主体性的秘密原型，同时又是人类能力的幻象，作为人类的根本目的，这种幻象是所有支配性思想或工具主义思想的死敌"。[①] 从这三个层面上来看，伊格尔顿的审美意识形态理论有一个重要的现实指向，它在美学研究与文化生产的双重维度上提出了重新把握现实文化发展关系的问题，因此，伊格尔顿不但提出了一种强化马克思主义文学批评的现实理解的方式，而且也在切入资本主义文化生产的现实语境的同时，将美学问题的思考与文化生产紧密地连接起来。

在伊格尔顿那里，审美话语的内涵已经被大大地深化了，审美意识形态具有理论范式和文化研究的双重意义，这也使伊格尔顿的审美意识形态理论在20世纪英国马克思主义文学批评研究中占据重要的位置，他的独特性与理论影响的奇特反应是共同存在的，其中托尼·本尼特的反响值得我们重视。托尼·本尼特与伊格尔顿同为当代英国重要的马克思主义文学批评家，他们的很多观念都有非常大的相似性，但在理论形态与理论观念上也有比较大的差别。比如，伊格尔顿更多地受威廉斯、阿尔都塞、本雅明的影响，本尼特则更多地受威廉斯和葛兰西的影响；伊格尔顿更多地在阿尔都塞的立场上强调审美意识形态理论内在的批判特征，本尼特则更多地强调对文学问题和审美问题的经验研究，坚持从社会学、人类学角度研究文学问题和艺术现象；他们都对马克思主义文学批评研究作出了重要的理论贡献，但本尼特更直接地面对马克思主义文学批评在理论格局与理论发展上的现实与困境，认为马克思主义的基本文本虽然很直接地树立了社会历史研究的方法模式和理论模式，但对于马克思主义文学批评的权威，即

---

① ［英］特里·伊格尔顿：《审美意识形态》，王杰等译，广西师范大学出版社2001年版，第10页。

"体现在艺术作品中认知或经验的独特模式的理论的权威,仍然是不确定的"。① 本尼特还提出,马克思主义文学批评总是习惯倾向于传统,照搬由资产阶级批评所提出的形式观念,马克思主义者一直局限于把通俗小说只作为有利于意识形态的再生和传达的伪装系统来研究,等等。这些坦诚的观念也让托尼·本尼特的马克思主义文学批评研究能够提出一些超越性的见解,他坚持从"审美多元决定"的观念出发,在试图走出资产阶级"唯心主义简约论"的同时,坚持论证文学的"相对自律特性"。在文学与审美问题的研究上,本尼特提倡超出"单一历史决定论"的视野,而且他对博物馆等社会文化组织的管理机制、象征意蕴、意识形态机制等问题有专门的研究,对社会历史场域与文学制度、通俗小说与文学特性等问题有具体的探索,从而拓展了审美意识形态问题的研究领域。

值得注意的是,托尼·本尼特对伊格尔顿的审美意识形态理论还有一定的批判。在他的重要著作《文学之外》中,托尼·本尼特多次以"以伊格尔顿为例"的方式提出他的美学观念。他批评伊格尔顿在审美意识形态问题上的含糊不清的理论色彩,他认为伊格尔顿在《批评与意识形态》中坚持的"历史是文学的最终能指也是最终所指"的观念是"毫无意义的,只是一个纯粹的文字游戏";他还批评伊格尔顿是在"话语理论和经典马克思主义两个领域"②探讨文学的意识形态属性的,不赞成把经济基础/上层建筑这个马克思主义的理论框架隐喻转移到文学/历史的框架中;他还不同意伊格尔顿提出的"理论消亡论"的观点,认为应该在"更为宽广的工程中,为文学理论保留一个地方——要不然,就成了一种非文学的文学理论",因为"不可能存在文学的文学理论并不排除存在其他种类的文学理论的可能性"。③ 本尼特认为,对文学和历史、文学与意识形态的关系不能像伊格尔顿那样给予一种一般性的解答,文学的历史研究与文学的意识形态研究不能依赖于文学与历史的一般理论,而坚持在文学与社会实践之间的易变关系语境中研究文学自身的特殊性和连续性。这些理论观念使本尼特的批评理论研究既具有宏观的社会文化视野,同时又具有深刻的美学意义。在以往的理论探讨中,人们通常比较注重威廉斯的文化研究和伊格尔顿的审美意识形态观念,并将这两种观念视为英国马克思主义文学批评中的审

---

① [英]托尼·本尼特:《本尼特:文化与社会》,王杰等译,广西师范大学出版社 2007 年版,第 21 页。
② [英]托尼·本尼特:《本尼特:文化与社会》,王杰等译,广西师范大学出版社 2007 年版,第 123 页。
③ [英]托尼·本尼特:《本尼特:文化与社会》,王杰等译,广西师范大学出版社 2007 年版,第 142 页。

美意识形态研究的理论代表,现在看来,仍然不能忽视托尼·本尼特的意义。

20世纪英国马克思主义文学批评在审美意识形态研究中的独特贡献,体现了审美意识形态问题在现代审美理论发展中不断深化的过程,虽然在不同的理论家那里,审美意识形态问题具有不同的理论研究与展开方式,但从理论发展看,这些研究无疑丰富了审美意识形态的理论观念。正是由于这些理论家的努力,审美意识形态研究展现了文本生产与审美经验历史构成之间的生动关系,当这种关系以一种理论的方式展现出来的时候,审美话语与意识形态的关系问题有可能在一种历史的维度上获得不同的理解,这也正是审美意识形态研究的理论意义所在。

三、审美意识形态与马克思主义文学批评的理论把握方式

审美意识形态研究体现了马克思主义意识形态理论把握文学与审美问题的理论方式,它强调审美话语作为现实生活经验表征的重要媒介,重视以审美幻象观照当代社会生产与人们审美活动的具体过程,正是在这个意义上,审美意识形态研究对具体的文学批评实践活动有重要的理论启发。特里·伊格尔顿认为,审美是"一种特别有效的意识形态媒介"[1],美国学者杰姆逊也曾认为:"审美行为本身就是意识形态的,而审美或叙事形式的生产将看作自身独立的意识形态行为,其功能是为不可解决的社会矛盾发明想象的或形式的'解决办法'。"[2]审美意识形态研究就是要在社会发展与文化意识形态的裂隙与交流语境中展现审美话语介入社会文化语境的复杂机制,在意识形态与审美话语的层面上强调审美话语的意识形态属性及其价值,并从中展现文学批评的美学蕴含,这也正是马克思主义文学批评的一贯主题。

审美意识形态研究体现了马克思主义的经济基础和上层建筑理论模式"隐喻性"的方法论特性,审美意识形态研究呼应了马克思主义的经济基础/上层建筑的理论框架,但没有完全局限在这种理论框架中,特别是雷蒙·威廉斯、特里·伊格尔顿、托尼·本尼特等英国马克思主义批评家,他们更强调在走出这个理论框架的基础上展现社会生产与文化语境的复杂关系,从而实现马克思主义文学批评对意识形态与文学生产更为完整意义

---

[1] Terry Eagleton. *Criticism and Ideology: A Study in Marxist Literary Theory*. London: Verso. 1978, p. 20.

[2] [美]詹姆逊:《政治无意识》,王逢振等译,中国社会科学出版社1999年版,第67-68页。

上的解读。英国学者德鲁·米尔恩强调，马克思主义文学批评方法是一种典型的批判性阅读的方法，它"既有对细节的细读，也有对历史语境的敏锐意识，也拥有抽象化和综合一般理论的能力。不是零散地对马克思主义美学的宣告，而是马克思著作所体现出来的批判和文学批评的方式，使马克思著作对于批判理论，尤其是对于文学批评来说显得非常重要"。① 审美意识形态研究既要在马克思主义的经济基础/上层建筑理论模式中展开，同时又要在具体的方法论层面和问题领域中具有不同的提问方式与理论展开角度，它与马克思主义的经济基础/上层建筑理论模式有重叠的部分，但属于不同的问题形式和研究范式，它是在马克思主义文学批评的美学思考中展开，通过对当代文化发展的密切关注以及对新兴文化形式的理论批判，体现马克思主义文学批评介入现实审美问题的理论途径与话语方式。在这个意义上，无论是雷蒙·威廉斯强调的"感觉结构"和"作为一种生活方式的文化"，还是伊格尔顿坚持的审美意识形态理论，其实都是建立在历史地分析经济基础/上层建筑理论模式的"隐喻"机制的基础上的，它不是对经济基础/上层建筑理论模式的简单拒绝和替代，而正像伊格尔顿说的那样，是"对所属的文化进行唯物主义的重读"，② 这正是马克思主义文学批评中的美学问题所在。

在当代马克思主义文学批评的理论视野中，审美意识形态研究不断深化，但各种思考路径与方法模式也参差错落，理论纷争也时有发生。这说明，作为马克思主义文学批评基本问题之一的审美意识形态研究仍然存在着很大的思想争辩空间。这主要基于两方面的原因，一是人们往往将审美意识形态视为马克思主义文学批评传统中的老问题，往往在马克思主义哲学美学的既定理论框架中理解它，甚至直接做马克思、恩格斯经典话语的对应性研究，这样自然会产生出不同的解读，很多理解相互矛盾，理论思考的分歧很大。二是与后现代主义文化理论对当代理论格局与理论发展的冲击分不开。这里所说的后现代主义文化理论，并不是哪个流派观念的后现代主义，而是作为一种整体文化精神与美学精神的"后现代主义"。这种作为整体文化精神与美学精神的后现代主义对当代审美理论的影响是巨大的，它是一把双刃剑，在摧毁了文学上的宏大叙事理想、美学上的启蒙意识以及理论上的形而上学蕴含的同时，也严重影响了当代美学理论范式和

---

① [英] 德鲁·米尔恩：《解读马克思主义文学理论》，陈春莉译，载《马克思主义美学研究》（第11辑），中央编译出版社2008年版，第110页。
② [英] 特里·伊格尔顿：《历史中的政治、哲学、爱欲》，马海良译，中国社会科学出版社1999年版，第118页。

理论研究的走向。后现代主义文化的发展使当代文化理论更加注重那种个体性的、解构性的以及欲望与感性经验研究，促使理论研究更加关注媒介、传播、视觉经验等新兴文化书写形式，极大地削弱了美学理论、文学理论、文化理论对文学与审美"元问题"的思考，甚至在某种程度上导致了理论把握现实问题能力的弱化与退化。这就出现了一种来自理论本身的危机：一方面我们有时会将审美意识形态的问题局限在某种既定的理论框架与理论模式之中，在理论研究中出现了人为的限制，对待新兴文化形式问题仍然使用传统方法，延续传统观念，很难对现实文化问题作出有力的解析和批评；另一方面，在后现代主义文化中，审美意识形态研究的文化语境与现实经验都发生了复杂的变化，新兴文化形式与文化经验的研究无法在基础理论层面上作出有力的概括，理论与现实难以建立有效的交流机制，对消费文化、大众文化、视觉文化、媒介文化等新兴文化经验的研究忽略了具体的"问题性"，因而出现了理论研究的弱化。

这种局面不可避免地影响了当代美学理论研究的进展，更影响了批评实践的发展，造成的结果是，在具体的批评实践中，从理论到文化经验的"下行"研究路线比较畅通，而从文化经验到学理把握的"上行"理论概括和提升能力较弱，因此出现了理论研究与经验现实之间的巨大的沟壑。这也体现了当代审美意识形态研究的复杂性，一方面作为一个理论问题，审美意识形态具有马克思主义经典文献和理论模式所规定的问题内容和形式；另一方面，在实践层面上，审美意识形态研究更具有文化经验和现实审美问题所要求的理论把握高度，对经典文献与理论模式的呼应如果忽略了现实审美经验的发展，就会导致理论研究的弱化，更会影响马克思主义文学批评的实践性。在我们看来，要解决这个悖论，还是要从马克思主义文学批评理论把握现实文化经验的理论方式入手，争取在理论研究与现实文化经验之间找到一种合理的沟通渠道。在某种程度上，这也正是审美意识形态作为马克思主义文学批评基本问题的意义所在，它的理论意义的呈现是与马克思主义文学批评不断深入当代文化现实，不断对当代文化现实中新兴文化经验作出解析的能力联系在一起的，这也是马克思主义文学批评在新的文化时代具有理论生命力的表现。

随着现实文化经验的变化与现代审美理论的发展，审美意识形态研究的理论价值更加明显，审美意识形态研究为当代马克思主义文学批评把握现实审美文化经验提供了一种重要的理论途径，突出了马克思主义文学批评介入现实文化经验的形式与意义。在传统文化语境中，艺术与现实生活、艺术与意识形态的关系主要体现在"审美自律"与社会生活的张力关系中，

"审美自律"强调的是艺术形式对现实生活的反叛,强调在社会语境中保持艺术独立性、思想性与启蒙性,但随着通俗文化、大众文化与消费文化时代的来临,"审美自律"与审美社会化的语境均有了重大的变化,艺术面临着如何走出消费文化空间的新的"自律"难题,"陌生化"之后的艺术要重新面对"陌生化"的问题,在这种情形之下,马克思主义文学批评不仅仅需要面临具体现实文化经验做出切实的实践探索,更需要在学理层面上作出新的理论调整。在这方面,审美意识形态研究肩负着在大众文化时代重新实现"审美自律",使艺术"再度陌生化"的任务,这也意味着马克思主义文学批评的任务不仅体现在理论研究本身的拓展,更应该深刻地总结现实生活关系的特征,积极面对现实生活情境中的各种挑战。在现代社会中,审美意识形态已经折射出了种种矛盾和分裂的现实表象,现代美学在这个问题上也已经危机重重,现代审美理论要在这个特殊的历史阶段把握人类文化的发展方向,就必须面对这个沉重的现实,这也正是审美意识形态研究的意义所在。

第二节 雷蒙·威廉斯的"感觉结构"理论与审美意识形态

在雷蒙·威廉斯的马克思主义文学批评中,审美意识形态理论观念主要体现于他的"感觉结构"的概念与文化唯物主义理论的发展中。雷蒙·威廉斯的文化唯物主义观念既是理论思考的结果,更是文化经验层面上的提升,文化唯物主义不是单纯的理论建构,而是强调在丰富的文化经验考察中,从语言、意识形态、文化等核心观念出发,展现社会物质生产过程与既定文学生产的关系。它揭示了审美话语在社会实际运用中的历史变化和意识形态内涵,体现了具体文化实践中的唯物主义分析以及文化生产与社会整体生活方式的同源语境。因此,威廉斯虽然没有明确地提出"审美意识形态"的概念,但他的文化唯物主义理论发展中已经内在地包含了审美意识形态研究的理论观念,特别是他提出的"感觉结构"的概念更是勾连文化唯物主义与审美意识形态的重要的理论线索。

一、"感觉结构"的提出及其理论位置

在雷蒙·威廉斯的理论研究中,"感觉结构"是一个非常重要的概念,

从 1954 年威廉斯首次提出这个概念，到 1958 年的《文化与社会》《从易卜生到布莱希特的戏剧》《现代悲剧》，1961 年的《漫长的革命》，以及 1977 年的《马克思主义与文学》，威廉斯都在使用这个概念。在威廉斯那里，"感觉结构"不仅仅是一个理论术语，更是一种深层次的美学理论批评观念，贯穿于他的理论研究的全过程。

1954 年，威廉斯在与奥罗·迈克尔合著的《电影导论》中首次提出了"感觉结构"的概念。在《电影导论》中，威廉斯和奥罗·迈克尔探讨了电影与戏剧传统的关系，他们认为，在通常意义上，"任何一个既定时期内的戏剧原则都从根本上与那个时期的感觉结构有密切的联系。"① 威廉斯提出：

> 在研究某一历史时期的过程中，我们或多或少能够真实地重建某种物质生活与普通社会组织的关系，或者能够在很大程度上与统治观念联系起来。在这里我们没有必要讨论哪些方面是复杂的、有绝对性的；像戏剧一样，一种重要的机制将要从所有可能性的不同程度上留下它的颜色。但是，当我们对过去某个阶段进行研究时，我们可能会将生活的某些具体方面抽离出来，并把它们看作自足的，很显然，这只能说它们可以被如此研究，而并非它们真的是这样被经验的。我们把每个元素当作某种沉淀来考察，但是，在那个时代活的经验当中，每个元素都是溶解的，是一个复杂整体中的不可分割的一部分。②

在这里，"感觉结构"代表的是人们对于一定社会文学艺术体验的物质基础和价值构成，是对作为一个整体的艺术作品的体验和认知手段。在威廉斯看来，只有通过某种"感觉结构"，才能精确地再现一个社会的物质生产过程和文化意识特征，而"感觉结构"在这里正是在与一定社会生产与意识形态发生关联的意义上体现为一种新的文学理解角度和中介机制。

这是威廉斯第一次提出"感觉结构"这个概念。他强调，使用"感觉结构"这个术语，是因为"它在这方面对我来说看起来比'理念'或'普通生活'的概念更加准确"。③ 在 20 世纪 50 年代，威廉斯还没有完成《文化与社会》的写作，更没有深入地接触西欧马克思主义理论的最新成果，但他已经认识到了文学艺术与社会生产之间的结构关系，尽管他没有对"感觉结构"这个概念做更丰富的理论阐释，但是已经表露出对这个概念的重视。在 1961 年的《漫长的革命》中，威廉斯的理论说明就非常清晰了。

---

① John Higgins. *The Raymond Williams Reader*. Oxford: Blackwell, 2001, p. 33.
② John Higgins. *The Raymond Williams Reader*. Oxford: Blackwell, 2001, p. 33.
③ John Higgins. *The Raymond Williams Reader*. Oxford: Blackwell, 2001, p. 33.

在《漫长的革命》中，威廉斯已经不是在孤立地谈"感觉结构"这个概念了，而是与他的文化分析的方法论立场联系在一起。威廉斯认为，文化分析就是要阐明隐含着或显在于一种特殊的生活方式之内的文化的意义和价值。文化分析必须从具体文化概念与文化构成开始，比如对索福克勒斯的《安提戈涅》的文化分析，就是要认识到"戏剧形式和诗歌韵律的背后不仅有着某种由许多人共同创造的艺术传统，而且还可以看到，塑造它们的不只是对经验的需要，还有戏剧传统得以发展的各种特殊的社会形式"。① 在这里，威廉斯还没有说到"感觉结构"的概念，接下来，他就直接提出并应用"感觉结构"的概念了。他说："感觉结构就是一个时代的文化：它是一般组织中所有因素带来的特殊的、活的结果。"② 按照威廉斯的理解，"因为有了这些引申，敬畏的价值观，或是戏剧形式和特定的诗歌，就只有在我们给它们指定的语境中才有意义"，③ 但文化分析又不仅仅是分析文学艺术作品的社会语境，他特别反对那种机械的社会决定论，那么，如何才能做到既不忽略社会语境分析又不落入那种机械的社会决定论的阐释形式呢？在这方面，"感觉结构"就起作用了。威廉斯认为，特定社会语境中的生产组织、家庭结构、文化惯例以及体验传统，都构成了一种独特的生活方式的感知过程，文化分析不仅展示文学艺术作品是社会总体性的一部分，更主要的是展现它是如何在文化经验与文化价值上构成关于社会总体性的感知方式的，而"感觉结构"正是"作为一种社会生活方式"的"文化"的价值感知来源，它"在我们活动中最细微也最难触摸到的部分发挥作用"，④ 是最重要的社会总体性根源。

《漫长的革命》是威廉斯文化唯物主义理论发展中的重要著作。如果说，在1954年的《电影导论》中，威廉斯对"感觉结构"的概念作出的是初步的理论概括的话，那么到了《漫长的革命》，威廉斯对这个概念进行的则是更深入的理论思考，特别是与他的文化分析理论结合起来，更将这个概念纳入了文化唯物主义视野中，从而进一步提升了"感觉结构"的理论价值。《漫长的革命》表现出了一种非同寻常的理论转向，威廉斯不但创造性地阐释了"文化"的概念，更主要的是在对"文化"概念的重释中释放出了文化分析的逻辑与方法。在理论上提出"文化"的概念固然重要，如何将这种"文化"的概念和理论落实于社会生产方式的整体过程与具体经

---

① [英]雷蒙·威廉斯：《漫长的革命》，倪伟译，上海人民出版社2013年版，第53页。
② [英]雷蒙·威廉斯：《漫长的革命》，倪伟译，上海人民出版社2013年版，第57页。
③ [英]雷蒙·威廉斯：《漫长的革命》，倪伟译，上海人民出版社2013年版，第53页。
④ [英]雷蒙·威廉斯：《漫长的革命》，倪伟译，上海人民出版社2013年版，第57页。

验,则比理论上的阐述更具现实性。《漫长的革命》实现了这一点。"感觉结构"概念的应用对"文化"的概念落实于具体社会生产方式之中起到了支撑性的作用,为威廉斯在后来的《马克思主义与文学》中直接、正面地阐释了这个概念奠定了重要的理论基础。

从写作时间上看,《马克思主义与文学》比《漫长的革命》晚了十几年,经过这十几年的思考,威廉斯已经在较为成熟的理论思考中应用马克思主义理论原则了,当然,他对马克思主义文艺理论的不同意见及其发展也是明显的。在《马克思主义与文学》中,威廉斯不赞成直接地使用"意识形态""世界观"这样的概念,他强调选用"感觉"一词就是"为了强调同'世界观'或'意识形态'等更传统正规的概念的区别"[1],它强调的是一种现实在场的活跃着的实践意识,而"结构"恰恰表明了这些实践意识的内部存在着既相互关联又彼此紧张的多变联系。正是以这样的一个"感觉结构"的概念,威廉斯表述了他对基础、文化、上层建筑之间关系的看法,也为他的文化唯物主义理论走出单纯的经济决定论思想打通了理论上的通道。从整体上看,《马克思主义与文学》对文化唯物主义概念概括得言简意赅,但对"霸权""意识形态""感觉结构""文化"等概念却要言不烦,当这些概念在不同层面上展现出它们的理论内涵与结构特性的时候,文化唯物主义的理论内涵就自然孕育其中了,这也更加显示出了"感觉结构"的概念在威廉斯理论研究中的位置。在这个过程中,威廉斯所做的另一项更重要的工作就是深入耙梳这些理论概念的逻辑关系,这其中就包括"感觉结构"与"世界观"。

二、"感觉结构"与"世界观"

雷蒙·威廉斯的《马克思主义与文学》是他十几年来理论研究的思考总结之作,标志着英国马克思主义文学批评发展的一个重要的理论进步。在《马克思主义与文学》中,雷蒙·威廉斯开始了主动建构马克思主义文学批评理论的过程,在这个过程中,"感觉结构"成了他彰显理论观念的重要概念。

威廉斯写作《马克思主义与文学》的时候,"感觉结构"概念已经在他的理论研究中经过了一段时间的酝酿,不可避免地与其他理论概念有着复杂的关系。威廉斯也提出,"感觉结构"这一术语很难理解,他说:"人们

---

[1] [英]雷蒙·威廉斯:《马克思主义与文学》,王尔勃等译,河南大学出版社2008年版,第141页。

常常凭借着充分的现实证据来论述某种世界观、某种流行的意识形态或某种阶级观点等，但又常常通过把它们习惯地转化为某种过去的或凝固的形式的方式，来想象、假定（甚至不知道我们不得不想象、假定）这些东西是实际存在着的，并且是以独一无二的和发展演化的形式具体而确切地存在着的。"① 在某种程度上，雷蒙·威廉斯既避免这一点，同时又无法完全抛开"感觉结构"与意识形态、世界观的关系，特别是与法国著名马克思主义美学家吕西安·戈德曼的"世界观"概念的关系。

戈德曼的"世界观"概念强调文学作品和社会集团的精神结构之间存在着同源性，他认为这种同源性在文学作品中形成了一种"有意义的结构"。在著名的《隐蔽的上帝》中，戈德曼曾提出，"一切有价值的文学作品都是结构严密的，并且表达一种世界观"，②而世界观总是一定社会集团集体意识的展现，是"某些人类群体与其社会和自然环境之间的关系的心理表现"。③文学批评就是要以理解和解释的方法来揭示文学艺术作品的内在结构和某些社会集团意识之间的这种同源性。以这种方法，戈德曼考察了法国著名剧作家拉辛的悲剧作品，认为拉辛的三部"拒绝悲剧"是17世纪法国冉森教派拒绝世界的精神观念的反映，他的三部"现实悲剧"是冉森教派试图与世界妥协的精神观念的反映，而他的最杰出的悲剧《费德尔》则是冉森教派在现实世界失败的反映。以这种方式，戈德曼把发生结构主义引入了文学与美学批评。他认为，"发生结构主义"文学批评与传统文学批评的主要分歧就在于"前者就作品与一个集体主体相联系，而后者则将作品与个人主体相联系"。④ 在当时戈德曼所处的法国，正是结构主义文学思潮开始蔓延之时，而当时引领法国文学批评的从圣勃夫、泰纳、朗松沿袭而下的实证批评和从精神分析学产生的心理批评，越来越呈现出理论上的僵化和批评的无效性，戈德曼着意对传统的文学社会学批评进行改造，提倡一种从部分与整体关系出发来解读文学作品的客观意义的"发生结构主义"批评方法，并对威廉斯产生了重大的理论影响。

1970年，戈德曼在剑桥大学做了两场重要的演讲，1971年威廉斯在《新左派评论》上发表了《文学社会学：纪念吕西安·戈德曼》一文，表达了他对戈德曼的"世界观"概念的认同。威廉斯说，在他的理论著作中，

---

① ［英］雷蒙·威廉斯：《马克思主义与文学》，王尔勃等译，河南大学出版社2008年版，第138页。
② ［法］吕西安·戈德曼：《隐蔽的上帝》，蔡鸿滨译，百花文艺出版社1998年版，第461页。
③ ［法］吕西安·戈德曼：《隐蔽的上帝》，蔡鸿滨译，百花文艺出版社1998年版，第25页。
④ ［法］吕西安·戈德曼：《文学社会学方法论》，段毅等译，工人出版社1989年版，第97页。

他一直在发展"感觉结构"的概念,"感觉结构"指向的是"一个作家群体以及一种特定历史时期的普遍特征",而戈德曼的理论研究是从"那种社会与文学现实的联系的结构的概念开始的"。①戈德曼的《隐蔽的上帝》在20世纪60年代被译成英文,这个时候正是威廉斯从事马克思主义文学批评理论研究的关键时刻,很多重要的著作都是在这个时候完成的,戈德曼作为卢卡奇的弟子,从黑格尔关于主客体的辩证观念出发,不但吸收了皮亚杰的整体观念,而且吸收改造了卢卡奇关于"整体性"的思想,从而既使他的"发生结构主义"批评区别于传统的实证社会学批评,又具有一种马克思主义立场,这对于20世纪60年代的雷蒙·威廉斯来说,理解上的共鸣乃至观念上的影响是自然的。

威廉斯承认,戈德曼的观察方式在他的著作中是非常熟悉的,"世界观"的概念"对他是有帮助的"。②威廉斯强调,"确实,我自己不得不花很多年的时间在通常的意义上吸收我发现的它所蕴含的意义"。③ 戈德曼的"世界观"概念在内涵上指向文学与社会现实之间的结构关系,在方法应用上则强调马克思主义文学社会学的辩证立场,这些因素都对威廉斯应用"感觉结构"的概念有重要的影响,也是威廉斯所看重的地方。但威廉斯的"感觉结构"概念毕竟与"世界观"概念有着理论析出背景、思想内涵以及方法应用上的差别,所以,威廉斯并不完全在重复乃至简单机械复述的意义上应用戈德曼的理论。在威廉斯看来,"世界观"概念是一种特殊的观察世界的有机的方式,但他认为卢卡奇和戈德曼都太过强调文学与社会集团意识的直接联系,这样反而会损伤那种辩证关系的存在,他说:

> 我非常赞同一种艺术形式与一种世界观的某些关系能够显示出来。但是,我们不得不面对现实,在过去的几百年里,例如悲剧与小说,它们不可分割地存在于同一种文化之中,共同被那些相同的或很少雷同的社会集团使用。还有,在现代悲剧,或者在小说之中,在文学与社会的很多改变中都发生了激进的重大的形式上的改变——在生活、经验的速度上,而不是一种整体的历史时代上——能够非常直接地被

---

① Raymond Williams. *Culture and materialism: selected essays*. London and NewYork: Verso, 2005, p. 22.

② Raymond Williams. *Culture and materialism: selected essays*. London and NewYork: Verso, 2005, p. 22.

③ Raymond Williams. *Culture and materialism: selected essays*. London and NewYork: Verso, 2005, p. 23.

理解。①

威廉斯之所以这么直截了当，那是因为他的"感觉结构"概念正是为了避免过于明显地强调文化与社会直接的联系，这是威廉斯的"感觉结构"所不同的地方。在戈德曼看来，马克思主义文学社会学区别于非马克思主义的文学社会学，主要在于马克思主义文学社会学不把文学作品看作是"真实意识"的直接反映，而把某种"可能意识"看作理解文学作品的构成的关键。这种意识可以由虚构的内容表现出来，但它是在一切参与经济、社会、政治等生活的个人行为中暗暗地形成的。在这种观念中，"世界观"是一个结构化过程的展现，重视文学与"世界观"的关系就不单单把文学作品看作集体意识的一种反映，它强调的是文学艺术作品与社会集体之间的辩证关系。这是威廉斯所看重的地方，也是他的"感觉结构"对"世界观"的概念所倚重的理论倾向。

在《马克思主义与文学》中，威廉斯一直都对那种机械的文学反映论很反感，并导致他对马克思主义理论在抗拒中走向超越，这也是受了戈德曼"世界观"概念影响的结果。但"感觉结构"概念在威廉斯的理论体系中已经超出了"世界观"概念的意指内涵。戈德曼以"世界观"的概念强调文学艺术作品与社会集团意识之间的辩证关系，在戈德曼那里，他的发生结构主义以及"世界观"的概念仍然有着黑格尔的影子和卢卡奇的"总体性"的设想，这一点恰恰是威廉斯不赞同的。相比"世界观"的概念，"感觉结构"更强调文学与一定社会生产之间辩证的而非完全结构性的关联，所以，在《马克思主义与文学》中，威廉斯非常重视"中介"的概念，他说，任何艺术反映论最主要的破坏性后果是通过它那富有说服力的物理比喻来表现的，艺术并不直接反映现实，上层建筑也并不直接反映基础，文化是社会的中介。可以说，这是威廉斯《马克思主义与文学》中最有理论说服力的内容，也是"感觉结构"概念发挥作用的地方。他在艺术与现实、基础与上层建筑、文化与社会的动态理解中作出了不同于机械反映论的阐释，这是文化唯物主义理论的精华，也是他的"感觉结构"概念的内涵的重心所在，"感觉结构"正是在作为文化与社会的"中介"意义上为文化唯物主义理论观念奠定了实践和理论的基础，威廉斯说："如果没有单独的、先在的现实领域或现实秩序这样的一些意义的话，维持这个'中介'

---

① Raymond Williams. *Culture and materialism: selected essays*. London and NewYork: Verso, 2005, p. 27.

的比喻几乎是不可能的。"① 通过"感觉结构"的概念，并对"感觉结构"概念注入了一定社会现实领域中的情感、经验和价值实现的辩证性内涵，文化唯物主义才有了文化经验层面上的充分的现实依据。

三、"感觉结构"与文化唯物主义美学的思想生产

在雷蒙·威廉斯的理论研究中，"感觉结构"是一个不断发展的概念。威廉斯自己也很重视这个概念，在其多部著作中都明确表示他将要对这个概念做进一步完善。"感觉结构"还是一个具有理论多义性的概念，它对威廉斯不同时期的理论研究都起到了非常重要的理论支撑作用，是包括文化唯物主义观念在内的马克思主义美学思考的重要的理论原点。在威廉斯那里，"感觉结构"与文化唯物主义理论离不开在文学、审美与意识形态的多元理解中的经验研究，它是从文学的经验研究上升为一种批评传统与理论概括的，而这个过程是在《文化与社会》（1958）以及同时期的《从易卜生到布莱希特的戏剧》（1958）、《现代悲剧》（1958）中完成的。因为在这个时期，威廉斯是真正地用"感觉结构"来分析文学的，同时也是真正地把"感觉结构"这个概念从审美的领域扩大到社会领域的。

在 1958 年的《文化与社会》中，威廉斯在描绘他的重要的关键词——"文化"的思想谱系时，就开始应用"感觉结构"的概念了，他在"文化"这个词的历史渊源及其意义发展中看到的是"一场广大而普遍的思想与感觉运动"。②《文化与社会》提出了"文化与社会"的理论模式，并强调它在马克思主义文化理论建构中的意义。威廉斯看重的正是马克思主义的经济基础与上层建筑理论模式对艺术的阅读分析方法，特别是看重其中包含的文化理论的复杂性与深刻性，这也正是促使他的"文化唯物主义"对马克思主义的基础与上层建筑理论模式进行反思性拓展的原因。

在《从易卜生到布莱希特的戏剧》中，威廉斯探讨了"感觉结构"与易卜生、布莱希特戏剧形式之间的关系，认为"感觉结构"表明了一种稳定的、明确的，但植根于一定社会文化经验的深层次的道德与价值传统，这种道德价值传统既是一种特定世界观的反映，更在艺术形式与惯例上影响了文学形式的变化。这已经是在理论上大大推进了他在《电影导论》中对"感觉结构"的研究。在《现代悲剧》中，威廉斯更是直接地用"感觉

---

① ［英］雷蒙·威廉斯：《马克思主义与文学》，王尔勃等译，河南大学出版社 2008 年版，第 107 页。
② ［英］雷蒙·威廉斯：《文化与社会》，吴松江等译，北京大学出版社 1991 年版，第 20 页。

结构"的方法和思想框架研究契诃夫的戏剧,在对《伊万诺夫》等作品研究中,威廉斯着眼的正是契诃夫不同时期作品"感觉结构"的发展变化以及对戏剧作品的形式与观念的影响,突出的是作为一种普遍的幻觉的戏剧表现形式如何取代真实的生活方式,并走向悲剧性的困境与僵局的。在此"感觉结构"也已经从那种单一性的概念应用,走向了语言、意识形态与文化的思想重组,从而获得了文学经验与理论实践层面的提升。正是经过了经验性的实践与理论提升,在"感觉结构"的实践应用中,"文化唯物主义"美学的确立才有了可能。

在1977年的《马克思主义与文学》中,威廉斯开始将"感觉结构"的概念与马克思主义文学理论探索联系在一起,他多次用"感觉结构"的概念来表述他对基础、文化、上层建筑之间关系的看法,并进一步完善他的文化唯物主义理论,"感觉结构"在这个时期构成了他的重要的理论思考路径。

威廉斯强调,在人们大多数对文化与社会的分析中,往往将文化与社会视为一种过去的时态,从而习惯集中分析那些凝固不变的社会关系、习俗和构形,并从可见的形式中把握从经验到现实文化的过程转变。这是一种常见的文化分析方法,但威廉斯提出,某些社会形式在它们条理清晰、明显可见的时候固然更好确认,而实际上还存在着更积极能动、更有灵活适应性的文化分析方式,那就是超越那些"正规的把握方式和体系性信仰",从那种"现实在场的,处于活跃着的、正相互关联着的连续之中的实践意识"[1]中获得某种作为感受的思想观念和作为思想观念的感受。而这正是某种社会形式和社会构型中的"感觉结构"所蕴含着的深刻的思想意识。为此,威廉斯指出:"感觉结构可以被定义为溶解流动中的社会经验,被定义为同那些已经沉淀出来的、更加明晰可见的、更为直接可用的社会意义构型迥然有别的东西。"并认为:"大多数现行艺术的有效构形都同那些已经非常明显的社会构形,即主导的或残余的构形有关,而同新兴的构形相关的(尽管这种相关常常表现为原有形式当中出现的改形或反常状态)则主要是溶解流动状态的感觉结构。"[2]

这是威廉斯经过了长期的文化经验分析中得出的理论思考,这也反映了实际上在威廉斯的文化分析过程中已经离不开"感觉结构"这个概念了,

---

[1] [英]雷蒙·威廉斯:《马克思主义与文学》,王尔勃等译,河南大学出版社2008年版,第141页。

[2] [英]雷蒙·威廉斯:《马克思主义与文学》,王尔勃等译,河南大学出版社2008年版,第143页。

"感觉结构"正是在作为文化与社会的"中介"意义上为文化唯物主义理论观念奠定实践的和理论的基础的,而威廉斯提出并完善"感觉结构"这个概念的过程其实也正是他提出完整的"文化唯物主义"理论范式的过程。

四、"感觉结构"与审美意识形态的理论启发

像本雅明的"星座化"、戈德曼的"世界观"、葛兰西的"文化领导权"等概念一样,威廉斯的"感觉结构"概念不仅仅是一种理论术语,更是一种深层次的批评观念,贯穿了他的理论研究的全过程。对威廉斯来说,没有"感觉结构"概念,就没有他的文化分析方法,就没有他的文化唯物主义的理论范式,这些理论观念的提出不但在时间上是一致的,而且有着深层次的理论联系。在一般的认识中,威廉斯的文化唯物主义观念更有理论上的显示度和影响力,我们往往忽视了对他的"感觉结构"理论的深入分析。在威廉斯那里,"文化唯物主义"与"感觉结构"是两个并行不悖的理论概念和批评术语,威廉斯在提出文化唯物主义理论思考的时候很多时候都倚重"感觉结构"的概念,所以,从"感觉结构"角度去理解威廉斯马克思主义文学批评的理论价值是一个不可忽视的理论把握路径。特别是"感觉结构"这个概念所包含的理论成分、经验分析方法以及蕴含的对工人阶级文化现代性思想,更是深层次地展现威廉斯审美意识形态观念不可或缺的内容。

审美意识形态研究的一个重要的美学标志就是从一定社会的审美经验、文化形式与情感心理中,探寻文学表征当代审美活动的理论机制和现实机制。威廉斯的感觉结构理论为审美意识形态研究提供了重要的观察视角,"感觉结构"的概念既提出了审美活动的表征形式问题,同时更深刻地涉及了审美活动和文学经验的物质基础和表达媒介,为马克思主义文化理论注入了深刻的历史、文化与政治的元素,强化了马克思主义文学批评的实践特征。也正是在这个意义上,威廉斯的感觉结构理论为当代马克思主义批评的深入发展提供了一种新的理论把握方式,展现了文化理论有效融入现实审美经验的实践特征。

在威廉斯的文化理论中,"感觉结构"也是一个不断发展的概念。直到1977年,威廉斯仍然认为,"感觉结构"是"一种文化假设",[①] 这种文化假设出自对某些社会经验、习俗机构与价值构成与一代人或一个时期的关联做出理解的意图。这种文化假设也一直以来影响了他的审美意识形态理

---

① [英]雷蒙·威廉斯:《马克思主义与文学》,王尔勃等译,河南大学出版社2008年版,第142页。

论的发展。借助于"感觉结构",威廉斯强调的是一定社会的审美经验、文化形式与人们的情感心理的"耦合"(articulations)性,当这种"耦合"性在马克思主义的经济基础与上层建筑理论框架之间以"文化"的中介提出来时,"感觉结构"就成了审美意识形态理论得以实现和表达的重要的形式,这也正是为什么在《马克思主义与文学》中,威廉斯用太多的笔墨阐释"基础""上层建筑""意识形态""决定""文化"的理论内涵的原因,他通过这些概念的阐释,让"文化"成了勾连马克思主义的经济基础与上层建筑理论框架的重要的理论线索,也在对"感觉结构"这个概念的不断思考中,实现了关于审美意识形态的理论说明。通过"感觉结构"的概念,威廉斯的马克思主义文学批评理论实际上是在审美意识形态的立场上复归了感觉、经验与价值、形式之于意识形态的复杂影响。"感觉结构"构成了文化与社会的中介,而对于审美意识形态研究来说,经济基础与上层建筑理论范式的实践性应用与理论说明似乎也正可以从"感觉结构"的概念上吸收必要的理论启发。

在威廉斯提出并应用"感觉结构"的概念的时刻,20世纪英国马克思主义文艺理论与批评对审美意识形态问题还没有进行深入的理论阐释,但当文化唯物主义理论范式确立之后,审美意识形态研究不但在雷蒙·威廉斯的理论研究中提高到了一个新的层次,而且也焕发了鲜活的理论魅力。威廉斯的"感觉结构"概念既是体现于审美意识形态的理论问题之内,同时又是推动审美意识形态研究的重要的理论介质。

最后,在威廉斯那里,正因为"感觉结构"的概念是不断发展的,所以它的内涵也是开放的,它的理论意义也是结构性生成的。"感觉结构"不仅仅是威廉斯用来解析某一个文学理论观念和某一个批评家的概念,而且是他的整个的马克思主义文学理论研究的方法依据。一方面,他的"感觉结构"概念对他的马克思主义文学批评理论本身有重要的启发;另一方面,"感觉结构"概念能为审美意识形态理论研究提供重要的文化分析方法与实践参照。威廉斯的"感觉结构"理论以及文化唯物主义的经验、情感与价值分析,正是在审美话语与意识形态的张力存在中复归审美话语感性特征的典范形式,而从审美意识形态的理论视野来审视"感觉结构"的概念,则能够进一步突破对这个概念的局限,从而展现它的深刻的理论内涵和方法意义。

第三节　意识形态与文学生产：
特里·伊格尔顿的意识形态批评

从 20 世纪 70 年代开始，以《马克思主义与文学批评》《批评与意识形态》《文学理论：导论》《审美意识形态》等理论著作为标志，特里·伊格尔顿在充分吸收和融合雷蒙·威廉斯、路易·阿尔都塞、瓦尔特·本雅明等人思想的基础上，提出了以"文本科学"为核心的意识形态批评理论。伊格尔顿的意识形态批评在 20 世纪英国马克思主义文学批评中有着充分的代表性，不但展现了 20 世纪西方马克思主义文学批评中最强势的文学批评传统——阿尔都塞学派的马克思主义文学批评理论的主要成就，并在当代文化语境中进一步把阿尔都塞学派的理论传统发扬光大，综合体现了 20 世纪英国马克思主义文学批评理论的显著影响。伊格尔顿的意识形态批评提出了一个重要问题，那就是马克思主义文学批评作为一种复杂的精神活动，在不可避免地受意识形态影响的前提下，如何超越对一般的生产模式（general mode of production）的简单反映，从而在深入把握社会现实的过程中，体现文学批评的现实性和政治性。在这方面，伊格尔顿的意识形态批评超越了那种静态的机械的意识形态批评理论，体现出积极的理论思考。

一、伊格尔顿意识形态批评的理论渊源

特里·伊格尔顿的意识形态批评思想非常复杂，在文学批评领域的影响与反响也是多层面的。在马克思主义文学批评研究中，伊格尔顿长期坚持意识形态批评方法。从 20 世纪 70 年代的《批评与意识形态》《马克思主义与文学批评》，一直到 80 年代的《文学理论：导论》，以及 90 年代以来的《瓦尔特·本雅明，或走向革命批评》《意识形态导论》《审美意识形态》，伊格尔顿的文学批评理论一直紧紧围绕着"意识形态"这个概念展开，关于文学与意识形态问题的思考因此也构成了他的文学批评思想的主要立场和基本原则。

伊格尔顿的意识形态批评具有独特的方法论特征，他不同于雷蒙·威廉斯、理查德·霍加特、E. P. 汤普森等人更多地直接从工人阶级文化经验的立场上展开马克思主义文学批评的思考，而是融合了多种理论资源与方

法，体现出了复杂的理论思辨色彩，具有深刻的哲学美学特征和学理性特色。

在伊格尔顿的审美意识形态理论以及意识形态批评实践中，至少有来自三方面的理论渊源对他产生了重要的影响：一是雷蒙·威廉斯的思想，二是法国哲学家阿尔都塞的影响，三是德国思想家瓦尔特·本雅明的思想。在这些思想潜源中，威廉斯的理论影响是直接而切实的。无论是从学术经历，还是从思想承续关系上而言，伊格尔顿与威廉斯都有着非同寻常的学术渊源。他们曾有过一段非常重要的同在剑桥大学工作的经历，共同的工人阶级出身背景以及对马克思主义理论抱有的热忱，曾经在很长一段时间让这两位批评家深有惺惺相惜之感。伊格尔顿也正是在威廉斯的启发下才走上马克思主义文学批评道路的，20世纪50年代末期，威廉斯在对英国社会精英主义文化观念的批判中开始走向马克思主义，这一时期正是伊格尔顿文学批评理论的萌发时期。在《文化与社会》中，威廉斯将马克思主义观念引进文化分析过程，关注社会生活方式与文化变迁的复杂关系，伊格尔顿吸收了威廉斯的思想，在《批评与意识形态》《文学理论：导论》等著作中也在威廉斯的意义上对"英文研究"进行价值评判，这也正是后来伊格尔顿所坚持的意识形态批评的思想根源，所以，在《批评与意识形态》中，伊格尔顿说，他"铭记了雷蒙·威廉斯对20世纪70年代初整个社会结构的那些感觉"。[①]

除此之外，威廉斯的文化唯物主义理论也为伊格尔顿的意识形态批评提供了重要的理论基点。伊格尔顿认为，意识形态是一个复杂的社会现象，文学与意识形态之间的关系不是简单的一对一的关系，"社会上层建筑的各种因素——艺术、法律、政治、宗教——都有它们自己的发展速度，自己的内在演化，并不能归纳为仅仅是阶级斗争和经济状况的表现"。[②] 这与威廉斯所强调的从物质生产、文化与意识之间复杂的结构关系中理解经济基础/上层建筑理论模式，特别是强调走出那种单纯的"决定论"的马克思主义批评观念有着深入的理论上的一致性。伊格尔顿坚持文学或艺术与意识形态之间不是那种"对称"的关系，他不同意机械、被动地理解文学和社会的关系，并认为马克思主义文学批评的关键问题"不单单是找一种替代

[①] [英]雷蒙·威廉斯：《马克思主义与文学》，王尔勃等译，河南大学出版社2008年版，第87页。

[②] [英]特里·伊格尔顿：《马克思主义与文学批评》，文宝译，人民文学出版社1986年版，第17页。

的文学作品的阅读方式，更重要的是对所属的文化进行唯物主义的重读"。①正是受威廉斯的影响，伊格尔顿的意识形态批评体现了批评视野和批评方法的全新追求和调整。

伊格尔顿曾经是阿尔都塞学派的马克思主义文学批评在英国重要的理论代表，因此，他与阿尔都塞的理论关系是他的意识形态批评理论中的关键问题。阿尔都塞思想出现在欧洲1968年"五月风暴"前后的重要历史时期，也是欧洲文化左派的理论发展的关键时期。在当时，"无论是在思想和学问的层面，还是在政治运动的层面，马克思主义都陷入了贫困和混乱的时代"。② 在著名的《保卫马克思》中，阿尔都塞说："历史打破了我们的平静生活，并把我们这些资产阶级或小资产阶级出身的学生改造成为一些懂得有阶级、阶级斗争和阶级斗争目标存在的成年人。"他同时还强调："历史把我们推倒了理论的死胡同中去，而为了从中脱身，我们就必须去探索马克思的哲学基础。"③ 正是伴随着这种浓重的悲观情绪，阿尔都塞思想作为一种理论反思的结果在欧洲引起很大反响。阿尔都塞提出了马克思思想的"认识论断裂"以及"科学马克思主义"等一系列理论命题，试图在一个新的理论起点上重新探索马克思主义的实践意义和理论影响。20世纪70年代，以《新左派评论》为窗口，欧洲各种哲学美学思潮被引入英国，阿尔都塞的思想也得到了伊格尔顿等人的积极响应。在这一时期，伊格尔顿文学批评思想的一个重要的理论转折就是在阿尔都塞思想基础上开始批判他的导师雷蒙·威廉斯，并在《批评与意识形态》中将阿尔都塞马克思主义文学批评理论的设想全面地付诸实施。《批评与意识形态》因此也成了伊格尔顿早期文学批评思想的最重要的理论著作，体现了他的意识形态批评的核心思想。

伊格尔顿意识形态批评另一个重要的理论渊源是德国思想家瓦尔特·本雅明。在伊格尔顿的马克思主义文学批评理论发展中，本雅明的影响一直是存在的。伊格尔顿对本雅明的"艺术生产论"给予了很高的评价，在《马克思主义与文学批评》中，伊格尔顿提出了马克思主义文学批评如何超越机械反映论的重要的理论观念，他的思想就来自本雅明的启发。在他看来，本雅明的艺术生产论"奇妙地把一种唯物主义的'生产美学'的强健

---

① ［英］特里·伊格尔顿：《历史中的政治、哲学、爱欲》，马海良译，中国社会科学出版社1999年版，第118页。
② ［日］今村仁司：《阿尔都塞：认识论的断裂》，朱建科译，河北教育出版社2001年版，第23页。
③ ［法］路易·阿尔都塞：《保卫马克思》，顾良译，商务印书馆2006年版，第2页。

的偶像破坏精神与使人痴迷的神秘教义的色彩结合起来"，① 使我们认识到真正的革命的艺术家不能只关心艺术的功能，也要关心艺术生产的形式，文学的任务不再是"反映"一个既定的现实，而是对社会现实的一种再创造。正是在本雅明的艺术生产论的理论基础上，伊格尔顿提出："文学可以是一件人工产品，一种社会意识的产物，一种世界观；但同时也是一种制造业。"②

20世纪80年代，伊格尔顿写下了重要的理论著作《瓦尔特·本雅明，或走向革命批评》，更加看重本雅明的理论意义。他认为："在过去的20年中，没有哪一位西方马克思主义文学理论家的吸引力能够超过瓦尔特·本雅明。"③ 伊格尔顿把本雅明的思想视为阿尔都塞之后马克思主义文学批评的新的理论收获。伊格尔顿看重的是本雅明受德国唯心主义深刻影响的著作《德国悲剧的起源》，他重视本雅明在这部著作中所展现出的价值"断裂"的意义和本雅明强调的在破碎的历史镜像中积聚政治潜能的思想，并把本雅明的思想启发与英国文学批评的历史联系起来，在本雅明的思想主张上对英国文学研究做出批判性的审视。

在这个过程中，伊格尔顿的文学批评思想发生了明显的理论转向，他开始强调审美话语的政治功能和实践影响，相比之前在阿尔都塞思想上的意识形态批评，他在此时对意识形态的话语语境的强调已经不那么突出了，文学批评的政治实践性的阐释方法和意义则更加明显，他后来的《文学理论：导论》《批评的功能》《审美意识形态》等著作都隐含着本雅明思想的启发：在现实和历史的破碎中思考理论批判的功能，在"历史"的"革命"的意义上继续探讨"审美"与"生产"的过程、在"艺术政治学"的立场上深入"审美""感性""肉体"与意识形态阐释方式。在这个过程中，伊格尔顿的批评理论始终还是以"意识形态"为核心，但在本雅明的意义上，他对这个概念做了理论上的深化，淡化了《批评与意识形态》以来基于"文本科学"的理论建构色彩，更重视审美话语隐蔽的意识形态内涵和现实批判功能，试图在审美话语和意识形态之间的内在联系上突出文学批评的

---

① ［英］特里·伊格尔顿：《历史中的政治、哲学、爱欲》，马海良译，中国社会科学出版社1999年版，第33页。
② ［英］特里·伊格尔顿：《马克思主义与文学批评》，文宝译，人民文学出版社1986年版，第65页。
③ Terry Eagleton. *Walter Benjamin, or, Towards a revolutionary criticism.* London: Verso, 1981, p. 3.

政治旨趣，并提出他考察过的文学理论是"政治的"①，这也正是促使他的意识形态批评不断走向政治阐释的理论渊源所在。

二、"文本科学"："阿尔都塞学派"的批评实践

20 世纪 70 年代，伊格尔顿是作为阿尔都塞学派的重要的理论代表出现的，他的文学批评理论著作《批评与意识形态》《马克思主义与文学批评》不但深深地打上了阿尔都塞思想的烙印，而且对他思考文学与意识形态的关系，形成审美意识形态批评起到了至关重要的理论作用。

阿尔都塞对马克思主义的意识形态问题有非常严肃认真的思考，对文学与意识形态的关系问题提出了非常重要的理论观念。阿尔都塞强调意识形态本身是结构性的，不受一定社会历史条件制约和影响，意识形态的特性在于"它被赋予了一种结构与功能，从而使得它变成了一个非历史的现实，即，一个全部历史的现实，其意义是，那种结构与功能是不变的，以相同的形式存在于我们可以称作的历史之始终"。② 阿尔都塞强调"意识形态没有历史"，之所以说"意识形态没有历史"，是因为意识形态并不反映一定的社会现实，而是通过意识形态本身那种永恒的结构发挥作用。

在文学与意识形态的关系上，阿尔都塞在 20 世纪 60 年代发表了三篇重要的理论文献：《"皮科罗剧团"：贝尔托拉西和布莱希特》（1962）、《艺术书简》（1966）、《克雷莫尼尼，抽象派画家》（1966）。阿尔都塞认为，意识形态、科学、文学是同一的，他在这三种范畴之间建立了一种理论上的同构关系，用他所称的"科学的马克思主义"贯穿了艺术、意识形态、科学的"三元关系"。他认为文学艺术"本身"从意识形态中诞生，在意识形态中浸染，艺术以它的感性形式向我们显示着意识形态，文学艺术是一种运用自己的生产工具加工和改造意识形态原料的实践，"艺术作品与意识形态保持的关系比任何其他物体都远为确切，不考虑到它和意识形态之间的特殊关系，即它的直接的和不可避免的意识形态效果，就不可能按着它的特殊美学存在来思考艺术作品"。③ 阿尔都塞的意识形态观念为伊格尔顿在马克思主义立场上思考意识形态与文学的关系问题提供了理论上和实践上

---

① ［英］特里·伊格尔顿：《现象学，阐释学，接受理论——当代西方文艺理论》，王逢振译，江苏教育出版社 2006 年版，第 191 页。
② ［法］路易·阿尔都塞：《意识形态与意识形态国家机器》，见斯拉沃热·齐泽克：《图绘意识形态》，方杰译，南京大学出版社 2002 年版，第 160 页。
③ ［法］路易·阿尔都塞：《一封论艺术的信》，见陆梅林编：《西方马克思主义美学文选》，漓江出版社 1988 年版，第 537 页。

的突破口。伊格尔顿认为，阿尔都塞关于文学与意识形态关系的理论展现了一种关于文学的新的思考方式，揭示了"关于文学的意识形态话语的生产规律问题"。① 正是在阿尔都塞的理论基础上，伊格尔顿提出了一种"文本科学"为核心的马克思主义文化生产美学。

伊格尔顿所谓的"文本科学"也就是他的意识形态批评的理论表达。"文本科学"是以意识形态为核心的对文学生产独特运行方式的总结，又是关于审美意识形态文本产生过程和规律的分析，体现了他一直以来孜孜以求的科学化的马克思主义文学批评的基本原则和主张。在《批评与意识形态》中，伊格尔顿提出，文学既是一种意识形态实践，具有一定的政治寓意，同时又是一种客观的物质存在，文学生产是整个的社会物质生产的一部分，文学是一种审美意识形态生产。经过对文学的意识形态生产性质的强化，伊格尔顿勾连了一般生产方式和文学生产方式的关系，建构了一个不同于传统反映论文学理论的新的马克思主义文学理论体系。这个理论体系的基点是在文学与意识形态的关联和裂隙中引入"生产"的概念，在"生产"的意义上引出"生产方式"和"意识形态"两个维度和文学理论的一般范畴，并且在各个范畴间的意义关联中放置文本的价值与意义。

首先，伊格尔顿在生产方式和意识形态这两个维度上划分出六种范畴：一般生产方式、文学生产方式、一般意识形态、作者意识形态、审美意识形态、文本。其次，伊格尔顿分别在生产方式和意识形态两个层面上对这些范畴加以说明。在生产方式层面上，他把生产方式分为一般生产方式、文学生产方式两个范畴。一般生产方式是一定社会中主导生产方式，是其他一切生产方式的基础，因此也是艺术生产的前提；文学生产方式有它自身的规律和特征，它在不同的社会结构中由一定的环节和结构构成。在意识形态层次上，伊格尔顿把意识形态分为一般意识形态和作者意识形态、审美意识形态三个部分。一般意识形态像一般生产方式一样，是一定社会中占主导地位的意识形态，反映了一定社会中主要的价值话语。作者意识形态是作者被置于一般意识形态中的特有方式，由社会阶级、性别、民族、宗族、区域等各种因素决定。审美意识形态则指一般意识形态中的特殊的审美领域，是一般意识形态中的文化意识形态部分，比如文学、艺术、舞蹈、电影等。伊格尔顿特别重视审美意识形态这个范畴，在他看来，正是由于审美意识形态的作用，文学具有了自己独特的话语结构和审美构成，即具有了自己独特的审美形式特征。审美意识形态不但传达了作者的意识

---

① Terry Eagleton. *Criticism and Ideology*. London：Verso，1978，p. 45.

形态，而且作为一种审美代码也体现了文学生产是如何在上述关系的运动中形成文学文本的。

伊格尔顿认为，马克思主义文学理论就是这种独特的审美意识形态的文本理论，即"文本的科学"。"文本的科学"基于这样一个现实：文学是一种需要人们认识和发现的价值领域，这个价值领域扎根于社会生产之中，人们的社会历史和生活构成了艺术生产的根源。人们不断的艺术创造和艺术发现的结晶——文本也不单单是社会意识形态的表达，它在一定社会历史的过程中展现了文学生产方式的特征，所以，艺术生产在体现了意识形态"创造"文本的同时，也体现了文本对社会意识形态的"创造"，伊格尔顿说：

> 文学文本不是意识形态的表达，意识形态也不是社会阶级的表达。文本，更主要的是一种意识形态的生产，由此，一种生动的创造在某些方面是适当的。一种艺术性的生产并不在它固有的基础上"表达"、"反映"或者"再现"艺术文本；它"创造"文本，把它转换成一种独特和不可还原的整体。一种艺术生产并不是依据它的真实性被判断为反映了它的客体的；文本和生产并不是可以互相靠在一起的等量的构成，它们之间的距离和联系可以被度量为就像一个人度量两个物质的客体的距离一样。①

伊格尔顿想要探讨的是"把意识形态而不是历史看作是文本的对象，在何种程度上是正确的？"也就是说，文学作为一种意识形态的生产，"在何种意义上，历史的'真实'进入了文本？"② 伊格尔顿提出，历史的真实并不是像乔治·卢卡奇在他的《欧洲现实主义研究》中说的那样，以一种不可抗拒的真实性超越反动的意识形态并且感知最大的历史真实，历史的真实必定要进入文本，这是一定的，文学不是对历史真实的想象性置换，而是社会表意实践的产物，历史"进入"文学文本的过程也就是文学实践对意识形态完成了表意加工的过程，文本的这种表意实践的"加工"过程正体现了文学作为一种审美意识形态生产的特性。

以此为标志，伊格尔顿在阿尔都塞理论基础上把文学文本理解成了一种生产结构相互作用的过程，试图在这种生产结构的运转中建立一种科学的马克思主义文本理论，从而完善马克思主义的文学理论体系。他把他的这个理论探索命名为"文本科学"，其目的是在文学文本与读者之间建立一

---

① Terry Eagleton. *Criticism and Ideology*. London：Verso，1978，p. 64.
② Terry Eagleton. *Criticism and Ideology*. London：Verso，1978，p. 69.

种科学的联系，在结合社会现实的过程中走向意识形态生产的科学分析。不难看出，在这里，伊格尔顿的意识形态批评带有较明显的理论思辨特征，其中的理论建构意味也是非常浓重的，这一点与伊格尔顿后来的各种文化论战风格判若两人。这一阶段的理论尝试不但是伊格尔顿马克思主义文学批评理论研究的重要阶段，也是他的马克思主义文学理论建构的主要理论贡献。在《批评与意识形态》之后，伊格尔顿在一系列著作——《马克思主义与文学理论》《马克思主义与文学批评》以及以后的《审美意识形态》中，都坚持文学是一种独特的意识形态生产，并坚持以这种观念与那种庸俗僵化的马克思主义文学批评和文学理论划清界限。事实证明，伊格尔顿的理论建构涉及了文学理论发展过程中的一些深层次的问题，因此，他的理论实践也营造了一种广阔的批判阐释空间。

三、精神分析、意识形态与"革命的"文学批评

伊格尔顿的意识形态批评强调在意识形态与文学生产的辩证关系中阐释文学的本质和特征，强调在一种新的实践形式上透析审美话语的意识形态内涵。但在这个过程中，意识形态批评也存在着由于意识形态概念和内涵的泛化所导致的片面依赖社会语境的危险。出于这种考虑，伊格尔顿后来做了方法论上的调整，他吸收了本雅明关于"革命"的文学批评的思想内核，并注重引入精神分析以及与精神分析有深刻的理论渊源的女权主义理论作为方法论参照，强化了对审美话语"革命性"的理解以及意识形态批评的政治实践立场。

伊格尔顿对精神分析理论以及与精神分析有深刻理论渊源的女权主义理论给予了极大的赞赏。在《文学理论：导论》中，他提出，精神分析不仅仅是一种孤立的理论体系，像马克思主义一样，精神分析是一种"革命性"的理论话语和思想资源。精神分析理论的"无意识"概念不但是一个对文学意义阐释有重要启发的观念，而且积聚着现实革命的危机与希望。在精神分析理论中，个体隐蔽的无意识心理不可避免地与外在的文化、政治、伦理、社会等问题产生复杂的纠葛，"无意识"理论在一种悖论性的思想连接中悬置了社会和历史，但又时时从个体内在的心理深处产生了影响社会和历史的外向性的思想能量。这是精神分析的难题，同时也正是精神分析理论的深刻之处。伊格尔顿认识到了精神分析理论所包孕的深刻的思想魅力，并在马克思主义立场上对精神分析理论做出了一定的理论融合，从而突出了他对那种"革命性"的文学批评的理解。

在20世纪文学理论发展的最初时刻，由于各种形式主义文学批评的崛起，文学研究视野中的文学"自律化"趋向日益明显，文学研究的"自律化"倾向大大加重了审美话语的内在机制和审美表征上的形式特性。但在20世纪60年代以来，随着现代西方社会商品化、市场化以及消费化进程的加剧，主体情感中的感性与理性的分裂、心理与现实的矛盾也不断呈现。在这种情境下，包括文学批评在内的审美话语也面临着现实语境的转换与调整，特别是随着女权主义、解构主义等种种具有"革命性"的批评理论的崛起，文学批评的发展以及文学观念的演化开始不断回归文化与社会的现实语境之中，从而更加凸显了文学研究的意识形态属性。

这种状况在理论的层面上也为马克思主义与精神分析理论从不同侧面深入审美话语的表达机制提供了可能。伊格尔顿强调："如果说马克思根据劳动所必需的社会关系、社会阶级和政治形式来观察我们对劳动需要的意义，那么弗洛伊德则观察它对精神生活的含义。"① 伊格尔顿积极寻求的正是马克思主义与精神分析的这种对话性。他认为，20世纪西方文学理论基本上是一种"意识形态无意识"的产物，对于具体的文学现象和文学流派来说，社会意识形态构成了一种特殊的政治指涉，20世纪西方文论的各个理论流派都是在这种具体的政治指涉中产生、发展和实践的。他甚至武断地宣布，一切文学作品都由阅读它们的社会"重新写过"，像俄国形式主义、英美新批评、现象学文学理论、解释学文学理论和接受理论以及结构主义、符号学理论、后结构主义理论、女权主义文学理论，在某种程度上均体现了社会语境对文学文本的"再度矫正"，② 所以，20世纪西方文学理论发展到60年代以后，已经离那种精英主义的文学观念很远了，伊格尔顿甚至猜测，阿诺德在今天这样一个政治幻灭的年代，或许会做出和德里达一样的反应。

在伊格尔顿的理论批评中，精神分析的核心概念、理论范畴、思想命题与马克思主义理论话语复杂地结合在一起，他的意识形态批评因此具有了明显的精神分析式的马克思主义文学批评特征。特别是在对女权主义文学理论的理解中，精神分析的"无意识"概念、拉康的"象征秩序"理论与本雅明的"革命性"思想蕴含有了深入的理论联系，弗洛伊德的"无意识"理论、拉康的"象征秩序"理论被"性"与"政治"的思维逻辑外向

---

① ［英］特里·伊格尔顿:《现象学，阐释学，接受理论——当代西方文艺理论》，王逢振译，江苏教育出版社2006年版，第148页。
② ［英］特里·伊格尔顿:《现象学，阐释学，接受理论——当代西方文艺理论》，王逢振译，江苏教育出版社2006年版，第176页。

性地阐释出来,女权主义的"性心理"的觉醒与抗争意识、精神分析理论对个体内在心理结构的分裂状态的阐释在"性""差异""无意识"的层面上奇妙会合,弗洛伊德的"无意识"、拉康的"象征秩序"以一种"革命"的方式突入历史文化语境,精神分析、意识形态与"革命的"文学批评最终凝合成了一种独特的意识形态批评。

在西方马克思主义理论视野中,马尔库塞、弗洛姆等都坚持马克思主义与精神分析的理论对话,并且以此为切入点深刻批判当代资本主义社会的生产机制与文化构成,但就学理探究来看,伊格尔顿对马克思主义与精神分析的理论对话研究是最为深入的,这一点也是他的意识形态批评最重要的理论特色。或许也正是由于这个原因,他对马克思主义与精神分析理论的理解,以及对女权主义文学理论的看重,在某种程度上也存在着远离文学批评的危险。在《文学理论:导论》中,他在对20世纪西方文学理论的"意识形态无意识"的特征的阐释中最终得出了"政治的批评"主张,并认为"毫无必要把政治拖进文学理论,就像南非体育运动的情况那样,它从一开始就在那里存在"。[1] 伊格尔顿极力向我们阐明的是他的意识形态与"政治批评"并不是作为某种党派立场和某种意识形态群体标识的"政治",而更多地指的是在文学发展中广泛地起作用的无意识的政治因素,是潜在地决定人们的观念确立和思想养成的社会政治关系。他强调,精神分析、女权主义以来的文学理论之所以具有意识形态和政治属性,是因为它们能够根据社会和历史的因素深入地阐释审美话语与主体解放的关系。正是在这一点上,伊格尔顿实际上是出色地在融合马克思主义与精神分析的过程中叙写了本雅明的"革命批评"思想。尽管"政治的批评"的观点足以引起人们多方面的质疑,但伊格尔顿毫不掩饰他坚持的意识形态与"革命批评"的锐利风格。在《瓦尔特·本雅明或走向革命批评》中,伊格尔顿强调:"'马克思主义美学'首先是马克思主义政治问题",[2]他的意识形态批评最终指向了一种"马克思主义的文化政治学"。

伊格尔顿的意识形态批评引发了大量的关注,其激进的美学风格既有别具一格的特色,但同时也不乏种种质疑与批判之声。但值得肯定的是,伊格尔顿的意识形态批评已经走出了传统文学社会学批评的僵化模式,在意识形态与文学生产的辩证关系中,他的方法论体现出了一种文化政治研

---

[1] [英]特里·伊格尔顿:《现象学,阐释学,接受理论——当代西方文艺理论》,王逢振译,江苏教育出版社2006年版,第190页。

[2] Terry Eagleton. *Walter Benjamin*, *or Towards a revolutionary criticism*. London: Verso, 1981, p. 93.

究视野，充满了批判精神，对于20世纪英国马克思主义文学批评而言，这种批判精神不但难能可贵，而且是所有对伊格尔顿的马克思主义文学批评理论进行研判的学者都无法忽略的内容。

四、马克思主义的文化生产美学的理论建构

在当代西方马克思主义文学批评视野中，特里·伊格尔顿的批评理论之所以引人注目，与他的马克思主义意识形态批评观念有很大关系。"意识形态"构成了伊格尔顿文学批评中的重要概念，意识形态批评是他表达马克思主义文学批评观念的重要理论方式。在伊格尔顿的意识形态批评中，马克思主义文学批评的方法论特征更加明显，更加具有对现实的批判力度和思想上的洞察力度，这些构成了伊格尔顿的意识形态批评最鲜明的理论影响。

伊格尔顿的意识形态批评同样包含对马克思主义的经济基础与上层建筑理论模式的超越性理解。伊格尔顿认为，马克思提出的经济基础和上层建筑理论为文学研究提供了一个历史的理解方式，对于马克思主义来说，艺术属于上层建筑一部分，也是复杂的社会知觉结构的一部分，文学作品不是神秘的灵感的产物，也不是作者心理状态的简单记录，它们是知觉的形式，是观察世界的特殊的方式，因此，文学与观察世界的主导思想意识有关，与一个时代的社会精神或意识形态有关，"一切艺术都产生于某种关于世界的意识形态观念"。[①] 伊格尔顿意识形态批评理论的深刻性在于他从构成意识形态的各种因素的统一体来阐述文学的意义，从而使马克思主义批评理论获得了更新和拓展。

在《文学理论：导论》的中译本前言中，伊格尔顿认为，布莱希特、马舍雷、葛兰西、本雅明、阿多诺、马尔库塞和萨特等思想家都对马克思主义重新做了阐释，这种阐释对马克思主义在西方的复兴起了重要作用。他们的贡献在于超越了对"文化""意识形态""经济基础""上层建筑"等概念孤立和机械的理解方式，从而"一方面可以对传统文学批评中过于狭隘的形式主义的考虑进行挑战，另一方面也可以对宿命论的马克思主义中那些有时片面陈旧的准则进行挑战"。[②] 在某种程度上，伊格尔顿也加入

---

① ［英］特里·伊格尔顿：《马克思主义与文学批评》，文宝译，人民文学出版社1986年版，第22页。

② ［英］特里·伊格尔顿：《现象学，阐释学，接受理论——当代西方文艺理论》，王逢振译，江苏教育出版社2006年版，第2页。

了这些思想家的行列之中，成了他所说的那种马克思主义的唯物主义美学的重要的实践者之一。像他所赞扬的那些思想家们一样，伊格尔顿马克思主义文学批评的思考也是从"文化""意识形态""经济基础""上层建筑""生产"等一些"关键词"开始的，他的批评实践不失为探索"科学的马克思主义文学批评"的有效例证，他的意识形态批评理论也为我们理解文学和意识形态的关系提供了一个很好的理论参照。

伊格尔顿在继承阿尔都塞意识形态理论、考察文学的意识形态性的过程中，也体现了对雷蒙·威廉斯的文化唯物主义理论的反思，从而体现了一种在发展的眼光中阐释马克思主义文学批评的理论立场。苏联著名文学理论家巴赫金早就提出："马克思主义的方法在文学史中已经被采用，而马克思主义的社会学诗学却没有，至今也没有。更有甚者，人们甚至没有想到过它。"[1] 伊格尔顿的意识形态批评正面地涉及了这样一个问题，一方面，在文学本体论视野中，伊格尔顿的意识形态批评深化了当代文学理论研究的核心问题，即审美话语的意识形态特性问题，为我们理解和描述审美话语的本质特征提供了有效的理论参照；另一方面，在马克思主义文学批评的方法论层面上，伊格尔顿的意识形态批评有效地弥补了传统文学社会学研究方法的偏颇，深化了文学研究的批评史观，在一个开阔的视野中形成了有自己特色的马克思主义文化生产理论。

伊格尔顿的意识形态批评也存在着一定的缺陷，这主要表现为：首先，在伊格尔顿那里，"意识形态"这个概念的多重性和丰富性内涵仍然没有得到很好的解释，他仍然是在一种本质主义的立场上看待文学与意识形态的关系的，他的主导性的理论框架是含糊不明的，所以他无法给出一个明确的"意识形态"概念，后来，伊格尔顿甚至提出："有多少个意识形态理论家，就会有多少种意识形态理论。"[2]

其次，从伊格尔顿意识形态批评的思想来源看，一开始，伊格尔顿专注于阿尔都塞式的马克思主义批评的"科学"立场和"去主体"的历史主张，他不加批判地把阿尔都塞的思想拿来描述他的"文本科学"的批评蓝图，理论体系上的缺陷自然不可避免，其中突出的问题是，伊格尔顿强调了文学作为意识形态生产的一般特性，但没有解决在这个一般特性中的文学主体价值判断问题。

最后，伊格尔顿对马克思主义与精神分析理论的"借用"也存在一定

---

[1] [苏]巴赫金：《文艺学中的形式方法》，李辉凡等译，见巴赫金：《周边集》，河北教育出版社1998年版，第148页。

[2] Terry Eagleton. *Ideology：an introduction*. London；New York ：Verso, 1991, p.2.

的矛盾之处。伊格尔顿看重精神分析理论，在精神分析的立场上对意识形态做了马克思主义的解读，他保留了马克思主义的视角，注入了精神分析的思想动力，但是，在对待精神分析理论上，伊格尔顿的理论游移色彩相当明显。伊格尔顿先是接受了阿尔都塞的思想，然后援引精神分析理论建构他的意识形态批评，他一方面要为了马克思求助于精神分析，而另一方面又要为了精神分析求助于阿尔都塞，所以他的理论立场不可避免地要徘徊在马克思主义、阿尔都塞和精神分析之间。正像有的学者指出的那样："'弗洛伊德－马克思主义的基本错误'在于把心理水平上起作用的置换过程比作思想和政治上的镇压。"① 伊格尔顿也犯了同样的错误。他在精神分析的"无意识"概念所包含的强烈的颠覆特性上，看到了意识形态与权力话语的塑造之间的某种联系，但他没有具体解答这种联系的逻辑依据，这不能不说是他的意识形态批评的理论上的不足。

---

① ［法］C. 克莱芒等：《马克思主义对心理分析学说的批评》，金初高译，商务印书馆1987年版，第75页。

第四章 "葛兰西转向"的问题形式及其理论意义

"葛兰西转向"是20世纪英国马克思主义文学批评中的一个重要的理论事件。20世纪70年代,雷蒙·威廉斯、斯图亚特·霍尔、E.P.汤普森等人都曾深受葛兰西思想的启发,他们对大众文化、意识形态与文化领导权问题的深入考察,打开了英国文化研究政治阐释的理论路向,使英国马克思主义文化研究进一步在"文化与社会"理论思考中展现出了深刻的理论反思能力和理论建构能力。"葛兰西转向"不但导致了英国文化研究理论重心的转移,而且引发了理论传统与理论观念的重写和反思。在接受葛兰西思想的过程中,20世纪英国马克思主义文学批评开始走出"文化主义"与"结构主义"理论范式分化和矛盾的过程,开始将批评理论重心转移到文化的意识形态属性以及文化与社会权力的组合上来,在文化、权力、政治、意识形态、历史等因素的复杂关系中开拓了新的理论空间。

第一节 葛兰西的文化领导权思想及其理论影响

在20世纪西方马克思主义理论视野中,意大利思想家安东尼奥·葛兰西的文化领导权思想是一个里程碑式的理论迈进。佩里·安德森认为:"在葛兰西以后,西欧再也没有其他一位马克思主义者达到过同样的造诣。"[①]葛兰西的文化领导权思想是一种深刻的文化理论,它与西方马克思主义意识形态批评有深刻的话语联系。同时,由于葛兰西的政治身份以及他进行理论思考的独特的政治背景和历史语境,其思想能量与批判精神更是崭露无疑。葛兰西提出的文化领导权、市民社会、有机知识分子等概念和理论,在学理观念和实践价值层面极大地推动了马克思主义文学批评的理论发展,

---

[①] [英]佩里·安德森:《西方马克思主义探讨》,高铦等译,人民出版社1981年版,第61页。

推动了理论转型的过程。

一、"市民社会"与"有机知识分子":葛兰西文化领导权理论的提出

"文化领导权"(hegemony)①是意大利思想家安东尼奥·葛兰西提出的理论概念。相对于其他西方马克思主义理论家而言,葛兰西马克思主义理论研究因其现实斗争的顽强和深陷囹圄至死不渝的坚贞而更加令人尊重。

葛兰西生逢乱世,从开始职业革命,到1924年成为意大利共产党的领导,再到1926年11月8日被捕,直至1937年4月21日去世,在复杂的革命斗争中,他一直处于现实意识形态斗争的前线,因此对文化与政治、意识形态问题体会得更加深刻。② 从1926年到1937年,葛兰西在狱中度过了十年铁窗生涯。在十载凄苦岁月中,葛兰西却矢志不渝,深刻地总结了欧洲革命失败的经验教训,1948—1951年先后出版的《狱中札记》就是葛兰西在十载牢狱生涯中的痛定思痛之作。

葛兰西在《狱中札记》中写道:

> 一个社会集团的霸权地位表现于两个方面,即"统治"和"智识与道德的领导权"。一个社会集团统治着它往往会"清除"或者甚至可以以武力来制服的敌对集团,他领导着同类的和结盟的集团。一个社会集团能够也必须在赢得政权之前开始行使"领导权"(这就是赢得政权的首要条件);当它行使政权的时候就形成了统治者,但它即使是牢牢地掌握住了政权,也必须继续以往的"领导"。③

人们一般把这段话看作葛兰西提出他的文化领导权理论的缘起。葛兰西是

---

① 关于葛兰西的"hegemony"的概念,国内学界有不同的译法,有的翻译成"文化领导权",有的翻译成"文化霸权",陈燕谷先生的《Hegemony(霸权/领导权)》一文曾做过辨析,见《读书》1995年第2期。本文采用的是"文化领导权"的译法。

② 葛兰西1913年加入意大利社会党,大学毕业后,担任意大利都灵社会周报《人民呼声报》主编。第一次世界大战爆发后,葛兰西响应列宁"变帝国主义战争为国内战争"的口号,发动都灵工人举行反战武装起义,在工人中赢得威望,被选为社会党都灵支部书记。大战结束后,意大利革命运动空前高涨,工人和农民决心要走"俄国人道路",1921年1月21日意大利共产党成立,葛兰西是创始人之一。1922年5月,葛兰西作为意共代表当选为共产国际执委会书记处书记,1922年10月,以墨索里尼为首的法西斯分子在意大利夺取了国家政权,葛兰西受共产国际委派回国领导意共开展反法西斯斗争。1926年11月不幸被捕,1937年去世。

③ [意大利]安东尼奥·葛兰西:《狱中札记》,曹雷雨等译,中国社会科学出版社2000年版,第38页。

在社会政治革命以及现代国家理念的基础上来阐释他的文化领导权理论的。"文化领导权"指的是统治阶级对社会意识形态的控制和领导，它是一个比意识形态更宽泛的概念，他所说的"领导"与"领导权"不仅仅是一套意识形态的观念体系，而且包括更广泛的文化、政治、经济方面的内容，是一个统治阶级赢得普遍价值认同的过程，代表了权力运作的展开方式。在这里，我们可以看到卢卡奇在他的《历史与阶级意识》中提出的"阶级意识"概念的影子，只是，在卢卡奇那里，作为无产阶级意识形态的"阶级意识"指向的是阶级统治的合法性，强调的是一定阶级通过组织生产关系而获得社会成员的认可。卢卡奇的这个概念更多的是继承列宁的意识形态理论的结果，其内涵在于统治阶级把对自己有利的价值观念和信仰以一种非强制的措施让它统治的社会各个阶级自觉自愿地接受。在这个过程中，"阶级意识"也代表了无产阶级的意识形态的责任，所以它的阶级性是主要的，或者说革命性来源于阶级性的思想布控。在葛兰西那里，他的"文化领导权"的概念更加着眼于那种"反"（anti）社会意识形态控制与强制性的意识形态，特别是强调意识形态的主体性和实践性，为此，在提出"文化领导权"的概念的基础上，葛兰西还深入阐释了与此相关的"市民社会"理论和"有机知识分子"理论。

  葛兰西认为，"国家"是由两个层面的内容组成的，一个是"市民社会"，另一个是"政治社会"。"市民社会"是"'私人的'组织的总和",[①]是由一些非强制性的相对独立的教育机构（如学校等）、宗教机构（如教会等）以及各种行会所组成的相对自主开放的公共空间；"政治社会"是以军队、司法和警察为基础而组成的推行强制统治的暴力性国家机关。葛兰西非常重视"市民社会"在"国家"的政治活动中的重要性。他认为，我们曾经不同程度地混淆了"市民社会"和"政治社会"的概念和它们之间的不同功能，对于"国家"的观念也是不恰当的。在很多时候，我们理所当然地认同"国家"就是行使政府功能的主体，就是"政治社会"的功能主体。其实，这是一种根深蒂固的误识和被动的"国家"理论，因为它对"国家"这一具有突出意识形态色彩的概念只赋予了"政治社会"的一维功能。他提出，对"国家"的基本认识离不开对"市民社会"的认识，"政治社会"行使的是强制性质的意识形态功能，但是，作为一种行使政府功能的主体形式，任何"国家"的政治实践中，都离不开相对独立的甚至是私人和社会公共组织的非强制机构的文化渗透，这正是"市民社会"不可忽

---

① ［意大利］安东尼奥·葛兰西：《狱中札记》，曹雷雨等译，中国社会科学出版社2000年版，第7页。

视的功能所在，它替统治阶级行使非强制性的文化领导权职能，因此，"国家=政治社会+市民社会"。①

葛兰西是"使用'市民社会'这一概念的第一位马克思主义者"，②他用"市民社会"的概念涵盖了意识形态与文化的关系，并在卢卡奇、列宁等人的理论基础上进一步阐释他的国家与文化领导权思想，从而为整个西方马克思主义意识形态理论带来一种深刻的理论革新。这种理论革新当然还体现在他提出的"有机知识分子"理论。

什么是"有机知识分子"？葛兰西在狱中专门研究了意大利、德国、英国、美国等西方主要国家知识分子的形成过程。他发现，在国家发展中，每个社会集团都创造了最基本的社会阶层，并承担维护国家运行的基本职能领域，在这个过程中，也制造了自己的知识分子阶层。比如，企业资本家在执行经济社会的职能时，也会创造与自身经济职能不可分割的工业技师、经济专家以及文化培育者；政治家在执行政治职能时，会创造与自身政治职责相关的法律专家、文化体系的组织者；等等。虽然社会中的每个人并非都承担具体的知识分子职能，但所有人都是知识分子，因为他/她在社会中都承担了一定的现实职能。而对于一个国家来说，某些社会集团和政党更要在自身领域培育自己需要的知识分子。这就涉及了"有机知识分子"的形成。

葛兰西为了说明"有机知识分子"的形成与作用，先提出了"传统知识分子"的概念。"传统知识分子"是这样一些人：他们是垄断社会公共事业，如哲学、科学、教育、道德、司法、慈善事业、社会救济等"宗教意识形态"的智识阶层，他们"代表着一种历史连续性，这种连续性甚至未被最复杂和激烈的政治与社会变革所打断"。他们通过某种"行会精神"（espritdecorp）"感受到自己不间断的历史连续性和自身的特征，因此自认为能够自治并独立于居统治地位的社会集团"。③"教士"阶层就是典型的"传统知识分子"，"教士"阶层具有土地所有权，在法律上与贵族有同样特权，但是，"教士"阶层的特权是有条件的，他必须与稳定的君主专制政权相联系，当君主专制政权发生变化，社会阶级力量对比改变了，他的特权

---

① ［意大利］安东尼奥·葛兰西：《狱中札记》，曹雷雨等译，中国社会科学出版社2000年版，第218页。
② ［意大利］萨尔沃·马斯泰罗内：《对〈狱中札记〉的历时性解读》，见萨尔沃·马斯泰罗内编：《一个未完成的政治思索：葛兰西的〈狱中札记〉》，黄华光等译，社会科学文献出版社2000年版，第2页。
③ ［意大利］安东尼奥·葛兰西：《狱中札记》，曹雷雨等译，中国社会科学出版社2000年版，第2页。

的自主性和连续性就受到影响。葛兰西认为，这种状况的出现，是缺乏那种"有机知识分子"的表现。在现代社会中，"同工业劳动（甚至是最为原始和不合格的工业劳动）紧密相连的技术教育都必然构成新型知识分子产生基础"，而"任何在争取统治地位的集团所具有的最重要的特征，就是它为同化和'在意识形态'上征服传统知识分子在作斗争"，并且成功地构造自己的"有机知识分子"。①"有机的知识分子"是社会统治方式发生变化和社会阶级构成发生变化后的一种新的知识分子，而构造或成为这种新的知识分子，"不再取决于侃侃而谈，那只是情感和激情外在和暂时的动力，要积极参与实际生活，不仅仅是做一个雄辩者，而是要作为建设者、组织者和'坚持不懈的劝说者'"。②

葛兰西洞察"市民社会"与"有机知识分子"在现代政治生活中的重要功能，可以说，他本人正是他强调的"有机知识分子"，葛兰西在他生命最后的时刻还致力于"市民社会"和"有机知识分子"的研究，但最终还是无法抗拒强制性国家机关的控制，正像有的学者所说的："葛兰西是被一个剥夺了他的自由的司法权力判刑并投入监狱的。这个监狱不正是一个独裁政权的强制性机关的一个方面吗？"③

二、"文化领导权"与意识形态

《狱中札记》记载了葛兰西十载铁窗生涯的心路历程，同时也展现了一个马克思主义者对文化与政治、意识形态问题的远见卓识。《狱中札记》出版后，意大利共产党把葛兰西的理论观念确立为自己理论学说的基点，当时意大利共产党的报纸曾这样评述："1940—1945年战争之后意大利文化和政治方面的所有根本性问题，葛兰西在其札记中都已做过论述"，④足见其影响之大。

《狱中札记》突出了葛兰西作为一个革命者、实践家与理论家关于文

---

① ［意大利］安东尼奥·葛兰西：《狱中札记》，曹雷雨等译，中国社会科学出版社2000年版，第6页。
② ［意大利］安东尼奥·葛兰西：《狱中札记》，曹雷雨等译，中国社会科学出版社2000年版，第5页。
③ ［意大利］萨尔沃·马斯泰罗内：《对〈狱中札记〉的历时性解读》，见萨尔沃·马斯泰罗内编：《一个未完成的政治思索：葛兰西的〈狱中札记〉》，社会科学文献出版社2000年版，第24页。
④ ［意大利］萨尔沃·马斯泰罗内：《对〈狱中札记〉的历时性解读》，见萨尔沃·马斯泰罗内编：《一个未完成的政治思索：葛兰西的〈狱中札记〉》，黄华光等译，社会科学文献出版社2000年版，第2页。

化、意识形态与美学问题的深入思考。在意识形态层面上,葛兰西不同意那种单纯把"意识形态"视为"虚假意识"的观念,他指出,那种把意识形态视为否定性观念往往出于如下的误解:

  1. 把意识形态看作不同于结构的东西,并断言不是意识形态改变结构,而是结构改变意识形态;

  2. 断言一种既定的政治解决办法是"意识形态的"——也就是说,不足以改变结构的,虽然它自认为能够这样;断言它是无用的,愚蠢的等等;

  3. 人们然后转而断言每种意识形态都是"纯粹的"现象,无用而愚蠢,等等。①

他强调:"必须把历史上有机的意识形态,就是说,那些为一个既定的结构所必需的意识形态,同随意的、理性化的或'被强加意愿的'意识形态区别开来。"② 而所谓"有机的意识形态"正是从"市民社会"中建立文化领导权的组织力量。他认为,欧洲无产阶级革命的失败就是因为没有形成强大的市民社会,没有掌握文化领导权,而西方资产阶级国家已经形成了强大而稳定的市民社会,并培育了掌握和播撒文化领导权的"有机知识分子",因此,葛兰西认为无产阶级革命要想取得胜利,就得培育自己的强大的"市民社会"和"有机知识分子",进行"阵地战",夺取资产阶级的文化领导权。

  在一般的观念中,人们对葛兰西的文化领导权思想的理解往往着眼于这种现实的意识形态功能,所以更容易在理论上把文化领导权问题与当代西方文化领域中意识形态变革联系起来。但是,这其中有一个重要的理论差别。在葛兰西那里,"文化领导权"将阶级的意识形态性"自然化"了,并赋予它以文化意义和市民生活层面上的意涵,这也是葛兰西的文化领导权理论与传统意识形态研究不同的地方。英国学者大卫·麦克里兰认为,在葛兰西那里,"马克思主义对意识形态的讨论到达了另一个高度"。③ 这样的评价是切合实际的。由于"市民社会"与"有机知识分子"概念的引入,葛兰西的文化领导权理论彻底剔除了意识形态概念中的否定因素,同时把列宁、卢卡奇等马克思主义理论家的意识形态理论上升到了"国家"的文

---

  ① [意大利]安东尼奥·葛兰西:《狱中札记》,曹雷雨等译,中国社会科学出版社2000年版,第292页。
  ② [意大利]安东尼奥·葛兰西:《狱中札记》,曹雷雨等译,中国社会科学出版社2000年版,第292页。
  ③ [英]大卫·麦克里兰:《意识形态》,孔兆政等译,吉林人民出版社2005年版,第38页。

化实践的高度，由此把他的文化领导权理论发展成一种"实践的哲学"。

但是，麦克里兰又指出，在葛兰西对意识形态问题进行深入探讨时，由于马克思主义在西欧正处于低潮，所以，他的分析更多的是"顺从式的分析"，充满了葛兰西自己所说的"知识界的悲观"。① 这也是深陷囹圄的思想家葛兰西的无奈之处。葛兰西生前有这样的名言：无产阶级的解放是一项艰苦的事业，只有坚贞不屈的人才能胜任，只有那些在人们普遍感到悲观失望的时候能够保持不屈不挠的精神的人，只有那些意志锻炼得坚如刀剑的人，才配称为工人阶级的战士，才配称为革命者。因此将葛兰西的文化领导权理论的意义仅仅限定在意识形态层面上是不完全的，葛兰西的文化领导权理论既有意识形态研究的意义，更有文化理论和哲学思想上的深刻启发，特别是它的文化批判性更值得重视。

在哲学上，葛兰西的文化领导权理论有效地融合了他的"实践哲学一元论"思想，在西方马克思主义理论版图上深入揭示了哲学和政治的关系。在著名的《历史唯物主义和贝内德托·克罗齐的哲学》中，葛兰西把自然与人的意识统一起来，强调自然与人的主观能动性的紧密联系，二者统一于实践（人的自由自觉活动），由此，提出了他的"实践哲学一元论"。葛兰西的文化领导权理论在深层次的哲学意义上，是呼应他的"实践哲学一元论"思想的。正像他的"市民社会"和"有机知识分子理论"想要表明的那样，改变世界的力量不能仅仅是物质层面上的实践，来自"市民社会"的文化与经验层面的力量更加重要。在这个意义上，他的文化领导权理论提出了一种新型的哲学（美学）政治学的主张，由于"市民社会"和"有机知识分子"理论的影响，政治与实践也具有了认识意义，所以说，理论不能代替实践，实践也不能完全遮蔽理论，哲学作为一种理论，它的实践意义更重要，在这个意义上，葛兰西说："哲学与政治不可分割。而且可以进一步表明的是，对于一种世界观的选择与批判也同样是一件政治性的事情。"②

在文化上，葛兰西的文化领导权理论提出了这样的问题，一种文化领导权的树立，如何可以不依赖强制性国家机器而表现为生活的"权威"和"文化"，如果能够做到这一点，那么，作为一种意识形态的文化领导权就走向了一种成功的"常识哲学"，这种"常识哲学"正是"非哲学家的哲

---

① ［英］大卫·麦克里兰：《意识形态》，孔兆政等译，吉林人民出版社 2005 年版，第 38 页。
② ［意大利］安东尼奥·葛兰西：《狱中札记》，曹雷雨等译，中国社会科学出版社 2000 年版，第 237 页。

学"。① 这也正是葛兰西的文化领导权理论所蕴含的文化批判性,这种文化批判性在于它提供了一种思想阐释的框架和形式,意识形态是在哲学和文化的双重背景中展现出来的,在这里,我们可以把一种文化运动、一种"宗教"、一种"信仰"的哲学称作"意识形态","但必须是在世界观——它含蓄地表现于艺术、法律、经济活动和个人与集体生活的一切表现之中——的最高意义上使用此词"。②

在葛兰西去世多年以后,意大利本土学者萨尔沃·马斯泰罗内曾编写了一部葛兰西研究资料:《一个未完成的政治思索:葛兰西的〈狱中札记〉》,作者大多是意大利研究政治学史的学者,他们在关于葛兰西的研讨会上的讨论构成了这部研究资料汇编的主要内容,其标题是"一个未完成的政治思索"。他们强调的是从 20 世纪最初的国际共运开始,一直到 20 世纪下半叶国际共运发生重大变革这个政治坐标中葛兰西的领导权理论的思想意义。他们在两次世界大战之间与之后的政治变动中,同样将葛兰西的文化领导权理论视为一个批判性的思想框架。他们认为,《狱中札记》用"国家"和"市民社会"这两个概念,"是为了寻找一种具体的而不是抽象的新的统治方式";他们还认为,"如果葛兰西能够在自由的天地中而不是在监狱内进行工作,那他的那些草略成型的或者是力图加以阐释的思想以及那些观点、疑问和怀疑,可能就会找到一种不同的表述方式"。③

身陷牢狱的葛兰西在铁窗边写作《狱中札记》之时,被迫完成了从政治家到从事思维活动的有机知识分子的角色置换,但这丝毫不影响他作为一个理论家的魅力。我们现在再看《狱中札记》中的葛兰西,他的革命遭遇令他的理论思维处处显现反思现实的深邃,理论思维的缜密和扎实又时时透显"领袖"的自信和威力。理论研究和现实角色之间的张力使葛兰西的体验更加深刻,同时也为其后的理论家提供了难得的思想参照和理论启发。

三、"葛兰西转向"与现代审美理论的政治阐释问题

葛兰西的文化领导权理论具有不可轻视的理论影响与启发,阿尔都塞

---

① [意大利] 安东尼奥·葛兰西:《实践哲学》,徐崇温译,重庆出版社 1990 年版,第 110 页。
② [意大利] 安东尼奥·葛兰西:《狱中札记》,曹雷雨等译,中国社会科学出版社 2000 年版,第 239 页。
③ [意大利] 萨尔沃·马斯泰罗内:《对〈狱中札记〉的历时性解读》,见萨尔沃·马斯泰罗内编:《一个未完成的政治思索:葛兰西的〈狱中札记〉》,黄华光等译,社会科学文献出版社 2000 年版,第 24 页。

学派、法兰克福学派、英国文化研究学派都曾深受他的影响。英国学者佩里·安德森曾经总结西方马克思主义文学批评的特点：一是主题上的创新——"不再从理论上正视重大的经济或政治问题了"，"几乎倾全力研究上层建筑"；二是思想体系上的转折，表现为对马克思主义经典著作进行标新立异式的理解；三是在哲学观念上的独特选择——从历史唯物主义的奠基观念即理论与实践的统一，到纯理论化地理解历史的先验概念体系与经验现实。① 其实，这些理论发展动向都离不开葛兰西文化领导权理论的启发，所以，佩里·安德森认为，葛兰西的《狱中札记》"是整个西方马克思主义传统中最伟大的作品"。② 葛兰西提出的"市民社会"与"有机知识分子"、意识形态与文化领导权等一系列有鲜明针对性的理论观念导致了西方马克思主义文化理论对传统马克思主义思想的一次集体性的理论重读，促使西方马克思主义文化研究在马克思主义的经济基础/上层建筑理论模式之外，开始"用自己的密码式的语言来说话了"。③

  佩里·安德森是在西方马克思主义文化理论视野中看待葛兰西的。葛兰西一方面通过文化领导权与意识形态研究，把"文化领导权"理论化地表达为"市民社会""有机知识分子"等思想观念的理论对接，从而在新的历史语境中完成了对马克思主义理论的思想解析和理论发展；另一方面，葛兰西的文化领导权理论也非常重视文化的经验性的研究，特别是通过"市民社会"的理论探索，重视文化与美学研究的公共性，着眼于哲学与政治方面的文化解析，并最终通过"市民社会"理论落实于人们现实文化领域中的日常生活方式与大众哲学思维的变化，从而在文化经验的层面上确立了现代审美理论的政治阐释的理论视野与方法。在葛兰西那里，哲学、政治、意识形态问题其实也是一个文化公共性的问题，体现了"常识哲学"视野中的审美与大众哲学启蒙关系的变化，说白了，就是美学与现实关系的变化，这也正是他的文化领导权理论推动现代审美理论政治阐释方式的关键所在。在现代审美理论的视野中，坚持政治阐释的方法是西方马克思主义文化理论的特征之一，体现了西方马克思主义意识形态研究的批判性价值。在这个过程中，葛兰西的文化领导权理论既是一个不能忽略的思想起点，同时更是一种重要的理论转折的开始，这也就是人们所说的"葛兰西转向"。

---

  ① ［英］佩里·安德森：《西方马克思主义探讨》，高铦等译，人民出版社1981年版，第96—97页。
  ② ［英］佩里·安德森：《西方马克思主义探讨》，高铦等译，人民出版社1981年版，第71页。
  ③ ［英］佩里·安德森：《西方马克思主义探讨》，高铦等译，人民出版社1981年版，第44页。

"葛兰西转向"是一种整体理论范式的转折,英国学者约翰·斯道雷曾经总结了西方马克思主义文化研究中"葛兰西转向"的发生及其理论影响,在他看来,葛兰西的文化领导权理论在西方马克思主义文化研究理论中是在两个方面展现出重要理论影响的:首先是引发了对大众文化政治性的重新思考。在葛兰西之后,大众文化生产被视为霸权生产和再生产的一个关键场域,在这种新的场域中,大众文化被理解成一个斗争和谈判的过程,即统治集团和从属集团之间的斗争与谈判、统治集团利益的强加和从属集团利益抵抗之间的斗争和谈判。其次,文化领导权概念被引入文化研究,又引发了对大众文化概念的重新思考。这种重新思考把以前两种彼此对立的支配性的大众文化带入了一个积极的关系之中,从而体现了一种"葛兰西式的文化研究"。①"葛兰西式的文化研究"即受到文化领导权理论启发的文化研究,它的特征是:"大众文化既不是一种本真的工人阶级文化,也不是一种由文化产业强加的文化,而是葛兰西所谓的二者间的一种折中平衡,一个底层力量和上层力量的矛盾混合体;它既是商业性的,也是本真的,既有抵制的特征,也有融合的特征,既是结构,也是能动的。"② 作为"新葛兰西学派"的重要的理论代表,约翰·斯道雷对"葛兰西式的文化研究"充满了期望,也对葛兰西文化领导权理论做出了充分的评价,他的解析深刻地揭示了文化领导权理论融入大众文化研究所产生的理论转向意义。

　　葛兰西的文化领导权理论强调从社会文化发展的复杂系统中发现文化与意识形态发展与运作的隐蔽机制,坚持从不同社会文化集团相互协商与关联的方式把握文化的领导权,文化领导权的获得,并非以往那种单纯的经济决定论的理论阐释和分析的结果,也远非资产阶级文化建构能够自动实现的,而是不同阶级力量在文化与意识形态中的协商与联系,在这个过程中其实存在着大众文化研究的另一种思想空间。这种思想空间不是阶级性和异己力量的组合,也不是不同意识形态力量的相互拆解与对抗,而是市民社会和有机知识分子在文化与意识形态领域中的协商和对话。正是在这个意义上,"葛兰西转向"引发了西方文化研究明显的理论变化,20世纪70年代以后的文化研究更加重视社会文本的意识形态与政治蕴含,始终坚持生产与消费、意义与阐释、文本与政治的辩证关系,这种新的理论阐释产生了新的理论掘进的方向,也引发了马克思主义文学批评的重新思考。

---

① [英]约翰·斯道雷:《斯道雷:记忆与欲望的耦合》,徐德林译,广西师范大学出版社2007年版,第107页。

② [英]约翰·斯道雷:《斯道雷:记忆与欲望的耦合》,徐德林译,广西师范大学出版社2007年版,第108页。

第二节 "葛兰西转向"与20世纪英国马克思主义文学批评的理论更新

葛兰西的文化领导权思想对20世纪英国马克思主义文学批评理论的发展与更新有着显著的影响,雷蒙·威廉斯、斯图亚特·霍尔、E. P. 汤普森等理论家在20世纪70年代之后都接受了葛兰西的思想,他们积极关注现实文化经验与现存政治社会秩序的关系,强调从融合与抵抗角度去理解文化与意识形态,深入思考"文化领导权"这个极具生产力效力的文化隐喻形式在工人阶级与大众文化研究中的作用。这既体现了葛兰西思想广泛的理论渗透力,同时也体现了20世纪英国马克思主义文化研究的理论接受能力与思想重组能力。"葛兰西转向"问题是马克思主义理论与20世纪英国文化研究开始实质性交流影响的过程,20世纪英国马克思主义文学批评理论吸收了葛兰西的思想,同时也以本土文化与理论精神丰富了葛兰西的思想,这既成了葛兰西思想发展与播撒的重要阶段,同时也是20世纪英国马克思主义文学批评理论发展中的重要的理论篇章。

一、葛兰西思想在英国的接受

澳大利亚学者特纳曾经指出,英国文化研究领域十分宽广、变化多端,它本身是一个具有批判性的领域,这个领域没有所谓理论"正统","在文化研究中仍旧存在着其他重要的、非英国的传统","文化研究的英国传统所具有的明确性与实用性,正是来自将欧洲理论模式相当恰如其分地应用于英国特定的文化形构"。[①] 美国历史学教授丹尼斯·德沃金也坚持类似的意见。在他著名的《文化马克思主义在战后英国》中,德沃金教授以一个历史学家的严谨和一个文化史家的活泼,描述了战后英国文化马克思主义思想的发展。他指出,战后英国文化马克思主义思想之所以呈现出独特的形式,有两个原因值得注意:一个是英国的工人和成人教育传统,尤其是工人教育协会为知识分子和工人提供了独特的交流机会,也为在这种环境中创立文化研究以及形成马克思主义理论研究路径起到了很大作用。另一

---

① [澳] 格雷姆·特纳:《英国文化研究导论·导言》,唐维敏译,(台北)亚太图书出版社2000年版,第5页。

个原因就是，20世纪70年代，英国马克思主义致力于与欧洲文学理论、哲学理论和社会理论进行批判对话，这种对话不但为英国文化马克思主义的发展产生了不可磨灭的影响，而且起到了扩展和更新而不是否定英国传统的作用。① 葛兰西的思想在英国的接受过程正是英国文化研究与欧洲文学理论、哲学理论和社会理论进行批判性对话的典范。

葛兰西的思想在英国的接受离不开两方面因素的促发与推动：一是阿尔都塞思想的落潮导致英国文化研究理论家对欧洲其他哲学、美学理论模式的重新选择，二是雷蒙·威廉斯、斯图亚特·霍尔、E. P. 汤普森等理论家对葛兰西思想的自觉接受与思想叙写。

葛兰西的思想在英国的接受首先是阿尔都塞思想落潮的结果。20世纪60年代，在左派文化高潮的时期，法国哲学家路易·阿尔都塞的思想曾经在欧洲文化理论界有着显著的影响。阿尔都塞强调意识形态的复杂性以及内在的结构性特征，他提出的"意识形态与意识形态国家机器""多元决定""艺术、意识形态和科学构成的三元关系"等理论，不但超越了传统马克思主义经济基础/上层建筑的理论框架，而且在学理层面上大大深化了马克思主义文学批评的理论内容，从而成了西方马克思主义文学批评理论复兴的重要旗帜。在"以列宁和托洛茨基而闻名的布尔什维克一代发现了意识形态介入文学生活的机会，但是几乎没有写下可以适应更普遍的论题的文字"的历史时期，阿尔都塞的意识形态理论是一种"最有雄心的理论探险"。②雷蒙·威廉斯、斯图亚特·霍尔、特里·伊格尔顿等英国文化研究理论家曾经受阿尔都塞思想的影响，特别是伊格尔顿，在早期的《马克思主义与文学批评》和《批评与意识形态》等著作中曾完整地接受过阿尔都塞思想。但是，在历史推进到了20世纪70年代的时候，西方资本主义社会现实也发生了新的变化，特别是随着1968年法国革命的退潮以及英国社会"撒切尔主义"的兴起，资本主义在英国以及欧洲等其他地方产生了许多新的政治力量的组合，知识分子语境中关于左派文化的争论焦点也显著地发生变化了，在这种情势下，"西方左派知识分子或是被迫地向右转，或是玩世不恭地痛恨早年幼稚的理想主义，更有一小撮知识分子在最微弱的希望中继续探测革命的未来"。③

---

① [美]丹尼斯·德沃金：《文化马克思主义在战后英国》，李凤丹译，人民出版社2008年版，第8—9页。

② [英]弗兰西斯·姆恩：《英国文学研究中的阿尔都塞》，孟登迎译，载《外国文学》2002年第2期。

③ [英]特里·伊格尔顿：《后现代主义的幻象》，华明译，商务印书馆2000年版，第28页。

在左派文化遭受严峻危机的时刻，由于阿尔都塞的意识形态理论过于强调意识形态内在结构性特征以及学理上的建构色彩，面对不断出现的复杂的社会现象、文化现象以及不断扩大了的审美与文化研究领域，日益显现出了批判性分析复杂社会现象和文化现象的功能的弱化，特别是面对复杂的文化与经验领域，更显出了那种来自文化左派的学理层面上批评方法的简单化倾向。

正是在这种情形下，雷蒙·威廉斯、E. P. 汤普森、斯图亚特·霍尔等纷纷发表意见，不同程度地对阿尔都塞理论产生怀疑甚至批判。伊格尔顿也对阿尔都塞进行了一种回溯式的批评，他认为，阿尔都塞思想的丰富性、复杂性和理论上的锐利影响是同时存在的，但在一种新的文化语境中，他也不得不承认阿尔都塞的思想是一种"伴随着理想主义的政治耗损和断裂而出现的文化理论"，[①] 并提出"以反阿尔都塞的著作来保卫马克思主义是必要的，就像当初阿尔都塞曾经寻求以反人道的马克思主义来保卫马克思主义一样"。[②] 伊格尔顿认为，真正"保卫"马克思主义的理论方案并不是在革命现实中改写甚至悬置马克思主义，"把马克思主义装扮成一种纯粹的原始的和高尚的未被各种各样的革命污染的状态——那只能是幻想——相反它是在当代最具有启发性的潜在发展着的非马克思主义状态中思考马克思主义"。[③] E. P. 汤普森发表了长达 200 多页的批判阿尔都塞的论文《理论的贫困》，引发了英国左翼学术界剧烈的辩论。

阿尔都塞思想的落潮使英国文化研究有了更多的接触域外理论思潮的机会，同时也使英国马克思主义文学批评获得了理论更新与思想掘进的机会。在广泛的"英国左派危机"的背景下，"葛兰西而非阿尔都塞，是被左翼知识分子最热烈讨论的马克思主义理论家"，[④] 从而也开启了英国文化研究"转向葛兰西"的重要理论阶段。

二、"转向葛兰西"与 20 世纪英国文化研究的理论更新

葛兰西思想是在"英国左派危机"、阿尔都塞思想落潮的理论背景下被引入英国文化研究的，其中离不开雷蒙·威廉斯、斯图亚特·霍尔、E. P.

---

① Terry Eagleton. *Against the Grain*. London：Verso，1986，pp. 5 – 6.
② Terry Eagleton. *Against the Grain*. London：Verso，1986，p. 2.
③ Terry Eagleton. *Against the Grain*. London：Verso，1986，p. 6.
④ ［美］丹尼斯·德沃金：《文化马克思主义在战后英国》，李凤丹译，人民出版社 2008 年版，第 320 页。

汤普森等人对它的批判性的理论融通，他们是促发"葛兰西转向"的关键力量。雷蒙·威廉斯与葛兰西曾有密切的个人联系，他在《马克思主义与文学》和《马克思主义文化理论中的基础和上层建筑》中曾专门讨论葛兰西的文化领导权观念，葛兰西的文化领导权观念也对他的"文化"概念以及"感觉结构"概念的生成与发展有重要的影响。在《马克思主义与文学》中，雷蒙·威廉斯提出，文化领导权的概念对文化理论的作用是显而易见的，它既涵盖又超越了此前两个颇有影响的概念：一个是作为"整体的社会过程"的"文化"，另一个就是"意识形态"。① 在威廉斯看来，作为"整体的社会过程"的"文化"概念表明，"人们决定并且造就着自己的全部生活"，但只有在抽象的意义上才能说人们决定并造就了自己的生活，而文化领导权的概念强调了那种"整体的社会过程"同权力影响和分配状况密切相关，注意到了有关主导和从属的种种关系，"不仅渗透在政治活动和经济活动中，也不仅渗透在明显的社会活动中，而且还渗透在由业已存在的种种身份和关系所构成的整体中，一直渗透到那些压力和限制的最深处"。② 在这个意义上，"文化领导权"的概念超越了"文化"概念抽象的意指，更加全面而深刻地表征了作为"整体的社会过程"的"文化"。

"文化领导权"超越"意识形态"的概念则是因为，"文化领导权"的概念让我们更加清晰地认识到在意识形态中，具有决定性意义的不仅是观念、信仰的意识体系，而且还有种种特定的、主导的意义和价值所组成的活生生的整体社会过程。传统的"意识形态"概念往往体现或表达某一特定阶级利益的意义、价值和信仰体系，往往体现了某种思想意识的灌输、操控以及某种对抗性的文化形构，而"文化领导权""不仅仅是指那些清晰表述出来的、较高层次的'意识形态'，也不仅仅是指意识形态的那些通常被视为'操纵'或'灌输'的控制方式，它是指一种由实践和期望构成的整体，这种整体覆盖了生活的全部——我们对于生命力量的种种感觉和分配，我们对于自身以及周围世界的种种构成性的知觉体察"。③

"文化"和"意识形态"是威廉斯马克思主义文化理论的关键概念，在写作《马克思主义与文学》之前，威廉斯不但在《漫长的革命》等著作中对"文化"概念做过系统分析，而且他对马克思主义意识形态理论也有着

---

① ［英］雷蒙·威廉斯：《马克思主义与文学》，王尔勃等译，河南大学出版社 2008 年版，第 116 页。
② ［英］雷蒙·威廉斯：《马克思主义与文学》，王尔勃等译，河南大学出版社 2008 年版，第 116 页。
③ ［英］雷蒙·威廉斯：《马克思主义与文学》，王尔勃等译，河南大学出版社 2008 年版，第 118 页。

独到理解。在《马克思主义与文学》中，面对葛兰西的文化领导权理论，威廉斯的理论视野更加丰富了，同时明显表现出了一定的理论修正和补充。威廉斯看重的是葛兰西的文化领导权理论对作为社会整体生活方式的"文化"概念的经验性影响，更看到了它对意识形态概念的来自生活世界的理论补充。也正是在这个意义上，威廉斯更多地从葛兰西思想中摄取了理论的实践性和经验性成分，在更为细致的理论研究中将葛兰西思想有效地融入了文化和意识形态研究之中。

除了1977年的《马克思主义与文学》，雷蒙·威廉斯稍早时期的论文《马克思主义文化理论中的基础和上层建筑》（1973年）也是受葛兰西思想影响的结果。在这篇被称为最早的"威廉斯与西方马克思主义的遭遇"以及"后来的《马克思主义与文学》的理论基础"①的文章中，威廉斯最引人瞩目的理论突破就是没有重复传统马克思主义的观念，而是坚持从"文化"的整体性范畴切入经济基础/上层建筑的二元逻辑，坚持以基础、文化、上层建筑的三元关系代替基础/上层建筑的二元模式。他反对将基础/上层建筑理论模式抽象化，主张在"文化"的物质性和生产性意义上打破基础/上层建筑理论模式的封闭性。在这里，威廉斯展现出了重要的理论变革态势，他试图从文化的历史性与文化的经验性上突破那种决定论的马克思主义文化理论的思维限定，所找到的理论切入点正是葛兰西文化领导权思想所提供的不同阶层文化经验之间协商建构的理论属性，从而使英国文化研究理论超越了单纯强调阶级性与对抗性的理论路径。

20世纪70年代，威廉斯的《马克思主义文化理论中的基础和上层建筑》这篇文章曾经有重要的影响，他对马克思主义的经济基础与上层建筑理论的改造也引起了不同的争论。其中，作为威廉斯的学生，特里·伊格尔顿的反应更值得注意。针对威廉斯的理论观念，伊格尔顿也曾发表了一篇重要文章，题目就叫作《威廉斯著作中的基础和上层建筑》。在这篇文章中，伊格尔顿认为，威廉斯对马克思主义的经济基础/上层建筑理论范式的调整策略导致了一定的理论偏差，威廉斯用文化唯物主义观念改造经济基础/上层建筑的理论模式，但过多地强调了文化的物质性，并提出："如果一切都是'物质的'那么这个术语在逻辑上还具有什么力量呢？"②伊格尔顿认为，威廉斯的文化唯物主义观念并没有提出超越意识形态的物质条件

---

① ［美］丹尼斯·德沃金：《文化马克思主义在战后英国》，李凤丹译，人民出版社2008年版，第207页。

② Terry Eagleton. *Raymond Williams: Critical Perspectives*. Boston: Northeastern University Press, 1989, p. 169.

方面的限制，威廉斯试图从文化的历史性与文化的经验性上打破"经济基础决定上层建筑"的封闭的理论限定，但在伊格尔顿看来，文化回归物质性除了使文化拥有一个历史维度之外，更损伤了文化与意识形态的独特性。实际上，伊格尔顿忽视了威廉斯接受了葛兰西思想的理论背景，威廉斯不仅仅要求文化回归物质性，更多的是要求文化回归经验性，回归文化领导权这个概念所提供的不同阶层文化经验的协商建构属性，从而提出超越大众文化与意识形态研究单纯强调阶级性与对抗性的理论路径，在某种程度上，这正是威廉斯后来的理论努力。英国学者约翰·斯道雷说，威廉斯正是在"拥抱葛兰西的霸权观念"时，才改变了把文化理解为一种被实现的表意系统的方法，才"把文化与权力设置为英国文化研究的研究对象"。①这也正指出了威廉斯与葛兰西思想的微妙关系。

与雷蒙·威廉斯一样，英国文化理论家 E. P. 汤普森和斯图亚特·霍尔也对葛兰西思想与英国文化研究之间深刻的理论融通起到了关键作用。20 世纪 70 年代，英国文化理论家 E. P. 汤普森在他的著名的《理论的贫困》与《英国工人阶级的形成》中曾明显地借鉴了葛兰西的"经济基础——文化——上层建筑"的理论模式，对 20 世纪英国马克思主义文学批评的理论启发是不容忽视的。《理论的贫困》是 E. P. 汤普森批判阿尔都塞思想的结果，其中一个重要的理论支点就是葛兰西的文化领导权理论。在《理论的贫困》中，汤普森指出，阿尔都塞的理论实践是唯心主义的，"阿尔都塞的经验主义意识形态和经验主义思维方式把历史看作一系列抽象化的理论范畴，剔除了具体历史事件的实践过程，因而阿尔都塞的结构主义确立的是机械理性的社会结构概念"。②汤普森的《理论的贫困》借鉴了马克思为批判蒲鲁东而写的《哲学的贫困》，汤普森认为，阿尔都塞的结构主义与"形而上学"的异端蒲鲁东没什么分别。所以，在《理论的贫困》中，汤普森特别强调了历史学家以及历史理论的社会实践特征，他说："历史学家没有理论，马克思主义的历史学家也没有理论，历史理论必然是有别于马克思主义历史理论的其他东西。"③

而在著名的《英国工人阶级的形成》中，汤普森更加强调了工人阶级文化研究的历史学方法，通过对工人阶级文化经验的分析，汤普森试图说

---

① ［英］约翰·斯道雷：《斯道雷：记忆与欲望的耦合》，徐德林译，广西师范大学出版社 2007 年版，第 7 页。

② E. P. Thompson. *The poverty of theory & other essays*. New York：Monthly Review Press，1978，p. 12.

③ E. P. Thompson. *The poverty of theory & other essays*. New York：Monthly Review Press，1978，p. 12.

明英国工人阶级的形成并非工业革命等社会现代发展的结果，而是工人阶级在现代英国社会发展中不断形成其稳定的阶级意识与文化经验的结果。正是工人阶级的文化经验所培育的集体的自我意识和自由精神，才对工业革命时代的伟大创举起到了重要的推动作用。它不但是工业革命的伟大的精神成果，更是"针对工业革命而产生的一种裂变，而且也是一种较为古老的、较能为人性所能理解的生活方式。这也许就是1835年英国工人阶级形成的独特之处"。① 在汤普森看来，英国工人阶级和大众文化"包含了大量的各种各样的技艺、金属、木材纺织和制陶工人，如果没有他们从上辈承传下来的'秘技'以及利用原始工具进行发明创造的高超技能，工业革命的创举几乎不可能超出纸上谈兵的范围"。所以，"我们不应该仅仅把工人看作永恒的失败者，他们的50年历程以无比的坚韧性哺育了自由之树。我们可以因这些年英雄的文化而感激他们"。②《理论的贫困》和《英国工人阶级的形成》是 E. P. 汤普森将文化领导权思想引入英国文化研究的典范作品。这两部作品尽管阐释重心与内容有很大差别，但都强调充分的社会实践，而不是阿尔都塞结构主义的抽象的理论范畴和充分理论化的方法，所以，它们更加接近20世纪英国马克思主义文学批评理论的经验性，特别是在文化与意识形态研究中充分呼应了"回到葛兰西"的理论策动。

英国文化理论家斯图亚特·霍尔是伯明翰学派的奠基人，曾被称作是"文化研究之父"。20世纪60年代末以后，霍尔广泛涉猎了葛兰西思想，并在葛兰西文化领导权理论的启发下综合运用文化分析、符号学、民族志等方法从事文化研究，对英国文化研究的理论更新起到了重要作用，这主要体现在两个方面：一是他在1968年发表的重要论文《电视话语中的编码与解码》和1978年的《监控危机》所体现的"编码/解码"思想，二是他独特的"耦合"概念。在《电视话语中的编码与解码》中，霍尔提出，传统的大众传播研究已经在"发送者—信息—接受者"的线性特征上，将信息流通与传播的过程概念化了。在新的历史语境下，信息与话语流通必须要经过转译或社会实践环节的改造，必须经过"赋予意义"的产品分配检验，"不赋予'意义'，就不会有'消费'"，③因此，"必须认识到信息的话语形式在传播交流（从流通的角度看）中占有一个特殊的位置，要认识到'编

---

① [英]E. P. 汤普森：《英国工人阶级的形成》，钱乘旦等译，译林出版社2006年版，第979页。

② [英]E. P. 汤普森：《英国工人阶级的形成》，钱乘旦等译，译林出版社2006年版，第981页。

③ [英]斯图亚特·霍尔：《编码，解码》，见罗钢、刘象愚主编：《文化研究读本》，中国社会科学出版社2000年版，第346页。

码'和'解码'的诸多环节是确定的环节,尽管二者与作为整体的传播过程相比仅仅是'相对自治的'"。①从这种观念出发,霍尔更加重视编码/解码过程是如何在有效融入社会文化结构中展现信息接受对图像符码意义的结构性拓展的。他提出的问题是,观众如何在主导—霸权、协调符码以及对抗性符码等不同位置上从媒体信息中获取图像符码的意义,并根据图像信息的参照符码完成解码过程。霍尔的理论创造性在于"对葛兰西的创新性阅读",②他引入葛兰西的文化领导权思想,强调受众在对信息符码的生产、流通、使用以及再生产过程中,以多种方式介入文化与权力的运作过程,从而剔除了他的编码/解码思想中的结构主义成分和阿尔都塞思想的残余,并充分考虑到了主导—霸权符码在解码过程中的作用,由此体现出了他对现代传播理论的深刻拓展。

在霍尔的研究中,他积极响应葛兰西思想还体现在他对"耦合"(articulation)概念的独特性应用上。"耦合"概念并非霍尔首创,但却是经由霍尔充分应用于英国文化实践领域的。

按霍尔的说法,他使用的"耦合"的概念是从拉克劳《马克思主义中的政治和意识形态》一书中所发展出来的。③ 在霍尔那里,"articulation"包含了非常复杂的隐喻含义,它原初的意义来自某种特殊联动装置的链接形式,比如一种链接式卡车的驾驶室和拖车之间的链接部分所承载的特殊意义。霍尔将这样一种特殊的隐喻含义引入语言学、符号学以及文化研究,从而赋予了"耦合"(articulation)概念以发声(utter)、表达(expressing)、清晰地说出(to be articulate)等方面的含义。在文化研究中,"耦合"指向了一种特殊的文化表意实践行动,指的是社会文化以及语言系统中各种组成要素在某种链动机制的链接下,是如何把那些个别性的文化表意符码再现为文化实践活动的,它代表的是一种话语和符号的总体性统一,是一种将社会文化系统中的经验与意识形态经过某种机制充分实践化的过程。

霍尔在文化研究实践中得以充分应用"耦合"概念,是与他对葛兰西文化领导权思想的理论改造分不开的。葛兰西提出,"不是意识形态改变结构,而是结构改变意识形态",④ 在一个社会中,处于社会主导位置的社

---

① [英]斯图亚特·霍尔:《编码,解码》,见罗钢、刘象愚主编:《文化研究读本》,中国社会科学出版社2000年版,第346页。

② [美]丹尼斯·德沃金:《文化马克思主义在战后英国》,李凤丹译,人民出版社2008年版,第240页。

③ 萧俊明:《新葛兰西派的理论贡献:接合理论》,载《国外社会科学》2002年第2期。

④ [意大利]安东尼奥·葛兰西:《狱中札记》,曹雷雨等译,中国社会科学出版社2000年版,第292页。

集团建构它的文化领导权并非意味着统治阶级意识形态的全面控制,也并非意味着统治阶级价值观念的自上而下的传播,文化领导权的构建过程融合了文化与权力机制中主导阶层与从属阶层的经验互动,"所有这些因素都是整体社会理论关系发生接合性波动的具体表现"。① 正是在这个意义上,文化领导权包含了社会主导阶级与从属阶级文化价值观的"耦合"过程,霍尔正是在葛兰西的意义上将"耦合"的概念广泛应用于文化研究,而葛兰西的文化领导权思想也在霍尔的"耦合"概念上获得了新的理论飞跃。

三、"葛兰西转向"与20世纪英国马克思主义文学批评的理论转折

20世纪70年代之前,经过了理查德·霍加特、E. P. 汤普森、雷蒙·威廉斯、斯图亚特·霍尔等人的努力,英国文化研究已经取得了长足的发展,不但引发了像佩里·安德森说的马克思主义理论的"地理位置的转移"②,而且"文化主义"和"结构主义"的理论范式的形成标志着20世纪英国马克思主义文学批评重要的理论进步。

"文化主义"得力于理查德·霍加特、E. P. 汤普森、雷蒙·威廉斯等人的理论建构,它扎根于英国大众文化研究的广阔土壤,坚持文化是整体生活方式这一主导性的理论观念,反对刻板地运用马克思主义的经济基础/上层建筑的隐喻理解。"文化主义"在英国文化研究中重构了一种传统,从20世纪50年代开始,在雷蒙·威廉斯、理查德·霍加特、E. P. 汤普森等第一代文化研究者的努力下,文化主义的文化研究深入到了大众文化的生成、传播、接受与价值分析的具体过程,提升了马克思主义文学批评深入剖析文化与社会关系的能力。但这也并非意味着文化分析是一种一劳永逸的研究范式。随着20世纪西方种种新的理论思潮和文化思潮的崛起,以及1968年后欧洲左派文化的新趋向,文化研究也迫切需要新的理论提升。在这种情形下,英国文化研究的理论范式也发生了一定程度的转变,结构主义的理论范式就是在这种转变中产生的。

"结构主义"是受阿尔都塞思想影响的结果。20世纪60年代,在阿尔都塞的影响下,霍尔等人认识到,社会文化的构成不仅仅是社会生产组织中各种文化要素以及社会个体的自觉建构,文化研究在面对个体经验的过程中其实也面临着社会整体结构建构的现实,因为个体不仅仅是意识形态

---

① [意大利] 安东尼奥·葛兰西:《狱中札记》,曹雷雨等译,中国社会科学出版社2000年版,第147页。
② [英] 佩里·安德森:《当代西方马克思主义》,余文烈译,东方出版社1989年版,第24页。

的构成物，而且是社会意识形态的表征，经验、文化都是意识形态生产的结果，体现了社会意识形态的编码/解码过程，这种观念启发了霍尔等人运用阿尔都塞结构主义理论观念深入社会意识形态的主要符码领域，探究社会审美意识形态的运作机制和表现形式，由此形成了英国文化研究的结构主义理论范式。结构主义理论范式为英国文化研究提供了一种关键性的理论导向，也为英国文化研究找到了新的方向。

但是，到了20世纪70年代，随着社会语境的变化以及英国文化研究理论的深化发展，文化主义和结构主义理论范式之间也产生了重大的理论分歧，"无论'文化主义'还是'结构主义'都不足以将文化研究构造成一个有明确概念和充分理论根据的领域"。① 托尼·本尼特曾经形象地说明：

> 在结构主义的视野中，大众文化经常被视为一种"意识形态机器"，其炮制俨如法律的规则，专横统治大众的思想，一如索绪尔为结构主义提供组构范式的纲领：专横统治言语行为的"语言"系统。结构主义分析特别关注文本形式的分析，被认为是揭示了文本结构那些拒信是组构了阅读或各类观照实践的方式，而经常是忽略了制约着这些文本形式生产或接受的条件。文化主义恰恰相反，经常是不作辨别地一味浪漫，赞扬大众文化是真实表达了社会受集团或阶级支配的兴趣和价值观。②

从托尼·本尼特的论述中，我们可以看到他对结构主义和文化主义理论范式的态度。"结构主义最集中见于电影、电视和通俗文学的研究之中，文化主义则倾向于在历史和社会学内部独霸天下，特别是关涉到工人阶级'生活文化'或'生活方式'的研究之中。这一分歧有时候深刻得叫人无名激动，而且毫无必要。"③ 他进而说道：

> 更糟的是，仿佛根据某人的兴趣领域，我们不得不要么就是结构主义者，要么就是文化主义者——如果我们研究电影、电视剧或通俗文学，就是先者；如果我们的兴趣在于诸如体育、青年亚文化一类，就是后者。差不多好像文化天地给分隔成两个不相干的半球，各自展示着一种不同的逻辑。虽然这种状态无法叫人满意，可是同样清楚明

---

① ［英］托尼·本尼特：《大众文化与"转向葛兰西"》，见陆扬、王毅选编：《大众文化研究》，生活·读书·新知三联书店2001年版，第63—64页。
② ［英］托尼·本尼特：《大众文化与"转向葛兰西"》，见陆扬、王毅选编：《大众文化研究》，生活·读书·新知三联书店2001年版，第61页。
③ ［英］托尼·本尼特：《大众文化与"转向葛兰西"》，见陆扬、王毅选编：《大众文化研究》，生活·读书·新知三联书店2001年版，第62页。

白的是，这两个传统是无法强扭成一桩婚姻的。①

这种理论分歧也导致了英国文化研究理论发展的困境以及所面临的阻力，英国文化研究如何在自身的文化传统中突破理论与经验的矛盾是一个重要的问题，雷蒙·威廉斯、E. P. 汤普森、斯图亚特·霍尔等人正是在融汇葛兰西思想的基础上解决了这个矛盾。正像托尼·本尼特曾指出，葛兰西与英国文化研究传统理论范式的区别在于："他强调资本主义社会统治阶级与被统治阶级之间的文化与意识形态关系，与其说体现在前者对后者的统治，不如说体现在争夺'霸权'的斗争。这是说，在统治阶级和主要的被统治阶级即工人阶级之间，争夺整个社会道德的、文化的、知识的，因而也是政治的领导权。"②在葛兰西思想的启发下，英国文化研究更加重视一定社会的权力组合关系，认识到在占优势的权力阶层与从属阶级的价值观念之间不仅仅是冲突、对抗与持久的矛盾的关系，更存在着协商、再现与更新的理论联系，从属阶级的文化理想在某种程度上会成为文化领导权建构的主要浸淫形式。

雷蒙·威廉斯、E. P. 汤普森、斯图亚特·霍尔等人接受了葛兰西这一理论观念，并充分扬弃了葛兰西思想中的理论化的成分，极大地发扬了文化研究的经验性的立场，扩大了从阶级角度阐释权力关系的文化研究视角，并"使其包括性别、种族、意义和愉悦等"，③从而为20世纪英国文化研究带来了新的理论元素，也带来了20世纪英国马克思主义文学批评的理论转折。从这个角度看，在20世纪英国马克思主义文学批评理论发展中，"转向葛兰西"不仅仅是一个新的理论研究进程的起点，同时又带来了文学批评理论的新的问题与理论更新的方向。正是由于葛兰西思想，20世纪英国马克思主义文学批评理论才超越了文化主义和结构主义的理论分歧与困境，也融合了不同文化理论之间相互影响的矛盾关系，所以，"葛兰西转向"的问题不仅仅是一种理论影响的问题，而是包含着不同理论模式间的丰富的思想张力和实践影响。雷蒙·威廉斯、E. P. 汤普森、斯图亚特·霍尔等理论家本身处于英国文化研究阵营之中，他们也以自己的研究工作融入了"葛兰西转向"的独特的思想语境与发展历程。

---

① ［英］托尼·本尼特：《大众文化与"转向葛兰西"》，见陆扬、王毅选编：《大众文化研究》，生活·读书·新知三联书店2001年版，第62页。

② ［英］托尼·本尼特：《大众文化与"转向葛兰西"》，见陆扬、王毅选编：《大众文化研究》，生活·读书·新知三联书店2001年版，第64页。

③ ［英］约翰·斯道雷：《斯道雷：记忆与欲望的耦合》，徐德林译，广西师范大学出版社2007年版，第1页。

四、"回到葛兰西":"葛兰西转向"的问题形式

20 世纪英国马克思主义文学批评吸收了葛兰西的文化领导权理论,同时也以本土文化与理论精神丰富了葛兰西思想。"葛兰西转向"不仅仅是不同理论融通和对话所产生的新的理论范式和实践形式,同时也是西方文化研究不可忽视的理论内容,并一直以来处于文化研究的理论核心位置,这正凸显了作为一种问题形式的"葛兰西转向"的理论意义。

首先,"葛兰西转向"提供了一个理论整合的框架,让英国文化研究对文化与意识形态的意义、范畴与理论模式的分析具有了完全不同的认识形式和方法观念。在转向葛兰西之前,英国文化研究中的文化主义和结构主义理论范式都非常重视文化与意识形态分析,它们对文化和意识形态的理解与理论建构差别不大,"两种理论范式都认为文化和意识形态实践的领域是为一种主导意识形态所支配,此意识形态实质上都是资产阶级性质,作为一种异己力量,系从外部强加给被支配阶级,尽管成功程度有所不同"。① 葛兰西的文化领导权思想把这两种彼此对立的大众文化研究方式带入了一种积极的关系之中,它没有单纯地强调文化的经验分析,也没有局限在结构主义的意识形态理论框架之中,而是更加凸显了文化和权力分析在英国文化研究中的比重,因此既避免也否定了结构主义和文化主义的二元对立,也让文化与意识形态问题的研究在英国文化研究中具有了新的理论展开方式。

其次,"葛兰西转向"在 20 世纪英国马克思主义文学批评中并非仅具有方法论的意涵,更有丰富的哲学内涵和美学理论价值,它丰富了马克思主义的经济基础/上层建筑理论框架的隐喻内涵。在英国文化研究中,"葛兰西转向"不是单从思想接受的层面上发生的,而是葛兰西思想有效融入大众文化经验分析的结果,因而对 20 世纪英国马克思主义文学批评审美实践空间的开拓具有重要的意义。20 世纪英国马克思主义文学批评在马克思主义的经济基础/上层建筑的隐喻框架中都注重对文化与意识形态实践的分析,文化主义理论范式的文化研究在大众文化经验分析的立场上突出的是文化与意识形态实践的价值分析,理查德·霍加特、雷蒙·威廉斯、斯图亚特·霍尔等人的文化研究对文化与意识形态的意义、范畴与理论模式的分析具有唯物主义的思想视野,但他们反对庸俗唯物主义和经济决定论的

---

① [英]托尼·本尼特:《大众文化与"转向葛兰西"》,见陆扬、王毅选编:《大众文化研究》,生活·读书·新知三联书店 2001 年版,第 63 页。

理论模式,特别是雷蒙·威廉斯,不断反思修正马克思主义的经济基础/上层建筑理论的隐喻性质,借助于"葛兰西转向"的理论影响,20世纪英国马克思主义文学批评将马克思主义文化理论的发展引入了一个新的高度,标志着马克思主义文学批评理论高潮的再次出现。

再次,借助于"葛兰西转向"在文化研究中的广泛辐射与影响,20世纪英国马克思主义文学批评在新的思想语境中重新塑造了它的基本问题,在这个意义上,"葛兰西转向"也是一种问题形式的展开。在英国文化研究中,正像托尼·本尼特说的那样,结构主义和文化主义的理论范式在文化与意识形态研究中"是维持在两个对立的文化与意识形态阵营中间:资产阶级与工人阶级,两者锁定在一场零和游戏之中,一方有所得,另一方必有所失,游戏的最终目标是一方消灭另一方,从而胜利者得以占据被征服一方的地盘"。① 雷蒙·威廉斯、E. P. 汤普森、斯图亚特·霍尔等人在英国文化研究理论发展最严峻的危急时刻接受了葛兰西思想,从而也为20世纪英国马克思主义文学批评带来了新的问题形式,为英国马克思主义文学批评"在讨论'复杂的结构与上层建筑、独特的形式与时代之间的关系'中指出了一种道路"。②

最后,葛兰西的文化领导权理论提出了另一个重要的问题,这个问题就是,在发达的西方资本主义国家,社会主义革命为什么不能以东方的俄国革命那样的形式来完成。葛兰西在《狱中札记》中提出了这个问题,"葛兰西转向"的理论发生过程则回答了这个问题。葛兰西的文化领导权理论提出,文化领导权的获得,并非理论阐释和分析的结果,也不是占优势的各种权力结构的意义的强加,而是不同阶级力量在文化与意识形态中协商与联系的结果,这其中虽然也存在斗争与对抗,但争夺文化领导权的过程已经不完全是那种异己力量的直接争夺,而是表现为"作为一个整体的社会的普遍利益的一种认同"。③欧洲工人阶级的革命实践与东方俄国革命的历史形势有非常大的差别,所以不能仅仅强调革命本身的实践力量,更应该关注市民社会的文化体验,重视文化与意识形态机制的不同表现形式。20世纪英国文化研究在工人阶级与大众文化经验的研究中正是呼应了葛兰西的理论精神,并采取了自下而上的方式重构文化与权力的生产与运作机制,

---

① [英]托尼·本尼特:《大众文化与"转向葛兰西"》,见陆扬、王毅选编:《大众文化研究》,生活·读书·新知三联书店2001年版,第61页。
② [英]斯图亚特·霍尔:《文化研究:两种范式》,见罗钢、刘象愚主编:《文化研究读本》,中国社会科学出版社2000年版,第64-65页。
③ [英]约翰·斯道雷:《斯道雷:记忆与欲望的耦合——英国文化研究中的文化与权力》,徐德林译,广西师范大学出版社2007年版,第1-2页。

它所收获的是理论与实践的双重拓展。

如果说，作为一种理论转折，英国文化研究中的"葛兰西转向"有效调和了文化主义与结构主义在文化研究后期所展现出的矛盾和分化冲突，那么，作为一种"问题形式"，"葛兰西转向"则无疑凸显了文化研究新的思想阐释形式。文化研究面向这种思想阐释空间，才能避免传统加之于它之上的根本重负，真正走向文化和生活方式研究。"葛兰西转向"使20世纪英国马克思主义文学批评理论发生了本质的变化，同时也在发展与变迁中孕育了它的美学意义。作为一种问题形式的"葛兰西转向"超越了传统文化研究理论的思想内涵，推进了20世纪英国马克思主义文学批评的实践进程，至今仍有重要的启发。

第三节 文化研究与文化治理：马克思主义文学批评新的历史维度

在"葛兰西转向"的影响下，20世纪英国马克思主义文学批评发现了新的问题，找到了理论掘进的方向，同时也实现了理论拓展和思想生发的路径。"葛兰西转向"与20世纪英国马克思主义文学批评理论的关系非常密切，在转向葛兰西的过程中，20世纪英国马克思主义文学批评理论进一步将文化研究传统融入文学批评理论，也使20世纪英国马克思主义文学批评拥有了更深刻的思想启发。在20世纪以来的晚近时期，托尼·本尼特将文化的治理性以及实效性观念融入文化研究，充分发扬英国马克思主义文学批评的理论特色，从而开启了20世纪马克思主义文学批评新的历史维度。

一、"葛兰西转向"与托尼·本尼特的理论实践

英国学者托尼·本尼特的马克思主义文化研究与文学批评理论研究是20世纪英国马克思主义文学批评理论学术发展中的一处"重镇"。托尼·本尼特的理论研究开始于20世纪70年代后期，在20世纪八九十年代异常丰富。他的理论研究与20世纪英国文化研究以及马克思主义文学批评理论的传统与经验有着呼应/挑战、批判/超越的关系，特别是从20世纪90年代以来，托尼·本尼特在当代文化研究理论与实践中的表现非常活跃，他对文学与意识形态、文学的历史性、文化研究的治理性等问题具有不俗的理论

见识和独树一帜的理论风格,从而与雷蒙·威廉斯、特里·伊格尔顿共同构成了20世纪英国马克思主义文学批评研究在新时期的理论代表。

"英国文化研究"发展到20世纪70年代以后,文化主义和结构主义的理论范式不同程度地走向衰弱,受"葛兰西转向"的影响,大众文化与市民社会的文化经验研究不断加强,社会文化与权力的生产与运作机制问题不断得到重视,在这个过程中,如何将大众文化与市民社会的文化经验研究做深入的理论提升,进而在新的文化语境中深化和超越"英国文化研究"的学术传统,这个趋向正是由托尼·本尼特完成的。

托尼·本尼特的文化研究理论和实践大部分发生在"葛兰西转向"之后,因此他对葛兰西的文化理论有重要的体会,受到的影响也是明显的。在《大众文化与"转向葛兰西"》《把政策引入文化研究之中》《博物馆的诞生》等一系列论著中,本尼特多次阐发葛兰西的思想。在本尼特看来,"英国文化研究"中文化主义和结构主义的矛盾凸显了"葛兰西转向"的必要及其价值,他认为,文化研究的目的之一就是从多种多样的权力形式中发现自我,并在主体经验和文化构成的层面上形成一种集体的力量,以对抗社会文化中种种权力宰制行为,在这种研究中,"文化领域需要被看作本质上是统治的"。[1] 像雷蒙·威廉斯和斯图亚特·霍尔一样,本尼特有效吸收了葛兰西文化领导权思想与大众文化研究观念,认为葛兰西著作的批判精神为文化研究带来了完全不同的方法观念,开拓了大众文化领域,赋予大众文化巨大的政治可能性,它的理论价值在于"能够合理解释文化斗争的不同领域(阶级、种族、性别)的相对独立性,以及它们在不同历史背景中,可能互为交叠的那些错综复杂、变化无定的方式"。[2]

但是,本尼特并没有完全采纳葛兰西的理论谱系,而是在文化研究中引用了葛兰西文化领导权观念的"问题式"主张。这主要表现在:在文化与治理的关系中融入了葛兰西的文化领导权思想,在文化技术、文化机构的形成与政府间的关系中,将葛兰西的文化领导权观念与文化的治理性结合起来,试图在超越葛兰西思想的努力中落实文化研究的政治性。

本尼特认为,在文化研究中,"葛兰西要素易于对制度不感兴趣,相应地,也没有充分注意到那些考虑,它们在把文化技术与另一种文化技术区分开来时,也带来了特定系列的规划的政治关系和政治形式"。因此,葛兰

---

[1] [英]托尼·本尼特:《本尼特:文化与社会》,王杰等译,广西师范大学出版社2007年版,第170页。

[2] [英]托尼·本尼特:《大众文化与"转向葛兰西"》,见陆扬、王毅选编:《大众文化研究》,生活·读书·新知三联书店2001年版,第66-67页。

西的传统"也具有实实在在的局限性"。① 托尼·本尼特认识到了葛兰西的局限，认为文化研究中完全局限于文化领导权的理论视角就不能与现实的文化关系相符合。为此，他引用福柯的"政治理性"的观念，更多地强调文化研究在政策、体制与意识形态的关系网络中所展现出来的政治规范特征，这主要体现在他对博物馆等文化机构与文化政策的研究中。

托尼·本尼特认为，博物馆在肇始之时就被刻记在制度形式之中。博物馆一方面作为文化财富，它有责任使它的资源平等地和免费地向公众和公民开放；但另一方面，博物馆也是区分大众的工具，它在理论上是民主的，但在现实中已经证明是一个发展了那些社会区分实践的建设性技术。博物馆特有的政治需求支配着它在表征实践上的政治需求，即不同族群文化应该在博物馆之中得到平等的表征，因此，博物馆为把群众转化成合乎秩序的、理想的、自我规范的公众提供了一种机制，博物馆不仅建构了一个文化区分的空间，而且也建构了一套文化区分实践的场所，其目标是筛选出与它的政治需求相联系的公共行为方式。这是本尼特在吸收了福柯的"政治理性"观念后对葛兰西思想的再解读。在福柯看来，现代管理形式的发展可以追溯到新技术的出现，监狱、慈善机构、收容所等，既是政治机构，同时又是应用新技术的管理方式，它们的功能是调节个体与大众的行为。表面看来，这些技术以它们自己特有的理性为特征，但是它们也构成了有利于权力实施的特定方式，生成了它们自己的政治问题，而不仅仅代表一般权力形式施行的场合。比如监狱，监狱的政治理性与其说在于真诚地改革行为的能力，不如说它具有将可管理的罪犯与其他人口隔离开来的能力。在托尼·本尼特看来，博物馆的发展轨迹与福柯所说的监狱的发展轨迹是相反的，"博物馆既是被看的地方，又是看的地方"。② 博物馆一方面是民主修辞、大众教育工具，另一方面也是改变大众行为方式的工具。前者要求博物馆无差别地对对待公众，后者则成了区分大众的手段，因此博物馆修辞性地将公民纳入一套权力——知识关系之中，并让民主修辞地进入了国家程序之中。

从博物馆的诞生到博物馆的政治理性，托尼·本尼特提出了一种"政治博物馆"的概念，同时也积极阐发一种关于博物馆的"真理政治学"，那就是："拆除博物馆的空间，构建一套博物馆的展览品与公众之间的新关

---

① ［英］托尼·本尼特：《本尼特：文化与社会》，王杰等译，广西师范大学出版社 2007 年版，第 166 页。

② ［英］托尼·本尼特：《本尼特：文化与社会》，王杰等译，广西师范大学出版社 2007 年版，第 232 页。

系，使它作为有利于民主多元的社会自我展览的工具，更充分地发挥作用。"① 为此，他用福柯的"政治理性"的观点去融合葛兰西的文化领导权观念，他的理论特性是淡化和稀释了文化领导权观念的理论属性和颠覆功能，在对文化体制与文化机构的社会学和人类学分析中，将文化与霸权、文化与统治的观念与文化的政治理性问题结合起来，既凸显了具体文化研究的政治性与意识形态性，同时又与具体文化机构和文化体制研究结合起来，因此，他的文化研究的政治性落实到了具体的文化关系网络之中。

在20世纪英国文化研究理论中，本尼特的这种观念具有标志性的理论意义，它体现了"英国文化研究"在"葛兰西转向"的理论视域中的新的眼光与实践，在将葛兰西的文化领导权观念的"问题式"落实于具体文化政治语境过程中，充分展现了英国文化研究的经验意义和实践特征，代表了英国文化研究一种新的理论走向。这也体现了托尼·本尼特的理论与葛兰西思想那种耐人寻味的历史对话关系，他的文化政策研究、文化治理思想与"政治博物馆"的文化思考融合了葛兰西思想，也对马克思主义文学批评的当代发展有重要的启发。这也从另一个层面上说明了，20世纪英国马克思主义文学批评中的"葛兰西转向"，并非一种匆忙的理论转接与移植，它在理论现实性上的广泛影响正说明了它蕴含着丰富的思想探寻空间。

二、将"政策"引入文化研究之中

很多文化研究的理论奠基者与重要代表，如斯图亚特·霍尔、格罗斯伯格、约翰·斯道雷都曾经坦陈，文化研究的对象与范围太过复杂，文化研究的跨学科特性虽然使文化研究展现出生机勃勃的特征，但也造成了它的研究范畴的分散性。正是因为如此，文化研究需要实证性的精神、实践性的立场以及可操作性的方法，只有将文化研究的过程落实到具体的文化语境与文化实践上，将文化研究的最终结论与可应用性的实施手段结合起来，才能实现文化研究本身所蕴含的实践精神。托尼·本尼特的文化理论正是展现了这样一种实践主张，他将文化政策、文化机构、文化治理等实践立场引入文化理论研究之中，引起了文化研究理论与实践上的策略转型与方向调整，其突出的理论主张就是他提出的将"政策"引入文化研究之中。

在以往的文化研究中，至少从伯明翰学派以来的文化研究传统中，无

---

① [英]托尼·本尼特：《本尼特：文化与社会》，王杰等译，广西师范大学出版社2007年版，第233页。

论是文化主义的理论范式还是结构主义的理论范式,都没有设想过将"文化政策""文化与政府的治理性""文化与现实政治机构的关系"等问题直接作为文化研究的对象,更没有作为文化研究的方向与焦点,甚至有这样的认识:将"政策""政府""政治机构"引入文化研究会使文化研究被"文化政策研究"所取代,文化研究会成为政府所倡导的行为,既定的观念与方法厘定了文化研究的理论范式,以至于使文化研究成了"一个方便的术语在运转"。[①] 从"英国文化研究"的传统与历史来看,文化主义和结构主义的理论范式承续了文化研究某些有针对性的方法特征,如文化研究的跨学科特性、民族志与文化研究的实证传统、文化研究与经验分析的方法以及文化研究的意识形态批判精神等,但也至少在以下两个方面损伤了文化研究的思想锋芒:一是使文化研究成了一种"文化文本研究"或"审美文化研究",文化研究的跨学科特性日益消融在束之高阁的学院化工作的规范形式之中;二是导致了文化研究的制度化与商业化,使文化研究日益成了学术化和技术化的职业,文化研究成了通俗故事、电视媒体、文化公共休闲领域(如电影院、咖啡馆、麦当劳等)等大众文化消费经验的解读工具,而失去了它的批评精神与反省意识。对于文化研究是如何从一种对"传统"的反抗走向了另外一种研究的"传统"的问题,当代文化研究虽然有所警觉,但在具体研究中仍然在强化规范化与制度化的一面。正是在这种错位中,文化研究其实正在悄悄发生学科的分裂。

托尼·本尼特的文化研究在这方面有深刻的警醒。他提出,当代文化研究在学科格局上存在着分散的理论立场和政治立场,文化研究在承担审视文化实践职责的同时获得了"术语"上的灵活性,但"需要与它过去的许多方面决裂"。[②] 托尼·本尼特所说的"决裂"并非要文化研究有一个彻底的学科断裂,他指的是文化研究学科发展的缺陷,期望通过与目前正处于"流通"中的文化研究方法,也就是那种"为研究而研究"的"理论化"的研究方式的"决裂",而实现文化研究的当代责任。他提出的方案和研究方式是将"'政策'理论地、实践地、制度地引入'文化研究'之中"。[③] 托尼·本尼特这里所说的"政策"并非指影响文化研究的具体政治政策和主张,而指的是将政策、制度与管理的背景与手段看作文化的重要

[①] [英]托尼·本尼特:《本尼特:文化与社会》,王杰等译,广西师范大学出版社2007年版,第158页。
[②] [英]托尼·本尼特:《本尼特:文化与社会》,王杰等译,广西师范大学出版社2007年版,第159页。
[③] [英]托尼·本尼特:《本尼特:文化与社会》,王杰等译,广西师范大学出版社2007年版,第159页。

领域和成分，进而将文化研究视为特殊的"文化治理区域"，以便在文化研究主要问题框架内重新审视"文化"，强调文化既是治理的"对象"，同时又是治理的"工具"。就对象而言，文化研究关注下层社会阶级的道德、礼仪和生活方式；就工具而言，文化研究则成了对道德、礼仪和行为等领域的管理干预和调节的手段。

在文化主义理论范式中，文化研究的重点落在了调整文化与读者、亚文化成员以及大众文化等文化形式的关系上，目的是引导主体自我实践的转变；结构主义的理论范式则强调从意识形态的幻象中导向真实的意识，由此带来主体认识上的变化。但在托尼·本尼特看来，这两种理论范式都依赖于一种将文化视为主要符指领域的文化观，文化研究的方式与手段在符指意义上追求的是文化的政治任务。他认为，这两种理论范式都对那种调节不同文化领域的政策与制度背景没有给予足够的重视，忽略了政策、制度背景与文化政治任务实现之间的特殊关系。为此，他强调，把制度与更宽泛的政策与管理背景引入文化研究，其目的正是为了超越文化研究的困境。这样一种观念使托尼·本尼特的文化研究展现出了与以往文化研究不同的策略主张。他首先针对的就是雷蒙·威廉斯的"文化"概念。

在托尼·本尼特看来，雷蒙·威廉斯并没有对文化的"现代"用法进行批判性的审视，他引述澳大利亚文化理论家、批评家肯·鲁斯文（Ken Ruthven）的评述说，当威廉斯"坚信历史的潜在过程以某种方式沉淀在一小撮所谓的关键词中"时，"他这方面的大部分作品仍然停留在剑桥英语的视角上"。并且认为，"威廉斯就每个关键词有待定位的语义学领域而下的判断在某种程度上可以说是随意的；它凭借的是有利于'文化'的历史和意义因而根据它与'审美''艺术''文明''人性'和'科学'的关系而被想象为可书写的。尽管不怀疑这些选择的实质作用，它们的不完全性同样也是明显的"。[①]为此，托尼·本尼特强调"文化"的"多元决定"特性，强调把"文化"看作由一系列特定的制度而形成的"治理关系"，强调文化研究通过文化参与以及其他文化形式、技术和规则的配置应用实现更令人信服的文化构想。他认为，在威廉斯的"文化"定义中，"文化"的语义学方面被过多地突出了，威廉斯强调了"文化"定义丰富的人类学意义，但忽略了文化研究领域的有机层面。为此，本尼特强调，文化研究更应该关注艺术智性活动得以最后被刻写成文化治理手段的过程，强调文化研究以一种积极的建设性的方式成为改善大众精神品性的手段，这不是单凭文化

[①] ［英］托尼·本尼特：《本尼特：文化与社会》，王杰等译，广西师范大学出版社2007年版，第162页。

自身的特性就能实现的，而是需要文化实践的参与以及如公共博物馆等文化公共领域的建设，在他看来，威廉斯正是忽视了这种文化场域是如何建立以及如何发挥作用的。所以，他提出将"政策"引入文化研究之中，就是要恢复文化活动刻记于其中的有计划性的制度和管理背景，也就是决定文化实施的关系网络，即"文化的多元决定"。这些"多元决定"构建了与特定文化实践相联系的区域，也构建了行为规范，只有考虑到这些"多元决定"区域的文化研究才能实现像马克思所说的，在思想中占有"现实凝聚物"。①

在英国文化研究中，雷蒙·威廉斯的"文化"概念有重要的理论奠基作用，雷蒙·威廉斯的"文化作为一种生活方式"的概念以及理论阐发曾经影响了英国文化研究的理论走向和实践过程。托尼·本尼特承认他也曾受威廉斯的影响，所以，尽管托尼·本尼特深入反思了雷蒙·威廉斯的"文化"概念，他无法完全剔除英国文化研究的学术传统对他的影响，他努力地将文化研究导向文化实践批判，强调文化实践批判既是"文化政治的起点又是它的终点"，②也正是呼应英国文化研究学术传统的方式。只不过，在他那里，文化研究不仅仅是强调文化文本分析与主体认识形式的关系，不仅仅是阐释文化文本与它的时代的生产关系，而是如何处于它们之中："它如何处于特别的文化技术之中""它将指向什么样的文化研究方向"，并且思考文化研究的政治可能性："这种文化研究的目的是生产知识，从而能够帮助发展这样的规划，而不是无休止地花费力气去组织仅仅作为它们自己的修辞幻影效果才存在的主体。"③ 正是在这样的意义上，托尼·本尼特的文化研究同样具有理论范式的意义。

三、问题式：托尼·本尼特文化研究的意义与启发

在20世纪英国文化研究中，无论是英国本土文化研究中的文化主义，还是来自欧洲大陆的结构主义，当它们发展到20世纪80年代，并面临着一些无法突破的理论困境之时，托尼·本尼特"将政策引入文化研究之中"的"文化治理性研究"会有不小的理论启发。这主要表现在以下几个方面。

---

① ［英］托尼·本尼特：《本尼特：文化与社会》，王杰等译，广西师范大学出版社2007年版，第165页。
② ［英］托尼·本尼特：《本尼特：文化与社会》，王杰等译，广西师范大学出版社2007年版，第165页。
③ ［英］托尼·本尼特：《本尼特：文化与社会》，王杰等译，广西师范大学出版社2007年版，第166页。

首先，英国文化研究的经验性特征与优势在托尼·本尼特那里得到了进一步的发扬光大。什么是"文化的治理性"？具体说，就是文化研究和实践要为文化的多元性与特定人类社群的不同标准负责，文化研究应该通过密切关注政府、政策与惯习等因素，实现文化功用的倍增，以有效地增强人们的自我控制能力。如果说，英国文化研究曾经从工人阶级、大众文化、青年亚文化、新兴媒体的研究中凝聚了文化研究的经验特性与优势的话，那么托尼·本尼特对政府、政策、惯习、文化机构与文化体制的社会学、统计学与人类学研究，则进一步在新的文化语境中强化和凸显了文化研究的经验特征与优势，这一强化也将英国文化研究的学术传统与人文影响提升到了一个新的理论境界之中。

其次，托尼·本尼特的文化研究充分体现了文化研究的应用性与实效性，从而发扬了英国文化研究的实践传统与文化政治功能。本尼特曾经强调："只有把政策引入文化研究，才能使文化研究从那些陈词滥调的形式扭转方向。"[①] 而他的文化研究不仅仅是理论化地展现了英国文化研究的雄心，而且通过对葛兰西、福柯、布尔迪厄和哈贝马斯等人的理论观念和思想方法的融合贯通，将文化研究的理论化与实践性、政治性明显结合起来，从而走出了"理论化"的文化研究和"理论化"的文化政治实践的困囿，在微观文化系统上强化了文化研究的政治性与实践性。

托尼·本尼特所展现的这一特征与他一直以来的文化研究工作有密切的关系。托尼·本尼特在澳大利亚从事文化研究的过程中，成立了"文化政策研究所"，因此他的文化研究中的"澳大利亚内容"也比较明显。"文化政策研究所"的任务与目的是从组织研究、出版计划、发展与地方和政府或半政府的各种合作关系等方面进行文化政策研究，并在博物馆、艺术、电影、语言以及教育政策领域的研究中提出新的问题，寻求有效的实际的解决方案。因此，他的文化研究指向相对明确，政治性也比较集中，这也正是英国文化研究的学术传统极力强调的目标。

最后，托尼·本尼特的文化研究理论与实践对整体的文化研究学科有所反思与促进。本尼特在谈到文化研究时表示，人文学科很多区域的作用已经成了再生产精英知识特权的场所，这并没有特别的实际用处，人文学科需要重新定位，它们应该对现有的社会、学术、政治争论和手段做出切实可行的贡献。文化研究在研究方式上也不应该成为一种与一般人文学科相并列的形式，而更应该成为文化改革的科学与文化治理的手段。因此，

---

① ［英］托尼·本尼特：《本尼特：文化与社会》，王杰等译，广西师范大学出版社2007年版，第171页。

托尼·本尼特不将文化研究看作纯粹的理论问题，他对雷蒙·威廉斯的批评反思也正是从这个意义上出发的。本尼特认为，这种文化概念无力承担文化研究中的常识加之于它的根本重负，他在比较研究英国文化人类学家泰勒的文化概念之后认为，应该将"作为一种生活方式"的"文化"概念在文化研究中所起的作用与它在文化政策的修辞和实践中所起的作用联系起来，这不仅仅展现了托尼·本尼特对"文化"概念本身的思考，也体现了他对文化研究整体学术发展和实践应用的思考。同时，对英国文化研究中马修·阿诺德和利维斯传统，托尼·本尼特也有不同的意见，他并非一味地批判马修·阿诺德的道德主义与利维斯主义的精英主义，而主张威廉斯的"作为一种生活方式的文化"与文化研究的道德精英传统以及泰勒的"文化"概念的进化论因素结合起来，特别是在马克思主义的历史语境中结合起来，其中体现的是对文化研究的学科发展与学术发展的重视。

目前，20世纪英国文化研究的学术传统和理论影响越来越多地受到了重视，托尼·本尼特的文化研究也不断获得了积极的评价，这是20世纪英国马克思主义文学批评在当代思想文化格局中具有重要影响的表现。但就目前而言，文化研究也展现出了众多的缺憾，格罗斯伯格认为，文化研究"越来越以新的方式被商品化和制度化"，文化研究"我们对它谈得越多，越不清楚自己在谈什么"。① 在他看来，造成这种局面的原因主要有两方面：一方面，是文化研究受到了稳定性、规范性和界定性的模式影响；另一方面，是文化研究融入更广阔的文化阐释世界时，文化研究代替了批评理论这一更为含混的概念，结果是文化研究一盘散沙，丝毫不再说明它的学术和实践如何为解决文化和现实问题提供不同的方式。为此，格罗斯伯格再次重申文化研究的力量和魅力的根源：①文化研究拒绝把自身建构为可以自由穿行于历史和政治语境的一种完成了的和唯一的理论主张。②文化研究拒绝以学院的或狭隘认识论的术语来说明自身的理论精确性。③文化研究跨学科的依据在于理论和实践的关系，这种关系决不能在任何特定历史和制度的语境之外预先限定。② 这种以"文化研究不是什么"的理论说明正是理解进而释放文化研究的理论重负的形式。

对于文化研究，或许我们已经习惯了那些既定的理论化的说明，如跨学科、反理论、批判性等，但我们似乎忽略了在很长一段时间内这种既定

---

① ［美］劳伦斯·格罗斯伯格：《文化研究的流通》，见罗钢、刘象愚编：《文化研究读本》，中国社会科学出版社2000年版，第66页。
② ［美］劳伦斯·格罗斯伯格：《文化研究的流通》，见罗钢、刘象愚编：《文化研究读本》，中国社会科学出版社2000年版，第66–69页。

的理论说明仍然是一种抽象化的方式,仍然会走向对文化研究的"唯理论范式"的倾向,这正是文化研究所拒绝的。尽管我们可以给出若干种文化研究的定义,但归根结底,我们不要忘记:"我们的任务是在具体的研究中抽象、描述和重建人们借以'生活'、意识并主观地维护自身的社会形式。"① 从历史的视野来看,当代社会文化与政治语境更加复杂,文化研究涉及的领域也更加广泛,历史的发展已经将文化研究推进到了一个复杂的时代,但托尼·本尼特以及20世纪英国马克思主义文学批评文化研究的经验仍然值得我们认真对待,因为只要文化研究在继续,就不能放弃对文化知识的反思与政治思考,就不能放弃文化批判与政治实践,更无法忽略考虑和协商文化原动力和文化关系,以提出新的问题,这些也正是托尼·本尼特正在进行的工作。

---

① [英]理查德·约翰生:《究竟什么是文化研究》,见罗钢、刘象愚编:《文化研究读本》,中国社会科学出版社2000年版,第12页。

第五章　悲剧与现代性：现代悲剧研究的问题领域及其提问方式

　　雷蒙·威廉斯、特里·伊格尔顿等理论家反驳了乔治·斯坦纳等人的"悲剧消亡"论，对现代西方文化理论中的悲剧问题做出了深入的理论辨析。他们将人类学、伦理学、精神分析和神学等理论观念与方法综合运用于现代悲剧研究，成功地构建了具有自己独特思想特征、问题领域及其解答方式的马克思主义悲剧理论。在马克思主义文学批评理论框架内，他们对悲剧与现代社会各种文化现象之间的关系问题进行了重新思考，分析了现代社会中的悲剧形态，回答了悲剧思想内涵的承续和转化问题，从悲剧角度为英国文学批评提供了解读现代审美文化经验的重要的理论维度，是20世纪英国马克思主义文学批评新的理论生长点。

第一节　20世纪英国马克思主义悲剧理论的基本问题

　　20世纪英国马克思主义悲剧理论是在马克思、恩格斯悲剧理论基础上的进一步延伸和发展。马克思、恩格斯的悲剧理论在西方悲剧理论史上的最大理论贡献就是奠定了悲剧研究的唯物主义思想基础，他们从社会和历史的客观力量以及历史的必然发展规律角度阐释悲剧冲突发生的根本缘由，将悲剧冲突的原因概括为新旧秩序和力量的冲突，从而提出了一种革命性的悲剧理论学说。20世纪英国马克思主义文学批评家雷蒙·威廉斯、特里·伊格尔顿等，坚持马克思主义悲剧理论的哲学观念和逻辑立场，将悲剧与革命、悲剧与生活方式、悲剧与神义论等问题结合起来，在悲剧与现代性视野中思考悲剧研究新的问题领域，展现出了现代悲剧研究的理论阐释形式。

一、悲剧与社会：20世纪英国马克思主义悲剧理论的问题领域

20世纪英国马克思主义批评理论无法回避悲剧问题。20世纪英国马克思主义悲剧理论的成果体现在雷蒙·威廉斯的《现代悲剧》《希望的源泉——文化、民主和社会主义》、特里·伊格尔顿的《甜蜜的暴力》《悲剧、希望与乐观主义》等理论著作中。这些理论著作不是对马克思主义悲剧理论的直接阐释或理论生发，而是深入思考现代社会文化问题的结果，从而体现了悲剧研究独特的问题领域。具体而言，20世纪英国马克思主义悲剧理论的问题领域主要体现在以下四个方面。

首先，以雷蒙·威廉斯、特里·伊格尔顿的悲剧理论为代表，20世纪英国马克思主义悲剧理论充分吸收英国经验美学的批评传统，结合文化经验分析的方法，把悲剧问题、悲剧性以及悲剧经验与普通大众的日常生活经验紧密结合起来，提出了一种基于文化生活方式的悲剧理论，体现了现代悲剧研究的理论思路。

无论是威廉斯还是伊格尔顿，他们对悲剧问题的研究没有完全局限在从古希腊开始的悲剧文学传统观念上，也没有受传统马克思主义悲剧理论的限制，他们认为，不仅存在着作为文学形态的悲剧，也存在着呈现为日常生活事件的悲剧。特别是威廉斯，他在"感觉结构"理论框架中重新思考悲剧，认为每一时代都会有自己的感觉结构，新的悲剧经验会随着新的感觉结构的形成而树立。这种从文化与日常生活角度提出的悲剧理论使作为美学观念的悲剧在社会和文化层面上被广泛使用，它也提示我们，对悲剧的研究不能仅仅停留于文学体裁层面上，悲剧性的表征形式还有很多现代性内涵，这种观念对深化传统悲剧观念，认识悲剧的当下形态及其转换具有重要作用。

其次，20世纪英国马克思主义悲剧理论将悲剧与意识形态分析紧密联系起来，改变了传统悲剧理论注重悲剧手法、悲剧冲突、悲剧效果研究的格局，不断将悲剧研究的问题领域引向现代社会中的悲剧行动及其伦理功能，极大地拓展了悲剧的现代意义。

雷蒙·威廉斯和特里·伊格尔顿都积极主张悲剧的意识形态研究。威廉斯提出，在人们不断地尝试将古希腊的悲剧哲学系统化，并把它作为普遍的文化观念加以传播时，悲剧就已经开始在意识形态层面上来运用了。威廉斯认为："最常见的悲剧历史背景是某个重要文化全面崩溃和转型之前的那个时期。它的条件是新旧事物之间的真实冲突，即体现在制度和人们

以事物的反应之中的传统信仰与人们最近所生动体验的矛盾和可能性之间的张力。"① 新旧事物的冲突，制度、传统信仰与人们真实生活体验之间的矛盾和张力都可以构成悲剧。在现代社会中，主人公的毁灭、无可挽回的失败行动、人的孤独和死亡以及对邪恶的强调，都是值得重视的悲剧经验，我们必须从历史的角度来理解悲剧，不再把它抽象化。所以，他们不仅努力描述现代社会中的各种悲剧事件，从悲剧美学和艺术批评的角度对社会的无序、人类苦难以及人们的极度痛苦反应做出深入剖析，更上升到整个人类文化经验角度来深刻地理解日常生活中悲剧性事件的文化价值，因而重新界定了悲剧的现代内涵："悲剧不只是死亡和痛苦，它也肯定不是意外事故。悲剧也不是对死亡和痛苦的所有反应。确切地说，悲剧是一种特殊的事件，一种具有真正悲剧性并体现于漫长悲剧传统之中的特殊反应。"②

再次，在悲剧的现代性内涵阐释中，20世纪英国马克思主义悲剧理论将悲剧分析的重点从悲剧主人公转向了悲剧行动及悲剧性事件。

从悲剧主人公的角度来看，悲剧的最终结果都是英雄的毁灭等恒常主题，悲剧经验总是停留在无可挽回的悲剧结局上；但在威廉斯等人看来，悲剧并不仅仅是发生在悲剧主人公身上的事情，悲剧的美学效应在于通过讲述在悲剧主人公身上发生的悲剧性事件而带给人的悲剧性反应和体验，所以悲剧的意义并不是死亡，而是死亡之后的悲剧性经验在社会文化和意识形态层面上的重新分配以及再度体验。在《甜蜜的暴力》中，伊格尔顿也从这个角度出发，具体分析悲剧性经验的再度体验所蕴含的情感反讽形式，他用"甜蜜的暴力"的隐喻，说明尽管悲剧所包含的主题通常都是关于暴力、冲突、挣扎、死亡等，但悲剧较少受文化的影响和意识形态操纵，能够在情感的真实体验中拒绝社会同质化力量。只要有人的痛苦的真实情感存在，人类之间真实的交流便可以进行，因为人类对痛苦的反应是非历史性的。伊格尔顿进而提出，如果说资本主义社会严重地剥夺了人的感性，那么，在悲剧中，对痛苦的体验和生发的怜悯之情则会帮助我们恢复那些已经钝化的感性，这是一种自发的情感反应和伦理反应。所以，我们的眼光应该关注现代社会生活中的人们的痛苦与磨难，关注生命的痛苦、苦难以及死亡。当人处于生命的极端状态甚至死亡时，道德的东西就会重新出现。伊格尔顿由此呼吁通过悲剧这种"人造形态的宗教"来对抗现代社会中文化和意识形态的庸俗之处。通过这种悲剧研究重心的转移，20世纪英国马克思主义悲剧的问题领域不断扩大，它的基本问题展现出了明显的现

---

① [英]雷蒙·威廉斯：《现代悲剧》，丁尔苏译，译林出版社2007年版，第45页。
② [英]雷蒙·威廉斯：《现代悲剧》，丁尔苏译，译林出版社2007年版，第4页。

代性立场与精神。

在关于悲剧行动和悲剧性事件研究中，威廉斯和伊格尔顿则分别揭示出悲剧意识形态的虚幻本质，但他们关注的对象和方式是不同的。威廉斯批判了悲剧意识形态的理论逻辑的不合理性，指出如果按照固定不变的人性标准来解释悲剧，那么就抽离了它的丰富的现实基础，悲剧就被意识形态化了；伊格尔顿则更注重挖掘悲剧性体验所蕴含的反讽性情感体验，从"甜蜜的暴力"即悲剧经验的再度体验角度，揭示现实的苦难与资本主义社会意识形态幻象之间的游离以及分裂的状况。但他们最终的理论追求是一致的，都是通过悲剧的日常性体验以及现代社会悲剧性情感的分析，悲剧性审美体验拒绝社会和意识形态同质化的功能，从而极大地拓展了悲剧的社会以及文化批判意义。

最后，20世纪英国马克思主义悲剧理论在方法论层面上呈现出了明显的变革与发展态势，多种研究方法并用是它的基本的方法论特征，尤其是对人类学、神学、精神分析学等方法的巧妙结合，使悲剧研究充满了浓郁的哲学、美学和文化特征。

威廉斯将文化唯物主义理论范式充分应用到悲剧性情感体验研究中，既强调悲剧的历史内涵和物质性构成，同时又运用感觉结构理论，不仅使悲剧内涵具有了文化意味，同时也使悲剧研究具有了人类学、社会学和政治学的视野。伊格尔顿虽然赞同威廉斯在悲剧的文化分析上的文化唯物主义立场，但也批评了威廉斯在悲剧研究中的历史虚无主义倾向，而选择以人的身体为原点，努力发掘出悲剧性情感体验的永恒的物质性基础。伊格尔顿强调从悲剧中所包含的情感反应及人性重塑的角度，寻找社会变革的突破点，以此来确立悲剧性情感的价值以及在现代社会中的转换方式，因此他要求重新思考被阿尔都塞猛烈抨击的"人性"，认为社会的最终拯救还在于原始人性的回归而延伸出的对社会公共性的追求。如果说威廉斯使悲剧研究具有了文化社会学和文化政治学的特征，伊格尔顿则将悲剧研究真正带向了文化研究领域，并使之具有了伦理学和人类学的意味。

无论是雷蒙·威廉斯，还是特里·伊格尔顿，他们的悲剧理论没有拘泥于传统悲剧研究的观念与方法，而是强调在现代社会发展与文化条件下，重新思考悲剧的文化内涵及其现实文化功能。正是由于他们的理论研究，20世纪英国马克思主义悲剧理论更多地关注悲剧与现实生活的联系，注重对现实文化经验中的悲剧性事件的具体分析，并在这个过程中积极强化悲剧性情感体验与社会现实的同构关系，从而更加深刻地彰显了悲剧研究的现实性。

二、悲剧的消亡：威廉斯、伊格尔顿与乔治·斯坦纳的理论论争

1961 年，英国文学批评家、翻译理论家乔治·斯坦纳发表了著名的《悲剧之死》。在《悲剧之死》中，斯坦纳提出，进入现代社会以来，伟大的悲剧艺术将再也不会产生，悲剧渐趋消亡。在他看来，悲剧消亡是个渐变的过程，西方悲剧艺术发展到拉辛的时代就已经演变为"近似悲剧"，这种"近似悲剧"是以"非悲剧"的形式出现的，它在那时就已经预示了"悲剧艺术的日渐衰退"。[1] 随着现代社会的发展，这种作为"非悲剧"形式的"近似悲剧"也难以保持它最后的艺术形态，最后是悲剧的彻底消亡。

斯坦纳认为，悲剧消亡的原因在于：①现代社会中，贵族（英雄）与贫民（普通人）的差别的消失导致西方传统悲剧艺术中人物冲突主体的结构坍塌，悲剧艺术创造出现危机；②浪漫主义时代那种人类完美性的信念已经渐渐消弭了，取而代之的是各种戏剧形式中的救赎神话的产生，这大大加剧了戏剧艺术的乐观主义情感，传统悲剧艺术中那种使人心灵净化的悲悯情感已经不再出现了，悲剧艺术失去了它传统的情感载体，悲剧艺术自然面临着没落的命运；③现代社会以来，出现了大量描写中产阶级生活的文学作品，传统悲剧艺术中以贵族气息见长的那种悲剧精神逐渐被中产阶级文化所取代，悲剧精神受到了重大的挑战；④悲剧艺术赖以存在与发展的文体形式发生了重大的变化，现代戏剧不断从诗体形式向散文体形式的转化，这也自然影响了悲剧艺术的发展。[2]

在尼采之前，德国启蒙运动的许多理论家如歌德、席勒、温克尔曼等也曾经提出过悲剧消亡的问题，但他们主要是从人与自然、感性与理性和谐的角度来分析悲剧消亡问题的。在《悲剧的诞生》中，尼采一反传统观点，认为希腊艺术的繁荣并不是缘于古希腊人内心的和谐，而是缘于他们内心的痛苦和冲突，正是这种冲突的无法预料和无法避免构成了人类永恒的悲剧性命运，而随着理性主义的兴起和乐观主义哲学的盛行，现代社会不再具有古希腊艺术中的那种悲剧体验，悲剧也就逐渐消亡了。无论是启蒙运动的思想家，还是尼采，他们对所谓悲剧消亡的认识更多的是从哲学层面上进行阐发，其浓郁的哲学思辨色彩更多地指向了悲剧艺术内在的美学精神的困顿，所以他们尽管提出了悲剧消亡问题，但并没有引发悲剧文学与批评研究领域的持续关注。

---

① George Steiner. *The Death of Tragedy*. New Haven: Yale University Press, 1996, p. 19.
② George Steiner. *The Death of Tragedy*. New Haven: Yale University Press, 1996, p. 45.

无论是在西方文学发展中还是社会文化领域，悲剧都是一种重要的文化形式，特别是在悲剧文学创作非常繁荣的英国，人们更是对悲剧艺术一往情深，这也是乔治·斯坦纳的《悲剧之死》引发关注的原因。斯坦纳的《悲剧之死》可以说更为全面地也提出了悲剧消亡问题，它与以往的悲剧消亡声音不同，不但在悲剧美学精神层面上提出"悲剧已死"，而且从悲剧的艺术形式和社会文化背景角度直截了当地抛出现代社会悲剧艺术已经难以为继的观点，因而对悲剧消亡问题的指向更加明确。从理论层面上看，斯坦纳关于悲剧消亡的理论观点也带有明显的狭隘性，他的逻辑立场和理论出发点都是建立在对悲剧的文体含义和艺术形式判断的基础上的，他将悲剧仅仅作为一种文学形式来看待，却将悲剧消亡的结论建立在那种普遍性悲剧精神与文化衰落的层面上，他的悲剧消亡论与人们对现代社会出现的种种新的文化形态和文化现象的反应是一致的，但却忽略了悲剧艺术特有的文化内涵与美学精神，因此，他的武断之处遭到各种质疑与批判也在情理之中。

在英国马克思主义文学批评中，雷蒙·威廉斯是较早做出理论反应的学者。沿着斯坦纳的思维路线和理论态度，威廉斯首先肯定斯坦纳直陈当代语境中悲剧美学创造价值缺失状况的意义。在威廉斯看来，斯坦纳强调悲剧创造的信仰和价值需求，这一点是有价值的。但威廉斯又反诘道，悲剧创造的信仰规则与价值是谁规定的？是怎样规定呢？它是随着社会的变化而变化，还是作为一个永恒的真理而存在？通过对悲剧理论的历史考察，威廉斯发现，传统悲剧理论都是按照固定不变的人性观念和价值标准来认识悲剧的。在悲剧的创作中，首先构想或设定一个预先的关于悲剧故事和悲剧精神的假定叙事，这个假定叙事在悲剧创作开始之前就已经确定了它的结果和目标，在悲剧作品中，悲剧情感体验只是这个假定叙事的具体演绎论证过程，因为这种假定叙事不是从那种悲剧性的情感与经验的事实中提升出来的，所以它与现实是相脱离的；一旦我们回到悲剧情感和经验事实本身，这种悲剧作品就难以用以往那种悲剧性审美经验来解释了，这样就造成了悲剧艺术在现代社会难以深入人心的结果，悲剧那种悲悯式的情怀和净化心灵的悲剧性精神也就逐渐淡化了。威廉斯认为，在现代社会中，如果我们还要拿着一种过时的却以为是放之四海皆准的永恒的人性标准来衡量悲剧的现实实践，将本身是一个完整行动的悲剧性事件进行抽象化，那就剥夺了悲剧的意义和价值。

在威廉斯看来，斯坦纳是从传统悲剧创造的固有缺陷的角度来看待悲剧消亡问题的，在这个层面上，斯坦纳的理论观点有让人能够接受的内容，但他忽视了在现代文化条件下，悲剧精神和悲剧性体验可以随着社会生活方式的变化发生迁移和转换的现实，也忽略了作为悲剧艺术核心的悲剧性体验与经验事实的天然联系，他的理论回答就是要求我们回到经验事实本身，不再根据永恒不变的人性标准来解释悲剧，而是根据日常生活中变化着的习俗和生活方式来理解各种不同的悲剧经验。在现代社会中，我们应该找到自己文化中的"悲剧结构"，并在悲剧结构的层面上把握经验现实，发现其中新的因素和新的生长点，因此他提出研究现代悲剧的方法应该是："研究现代悲剧中起着主导作用的感觉结构、该结构内部的各种变化以及它们与真实戏剧结构之间的联系。此外，我们还应该对上述各个方面做出真正意义上的批评性反应。"①

雷蒙·威廉斯的理论回应发生在20世纪60年代，时隔40年后，他的理论观念仍然没有被遗忘。2003年，英国马克思主义批评家特里·伊格尔顿发表了著名的《甜蜜的暴力》，对乔治·斯坦纳和雷蒙·威廉斯的理论论争也做出了深度的理论探讨。由于社会语境和时代背景的转换，伊格尔顿悲剧理论的方法与观念与斯坦纳、威廉斯已经有所不同，但他对现代悲剧理论的关注以及对悲剧这种艺术形式的向往和尊重却是与威廉斯有着深刻的一致性。

伊格尔顿这样表达他对现代悲剧的理解和情感：

> 某种意义上说，我对悲剧研究的兴趣之一在于说明否定性、痛苦、绝望的终极意义。西方悲剧传统的显著特点之一在于悲剧中体现的肯定性，这种肯定性使得悲剧英雄在无奈之中恰恰能够超越无奈而找到力量的源泉、价值的源泉。因此，当生活中的无可奈何、消极颓废、或价值缺失达到顶峰的时候，悲剧则恰恰会在这个顶点上，以某种似乎神秘的方式，成为你找到出路和发掘能力的一种形式，从而帮助你摆脱那种无可奈何、消极颓废、或价值缺失的状态。所以说悲剧是价值的源泉，这听起来奇怪，因为在西方的语言中，悲剧意味着可怕的灾难性事情，但同时，它也是一个价值的源泉，尽管显得有些神秘。②

伊格尔顿同样看重的是现代社会中悲剧传统与经验发生重要转换的思想基点，也就是说，是什么原因导致了现代社会中的悲剧精神背离了古典悲剧的传统？在现代社会中，又有哪些因素可以接续乃至发展古典悲剧的传统？

---

① ［英］雷蒙·威廉斯：《现代悲剧》，丁尔苏译，译林出版社2007年版，第38页。
② ［英］特里·伊格尔顿、王杰：《"我不是后马克思主义者，我是马克思主义者"——特里·伊格尔顿访谈录》，载《文艺研究》2008年第12期。

悲剧与现代社会文化的关系在哪里？与威廉斯将悲剧视为一种特殊的事件以及人们对日常生活中的悲剧性事件的情感反应不同，伊格尔顿特别注重现代社会中人们生活的困境和绝境及其带给人精神心理的突变，他把这种情感反应称作是悲剧性情感体验的反讽形式，并由此提出了与乔治·斯坦纳的悲剧消亡论不同的观念。

在伊格尔顿看来，进入现代社会后，作为文学形式的悲剧或许已经衰亡，但作为美学观念的"悲剧性"却与我们的生活更加息息相关。鉴于这种相关性，伊格尔顿建议采用"家族相似"的方法对悲剧进行界定，并提出了一个具有更大包容性的悲剧观念。在伊格尔顿看来，现代社会中的悲剧就是实际发生的事情，而不仅指艺术品。悲剧已经成为一种日常生活的事情，它已经转换成了一种"悲剧观念"，体现于人的一个内在的情感和伦理维度，并为日常行为提供必要的道德标准和价值参照。"正是随着现代的开始，悲剧观念才开始超出其在这种或那种案头剧或者舞台表演中卑贱的倾向，成为凭借自身资格而存在的一种成熟哲学。"[①] 所以，与其不断讨论悲剧本质，不如论述不同方式与意义之间的悲剧的"家族相似"特征。从这个角度，伊格尔顿认为，悲剧这个概念最基本的共同点就在于苦难的事实，也就是说，凡是呈现人类灾难或痛苦的经验的艺术均可以作为悲剧来看待。"在异乎寻常地不增进知识的'表现痛苦或毁灭情节的所有戏剧'之外，不可能存在任何悲剧定义。"[②] 因此，在伊格尔顿那里，悲剧成了一个既拥有共同的本质又具有多元化的概念，所有的悲剧理论都是对人类苦难事实的研究，而"定义越是简洁，它就越没有机会不经意间忽略悲剧经验的整个地带"。[③]

威廉斯、伊格尔顿与斯坦纳的理论论争均充满了审慎性的理论判断，他们没有全部肯定或否定斯坦纳的观点，而是在对他的悲剧消亡论进行反诘与追问的过程中很自然地引向对现代悲剧的理论探讨。这种理论论争也构成了他们提出和建构现代悲剧理论的重要契机。同时，正是由于他们的理论回应，斯坦纳的悲剧理论也在英国文学批评中引发了更大的关注。纵观斯坦纳、威廉斯、伊格尔顿关于现代悲剧之争，其实反映出了不同理论家开始从悲剧的角度来看待现代社会文化转向的重要思想信息，日常生活中的悲剧性事件是否是悲剧、如何看待现代社会中的悲剧性体验、悲剧与日常生活的关系如何等这些问题虽然是围绕悲剧研究展开的，但却包含着

---

① ［英］特里·伊格尔顿：《甜蜜的暴力》，方杰等译，南京大学出版社2007年版，第21页。
② ［英］特里·伊格尔顿：《甜蜜的暴力》，方杰等译，南京大学出版社2007年版，第3页。
③ ［英］特里·伊格尔顿：《甜蜜的暴力》，方杰等译，南京大学出版社2007年版，第4页。

对现代文化发展与人们情感心理转换的深层次的美学分析,20 世纪英国马克思主义文学批评的悲剧理论既回应了这些问题,同时在他们的理论思考中也孕育着新的问题性。

三、悲剧与革命:现代悲剧理论的阐释基点及其问题形式

20 世纪英国马克思主义悲剧理论关注现实生活中普通人的痛苦与苦难,强调在悲剧与生活方式研究视野中复活悲剧性体验的感性功能及其文化属性,那么,最终如何实现悲剧的这种文化功能呢?悲剧这种文化功能又对悲剧理论研究有什么意义?威廉斯和伊格尔顿给出的理论解答思路是在对悲剧的"革命性"理论阐释中,实现关于悲剧的文化分析的目的。悲剧与革命的问题也成了 20 世纪英国马克思主义悲剧理论最具思想原创性色彩的理论观念。

"革命"的概念早在雷蒙·威廉斯的《关键词》中就有所论述。在威廉斯的阐释中,"革命"是与"阶级"的问题联系在一起的,威廉斯首先提出:"Class 很明显是一个难解的词,不仅是在其词义的层面上,而且是在其描述'社会分工'(social division)这个特殊意涵的复杂层面上。"① 也正因为这样,"阶级"这个词在应用过程中存在着以下两方面混淆不清的误解:一是关于"被认定的阶级意识"与"被客观衡量的阶级"两者间的关系;二是关于阶级属性的"自我认定"与"自我归属"的不确定性问题。威廉斯由此认为,"阶级"内涵呈现几个复杂的层面上:① "group",指社会或经济上的各种不同类别;② "rank",指由出身或流动所产生相对的社会地位;③ "formation",指可以感知的经济关系以及社会、政治与文化机构组织。② 威廉斯对"阶级"一词的语义梳理是与"革命"一词联系在一起的,在对"革命"这个词的历史梳理中,威廉斯发现,"革命"(revolution)这个词的语义发展是与"阶级"一词紧密联系的,但它并不仅仅在"阶级"等政治语境中被使用,在许多活动中,它还可以指"根本上的改变""根本性的新进展"等,因而他提出了"革命"一词除了具有"阶级"一词属性所厘定的"政治革命""经济革命"意涵以外,还存在着持久的文化层面上的形式和内涵。

---

① [英]雷蒙·威廉斯:《关键词》,刘建基译,生活·读书·新知三联书店 2005 年版,第 51 页。
② [英]雷蒙·威廉斯:《关键词》,刘建基译,生活·读书·新知三联书店 2005 年版,第 64 页。

20世纪英国马克思主义悲剧理论正是在文化形式内涵上来阐释悲剧的"革命性"的。在《现代悲剧》中，威廉斯提出："就其最深刻的意义而言，悲剧行动不是肯定无序状况，而是无序状况带来的经验、认识及其解决。这一行动在我们时代很普遍，而它的名称就是革命。"①"革命"不能仅仅被看作那种社会和政治层面上的"破坏"和"解放"，"革命"的过程及其最终检验在于社会活动模式的改变及其生活中深层次人际关系和感觉结构的变化，而不仅仅是政治架构、社会组织、经济生活、物质条件的变化。现代悲剧具有"革命性"，正是在于悲剧在美学上时刻伴随现代人的生存经验和感觉结构的变化与逆转。由此，威廉斯深入挖掘了作为一种文化形式的悲剧的"革命性"，探寻现代悲剧与人们感觉结构之间的隐匿关系，并通过对悲剧文学的分析展现了他对悲剧与现代文化发展的独特思考。

在关于悲剧的"革命性"问题上，伊格尔顿有着与威廉斯大致相同的观点，但相比威廉斯，他显得更加激进。

在《甜蜜的暴力》中，伊格尔顿开篇就旗帜鲜明地提出他研究悲剧的意图："拙著倒不是悲剧的历史研究。更确切地说，这是一部悲剧的政治研究。"② 伊格尔顿强调的所谓"悲剧的政治研究"并非将悲剧引向政治，指的正是悲剧的"革命性"蕴含，强调的是悲剧的价值属性。在他看来，悲剧不仅仅是日常生活中的苦难和悲伤，现代悲剧的价值属性还在于它涉及了人们在面对苦难时所体现出来的抗争精神，只有体现出这种抗争精神的悲剧才具有"悲剧性"，所以，"悲剧性"以及悲剧性体验蕴含着一种力量，体现出了一种强势的语言，它在痛苦和悲伤之外还包含着能给人带来心灵震颤的东西，蕴含着让人们振奋的力量和品质，这正是悲剧的"革命性"蕴含所在。

从这个角度出发，伊格尔顿对悲剧"革命性"的理解体现了一种静态的、否定性的悲剧美学观，他认为悲剧的"革命性"蕴含就是一种反讽的力量，他主张从文化层面或者精神层面来看待悲剧的"革命性"，通过道德、伦理与意识形态的关系，把握悲剧性情感对那种同质性的社会价值体系和社会结构的否定和批判。伊格尔顿提出，当人面对痛苦和悲伤，绝望到虚无，辩证的逆转才可能出现，极度的痛苦和虚无可以让人的精神和理想消弭殆尽，但也可以转变成为一种"革命性"的趋势，他从悲剧的"替罪羊"机制中发现了这种力量，同时也积极倡导悲剧的社会文化功能，这

---

① ［英］雷蒙·威廉斯：《现代悲剧》，丁尔苏译，译林出版社2007年版，第75页。
② ［英］特里·伊格尔顿：《甜蜜的暴力·引言》，方杰等译，南京大学出版社2007年版，第2页。

一点，也正是与雷蒙·威廉斯异曲同工的地方。

威廉斯提出："悲剧理论之所以有趣，主要是因为一个具体文化的形态和结构往往能够通过它而得到深刻的体现。"① 伊格尔顿则强调："最深刻的苦难和最强烈的兴奋密切联系。"② 20 世纪英国马克思主义悲剧理论将悲剧视为理解社会文化变革与人的发展的最重要的美学形式之一，在他们的理论阐释中，悲剧成了阐释当代现实中各种重要文化现象以及现代性发展的新的思想基点。他们的理论阐释不但大大丰富了悲剧的概念和内涵，而且他们对现代悲剧表现形式的反思、对悲剧与现代性的辩证思考为我们提供了审视当下社会文化发展及艺术现象的新的视角。在《甜蜜的暴力》中，伊格尔顿提出，现代性不仅包括有关进步的宏大叙事，"还有关于僵局、矛盾、自取灭亡的故事要讲述，这些代表着有关进步的寓言之阴暗面"。③ 他们对悲剧的理论阐发孕育着关于现代社会发展的新的"问题性"，这种"问题性"提示我们，在现代社会发展中，种种进步的观念往往也蕴含着某种自反性与悲剧性的表达形式，我们只有深刻地理解这种自反性与悲剧性的内容，才能更深刻地介入社会现代性发展的过程，才能更辩证地看待社会现代性发展的种种复杂性。

在 20 世纪英国马克思主义悲剧理论中，传统的悲剧理论有了很大层面的理论发展，但其中的缺陷在所难免。比如，威廉斯的悲剧理论过于强调个人经验的重要性而忽视了悲剧性经验的共性特征，同时也过于强调悲剧的日常生活层面上的表现，难免有将悲剧的概念泛化之嫌。在社会发展过程中，许多社会过程不是仅仅通过个人经验就能获得解释的，悲剧的美学精神有时候也必须超越日常生活层面才能更深刻地把握它的价值。伊格尔顿在研究"悲剧性"时则有意强调悲剧带给我们的共性反应，强调要用重构"总体性"的方式解构社会文化和意识形态的同质性建构，但他又强调悲剧与意识形态有紧密的关系，因而明显地暴露了理论上的偏颇之处。另外，他试图从悲剧中寻找理想社会主义的新的理论源泉和生长点，将希望寄托于人的极端痛苦之价值、人的自发的怜悯情感以及源于基督教的爱的法则，但现代悲剧的这种文化功能的实现方式却语焉不详，因而不免带有乌托邦色彩。

但无论如何，我们要看到他们的理论研究的可贵之处，在现代社会生

---

① ［英］雷蒙·威廉斯：《现代悲剧》，丁尔苏译，译林出版社 2007 年版，第 37 页。
② ［英］特里·伊格尔顿：《耶稣：一个期待完美世界的革命者》，张良丛译，《马克思主义美学研究》第 12 卷第 1 期，中央编译出版社 2009 年版，第 87 页。
③ ［英］特里·伊格尔顿：《甜蜜的暴力》，方杰等译，南京大学出版社 2007 年版，第 219 页。

活中，如果我们对现实的反应具有悲剧性的体验维度，那么我们一定会追寻更为幸福的未来。

第二节　感觉结构与悲剧经验：
雷蒙·威廉斯的悲剧理论

雷蒙·威廉斯的悲剧理论是在他的文化唯物主义与"感觉结构"理论基础上发展而来的，以"感觉结构"的理论阐释为核心，威廉斯强调悲剧融入日常生活的文化功能，并通过对现代悲剧文学的考察，深入揭示了悲剧在现代社会文化中的价值。威廉斯充分重视悲剧的文化经验分析，深入阐释了悲剧的"革命性"蕴含，强调悲剧对现代社会感觉结构的重塑作用，体现了他对悲剧观念的现代转型的重要思考。

威廉斯的悲剧理论具有明显的文化研究特征，从理论形式上也展现了他的文化唯物主义理论范式在悲剧研究中的突出影响，代表了悲剧理论的发展与更新，也展现出了20世纪英国马克思主义文学批评在悲剧研究中的重要的理论贡献。

一、"感觉结构"与现代悲剧

"感觉结构"是雷蒙·威廉斯悲剧理论研究重要的理论孔径，威廉斯用感觉结构的概念试图完整概括社会文化变迁与一定社会文学艺术的总体体验和感受之间的关系，并由此成为他的文化经验分析的主要理论和逻辑展开基点。威廉斯提出："必须研究现代悲剧中起着主导作用的感觉结构、该结构内部的各种变化以及它们与真实戏剧结构之间的关系。"[①] 威廉斯提出了一种"现代悲剧"的观念，他所说的"现代悲剧"并非一种新的悲剧艺术形式，而包含了更广泛的悲剧与现代生活体验的联系，这个联系既是建立在对以往悲剧理论基础上的，同时又来源于对现代文化条件下的悲剧经验的考察。

威廉斯所强调的"现代悲剧"并非完全否定以往的悲剧传统，特别是古希腊悲剧传统，更是威廉斯所珍视的。他强调：

> 古希腊悲剧对我们是一种资源（这从某个方面来说是对的，因为欧洲悲剧诞生于此），但它对古希腊人来说则是一种圆满，即一种充分

[①] ［英］雷蒙·威廉斯：《现代悲剧》，丁尔苏译，译林出版社2007年版，第38页。

展示成熟文化各方面的成熟艺术形式。上至普遍意识，下至刻意模仿，这项重要成就或多或少影响了以后许多时代的悲剧发展。但是，历史上从未出现过古希腊悲剧的再造，也没有严格意义上的复制。这一现象并不奇怪，因为古希腊悲剧的独特性是真正的，它在许多重要方面是不可移植的。①

在威廉斯看来，古希腊悲剧之所以不可模仿不可移植，是因为它根植于一个严密的感觉结构之中，在这种严密的感觉结构中，古希腊悲剧产生了一种特殊的戏剧形式，如它的神话题材、合唱以及对悲剧主人公的独特塑造等。随着现代社会的发展与文化观念的变化，"那个伟大时代用来发展和维持这种戏剧张力并融合集体与个人经验的感觉结构削弱了、消失了，随之而去的那种独特的悲剧意义"。②正是由于感觉结构的存在，在中世纪、文艺复兴时期、新古典主义时代以及以莱辛为代表的后封建时期的悲剧鲜明地表达那一时代的文化经验，同时随着大众社会体验的变迁以及感觉结构的变化，这些戏剧形式必然呈现不同的形态，这也恰恰是我们需要密切关注现代悲剧形式和悲剧经验的原因，现代悲剧形式和悲剧经验的转变意味着时代感觉结构的微妙转变，我们应该抓住这些伟大作品中所反映的那些我们日常生活经验中不易被感知到的深层元素，并用来阐释当代美学中的悲剧体验。

正是由于"感觉结构"的存在，威廉斯强调，悲剧冲突所展现的不是某种永恒的人性，我们不能根据永恒不变的人性来理解悲剧作品，而是要努力描述和理解我们时代的悲剧经验。从感觉结构与现代悲剧的观念出发考察现代悲剧，使威廉斯的悲剧理论充满了现代气息，体现了明显的文化经验分析特性。通过对现代悲剧的分析，威廉斯又一次深化了他的文化唯物主义理论观念和感觉结构的概念，这也说明在威廉斯的研究中，悲剧问题在根本上是出于文化与批评的理论视野之中的，威廉斯没有仅仅关注作为一种艺术形式和艺术体裁的悲剧概念，他从感觉结构出发阐释现代悲剧观念也赋予悲剧一种深广的文化属性，而从日常生活的角度理解悲剧冲突与悲剧美学精神又展现出了对悲剧的文化属性的唯物主义思考。

二、悲剧是日常的

斯坦纳指出："人人都能意识到日常生活中的悲剧，但作为戏剧形式的

---

① ［英］雷蒙·威廉斯：《现代悲剧》，丁尔苏译，译林出版社2007年版，第8页。
② ［英］雷蒙·威廉斯：《现代悲剧》，丁尔苏译，译林出版社2007年版，第9页。

悲剧并不是普遍的。东方艺术中也强调暴力、悲伤、自然灾难或者人为灾难的打击，日本戏剧中也充满着暴行和牺牲献祭，但这些个人痛苦以及我们称为悲剧性因素的个人英雄行为却与西方悲剧传统截然不同。"① 真正的悲剧艺术作品，《哈姆莱特》《李尔王》《奥赛罗》等，它们都是通过英雄人物的悲惨境遇揭示人类生存中的永恒问题。斯坦纳认为，悲剧创造有时代要求和时代文化的因素蕴含其中，或者说，并不是所有时代都能创造出伟大的悲剧作品，古希腊时代以来，一直到莎士比亚和拉辛的时代，悲剧创作已经达到顶峰，在此时代之后，可能不会再有伟大的悲剧作品产生。

对此，威廉斯表达了不同的意见，威廉斯首先表明了他对悲剧概念的灵活理解，并提出："我们通过多条路径接触悲剧。"② 在他看来，悲剧既是一种艺术形式，更是一种直接经验；悲剧既可以作为文学形式被理解，也可以在日常生活层面被人们共同经历，针对斯坦纳所说的日常生活中的悲剧性事件不会引起悲剧性反应，威廉斯进行了强烈的反驳。他认为悲剧性事件与悲剧性反应"这两种不同含义的共存非常自然，认识它们之间的联系和区别也不困难"。③ 威廉斯倾向于从日常生活中的悲剧事件理解悲剧，通过对日常生活中的痛苦与死亡的反应，威廉斯深入阐释了日常生活中的悲剧性事件具有悲剧性反应的可能性。在日常生活的痛苦与死亡中，当我们感受哀痛、悲伤和精神的摧垮时，也就是说，当痛苦被感受到并且传递给另一个人时，我们就已经身处悲剧之中了。

其次，威廉斯认为，关于日常生活中的悲剧性事件的普遍性反应其实也一直是悲剧传统中所包含的情感。威廉斯认为，所谓"悲剧传统"实际上是一种永恒人性的意识形态，这一传统强调永恒人性中的普遍价值，随着时代文化的变迁，特别是"感觉结构"的变化，这种永恒人性的普遍价值很难永远地在悲剧创造中持续，因为随着"文化"概念的变化以及文化所赖以存在的现实经验的发展，永恒人性的价值观也在发展，永恒人性的价值观必然遭到质疑，因为这种永恒人性的价值观把悲剧性审美经验的生成与体验变成了文化精英们的专利，它把许多组成我们社会和政治生活重要文化体验的悲剧性事件排除在悲剧体验之外。威廉斯追问到，这难道能构成永恒的真理吗？难道悲剧的定义只能遵从那些社会权贵与精英的苦难历史吗？为什么平民、普通人的苦难和痛苦就不能拥有悲剧性的意义呢？由此，威廉斯深刻揭示，那些不被看作悲剧的日常生活中的悲剧性事件，

---

① George Steiner. *The Death of Tragedy*. New Haven：Yale University Press, 1996, p. 3.
② ［英］雷蒙·威廉斯：《现代悲剧》，丁尔苏译，译林出版社2007年版，第1页。
③ ［英］雷蒙·威廉斯：《现代悲剧》，丁尔苏译，译林出版社2007年版，第4页。

其实是某种文化深层结构的偏见，乔治·斯坦纳显然就处在这个偏见之中。

三、布莱希特与现代悲剧经验的重塑

在悲剧与日常生活关系层面上，威廉斯重视现代悲剧经验在社会文化构成中的意义和功能，并努力将他的这种理论认识融合到具体的悲剧作品的分析中。他在布莱希特的戏剧作品中发现了他所看重的现代悲剧经验，并通过《大胆妈妈和她的孩子们》的分析，发现了布莱希特作品中所蕴含的现代悲剧经验重塑的力量。

布莱希特这部创作于1939年的作品，以17世纪欧洲宗教战争为背景，讲述了"大胆妈妈"安娜·菲尔琳一家在战争中的遭遇。"大胆妈妈"安娜·菲尔琳在战争期间向士兵出售商品为生，一家人饱受战争摧残。她一开始极力诅咒战争，非常担心自己和她的女儿以及两个儿子的命运。但具有讽刺意味的是，随着战争的发展，她在战争中的生意日益红火，她对战争的态度也完全改变了，她在内心中甚至担心战争过早结束，她对她的孩子一个个死于战争也表现得非常麻木。战争已经将"大胆妈妈"完全异化了，她在战争中看到的只有她的生意，金钱磨灭了一个母亲基本的人性。

布莱希特的这部作品结构松散，冲突平淡，而且描写的是平凡的小人物，不像欧洲传统历史剧多取材于历史上的英雄人物或重要的历史史实。但这部作品问世后却产生了很大的影响，作品中的"非亚里士多德因素"更让它有了实验戏剧的色彩。雷蒙·威廉斯就非常赞许这部作品，在他看来，布莱希特在这部作品中故意选取小人物，目的是使个人的经验普遍化，普通人的生活经验与个人经验的普遍化使作品体现出了戏剧冲突与社会之间的一种张力。他进而提出："在一个以个人利益体系为核心而建构起来的社会中，社会联系究竟是什么。通过大胆妈妈与她的孩子们之间、她的生意与战争之间的相互作用与联系，这部戏剧揭示了在资本主义语境下，即使是家庭关系也不能从人际的维度来加以理解，而应该把家庭关系理解成是为挣钱的目的服务的：它究竟是挣钱的阻碍，还是挣钱的工具。"①

斯坦纳在《悲剧之死》中也曾讨论过这部作品，认为《大胆妈妈和她的孩子们》几乎算不上是悲剧，而是一部主题连贯的情节剧。威廉斯表达了与斯坦纳截然相反的见解，认为这部作品非但不是情节剧，而且是一部真正意义上的现代悲剧。威廉斯认为，传统的悲剧总是通过英雄人物的灭

---

① ［英］安哥拉·卡兰：《布莱希特论亚里士多德的悲剧美学》，麦永雄译，见《马克思主义美学研究》（第6辑），广西师范大学出版社2002年版，第337页。

亡来展现悲剧经验与冲突，布莱希特改造了这一悲剧创造方法，他的改造充分体现了现代悲剧经验的否定性，即它的批判功能，它将悲剧性审美体验展现于现实语境中的可能性之上，"大胆妈妈"仅从自己的生意是亏损还是盈利的角度来看待一切社会联系，她看不到生命的损失与社会之间的联系，但观众在保持理性的审思中却产生了这样的疑问："大胆妈妈"的悲剧从何而来？这种质疑产生了一种新的悲剧感："这个人的苦难遭遇使我震撼，因为它没有必要发生。"① 这种悲剧感正如同本雅明所说的："悲剧式的牺牲不同于任何其他的牺牲，既是第一次牺牲也是最后一次牺牲。"②

在这种理论观念上，威廉斯提出："人和历史都生动地再现于舞台，远远胜过我们在多数现代剧院里经常看到的孤立和几乎静态的行动。戏剧的发生与解读是同步的。它不是'记住这个女人的故事'，而是'观察和思考这群人的遭遇'。"③ 现代悲剧经验正是以这种方式在其自身逻辑中包含了深刻的悖论和悲剧性。在现代社会种种功利性意识形态的影响下，传统悲剧中的怜悯情感尽管感人但有时会被利用，以至于悲剧经验也会沦落为维护政治与伦理的方式，从而在虚伪的净化中获得想象中的和谐。当"价值被一个虚伪的制度严重扭曲，生活在其中的人不得不采取一种刻薄而冷漠的新姿态。他们需要的不是怜悯，而是直接的震撼"。④ 现代悲剧经验的重塑不仅仅是通过悲剧引起那种政治和伦理层面上的怜悯之情，为此，威廉斯愤慨地说："我们一次又一次自觉地观看触目惊心的场面，连一个假装愤慨的人也没有。"⑤ 在这种境况下，悲剧还是好人在邪恶社会里的艰难遭遇吗？这无疑是威廉斯留给我们的一个极具张力的追问和话题。

四、悲剧与现代性

威廉斯将悲剧的现代经验研究引向现实的思考，在他看来，悲剧不仅仅是一种文学样式，更是现代社会审美话语发挥现实批判功能的重要文化形式。威廉斯说：

> 朝鲜、苏伊士、刚果、古巴以及越南都是我们自身危机的名称。

---

① [英] 雷蒙·威廉斯：《现代悲剧》，丁尔苏译，译林出版社2007年版，第210页。
② [德] 瓦尔特·本雅明：《德国悲剧的起源》，陈永国译，文化艺术出版社2001年版，第78页。
③ [英] 雷蒙·威廉斯：《现代悲剧》，丁尔苏译，译林出版社2007年版，第205页。
④ [英] 雷蒙·威廉斯：《现代悲剧》，丁尔苏译，译林出版社2007年版，第198页。
⑤ [英] 雷蒙·威廉斯：《现代悲剧》，丁尔苏译，译林出版社2007年版，第199页。

看到这一段真实而且还在继续的历史，我们不可能不产生一种普遍的危机感。究其原因，现今的无序状况范围如此广大而不堪忍受，无论我们在什么地方，它都会通过我们的行动和反应进入我们的生活。①

现代社会中，人们面临各种危机，其中最重要的是社会秩序的完善与个体感性丧失之间的深刻矛盾，在文化生活方式上的表现则是个体被社会权力束缚、摧残。在这个过程中，社会个体在日常生活中的悲剧事件以及悲剧体验往往被忽视，甚至沦为麻木的谈资以及满足看客心理的典型事件，个体只能在孤立无援中承认、原谅、忍耐并接受所遭受的苦难。这样一种文化现实正说明了重拾现代悲剧经验的必要。

威廉斯的现代悲剧理论正是在这个层面上积极寻求个体苦难释放与解决的路径，他最终寄希望的既不是加缪式的个人悲剧性反抗，也不是萨特式的个人性介入，他力图从现代悲剧文学所蕴含的"革命性"中探寻现代悲剧经验重塑的方向和力量。从这个角度而言，威廉斯尽管提出了现代悲剧的观念，但他对悲剧美学精神的认识并没有与西方文化传统中的悲剧意识相去太远，他的现代悲剧观念在基本的美学精神层面上仍然或隐或现地遵循悲剧美学的书写线索，并突出地将悲剧的现代性精神呈现在现代悲剧理论研究过程之中，从而成为他的悲剧理论显著的思想特征。

但从另一个层面而言，威廉斯对现代悲剧所体现的悲剧性审美体验及其文化功能的阐释，也是威廉斯比较现代悲剧与传统悲剧展现的不同文化体验方式所得出的结论，体现了他对悲剧与现代社会感觉结构之间的张力形式的认识，这种张力形式最终落实于他对悲剧与革命问题的阐释之中。在威廉斯那里，悲剧与革命的问题是从悲剧性审美体验中提出来的，是由悲剧性人物与他所面临的灾难、受难、社会危机、社会无序、死亡等艰难困苦的挑战引出的。

在《现代悲剧》中，威廉斯考察了从古希腊时代以来各种悲剧文学观念中对悲剧与革命的不同表述形式，以及给人们带来的情感反应和感觉结构的变化，从而较早地提出了悲剧与革命的关系，它的意义在于指出个体对理想的追求和抗争都成为社会前进的一部分。但是在他看来，自由主义悲剧的"革命"观念指向的往往是人改变自身处境与它的不可能性之间的矛盾冲突，最终造成了悲剧观念与"革命"观念之间的尖锐对峙。在总结和概括以往的悲剧理论之后，威廉斯提出："在我们自己的时代，最为清晰

---

① ［英］雷蒙·威廉斯：《现代悲剧》，丁尔苏译，译林出版社2007年版，第56页。

和重要的似乎是革命和悲剧之间的联系。"① 他着眼的正是悲剧作为一种重要的文化形式与时代文化经验的关系。在他看来,"自法国革命以来,悲剧的观念可以被理解为对一个正在自觉经历变动的文化所做出的不同反应。悲剧的行动与历史的行动被自觉地联系起来,并因此而获得新的解释"。② 他把悲剧与革命的问题理解成现代悲剧经验阐释的最重要的理论视角,其目的是提示我们在现代社会的感觉结构中,我们必须努力去理解悲剧性经验有效介入社会现实的方式,现代社会的悲剧性经验不是要我们把"革命"看作真实的行动,而是理解那种悲剧性经验是如何表征了对社会无序的反应,现代悲剧体验正是在当代社会感觉结构中体现它如何在现代困境中展现人们从妥协、崩溃、绝望、反抗发展到"革命"的行动的过程,所以说,悲剧与革命的关系不是表征直接的政治和意识形态现实,而是表达人的行动对社会无序与社会危机的抗争以及生命的陨灭等悲剧性体验的认识,在这个层面上,"革命"也是悲剧性的。

威廉斯在新的文化语境中重新复活了悲剧研究的人文精神,代表了现代悲剧理论的新的境界。威廉斯说:"过去我们看不到悲剧是社会危机,现在,我们通常看不到社会危机是悲剧。"③ 在当代文化语境和社会条件下,悲剧往往会以新的形式展现出来,特别是随着人类文明的发展,各种新的社会危机与文明罪孽应时而生,这正是现代悲剧的渊薮。

威廉斯的深刻之处在于他没有在文化与社会发展的表层去看待悲剧问题,他的悲剧理论深入到现代性社会发展变革的深处,以一种现代性体验的方式来总结和概括人们即将面临的悲剧性现实,如果说,在现代社会中,悲剧是否已经消亡仍然是一个可以争辩的问题的话,那么,面对威廉斯曾经的忧虑与探索,今天的我们是否该对他的理论观念报以敬意呢?现实的情形毫无疑问已经做出了清晰的回答。只是,我们不希望现代悲剧的发生仍然像威廉斯说的那样,是一种普遍性的经验。

第三节 神义论、反讽与马克思主义: 特里·伊格尔顿的悲剧研究

特里·伊格尔顿的悲剧理论以神义论为基本的哲学逻辑和立场,从神

---

① [英]雷蒙·威廉斯:《现代悲剧》,丁尔苏译,译林出版社 2007 年版,第 56 页。
② [英]雷蒙·威廉斯:《现代悲剧》,丁尔苏译,译林出版社 2007 年版,第 37 页。
③ [英]雷蒙·威廉斯:《现代悲剧》,丁尔苏译,译林出版社 2007 年版,第 56 页。

义论的哲学逻辑和立场出发，伊格尔顿借助人类学、伦理学和精神分析学等多种研究方法，分析了现代悲剧中的人物所蕴含的"替罪羊"属性及其神秘的转换机制，并对现代悲剧的反讽特性及其文化功能做出了深入的阐释。神义论立场、悲剧性反讽与马克思主义观念的结合成为伊格尔顿悲剧理论与众不同的理论视野和方法，蕴含着重要的思想启示。伊格尔顿的悲剧理论是他的马克思主义文学批评理论中的关键内容，探索伊格尔顿的悲剧理论是全面把握他的马克思主义文学批评理论思想不可或缺的方面。

一、神义论与悲剧反讽：伊格尔顿悲剧研究的理论逻辑

与雷蒙·威廉斯从感觉结构的角度阐释现代悲剧经验的理论思路不同，20世纪英国马克思主义批评家特里·伊格尔顿更注重悲剧的反讽性属性和功能。

威廉斯也曾提出，在现代悲剧中，悲剧性主人公既"被社会所毁灭，但同时能够拯救社会"。[①] 特里·伊格尔顿进而把现代悲剧的这种特征直接界定为它的"反讽性"。所谓"反讽性"，即现代悲剧所蕴含的那种重要的文化仪式功能，指的是现代悲剧超越了传统古希腊悲剧中的英雄受难主题以及黑格尔意义上的悲剧伦理，悲剧中的人物从英雄变成了普通人，并以一种"甜蜜的暴力"的形式在个体内在心理冲突的层面上展现它的文化功能和意义。"悲剧性反讽"是伊格尔顿悲剧理论的核心思想，它既是伊格尔顿所强调的现代悲剧经验的最重要的表现方式，同时又体现了对传统悲剧理论与悲剧性经验在文化体验层面上的转化分析。

在伊格尔顿那里，"悲剧性反讽"首先来自对悲剧的"神义论"考察，这也是伊格尔顿悲剧研究重要的逻辑起点。"神义"一词源于希腊文，是由两个希腊词根"θεóς"（上帝）与"δίκη"（正义）合而为一而成的，其意义在于"上帝之正义"，即以世上存在着的种种邪恶和苦难来证明上帝的正义。因此，"神义论"的基本问题可以概括为：上帝的正义与世间的恶的关系问题，更确切地说，就是探讨善良人何以受难，恶人何以得福的问题。

最先在哲学领域系统阐述神义论观念的是17世纪德国哲学家莱布尼茨。在著名的《神义论》中，莱布尼茨考察了上帝的存在与人的罪恶的持续的问题。基督教的创世神话中宣扬，上帝始终是全知、全能、全爱的化身，上帝创造了世界。可是如果上帝是全知、全能、全爱，是正义的，为什么

---

① [英]雷蒙·威廉斯：《现代悲剧》，丁尔苏译，译林出版社2007年版，第36页。

世间还存在着如此之多的恶？上帝为什么会容许恶的存在，并要他的子民去承受这么多的灾难？在《神义论》中，莱布尼茨理所当然地承担了为上帝的正义辩护的角色。他首先区分了永恒真理和事实真理。认为前者是必然的，因而它不可能有对立者；相反，后者是偶然的，因而它的对立者是可以成立的。在莱布尼茨看来，上帝按照自己的判断和法则创造了世间万事万物，这一点是事实真理，而不是永恒真理，上帝对这些法则的规定并不是绝对自由的，他还受到一个更高秩序的更为有力的理由所制约，即始终受到善的理由的制约而做出决定，因为上帝对于人的自由意志和自由行为是无法预定的。但是，上帝对世间的一切事物是可以预先决定的，为了让世界更加趋于完美，上帝可以通过先验法则使他的创造物——人摆脱加诸其身的各种制约和法则，目的是在他们身上唤起他们的天性所达不到的东西，因此上帝赋予了人类以自由意志和智慧，从这个意义上说，上帝是正义的化身。在现实世界中存在恶，但上帝并不是恶的创造者，世界上之所以存在着恶，是由于创造物中存在着原初的不完美性和缺陷，这种不完美和缺陷来自创造物自身的局限，"上帝不可能赋予创造物所有一切，否则便只有使它自身成为一个上帝"。①

莱布尼茨还提出，上帝作为正义的化身，除了创造世界以外还承担着唤起创造物中的善，祛除创造物持续的不完美性和缺陷的责任，上帝仍然是正义的上帝。莱布尼茨把恶分为三种：形而上的恶、形体的恶和道德的恶。形而上的恶是一切创造物本质上的有限性所带来的不完美性，它是必然的；形体的恶在于痛苦；道德的恶在于罪。② 在莱布尼茨看来，恶并非现实，而是作为缺失、缺陷存在于创造物之中，所以，"容许恶"是上帝所规定的。这样，莱布尼茨成功地为上帝的正义和世间的恶的关系完成了辩护。

自古希腊时代以来，悲剧就较为普遍地涉及了善与恶的关系、永恒正义与伦理规范、性格缺陷与英雄受难等哲学文化主题与原型，所以悲剧与正义的问题密切相关。伊格尔顿的悲剧理论就较为明显地尊崇悲剧与正义这样一种古老的文化主题，但他做出了明显而深入的现代转换，特别将传统哲学与神学层面上的"神义论"观念与悲剧的现代性发展、人道主义等命题结合起来，由此提出了他基于"神义论"基本逻辑理论立场的现代悲剧理论。

---

① ［德］莱布尼茨：《神义论》，朱雁冰译，生活·读书·新知三联书店 2007 年版，第 127 页。
② ［德］莱布尼茨：《神义论》，朱雁冰译，生活·读书·新知三联书店 2007 年版，第 120 页。

在《甜蜜的暴力》中，伊格尔顿提出："倘若悲剧对现代性至关紧要，它就几乎是一种神义论，一种形而上的人道主义，一种对启蒙运动的批判，一种被移植的宗教形式或者一种政治怀旧情绪。"① 伊格尔顿强调的并非那种普遍意义上的神义论观念，而是强调现代悲剧中蕴含了神义论的基本思想观念，并由此体现了悲剧在现代社会发展中最重要的文化功能，悲剧与正义的问题也纳入了悲剧的现代性思考过程之中。

伊格尔顿认为，悲剧在今天所承担的职责仍然包括神义论的内容，但他从"神义论"的立场阐释现代悲剧并非像莱布尼茨那样仍然承担为现代悲剧辩护的任务，因为在现代社会中，传统"神义论"的哲学语境发生了重大的变化，在这种语境变化面前，伊格尔顿对悲剧文化功能的阐释必然面临新的思想调整。

在伊格尔顿看来，如果说传统悲剧的神义论内涵是承担"为恶辩护"的责任，那么在现代语境下，特别是在现代资本主义社会政治与文化语境下，现代悲剧承担的则是为社会现代发展中政治与人性的复杂性辩护的职责，由此，传统悲剧的神义论内涵在伊格尔顿这里发生了重要的政治和文化层面上的置换。伊格尔顿提出，现代悲剧毫无疑问要面对资本主义的政治与文化语境，当前资本主义社会虽然存在着很多的矛盾，但是在某种程度上这些矛盾也是推动资本主义社会前进的动力，促使资本主义体制进行自我的调整和拯救；同时，资本主义社会仍然存在着反映社会矛盾的恶，这种恶的现实与资本主义社会的自我调整机制产生了复杂的张力结构，使恶与人性的复杂性更加突出。作为反映社会现实与人性复杂矛盾的悲剧在这样一个历史语境中面临着与以往不同的境遇，这正是悲剧的现代性蕴含所在。现代悲剧的现代性就是以一种现代神义论的形式更加鲜明地体现出对资本主义社会发展批判功能，它为资本主义社会发展与人性的复杂性辩护的同时又深刻地批判异化的现实，因而充分彰显了现代悲剧的伦理美学功能。

伊格尔顿的现代悲剧理论具有鲜明的现实感，他对现代悲剧神义论内涵新的阐释既丰富了现代悲剧理论，同时也复活了传统悲剧神义论的现代意义。神义论的现代悲剧观是伊格尔顿悲剧理论最重要的理论特色，同时也体现了他作为一个马克思主义批评家的伦理追求，现代悲剧、神义论、现代性与马克思主义，这些相互之间既有区别同时又有着丰富理论交融特征的观念在伊格尔顿的悲剧理论中获得了奇妙而生动的理论对话，同时也构成了他的现代悲剧理论重要的理论资源。

---

① ［英］特里·伊格尔顿：《甜蜜的暴力》，方杰等译，南京大学出版社2007年版，第21页。

二、现代悲剧的"替罪羊"机制与"牺牲仪式"的转换

从神义论的现代内涵出发,伊格尔顿深入阐释了现代悲剧的生成与表达机制,即现代悲剧的"替罪羊"机制问题。

在西方悲剧理论中,"悲剧"的最初含义是"山羊之歌",但伊格尔顿认为,对于"悲剧"一词,也许最好的翻译是"替罪羊之歌"。[①]"替罪羊"机制在西方悲剧思想中有着悠久历史,具有极强的反讽意味。在古希腊,为了排除头一年聚集的污秽之物,在新年伊始,古希腊城邦一般会挑选出城里最贫困、畸形的人来担当"替罪羊",并赋予他以象征性的权力,然后将他逐出城外,已达消除污秽的隐喻目的。在古希腊文化中,"替罪羊"机制象征了一种特殊的文化仪式,通过这种仪式,人们在想象中祛除社会中的各种污秽和罪恶。"替罪羊"具有双重的象征:一方面,象征着某种共同体的罪恶;另一方面,它又有权力的隐喻特征,在祛除仪式中,"替罪羊"被驱逐象征着权力的旁落和消失。

在关于现代悲剧的理论探讨中,伊格尔顿将这种古老的"替罪羊"机制在更为普遍的意义上引申开来,他保留了"替罪羊"机制的象征与隐喻内涵,但极大地拓展了它的象征范围和隐喻意义,把传统意义上作为一种文化仪式的"替罪羊"与现代悲剧中的文化权力结构及其牺牲机制结合起来,在文化研究的意义上为传统悲剧理论中的"替罪羊"机制重新注入了新的思想内涵。

威廉斯曾提出,现代悲剧几乎抛弃了传统悲剧那种简单的牺牲形式。在现代悲剧中,悲剧主人公已经不是悲剧英雄,而是普通的受害者。现代悲剧中普通的受害者默认当前的社会规则,并且努力遵守那些规则,但最终还是无法避免自己的牺牲悲剧,走向死亡。这种死亡姿态表达的不是抗争,而是悲剧性妥协,悲剧主人公的毁灭是一种受害而不是从受难中激起的抗争,因而,威廉斯强调,传统悲剧中那种牺牲的仪式性功能——悲剧英雄被夺去生命,从而激起整个群体的抗争,使生存的问题更加严肃和庄重——已经远离了我们的生活经验,"唯独在基督教的核心教义中仍然保留着情感上的意义"。[②]威廉斯看到的是传统悲剧中的"牺牲仪式"的变化,它主要是在文化与日常生活的含义上来看待现代悲剧的文化形式,伊格尔顿在传统悲剧"牺牲机制"的转换中重新提出"替罪羊"机制的内涵与意

---

① [英]特里·伊格尔顿:《甜蜜的暴力》,方杰等译,南京大学出版社2007年版,第292页。
② [英]雷蒙·威廉斯:《现代悲剧》,丁尔苏译,译林出版社2007年版,第156页。

义，并与社会权力结构的变化及其由此导致的悲剧经验的现代转换中，更深入分析了现代悲剧理论的"牺牲仪式"问题。

伊格尔顿提出，悲剧中难免"牺牲"。但在现代文化条件下，如何看待"牺牲"却具有重要的意义。像安提戈涅，黑格尔赋予她的牺牲是普遍意义上伦理内涵，伊格尔顿提出，安提戈涅那种伦理性的"牺牲"在今天文化条件和语境下如何呈现其具体的意义和功能呢？显然，现代悲剧中不止一个安提戈涅，如果现代悲剧中的人物均是在普遍的伦理内涵层面上体现牺牲与死亡，那么，现代悲剧还有什么价值？据此，伊格尔顿提出，安提戈涅的"牺牲"之所以有价值，是因为她在悲剧中是一个具有"替罪羊"属性的悲剧人物。伊格尔顿关注的重点是安提戈涅的"罪"，作为"替罪羊"式的人物，她的"罪"是非常关键的，从安提戈涅自身来说，她并没有犯罪，她只不过从伦理责任出发埋葬了她的哥哥，但是，作为一位社会公民，她确实违反了当时的法令，犯了罪。所以，安提戈涅的"罪"是人类共同的罪，带上了象征某种共同体的罪行和罪恶的意味。克瑞翁甚至对安提戈涅的"罪"有着清醒的认识，在处罚安提戈涅之时，克瑞翁说："我要把她带到没有人迹的地方，把她活活关在石窟里，给她一点点吃食只够我们赎罪之用，使整个城邦避免污染。"正是在这个意义上，安提戈涅的"罪"其实蕴含了深刻的"牺牲仪式"，克瑞翁将安提戈涅的"牺牲"作为社会赎罪之用，她是整个社会的"替罪羊"，是社会的被遗弃者，克瑞翁通过这样的"牺牲仪式"是在祛除社会的罪恶。因此，安提戈涅的"牺牲"具有一种反讽性的功能：安提戈涅的伦理是神圣的，杀害她就是犯罪，但她正因为遭到杀害才是神圣的。安提戈涅必须面对这种逻辑上的悖论，如果她贪生，即使获得生命，她也只能是一个失败者；相反，她的神圣和崇高必须以"牺牲"的形式才能成全悲剧的崇高。所以，伊格尔顿提出，在作品中，安提戈涅其实是很好地把握了悲剧中的"节奏"，充分利用她的牺牲，在对现实充满深情的回望中"撕裂了符号秩序，并且坚定不移地走进死亡"。① 从此她被作为一个无辜的"替罪羊"的剪影定格在人们对她的怀念中，她的"牺牲"也成了一种社会否定性的镜像而具有了现代文化启示，折射出了社会与意识形态权力结构的脆弱，而当人们能够理解安提戈涅之时，在她的"牺牲"中就会涌出"革命性"的力量。以这种理论方式，伊格尔顿将现代悲剧中的"替罪羊"机制、"牺牲仪式"与悲剧的"革命性"蕴含联系起来，传统悲剧中的"替罪羊"机制也就在安提戈涅的"牺牲仪式"中具有

---

① ［英］特里·伊格尔顿：《甜蜜的暴力》，方杰等译，南京大学出版社2007年版，第246页。

了解构的力量，而超越了传统悲剧的普遍伦理指向。

从作为"替罪羊"的悲剧人物安提戈涅的"牺牲仪式"出发，伊格尔顿区分了现代社会与文化条件下两种"牺牲"：利己主义的牺牲和利他主义的牺牲。在他看来，利己主义的牺牲是为了外在的权威或奖赏而抛弃生命，或者说是为了获得自己的利益而放弃生命，在日常生活中，那种因为各种厌倦和倦怠而抛弃生命的行为也是利己主义式的牺牲，这不是真正的"牺牲"；利他主义的牺牲则是"我"的牺牲是为了他人的幸福，而不是满足我自己的欲望或利益，"牺牲"就是唯一的目的。伊格尔顿认为，悲剧中的人物的"牺牲"应该是一种利他主义的牺牲，而不是利己主义的牺牲。这样，其实也就复活了悲剧的现代功能，也就是说，如果现代悲剧提倡的仍然是那种利己主义的牺牲，那么，悲剧中的"牺牲仪式"就难以实现新的文化价值和功能。"传统的替罪羊可以被逐出城外，因为其统治者不需要它，只是将其当作卸载他们集体罪行的一个客体。旁观也很可怕，以至于让人不能容忍它继续留在城内。但是现代替罪羊对于将其排斥在外的城邦的动作是必不可少的。它不是一个关乎几个受雇乞丐或囚犯的问题，而是关于全部挣血汗钱、无家可归者的问题。力量与软弱的双重性又回来了，不过表现为新的配置。"① 在现代悲剧中，安提戈涅们"牺牲"不只是对生命的否定，而是为了回归一个正义的世界，实现"牺牲仪式"的新的力量与思想配置转换，正是借助于这样一种历史置换，现代悲剧中的"替罪羊"机制其实蕴含了深入的革命和解放的功能，它成了政治生活中的寓言，包含了政治与意识形态的转喻关系，它不仅能够实现传统悲剧意义上的"净化"与"祛污避罪"功能，更主要的，它能够激起我们对被统治秩序驱逐的"替罪羊"的同情和感伤，并能借助这个机制辨认出能够改变现有权力机制的神秘力量。正是在这个意义上，现代悲剧的"替罪羊"机制体现了一种现代神义论主张。

三、悲剧、基督教与马克思主义

伊格尔顿从神义论的理论逻辑出发分析现代悲剧的"替罪羊"机制与"牺牲仪式"，他首先反对的是英国学者乔治·斯坦纳将基督教和马克思主义视为非悲剧的思想观点。

乔治·斯坦纳提出："基督教和马克思主义的形而上学在本质上是一种

---

① ［英］特里·伊格尔顿：《甜蜜的暴力》，方杰等译，南京大学出版社2007年版，第309页。

反悲剧的世界观。"① 其理由在于：第一，悲剧与正义无关。悲剧与犹太教的思想体系是截然不同的。在犹太教的思想体系中，上帝是正义的化身，人类只要遵守上帝的法则，他所遭受的痛苦就会在上帝那里得到公正的补偿。犹太教徒能够一味忍耐并不是荒唐的，其前提就在于他们相信忍耐背后会有一个光明的前景，暂时的忍受会得到相应的补偿。所以斯坦纳认为："对补偿或报偿之间的平衡强调是极端错误的"，"哪里有补偿，哪里就会有公正，这就意味着没有悲剧。"②第二，悲剧与理性、必然性无关。犹太教的反悲剧性不仅体现在他们所强调的正义，同时还因为他们过于理性。悲剧中所包含的必然性是一种神秘的力量，它完全处在人类的理性或正义控制范围之外，人们根本无法把握它。"在人的外部或内部，都存在一个世界的'他者'。你愿意叫它什么，它就是什么：一个隐藏的或邪恶的神，一种盲目的命运，地狱诱惑或者我们兽性血统的残忍狂暴。它埋伏在十字路口等待我们，它嘲笑我们，毁坏我们。"③ 因此，悲剧不可能精确地预测接下来会发生什么。摧毁悲剧性个体的力量既不能被理解亦不能被理性的冷静所征服。

斯坦纳揶揄地嘲讽道："灵活的离婚法律是不能改变阿伽门农的命运的，那些精神分析疗法对于俄狄浦斯更是无效。但是，健全的经济关系或良好的管道设备或许能够解决易卜生的些许危机。"④ 就斯坦纳的这个观念，伊格尔顿提出：

> 赞同乔治·斯泰纳的观点，相信基督教本质上是反悲剧性的是一个错误。斯泰纳犯了一个与马克思主义有关的相同的错误，原因也大致相同。因为基督教和马克思主义基本上都是让人充满希望的世界观，它们与悲剧范畴没有联系，而悲剧对于斯泰纳就是与不幸结局有关的一切。实际上，存在各种悲观类型的马克思主义，而且大多数有趣的马克思主义者，包括在某些状态下的马克思本人，一直是反决定论者，对于他们来说，没有任何特殊的历史后果是得到担保的。根据推测，基督教反马克思主义宿命论的个人自由，它在某种意义上是决定论的一种更加地道的形式：社会主义也许不会到来，但上苍之王国最终不会出现的可能性是不存在的，它的到来比工人国家的到来受到更加准确无误的操纵。无产阶级可能畏缩不前，天意却不会如此。⑤

---

① George Steiner. *The Death of Tragedy*. New Haven：Yale University Press，1996，p. 4.
② George Steiner. *The Death of Tragedy*. New Haven：Yale University Press，1996，p. 4.
③ George Steiner. *The Death of Tragedy*. New Haven：Yale University Press，1996，p. 9.
④ George Steiner. *The Death of Tragedy*. New Haven：Yale University Press，1996，p. 8.
⑤ ［英］特里·伊格尔顿：《甜蜜的暴力》，方杰等译，南京大学出版社2007年版，第41页。

伊格尔顿认为，悲剧最基本的特征在于承认并尊重苦难的事实，所以，不管是基督教还是马克思主义，它们都是有关苦难的学说，它们都包含了悲剧性的思想成分。为此，伊格尔顿重新解读了斯坦纳对亚伯拉罕和耶稣的故事的理解。在他看来，斯坦纳对基督教的理解是站在已经知道了故事结果的基础上的，他所作的阐释是回溯性地把握亚伯拉罕的故事，在他的推理形式中，所有能够为我们所知的悲剧在得出结论之前就已经被宣布了，所以，斯坦纳其实是在理论分析之前就切断了基督教的悲剧起源以及结论，他对亚伯拉罕故事的提取带有浓郁的黑格尔式的目的论色彩，因而在他的解释框架中，亚伯拉罕所有的痛苦与受难都变得合理，这自然大大地冲淡了基督教的悲剧精神。然而，之所以说亚伯拉罕是悲剧性的，是因为从他自己的角度，他不可能了解自己的未来，因而根本不可能知道经受苦难与痛苦后的结果，"如果耶稣一边服从于被钉死在十字架上的命运一边精明地看到自己的复活——如果他小声嘀咕：'嗯，只需要在坟墓里待上三天，然后就能出来进入天堂'——那么他慈爱的天父肯定不会让他起死回生"。① 也就是说，耶稣的受难并不是等待救赎的必经过程，而是一种利他主义的牺牲。通过对耶稣受难和复活过程的重新思考和重新阐释，伊格尔顿提出，悲剧是与希望联系在一起的，悲剧既不是消极的悲观主义，也不是天真盲目的乐观主义，悲剧体现的是一种积极的悲观主义，它孕育着崇高，悲剧所展现的悖论是人们通过毫不退缩地服从于自己所遭受到的痛苦从而超越了它。

  从这种理论立场出发，伊格尔顿将悲剧、基督教与马克思主义结合起来。首先，伊格尔顿将基督教和马克思主义放置在同一个层面上来进行探讨，认为二者在诸多方面存在着相似性：第一，马克思主义和基督教都关注解放，它们都以穷人的叙述语调认真地看待普遍生命，都寄希望于某种潜在的转变。第二，马克思主义和基督教二者都是悲剧性的，它不是后现代主义文化中流行的那种悲观主义，而是蕴含着一种坚信变化的可能性的悲观主义，体现了在对失败的承受和对苦难的坚持中寄希望于改造的悲剧性。其次，伊格尔顿无意将基督教和马克思主义做生硬的理论链接和思想勾连，他强调的是二者之间蕴含的共同的否定性的力量，并希望通过现代悲剧的理论探索，复活其中的"革命性"蕴含。因而，对悲剧、基督教与马克思主义的理论阐释，可以说也包含了伊格尔顿用心良苦的理论设想。

  关于基督教与马克思主义的理论关系的研究是伊格尔顿悲剧理论值得深入分析的内容，同时也是他的马克思主义批评理论在后期思想发展中的

---

① ［英］特里·伊格尔顿：《悲剧、希望与乐观主义》，许娇娜译，载《马克思主义美学研究》第 11 卷第 2 期，第 20 – 21 页。

一个重要的转变。在对基督教、马克思主义与悲剧的理论阐释中，伊格尔顿着眼于悲剧与希望的关系，并以此为思想基点反观悲剧与现实，从而体现了他的悲剧理论鲜明的现实性。在他看来，悲剧体现了悲剧人物在现实中遭遇的不幸与苦难，但现代悲剧并非仅仅停留在不幸与苦难的现实层面，而是在苦难中仍然有期待，有希望，就像基督教的教义将人的罪孽作为生存与发展的决定性条件那样，伊格尔顿从这个层面上切入马克思主义理论研究，具有明显地改变他以往的意识形态批评的理论路径的趋向，也体现出了伊格尔顿马克思主义批评理论新的思想维度，这个思想维度是与悲剧联系在一起的，因而不免让人们想到，如果马克思主义文学批评能从这个层面上获得理论的增益与进步，那么，它将比那种单纯地坚信革命的必要更有思想的启发，这也是现代悲剧研究赋予马克思主义批评新的思想启迪。

四、伊格尔顿悲剧理论的思想意义与现代启发

历史的每一种社会形态都是从最初的合理走向最终的矫枉过正。根据马克思主义的历史悲剧的叙述，在社会秩序内部中自然地会生产出一股否定它自身的力量。从积极的正面的思想表征来看，这股否定性力量会随着社会的发展逐步壮大，最后获得与旧有秩序抗衡的颠覆力量；从消极的方面或原有秩序的自我溶解和自我消化的角度来看，这股否定性的力量也有一个作为"替罪羊"被社会秩序驱逐到边缘位置的过程。但无论如何，这个过程对旧有秩序结构的拒绝和否定会成为社会危机的寓言征兆。

在某种程度上，这种积极和消极的结果是现代悲剧的思想两级，现代悲剧研究对这种思想的两级均应予以充分的关注，而不是像传统悲剧那样单单强调悲剧对旧有秩序的颠覆功能，这样才能在新的文化条件下更充分展现现代悲剧对社会危机的寓言征兆，同时才能更充分地彰显现代悲剧的文化功能。马尔库塞曾经不无悲哀地宣布："在技术的媒介作用中，文化、政治和经济都并入了一种无所不在的制度，这一制度吞没或拒斥所有历史替代性选择。"[1] 马尔库塞对资本主义社会的现代性前景的预测未免有些悲观。任何社会的发展都是既充满到了进步性的曙光，同时不可避免地蕴含着各种悲剧性的形式，现代悲剧中的"替罪羊"机制与"牺牲仪式"正是体现了现代悲剧表征社会秩序与人性复杂性、可变性与现实性的文化形式，尽管其生成与表达逻辑具有明显的反讽意味，但却是真实的文化征兆。

---

[1] ［美］马尔库塞：《单向度的人·导言》，刘继译，上海译文出版社2007年版，第8页。

伊格尔顿的悲剧研究正是在这方面包含了对现代社会新的社会结构和变化秩序的反思，他的悲剧研究融合了基督教、神义论、马克思主义的思想，对我们深入辨析新的文化历史条件下的悲剧性体验问题做出了充分的理论说明。现代社会是否还存在悲剧？现代社会文化条件下，我们在何种意义上还需要悲剧？很显然，对此类问题的回答，依靠传统"净化"论的悲剧理论很难做出深入的理论说明。现代社会文化日益发展，人性观念日益复杂，我们不排除英雄人物的受难仍然会感动心灵，但普通人的苦难有时候更加让人难以释怀。无论是社会整体文化，还是社会个体，都需要悲剧性情感的超越。在这个意义上，伊格尔顿的悲剧理论为我们更深入理解和把握现代悲剧的意义和价值提供了重要的启发，也为我们更深入地理解现实社会中的苦难与挫折提供了一种释放压抑与思想解放的思想孔径。无论是以往的历史，还是我们生活的现实，悲剧性的体验总是不可或缺，因为牺牲时时发生。

最后，伊格尔顿对现代悲剧的"替罪羊"机制和"牺牲仪式"的分析其实也是他在马克思主义批评立场上对当代社会文化发展而做出的反应。通过这种悲剧的文化分析，神义论、基督教、马克思主义理论观念很好地联系起来，这本身也体现了伊格尔顿思想的复杂性，包含了很多传统马克思主义批评所忽视的内容，但这些理论内容有些仍然处于理论发展中，如何对这些理论内容进行思想定位，进而做出恰如其分的批判分析，目前而言仍然是伊格尔顿思想研究中的一个难点。

但无论如何，新的理论探索已经启程，现代悲剧研究恰是一个很重要的理论把握角度。威廉斯说："就其最深刻的意义而言，悲剧行动不是肯定无序状况，而是无序状况带来的经验、认识及其解决。这一行动在我们时代很普遍，而它的名称就是革命。"① 悲剧理论与马克思主义文学批评的发展也是如此，悲剧行动的意义在于死亡和再生的循环，而理论生命也在于不断的循环和反复，在这种循环往复中，悲剧与革命、悲剧与牺牲、悲剧与希望等命题必然地联系起来，同时也为我们探索人生的意义与价值提供了新的问题形式。社会的动荡不安必然带给人悲剧性的体验，这些体验会激起人的心理反应，人们在这种悲剧性困境中获得了从妥协、忍受到最终反抗的自然成长，这就是生命的价值。

---

① ［英］雷蒙·威廉斯：《现代悲剧》，丁尔苏译，译林出版社2007年版，第75页。

第六章　形式主义与马克思主义：
从异质发展到理论对话

　　形式主义与马克思主义的理论对话是 20 世纪西方文学批评理论发展中最富有理论张力的问题，这种理论对话不但充分体现出了审美形式法则自身所具有的理论价值，同时也展现出了审美形式研究对于拓展不同文学批评理论话语的启发，从马克思主义文学批评的角度看，则充分体现出了马克思主义文学批评的方法论在融合不同文学理论派别、解释复杂文学与文化现象的能力。

　　形式主义与马克思主义的理论对话不单单是一种理论上的承继和互补，更重要的是一种深刻的思想的融通与发展，这种融通与发展在 20 世纪英国马克思主义文学批评中有较明显的理论回音。特里·伊格尔顿、托尼·本尼特等坚持在对形式主义文学批评的超越中更深刻地回到马克思主义的理论语境与提问方式，他们对形式主义"文本形而上学"进行理论批评，把形式主义与马克思主义从异质发展到理论对话，提出了马克思主义文学批评如何继承包括形式主义文论在内的资产阶级美学遗产的理论问题。

第一节　形式主义与马克思主义：从异质发展到
理论对话的路径与方式

　　作为 20 世纪西方文学批评重要的理论思潮，形式主义和马克思主义分别产生了非常重要的理论影响，它们之间的理论对抗、融通与对话的过程对 20 世纪西方文学批评发展有着重要的启示。由于各自理论观念的立足点和取向不同，面对形式主义和马克思主义这两种理论思潮，不同的研究者往往提出不同的理论意见，在理论阐释中存在着复杂的阐释裂隙，但这种阐释裂隙并非以一种完全对立的理论形式出现的，在不同的阐释方式中往往蕴含着丰富的思想能量，这种思想能量无论对形式主义文论的理论演变还是对马克思主义批评理论的发展，都构成了一种重要的美学因素。

在理论上把握和说明形式主义与马克思主义的理论对话过程及其思想蕴含，这本身也是深入阐释两种理论思潮的思想意义的过程，当然，它们从异质发展到理论对话的过程更涉及了复杂的理论逻辑、理论路径及其理论表达方式问题，所以阐释它们之间的理论对话过程需要从它们之间存在的基本的"对话性"的方式与路径出发。

一、殊途与同归：形式主义与马克思主义理论对话的哲学逻辑

所谓形式主义和马克思主义的理论对话其实是这两种思潮在理论方法与观念上相互批判、借鉴并深入影响对方理论发展的过程，也是它们各自在理论发展中彼此吸收对方理论资源与方法，促进自身理论提升与丰富并展现出深刻的思想影响与辐射的过程。这一过程是复杂的。由于这种两种理论思潮分别具有不同的理论根源、学理逻辑及其理论内容，各自具有较长的理论发展历史，在彼此理论内部涉及的理论家众多，有的理论家甚至存在理论观念上的重大差异乃至分歧，所以这两种理论观念发展不是绝对单一的，都有很复杂的社会、文化乃至政治意识形态层面上的因素交融期间，常常存在着很复杂的理论支流以及思想流派上的芜杂旁溢之处，因此，它们是在何种意义上，在哪个层面上展开对话的？为什么会存在理论上的对话，以及究竟是怎样展开对话的？对这些问题的不同理解往往影响了对这种两种理论思潮发展走向及其理论价值的分析，从不同的理论方向上来理解这种理论对话的可能与走向，往往也会得出不同的理论路径方面的思考，更会影响具体的阐释过程。因此，尽管英国文化理论家托尼·本尼特曾认为："没有必要'要求'和'创造'形式主义和马克思主义之间的对话，这种对话已经进行。"[①] 但实际上，形式主义和马克思主义的理论对话至少在逻辑和学理层面上还存在着很复杂的知识论和发生学基础，需要认真辨析。

首先，形式主义文论与马克思主义文论的"对话"并非理论发展自然演变的结果，这其中包含着两种不同理论形式在哲学观念和理论逻辑内部深层次的理论碰撞和融通的过程。

"形式主义"本身是一个涵盖范围比较广泛的理论流派，它既有艺术和美学层面的意义，也有文学批评上的内涵。前者是20世纪初以克莱夫·贝尔和罗杰·弗莱等为代表的艺术理论；后者则通常指形式主义文论，是20

---

① ［英］托尼·本尼特：《形式主义与马克思主义》，曾军等译，河南大学出版社2011年版，第80页。

世纪以来以"俄国形式主义""语义学派""英美新批评""结构主义"为主的注重文学语言和结构等形式方面研究的文论派别。在文学批评发展的历史上，形式主义的美学和艺术理论与形式主义文论既有复杂的联系又有明显的区别，它们内在的美学精神是一致的，但由于形式主义文论较明显地受到 20 世纪西方"语言学转向"的影响，所以它在理论观念上又突出地表现出不同于形式主义的"语义学批评"倾向。马克思主义批评对形式主义文论的继承与超越既有美学和艺术层面上的意涵，又有"语义学批评"上的理论继承，其中更涉及了深层次的审美变形机制问题。

从理论表现来看，无论是形式主义的美学和艺术理论，还是形式主义文论，它们都内在地包含了一定的理论的"自反性"特征。形式主义的美学和艺术理论对审美形式的重视，形式主义文论从语言、形式、结构等层面开启叩问文学真谛的尝试，它们都没有拒斥文学基本审美感觉层面上意义，这一点与马克思主义美学在关于古希腊神话研究、晚年"人类学笔记"中的人类学研究、关于"莎士比亚化"和"席勒式"的现实主义文学批评中所展现的审美关切是一致的，这也是形式主义文论与马克思主义批评在审美形式问题上能够展开对话的重要的哲学逻辑。

不可避免地，二者之间在基本的哲学观念上仍然存在着理论上的差异，所以苏联理论家托洛茨基才明确地提出："形式主义竭尽全力地在理论上把自己与马克思主义对立起来。"[①] 这种观点大致基于如下理论判断，无论是形式主义的美学和艺术理论，还是形式主义文论，它们在文学与艺术观念上往往表现出对具体的社会历史语境与文本意识形态的忽视，乃至拒斥，这在很长时间曾经让它们成为批评界的众矢之的。但如果我们深入它们内部的哲学和美学逻辑，可以发现，类似托洛茨基的见解也存在着明显的以偏概全之处。无论是形式主义的美学和艺术理论，还是形式主义文论，它们在观念和方法上并非完全是铁板一块整齐划一的。俄国著名形式主义文论家艾亨鲍姆在回顾形式主义文论发展时说："在形式主义者出现时，学院式的科学对理论问题一无所知，仍然在有气无力地运用美学、心理学和历史学的古老原则，对研究对象感觉迟钝，甚至这种对象是否存在也成了虚幻。"[②] 俄国形式主义者们正是发现了当时文学理论存在着审美感觉研究上的理论弱点，所以才重视审美形式，这非但没有与马克思主义对立起来，而恰恰是与马克思主义在美学方面的理论追求是一致的。正是在这个意义

---

① ［苏］托洛茨基：《文学与革命》，刘文飞等译，外国文学出版社 1992 年版，第 150 页。
② ［俄］艾亨鲍姆：《"形式方法"的理论》，见［法］茨维坦·托多洛夫：《俄苏形式主义文论选》，蔡鸿滨译，中国社会科学出版社 1989 年版，第 22 页。

上，20世纪以来形式美学的崛起对马克思主义文论也有着重要的理论影响，它从深层次的美学逻辑上为马克思主义文学理论走出"历史决定论"的外在批评理论模式找到了理论完善的路径。所以，形式主义与马克思主义的理论对话并非各自理论发展的自然的结果，而是文学理论思潮在理论内部思想融通的表征。

理论对话的展开当然也包括了观念与方法上的批判与更新。按托尼·本尼特的看法，形式主义文论最早的理论渊源有两方面，一是索绪尔的语言学理论，二是康德美学观念。[①] 形式主义文论的理论渊源使它具有浓重的现代美学意蕴，并在发展的早期被打上过"为艺术而艺术"的标签。但是，形式主义文论并没有完全行进在康德美学和索绪尔语言学理论的发展脉络上。在某种程度上，"俄国形式主义"、英美"新批评"、法国结构主义等形式主义文论体现的是文学批评内在的文本学研究特征，语言学层面上的语义研究特性是非常明显的，以至于英美"新批评"学派的兰色姆说："如果一个批评家在诗的肌质方面无话可说，那他就等于在以诗而论的诗方面无话可说。"[②]

但是，很快形式主义文论的发展就证明这种理论取向是不明智的，因为正像法国文学理论家布尔迪厄提出的那样："形式主义反对各种历史化的雄心是建立在对其可能性的社会历史条件的无知基础上的。"[③] 这也构成了形式主义和马克思主义理论对话的另一方面重要的逻辑基础，那就是，正是因为形式主义文论在理论观念上存在着先天不足，才让它具备了重新"历史化"的理论阐释空间。巴赫金以及杰姆逊、卢卡奇、阿尔都塞、马尔库塞、特里·伊格尔顿、托尼·本尼特等西方马克思主义者正是从形式主义文论存在的社会历史阐释裂隙中，重新整合结构主义、符号学、意识形态研究等方面的理论成果，并提出了马克思主义的历史诗学问题以及基于马克思主义的审美形式批判的辩证批评理念，并以此构成了马克思主义与形式主义理论对话的基本的哲学和美学条件。

在这个层面上，形式主义和马克思主义的理论对话并不是一种单纯的理论继承和接受的关系，而是体现了不同批评方法在相互影响渗透中而形成的一种"边缘影响"。在形式主义文论发展的后期，其文本语言学研究的

---

① [英] 托尼·本尼特：《形式主义与马克思主义》，曾军等译，河南大学出版社2011年版，第26页。
② 赵毅衡：《新批评文集》，百花文艺出版社2001年版，第108页。
③ [法] 皮埃尔·布尔迪厄：《纯美学的历史起源》，见周宪编：《激进的美学锋芒》，中国人民大学出版社2003年版，第60页。

特征及其基于康德美学的理论来源的审美形式上的追求并没有完全限定在文本自身的范畴内，在文本研究过程中往往在语言层面衍生了某种沟通社会和历史的理论潜质，这也正说明了形式主义和马克思主义的理论对话其实还离不开它们在哲学美学与理论逻辑上的一些基本的理论暗合之处。在这个意义上，形式主义与马克思主义的理论对话具有明显的"文本间性"色彩，体现了二者在不同理论语境中的理论转换所构成的理论间离与呼应的关系，这也构成了形式主义和马克思主义理论对话的基本理论形态。

二、审美之维：形式主义与马克思主义对话的理论路径

正是由于形式主义和马克思主义之间存在理论上的间离色彩以及"文本间性"特征，所以，它们的理论对话存在着理论上的多种可能性与路径。巴赫金的社会学诗学理论、阿尔都塞的意识形态批评、杰姆逊的辩证批评与马尔库塞的新感性批评分别代表了形式主义与马克思主义理论对话的典型理论路径。

苏联文学理论家巴赫金在形式主义与马克思主义的理论对话中起到的作用是不可替代的。巴赫金是最早将形式主义文论提到方法论层面而不仅仅限于语言技巧层面来研究的文学理论家；同时，巴赫金也是最早将形式主义文论的理论遗产进行批判性整合的批评家。在最早以沃洛希诺夫名义发表的《马克思主义和语言哲学》中，巴赫金抛弃了索绪尔的封闭的语言观念，强调语言符号和反映的对象是一种对话性的生成关系。尽管索绪尔的语言学理论也强调语言的结构性的意义转换，但在巴赫金看来，只有意义的生成机制被正确地理解，这才是语言的结构性转换发挥作用的关键所在。《马克思主义和语言哲学》对形式主义文论最大的理论发展在于复活了语言学研究的社会语境，从而使形式主义文论走出了封闭在诗歌语言和实用语言以及语言符号结构性内涵的理论状态，为形式主义尽可能多地从社会关系语境中吸取对话性理论资源奠定了基础，也为马克思主义能够有效地介入形式主义的语言学研究开辟了一条重要的理论道路。

在后来的《生活话语和艺术话语》《文艺学中的形式主义方法》中，巴赫金认为语言研究不是专属于文学的固定领域，语言的符号、结构和意义发挥作用在于说话者和倾听者之间的对话关系，巴赫金进而将语言的这种属性引向文学史以及文化史上关于文本的社会学阐释，提出了以马克思主义为基础，在承认一切思想现象包括诗学及其所有纯艺术性的审美形式都具有充分的社会意义的前提下，如何既消除盲目崇拜作品的形式主义方法

又防止把文学变成某种意识形态普遍形式的马克思主义社会学诗学观念，进而从整体社会文化语境入手，为形式主义和马克思主义的持续对话建立了有效的话语联系。

正像托尼·本尼特说的那样："巴赫金不但被形式主义遗产深刻影响，而且重组了这份遗产，在将它们融合进自己的理论思考的过程中积极地影响和转变着形式主义的概念。"① 巴赫金的社会学诗学阐释路径也成了形式主义和马克思主义理论对话最早也最富成效的理论范本。如果说，巴赫金的研究让形式主义和马克思主义之间对话在理论的层面上成为可能，那么西方马克思主义文论家们的研究则是在批评实践的层面上使这种对话变得现实。

"理论对话的现实性"是西方马克思主义理论家面对形式主义和马克思主义共同的理论选择，从卢卡奇到阿尔都塞，从杰姆逊到从马尔库塞，他们的理论发展在很大层面上就是行进在形式主义和马克思主义的理论对话过程中的，他们的理论本身既是对话的结果，同时又是理论对话的有效表达方式。尽管西方马克思主义理论在这方面差异甚大，但有一点是明确的，那就是他们都是像英国学者佩里·安德森所说的在"形式的转移"②中有所作为，从而实现了杰姆逊所说的"一种现代的马克思主义文学批评，应该能在形式本身之中证实它的机制"。③ 这既是形式主义和马克思主义殊途同归的表现，同时也是现代西方文学批评理论的重大理论转向。

由于西方马克思主义理论强调美学与文化特殊的哲学基础和时代症候，他们在理解"形式"概念的过程中体现了明显的意识形态倾向，他们不同程度地表现出了通过"意识形态"概念有效地解决"形式"与"历史"冲突的努力，进而在审美之维上展开马克思主义和形式主义的理论对话研究。法国学者阿尔都塞的结构主义马克思主义文学批评即属此类。

在阿尔都塞看来，结构主义的马克思主义的理论关键在于要在科学的层面上实现意识形态视域与文本间的转换，阿尔都塞强调："艺术作品与意识形态保持的关系比任何其他物体都远为确切，不考虑到它和意识形态之间的特殊关系，即它的直接的和不可避免的意识形态效果，就不可能按着

---

① ［英］托尼·本尼特：《形式主义和马克思主义》，曾军等译，河南大学出版社2011年版，第79页。
② ［英］佩里·安德森：《西方马克思主义探讨》，高铦等译，人民出版社1981年版，第65页。
③ ［美］费雷德里克·杰姆逊：《马克思主义与形式》，李自修译，百花洲文艺出版社1995年版，第7页。

它的特殊美学存在来思考艺术作品。"① 他的解答方式是在文学艺术、意识形态和科学的本体意义上搭起桥梁，展现文学作为一种意识形态的实践机制是如何既塑造意识形态又暴露意识形态的。在这个过程中，阿尔都塞没有忽视语言与审美形式的功能，语言和审美形式方面的考虑构成了他提出的文学艺术、意识形态与科学的"三元关系"的重要理论支点。阿尔都塞的理论后来在法国的马舍雷、英国的伊格尔顿那里得到了进一步发展，并成为影响广泛的"阿尔都塞学派"。在他们的理论研究中，借助于语言问题，意识形态研究的形式转换特征非常明显，文学与意识形态之间的关系问题也成了一个文学批评的基本问题。虽然他们都没有专门的审美形式研究的著作，但在他们的意识形态理论以及"症候阅读"中，形式的踪迹已经在包含若干空隙/空白的非有机整体的"不完全"文本中若隐若现，正是在这个意义上，阿尔都塞的理论可以说是西方马克思主义与形式主义理论对话研究中一个具有理论先导性的观念。

美国文学理论家杰姆逊对形式主义和马克思主义理论对话研究的路径也非常明确。在被称作"马克思主义三部曲"的《马克思主义与形式》（1971）、《语言的牢笼》（1972）、《政治无意识》（1981）中，杰姆逊对黑格尔的历史哲学、马克思的辩证法观念、阿多诺的历史转义理论以及卢卡奇和萨特的学说做出了综合阐释，其理论目的就是要复活一种基于马克思主义"内在形式"的"辩证批评"。在杰姆逊看来，"马克思主义批评的全部运动，正是由表层到基础现实，从一种表面自主的客体到这客体证明是其一部分或接合部的更大基础的这样一种运动"。② 在这种观念中，他对索绪尔语言学理论坚持的用言语和语言的关系替代个别与整体关系的反历史主义原则以及形式主义的"陌生化"概念做出了深入的批判，并积极寻求一种辩证思维的理论框架来协调马克思主义批评的基本原理。杰姆逊所谓的"辩证批评"是由形式走向历史的马克思主义的"内在批评"，以及再由历史走向形式的"诠释学"的辩证运动构成的。他认为，这种辩证运动"是批判的而不是系统的，是矫正的、几乎是本体论复归的一种运作，但并不应理解成排除某种更统一的批评方法"。③ 在这种辩证思维框架中，杰姆逊既对黑格尔历史哲学中的整体性观念予以重视，但又提出"只有通过对

---

① ［法］路易·阿尔都塞：《一封论艺术的信》，见陆梅林编：《西方马克思主义美学文选》，漓江出版社1988年版，537页。

② ［美］弗雷德里克·詹姆逊：《语言的牢笼·马克思主义与形式》，钱佼汝等译，百花洲文艺出版社1995年版，第341页。

③ ［美］弗雷德里克·詹姆逊：《语言的牢笼·马克思主义与形式》，钱佼汝等译，百花洲文艺出版社1995年版，第340页。

细节的具体把握,只有通过对一种体系依照其内在必然性所进行的逐步建构进行同情性的、内在的体验,才能获得这种辩证批评"。① 通过这种"辩证批评",杰姆逊在马克思主义和形式主义之间建立了复杂的理论联系,在他的马克思主义诠释学的中生长出了基于特殊的微观世界的马克思主义的"内部形式"概念,大大推进了马克思主义与形式主义的理论对话的进程,同时也深化了二者之间理论对话的理论逻辑和哲学基础。

阿尔都塞和杰姆逊都坚持把文本放到历史语境中考察,明显地强调一种"文本学"观念,正是由于这种文本学的阐释路径,形式主义和马克思主义的理论对话才落到了实处,其对话性在于文本学阐释的历史语境与文本内在形式的辩证关系。这实际上正是形式主义和马克思主义理论对话的真谛所在,也就是说,理论对话研究的关键不仅仅是导向理论对话的过程及其结果,更重要的是展现理论阐述和描述的方式,并在这个过程中有实质性的理论推动。在这方面,西方马克思主义理论家马尔库塞遵循的则是另一条形式主义本体论的理论研究路径。

杰姆逊曾认为,并不存在形式主义与马克思主义的对垒,而只存在形式主义与历史哲学的对立,所以他在马克思主义理论中坚持一种从外部形式向内部形式运动的"辩证批评",并认为批评家在这个过程中是被"召回到自己的过程中来,像在时间中展开的一种形式一样,也反映自己具体的社会和历史境况"。② 相比杰姆逊,马尔库塞则干脆取消了这种"内部形式"的时间性和运动性,直接将审美形式上升为一种本体论的高度,强调最终以审美形式的本体功能来构建艺术活动本身,用他的话说,"形式是艺术本身的现实,是艺术自身"。③ 无论是形式主义的语言学观念还是"陌生化"方法以及马克思主义的"内部形式"概念,最终都演化成了一种形式本体存在,"艺术正是借助形式,才超越了现存的现实,才成为在现存现实中,与现存现实作对的作品"。④ 在马尔库塞那里,形式主义与马克思主义的理论对话路径更具哲学本体论色彩,艺术本体在于审美之维的构建,文本化和过程性的理论"对话"最终都消融在了本体论的"审美之维"中。也正是由于这个设想,到了马尔库塞这里,形式主义和马克思主义的理论"对话"其实已经"终结"。但"终结"并非预示着"对话"的消失,而是一

---

① [美] 弗雷德里克·詹姆逊:《语言的牢笼·马克思主义与形式》,钱佼汝等译,百花洲文艺出版社1995年版,第3页。
② [美] 弗雷德里克·詹姆逊:《语言的牢笼·马克思主义与形式》,钱佼汝等译,百花洲文艺出版社1995年版,第340页。
③ [美] 马尔库塞:《审美之维》,李小兵译,广西师范大学出版社2001年版,第111页。
④ [美] 马尔库塞:《审美之维》,李小兵译,广西师范大学出版社2001年版,第112页。

种对形式内在意蕴的重新阐释。

从巴赫金到西方马克思主义者阿尔都塞、杰姆逊、马尔库塞，他们都从不同层面上吸收形式主义有益的理论元素，并作为发展马克思主义理论重要的思想资源。除此之外，德国的布莱希特借鉴现代主义的意识流、蒙太奇等新的理论手段，在作为形式表现因素的"手法"与"技巧"的内在意蕴研究中为文学形式研究注入了"革命"的因素，使形式问题脱离了单纯的"手法"和"技巧"层面的含义而具有了深层次的社会内涵，这既是对话，也是改造，改变了形式主义文论的语言文本研究单一性的理论困境，也为马克思主义文学批评找到了解决理论上的庸俗化和机械化的理论道路，体现了形式主义与马克思主义理论对话路径的丰富性和复杂性。重视这些理论路径，是把握西方当代文学理论发展的哲学逻辑和内在理论肌理的必备工作。正是由于不同理论对话路径的存在，形式主义和马克思主义在各自的理论发展中均得到了不同程度的理论延展，当然，理论对话研究路径的差异往往得出的是不同的理论阐释方式。

三、形式与历史：形式主义与马克思主义对话研究的学理追求

在学理追求上，形式主义与马克思主义对话研究首先质疑和批判的就是文学批评中的"历史主义"观念。

"历史主义"自19世纪以来就是文学研究中的一种根深蒂固的观念，是联系同时期的其他历史现象来解释和评价某个时期文学的一种观念。坚持历史主义观念的文学批评往往把艺术品放在一定的历史背景中加以评价，倾向于把它的意义限制在产生它的那个时代。美国学者韦勒克认为，文学研究的历史主义"产生了回避一切美学问题而无所作为的态度和极端的怀疑论"。[①] 荷兰学者佛克马和易布思则明确地说："历史主义取消了文学研究者独立作出判断的可能性"，[②] "新批评"学派的韦姆萨特则批判它最终走向了文学研究的"传记式批评和相对主义"。[③]

形式主义文论曾经严肃地拒斥文学批评中的历史主义倾向，认为它最终在社会历史研究层面上将文学批评变成一种外部研究，以致任何借鉴社

---

① [美] 韦勒克：《批评的概念》，张今言译，中国美术学院出版社1999年版，第247页。
② [荷兰] 佛克马等：《二十世纪文学理论》，林书武等译，生活·读书·新知三联书店1988年版，第7页。
③ 赵毅衡：《新批评文集》，百花文艺出版社2001年版，第257页。

会历史批评的研究"都冒着忽视文学现象本身特征的危险"。① 形式主义文论对文学批评中的历史主义观念的激烈态度体现了对理想中的普遍的文学理论或统一标准的文学观的追寻。但也正因为它的这种偏执的方式,自形式主义文论崭露头角以来,来自它的理论对立面的批评也就从来没有停止过。文学理论家们反问道,形式主义文论拒斥社会历史批评,那么,有必要建立一种统一标准的文学观和普遍的文学理论吗?这样的文学观和文学理论存在吗?作为一种价值判断的文学批评是否要受制于这样的文学观和文学理论?是否该为这种统一的文学观和文学理论作出贡献?对此,佛克马和易布思的回答是:"韦勒克反复告诫我们要警惕历史相对主义可能产生的价值观念的紊乱,可是他忽略了这样的事实:相对主义本身就代表着一种重要的价值。"② 而我们"看不出标准统一的文学观能对不同文化传统和思想背景的外国文学作品(不论是现代的还是古代的)作出公正的评价"。③

在某种程度上,这也正是形式主义与马克思主义的理论对话中所要思考的问题,就是说,这二者之间的理论对话究竟体现了怎样的学理追求?在这方面,苏联著名的文艺理论家巴赫金的观点或许可以给我们提供启发。巴赫金曾说:"马克思主义文艺学与形式主义方法相遇,并在它们当前共同的最迫切问题——确定特点问题上发生了冲突。"④ 无论是形式主义还是马克思主义,都承认一点,那就是并不存在那种统一标准的文学观和普遍的文学理论,作为一种价值判断的文学批评必然要受一定的社会历史的制约。形式主义者所重视的文学语言的结构、反讽、意象、格律、句法、节奏、押韵、叙述等形式要素必然面临着文学的相对价值的压力。而马克思主义批评要想避免那种来自社会历史研究方面的责难,就得时时回望文学的内部形式方面有哪些有价值的要素,这两方面的考虑最终还是要回到巴赫金所说的文学的"特性问题"上来。这种"文学特性"问题的研究并非等同于那种强调文学自足的封闭的形式观念,而更多地重视文学作为文化整体之不可分割的一部分的阐释价值,它既要警惕传统马克思主义批评在文学阐释中存在的社会历史批评的"历史决定论"的弊端,更要避免形式主义

---

① [法]罗杰·法约尔:《批评:方法与历史》,怀宇译,百花文艺出版社2002年版,第349页。
② [荷兰]佛克马等:《二十世纪文学理论》,林书武等译,生活·读书·新知三联书店1988年版,第7页。
③ [荷兰]佛克马等:《二十世纪文学理论》,林书武等译,生活·读书·新知三联书店1988年版,第7页。
④ [苏]巴赫金:《文艺学中的形式主义方法》,李辉凡等译,见巴赫金:《周边集》,河北教育出版社1998年版,第157页。

文论的"方法论优先权"①的尴尬。正是在这个意义上,形式主义和马克思主义对话研究在深层次的学理层面上体现了一种深刻的理论反思意识,这种反思意识更多地指向文学批评的学理问题,而不是方法与观念之争,并不仅仅是这两种理论观念谁对谁错的问题,或是在哪些具体问题上有什么交叉性的理论观点,而是强调一种内在的学理融通,这种学理融通不是社会与历史对"形式"的粗暴僭越,也不仅仅是将审美形式问题上升为本体,而是思考文学研究的方法与价值如何更有效地根植在"历史"与"形式"缔结的文化"原形式"之中,这也正是巴赫金心目中那种理想的马克思主义的"内在的批评"。②

四、重建"对话"思维:形式主义与马克思主义对话的理论意义

经过了形式主义和马克思主义理论对话警醒式的理论思考,20 世纪以来文学研究中"形式"与"历史"的关系变得更加动态,也更加多元,自亚里士多德时代就存在的文学的内容与形式关系问题也具有了一个更加宽广的研究视野与理论框架,这对于文学与审美问题的读解无疑是重要的。在形式主义和马克思主义的理论对话中,20 世纪文学研究中的"内/外之争"问题也得到了充分的化解。更主要的是,在这种对话思维的影响下,学者们开始意识到"即使每一部单独的文学作品在它们与所谓的'民族精神''时代精神'和'文化精神'的关系中具有某种价值,这样一种研究方法也必然导致其艺术说服力的丧失"。③而另一方面,人们也会逐步信赖弗莱所说的"批评必须在文学内部培育一种历史感,以补充那种把文学同其非文学的历史背景相联系起来的历史批评"。④

在文学研究中有效平衡形式和历史两种理论观念,一直是批评家们所期待的,形式主义和马克思主义的理论对话研究深入地触及了这个问题,它的理论方案就是要求我们,无论对于马克思主义,还是对于形式主义,都要超越以往那种单一性理解的理论话语方式,要寻求一种整体的文化视

---

① [德]阿多诺:《论艺术社会学》,见陆梅林编:《西方马克思主义美学文选》,漓江出版社 1988 年版,第 374 页。
② [苏]巴赫金:《文艺学中的形式主义方法》,李辉凡等译,见巴赫金:《周边集》,河北教育出版社 1998 年版,第 157 页。
③ [英]凯·贝尔塞等:《重新解读伟大的传统》,黄伟等译,中国社会科学出版社 1991 年版,第 89 页。
④ [加拿大]诺思罗普·弗莱:《批评之路》,王逢振等译,北京大学出版社 1998 年版,第 9 页。

野与辩证批评观念，文学批评不应满足于历史与审美的二元逻辑，而要认识文学由不同要素组合而包含的"超意义特性"①。这也正是呼应了弗莱在批评形式主义所说的观点："在学习关于文学的学术著作时，学子们会发现一个将他从文学那里拖走的回头浪。他会发现文学是人文学科的中央分水岭，他的一侧是历史，另一侧是哲学。鉴于文学自身不是一个有组织的知识结构，批评家必须在史实上求助于历史学家的概念框架，而在观点上则求助于哲学家的概念框架。"② 在文学研究方法上，"批评家应该不是使文学适应事先制定好的历史结构，而是应该视文学为一个连贯的结构，它被历史地限定但却形成自己的历史，它以自己的形式对外部的历史过程作出反应但又不为其所决定"③。突破了社会历史批评的"社会历史决定论"和形式主义的"方法论优先权"的樊篱之后，形式主义和马克思主义的对话研究展现的正是文学研究更广阔的理论空间与更具理论启发的问题意识。

在20世纪文学批评理论的发展中，形式主义和马克思主义都是涵盖非常广泛的理论思潮，各自拥有不同的理论的历史、方法与观念，它们之间的理论交融与对话既体现出了复杂的理论逻辑，包含了复杂的理论路径，同时又在学理层面上深化了各自的批评理论观念，其中展现出的理论启发与理论价值是一种非常重要的理论资源。

首先，值得我们再次思考的是，在理论的范围内应该如何看待这种对话？二者之间"对话"的理论展开过程很宽泛，涉及的理论观念之争和方法之争也比较复杂，但有一点是确定的，那就是之所以说是理论上的"对话"，而不是简单的理论影响，就是要考虑到了形式主义和马克思主义这两种文化思潮之间深入的理论联系，它们呈现的是一种理论的"对话性"而不是"对话理论"，理论对话的影响和价值是在这种"对话性"中产生的，所以，就形式主义和马克思主义来说，这种"对话性"研究是需要继续深入的。

其次，我们要看到，正是由于形式主义和马克思主义之间在理论层面上存在着这种"对话性"，说明这两种理论思潮在理论观念和思想内涵上不是单向发展的，类似于形式主义的"为艺术而艺术"的说法，以及马克思主义文学批评的历史主义和相对主义观念，其实在这种理论的"对话性"

---

① ［法］艾斯卡皮：《文学社会学》，于沛选译，浙江人民出版社1987年版，第107页。
② ［加拿大］诺思罗普·弗莱：《批评的剖析》，陈慧等译，百花文艺出版社1998年版，第15页。
③ ［加拿大］诺思罗普·弗莱：《批评之路》，王逢振等译，北京大学出版社1998年版，第9页。

中有了不同的理论方式，这也提醒我们注意，对于这两种理论思潮，以往的理解方式中其实存在着很多需要纠正的地方。这也涉及了文学理论研究中一种非常重要的理论思维方式的调整问题，即我们应该重视"对话思维"的理解与应用问题。

"对话思维"之所以重要，就是因为它能够跳出文学理论研究就事论事的狭窄空间，会从更辩证的方向上把握具体研究对象的理论面貌和格局。就这两种具体的理论思潮而言是这样，就更广泛的文学理论问题的观照而言，这种对话思维更不能被忽视。从马克思主义的角度来看待这种"对话性"，正像巴赫金说的那样，马克思主义应该感谢形式主义者，"感谢他们的理论能够成为严肃批判的对象，而马克思主义文艺学的基础能在批判过程中得到阐明，变得更加坚实"。① 托尼·本尼特也说："如果我们着手开展马克思主义与形式主义的对话，重新发现形式主义丢失的遗产，那是因为我们相信这将是对马克思主义批评论的有积极意义的帮助，使其能够克服目前面临的一些困难。"② 而从形式主义的角度而言，形式主义更应该尊重马克思主义批评对它做出的理论拓展。如果没有巴赫金、阿尔都塞等西方马克思主义对形式主义文论的批判性发展，形式主义的理论命运绝不会像后来发展那样成为"当代最有影响的批评模式"。③ 而通过与审美形式问题的理论联系，无论是巴赫金、阿尔都塞、杰姆逊，还是马尔库塞、布莱希特，他们手中的马克思主义文化理论也得到了深入的理论拓展，他们的马克思主义文学批评因为有了审美形式要素的渗入而更加迷人，同时也更加体现出了有效把握审美问题的实践效应。

形式主义和马克思主义的理论对话遵循了不同的理论路径，正是由于这些不同的理论路径产生了马克思主义文学理论研究很多具体的新的问题，比如形式的意识形态性问题、文本间性批评问题、形式本体问题以及审美意识形态批评方法与原则问题等。由于这些问题的引入，马克思主义文学批评在方法、思想和观念上均体现出了很丰富的理论提升，改变了传统马克思主义批评长期以来对经济基础/上层建筑理论模式的简单套用的理论现状，使马克思主义文学批评在规避了传统社会学批评的一些固有缺陷和弱点后，仍然能够找到与传统的社会学研究在深层次上相互缔结进而整合的

---

① ［美］魏伯·司各特：《西方文艺批评的五种模式》，蓝仁哲译，重庆出版社1983年版，第83页。
② ［英］托尼·本尼特：《形式主义和马克思主义》，曾军等译，河南大学出版社2011年版，第81页。
③ ［荷兰］佛克马、易布思：《二十世纪文学理论》，林书武等译，生活·读书·新知三联书店1988年版，第7页。

途径，也能够以一种哲学反思和文化探究的视角深入到具体的文本之中，进而在与审美文化现实的联系中深入探索文学文本的意义，并在文化生产的意义上深化了传统的文学社会学研究观念。最后，我们有必要重复托尼·本尼特的话，没有必要要求和创造形式主义和马克思主义之间理论的对话，这种对话正在进行。当然，形式主义和马克思主义的理论"对话性"的研究也正在进行，其中展现出的"对话思维"的理论价值和启发对于当代文学理论研究与建设无疑也是一种非常可贵的思想资源。

第二节　意识形态与文学形式：特里·伊格尔顿对形式主义的反思与批判

英国马克思主义批评家特里·伊格尔顿从20世纪70年代开始就一直关注形式主义文学批评，并在《马克思主义与文学批评》《批评与意识形态》《文学理论：导论》《审美意识形态》等著作中较为集中地对形式主义批评进行了反思与批判。伊格尔顿重视审美形式之维对于马克思主义文学批评的美学影响及其理论意义，他反对将审美形式仅作文本层面的理解，并对形式的意识形态性及其马克思主义文学批评在审美形式方面的理论拓展与审美表达机制进行了深入的探究。伊格尔顿对审美形式问题的研究是他审美意识形态批评的重要的理论基点，也是20世纪西方马克思主义与形式主义的理论对话研究的重要内容。

一、形式与意识形态：伊格尔顿审美形式研究的基本问题

对形式主义批评的反思与批判是特里·伊格尔顿审美意识形态理论及其批评实践中重要的理论元素。从理论层面上看，伊格尔顿对审美形式的研究与他的审美意识形态批评观念是一致的。伊格尔顿写于20世纪70年代的《马克思主义与文学批评》（1976年）与《批评与意识形态》（1976年）是较早关注审美形式问题的著作。在这个时期，伊格尔顿是阿尔都塞学派马克思主义文学批评的重要代表，因此，在他的审美形式问题研究中融入了很浓厚的阿尔都塞结构主义马克思主义文学批评的理论元素，这也是伊格尔顿关于审美形式研究的重要理论基点。在此时，伊格尔顿还没有完全提出他的审美意识形态理论，但审美形式问题研究已经进入了伊格尔顿

的批评视野之中，而且构成了他的审美意识形态理论重要的理论参照。

伊格尔顿的审美形式研究主要围绕以下几个问题展开：①意识形态与文学形式的关系问题，亦即在文学的意识形态属性上，审美形式究竟处于一个什么样的位置，文学的意识形态属性与审美形式问题存在哪些理论联系。②对审美形式以及形式主义批评本身怎么看。特别是在文学本体的意义上，如何平衡乃至从学理层面上阐明形式与意识形态（历史）这两种本体论视角的关系，及其如何把握形式主义与历史主义这两种不同的文学本体论观念。③审美形式研究如何超越"康德式的想象"问题。康德美学在现代文学批评中的理论影响如何与马克思主义文学批评的形式问题研究相联系，马克思主义的审美意识形态批评如何超越康德意义上的审美形式概念。这也是影响伊格尔顿审美意识形态理论观念的内在理论问题。④形式主义的问题与马克思主义文学批评在理论表达方式上是一种什么样的关系，存在着何种理论联系，马克思主义文学批评在美学层面上如何有效吸纳审美形式本身蕴含的理论内容。这些问题既是马克思主义与形式主义的理论对话所包含的内容，同时也是伊格尔顿审美形式研究的基本问题。

在伊格尔顿提出并深入阐释他的审美意识形态理论的时候，形式主义批评已经经历了深入的理论发展。像其他理论家一样，伊格尔顿对形式主义文学批评的方法与观念非常关注，在《文学理论：导论》中，伊格尔顿认为，20世纪文学理论的重大变化是在1917年，因为这一年，俄国形式主义者维克托·什克洛夫斯基发表了他的拓荒性论文《艺术即方法》，自那以后，文学理论取得了惊人的发展。伊格尔顿提出，形式主义文学批评体现了一种科学的精神，它把文学研究的注意力转向文学本身的物质存在。在形式主义文学批评那里，文学既不是一种"历史的现实"，也不是一个"虚构的事件"，文学是一种运用语言写作的特殊方式，因为文学语言"夸耀它的有形的存在，引起人们对它本身的注意"。① 伊格尔顿对形式主义文学批评的理论概括从整体上着眼于20世纪西方"语言论转向"的理论视野，但更主要的，他还是从意识形态批评角度来把握形式主义批评所涉及的文学语言的声音、意象、格律、句法、节奏、押韵、叙述等形式技巧问题，特别是对形式主义批评的"陌生化"效果与文学的意识形态属性之间的理论联系非常重视。

"陌生化"是形式主义文学批评的核心概念。"陌生化"效果的呈现在于文学语言的审美变形功能及其文学语言的"非标准化"存在。从文学语

---

① ［英］特里·伊格尔顿：《现象学，阐释学，接受理论——当代西方文艺理论》，王逢振译，江苏教育出版社2006年版，第2页。

言的"陌生化"角度，形式主义批评一方面提出了一种关于文学本体的"文学性"的定义，另一方面则以一种"去魅"的姿态否定了在它之前曾经影响文学批评的各种理论观念。通过语言的"陌生化"及其文学批评的科学化倾向，形式主义批评在对形式的追求中实现了文学研究的方法论和本体论的统一，"形式"既是方法又是本体，从而传统文学外部研究意义上的"社会"和"历史"被抛弃了。这既是形式主义批评理论的特殊之处，也是伊格尔顿审美形式研究积极关注的内容。伊格尔顿认为，语言的陌生化是有条件的，"并非所有的语言变异都是诗的语言"，[①] 此时的"陌生化"到了彼时可能就不再"陌生"，此地的"陌生化"到了彼地也有可能是一种司空见惯的东西，特别是当我们面对一个我们无法理解的那个社会的标准语言的文本的时候，我们无法判断那种文本是不是文学。所以构成语言"陌生化"条件的那种标准的语言其实是形式主义者的一厢情愿的说法，实际的情况是任何一种语言都由高度复杂的意识形态环境构成，这种意识形态环境会因阶级、地区、性别、地位等各不相同，不可能整齐划一成为单一、共同一致的标准语言。至于形式主义批评对文学语言本体观的强调，伊格尔顿认为，那其实是以一种实用主义的态度来对待文学语言，而文学是非实用主义的叙述，它"不像生物学教科书和注释对牛奶商那样"，[②]它没有任何直接的、实际的目的。所以，文学语言并非有意地创造"陌生化"的效果，如果说，有的文学作品中的语言的确有"陌生化"效果存在的话，那也是文学语言本身的特点使然。

伊格尔顿认为，形式主义批评由于过分强调一种文学语言的"奇异"效果，在某些时候不得不对一些语言进行变形创造，使之成为一种在文学阅读中被承认的语言，从而影响读者的阅读，这恰恰证实了形式主义文学批评的困难，因为"从所有那些曾以多种方式称作'文学'的情况里把某些固有不变的特征分开并非易事"。[③]在形式主义者那里，根本不存在着什么文学的本体，文学就像是杂草，拔除什么，保留什么，就看你的标准和规范了，关键在于它与意识形态环境的关系，因此，文学是"被高度评价的写作"，而价值判断可以明显地发生变化。因此，伊格尔顿说："任何相信文学研究是研究一种稳定的、范畴明确的实体的看法，亦即类似认为昆虫

[①] [英]特里·伊格尔顿：《现象学，阐释学，接受理论——当代西方文艺理论》，王逢振译，江苏教育出版社2006年版，第5页。

[②] [英]特里·伊格尔顿：《现象学，阐释学，接受理论——当代西方文艺理论》，王逢振译，江苏教育出版社2006年版，第7页。

[③] [英]特里·伊格尔顿：《现象学，阐释学，接受理论——当代西方文艺理论》，王逢振译，江苏教育出版社2006年版，第8页。

学研究昆虫的看法,都可以作为一种幻想被抛弃。"① 正是在这个意义上,伊格尔顿从形式主义批评内在的语言表达机制以及方法观念着手,既切入了形式主义文学批评影响文学本体论研究的内在问题,同时呼应了他的审美意识形态批评的理论观念,从而对形式与意识形态(历史)这两种本体论视角做出了充分的理论阐释。

二、批评与历史:反观形式主义文论

20世纪以来,随着文学"内部研究"呼声的日益高涨,文学批评理念发生了巨大的变化。一个明显的表现是19世纪以来的从文学外部因素探索文学特质的社会学批评传统被抛弃,代之而起的是从文学作品的形式和结构等内在因素挖掘文学本体意义的语言分析以及种种形式批评。这种从"外"到"内"的文学研究方法的转移曾一度造成了形式主义批评独占风骚之势,"俄国形式主义""语义学派""英美新批评""结构主义"等这样一些形式主义批评派别占据了文学研究的大部分领域,它们对审美形式的重新阐释影响了文学研究观念的转化、文学研究领域的拓展和文学意义的深入等一系列问题。

但是,从形式主义理论发展的历程来看,它的理论缺陷及其所经历的理论变化都是明显的。20世纪30年代,伴随着俄国形式主义代表什克洛夫斯基那个"告别革命"式的宣言,最先扯起形式主义批评大旗的俄国形式主义流派很快就偃旗息鼓了,而在美国,随着"德里达领导的解构之兵,成功地攻占了逻各斯的巴士底狱"②,"结构主义还几乎没站稳脚跟,它的前景便化为乌有"③。60年代以来,西欧马克思主义批评的复兴和精神分析美学的理论发展,更是加速了形式主义文学批评没落的命运。

美国文学批评家乔纳森·卡勒认为,形式主义批评者"只是把问题搬了家,而没有解决它"。④ 自从形式主义文学批评提出"文学性"的概念以来,我们尚未得到关于"文学性"的满意答案,原因在于"我们目前尚无

---

① [英]特里·伊格尔顿:《现象学,阐释学,接受理论——当代西方文艺理论》,王逢振译,江苏教育出版社2006年版,第10页。
② [美]马克·爱德蒙森:《文学对抗哲学》,王柏华等译,中央编译出版社2000年版,第125页。
③ [美]莫瑞·克里格:《批评旅途:六十年代之后》,李自修等译,中国社会科学出版社1998年版,第178页。
④ [美]乔治·卡勒:《文学理论》,李平译,辽宁教育出版社1998年版,第23页。

真正的标准,把文学语言结构与非文学语言结构区分开来"。① 面对形式主义批评,特里·伊格尔顿提出了大致相似的理论问题。在他看来,形式主义文学批评理解的"形式"只是一种作为"技巧"的形式,形式主义文学批评对"历史"的拒斥是因为那些形式主义者在现代文学理论研究中迷失了方向,因而使文学批评失去了意义阐释的根基。形式主义文学批评躲避"社会"和"历史",试图在对孤立的文本形式的关注中回到一种科学意义上的文本批评中来,但"这种理论革命基本上还没有超出专家和热心者的圈子:它仍然需要对文学系的学生和一般读者产生充分的影响"。②

在《马克思主义与文学批评》中,伊格尔顿认为,"形式"并非一种单纯的文学技巧,它具有一定的社会内容,也体现了一定的社会意识形态性,"文学形式的重大发展产生于意识形态发生重大变化的时候"。③ 18世纪"小说"的兴起和法国戏剧、绘画都反映了这个问题。伊格尔顿认为,"形式"至少是三种因素的统一体:它部分地由一种相对的文学形式的历史所形成,它是某种占统治地位的意识形态结构的结晶,它体现了一系列作家和读者之间的关系。伊格尔顿没有片面地否定审美形式的作用,而是探索如何从审美形式的角度更深入地体现文学作为意识形态的介入性与功能性。在这方面,他更多的是从马克思主义文学批评立场出发,提出把握形式与意识形态(历史)这两种本体论视角的理论方法,这种理论方法不是折中的平衡,而是像他说的那样坚持一切文学都被社会和历史"重新写过"的特征。

在《文学理论:导论》中,伊格尔顿分析了16世纪英国文学的缘起和18—20世纪英国文学和文学批评传统的变迁。他认为在英国文学传统中,文学观念的确立是浪漫主义文学兴起的产物。在浪漫主义文学时期,文学表示的是一种与英国早期工业资本主义功利主义意识形态对立的思想,在当时,"文学"实际上成了"想象"的同义词。这个过程中,文学审美形式的确起到了重要的作用,或者说,文学在形式方面的表现是主要的。但是,他也注意到,大部分浪漫主义诗人本身就是政治家,他们的文学除了表达情感与想象,更加重视文学与社会责任之间的联系,在这个意义上,想象、情感等审美形式要素又成了一种价值的载体。而且,早期英国文学的这种

---

① [加拿大]马克·昂热诺等:《问题与观点》,史忠义等译,百花文艺出版社2000年版,第28页。
② [英]特里·伊格尔顿:《现象学,阐释学,接受理论——当代西方文艺理论》,王逢振译,江苏教育出版社2006年版,第1页。
③ [英]特里·伊格尔顿:《马克思主义与文学批评》,文宝译,人民文学出版社1986年版,第28页。

发展变化是受资本主义社会发展的历史制约的。在资本主义社会中，文学与影响文学的社会权力问题有着密切的关系，社会权力又是影响经济基础与上层建筑之间的中介环节，所以包括审美形式在内的各种文学观念、文学本身的结构以及各种审美因素又受到社会历史因素的制约。

当然，伊格尔顿不可能对所有文学发展的历史都做出详细说明，但他从英国文学传统与发展历史的角度提出的关于审美形式的观念确实体现了他的文学理论思想的一贯特征，其中也展现出了他对马克思主义文学批评的历史视野和历史维度的强烈关注，所以，他在"意识形态"与"审美形式"之间的张力中确立的意识形态批评理论既是他的马克思主义文学批评的主旨思想，同时又暗含着马克思主义与形式主义的对话空间。马克思主义文学批评毫无疑问地关注历史和文化，但包括马克思主义文学批评在内的任何批评研究如何忽略了审美形式的价值，文学批评体系和话语毫无疑问会变得空疏而无力，这也正是伊格尔顿说的"审美是一个矛盾的概念"。①

三、"康德式的想象"：审美意识形态与形式研究

审美形式问题与康德美学有着复杂的联系，在现代审美理论中，任何关于审美形式的研究从美学层面上都面临着"回归康德"或"超越康德"的问题。康德美学提出的审美无功利的美学思想与审美自律性的理论设想曾经为各种形式美学的崛起与发展奠定了最初的理论框架。虽然在美学发展中，康德美学也经历了来自文化与意识形态层面上的各种历史话语的洗礼，特别是经历了资产阶级美学观念中审美主体性理论发展的考验，但现代以来，康德美学关于审美形式问题的理论观念仍然作为一种重要的美学思想内核存在于各种文学批评理论之中。英国学者托尼·本尼特在一次访谈中就曾提出："要将美学研究放在一个广阔的视野中，当然是在西方美学理论，尤其是康德理论的框架下，探讨从美学视角思考和构建艺术作品及其生产者和消费者之间的关系。"② 特里·伊格尔顿在他的审美形式研究中也将目光投向康德美学在审美形式问题上的理论遗产，并在他重要的理论著作《审美意识形态》中从"康德式的想象"出发，对意识形态与审美形式问题的理论联系做出了深入的理论说明，由此构成了他的审美意识形态

---

① ［英］特里·伊格尔顿：《审美意识形态》，王杰等译，广西师范大学出版社2001年版，第17页。

② ［英］托尼·本尼特：《美学·社会·政治——托尼·本尼特访谈录》，王杰等译，载《文艺研究》2011年第3期。

理论重要的思想基础，也成为他对形式主义批评反思与批判的重要的理论切入点。

《审美意识形态》是伊格尔顿在20世纪90年代重要的理论著作，也是奠定他的马克思主义美学家的理论地位的作品，体现了伊格尔顿在"审美形式"与"意识形态"的复杂关系中对马克思主义美学与文学批评进行理论突围的努力和雄心，以及对意识形态理论和审美形式问题认识上的深化。伊格尔顿从审美话语产生的历史语境出发，提出审美话语既有形式的内涵，同时也是一种意识形态的理性观念，他批驳了以往那种反对将美学与任何理性分析相联系的观念，认为审美话语之所以在人类文化思想的演进中起到重要的作用，关键是因为审美话语对它所置身的意识形态语境提出了异常有力的挑战，并为人类提供了探索意义和价值本原的话语方式。伊格尔顿提出，康德的《判断力批判》从想象的角度弥补了休谟以来的怀疑论经验主义美学在审美主体性研究上的理论空缺，它在审美感觉经验层面上打上了普遍法则的烙印，体现了理性主义和怀疑论的经验主义之间的巧妙妥协，由此，"康德式的想象"在理性主义普遍法则上恢复了审美理论的形式化内涵。这种形式化内涵恰恰是审美主体建构必备的思想潜质，它最终以一种"无法之法"平衡了理性主义和感觉经验的理论分歧，也在意识形态与审美话语之间起到了重要的理论连接作用。

伊格尔顿提出，在早期资产阶级出现的时候，美学的概念在主流意识形态结构中起着非同寻常的作用，这种作用在很大层面上就是通过审美形式方面的意蕴实现的，如艺术品的统一性、完整性的概念就在古典美学话语中占据了重要的位置，启蒙主义开了奢谈艺术的风气，也极大地突出了审美形式在艺术中的位置。随着现代美学理论的发展，文化实践丧失了某种传统的东西，艺术被贬为商品，但审美话语仍然在现代生活中引人注目，原因在于形式内蕴让审美话语始终保持一种执着的理论追求。后现代美学话语开始根植于日常生活经验，并开始以艺术和审美的方式接近大众，在这方面，毫无疑问也是审美形式方面的感性特征起到了先行的作用，甚至成为审美话语融入意识形态的重要形式，形式的意蕴因此也成了现代和后现代审美理论重要的存在方式。

在伊格尔顿的理论阐释中，康德美学关于审美想象问题的理解和阐发构成了他对现代和后现代美学理论做出意识形态批评的重要的理论基点。伊格尔顿虽然没有直接从审美形式本身着眼意识形态与审美话语之间的深层次的理论联系，但他对康德美学的理论阐发无疑包含了他对审美形式方面重要的理论思考。在伊格尔顿看来，康德美学总体上是感性受理性压制的，康德认为客观性是人的认识的来源，但如何达到客观性的认识呢？康德提出的方式是通过想象，以主体为中介，由此来达到客观性的认识，伊格尔顿认为，这也恰恰是资产阶级意识形态所普遍需要的主体性建构方式，在康德这里，恰好体现了审美话语的形式化的功能，也就是说，主体性的建构必然是一种理性的要求，但必须得到感性的辅助，这样，资产阶级意识形态也会更好地发挥它的功能，这也正是一切意识形态的统治都要重视审美形式力量的原因。所以，伊格尔顿说："如果意识形态想要有效地发挥作用，它就必须是快乐的、直觉的、自我认可的。一言以蔽之，它必须是审美的。"① 在这个意义上，审美形式其实与意识形态的统治秩序有关，虽然在有的艺术中，审美形式体现了感性话语对于理性的反叛，但从整体上看，审美形式仍然与人的理性观念有密切的联系，"康德式的想象"问题就很好地体现了这一点。康德美学所提出审美判断的普遍性、无功利性、无目的的合目的性与人的理性观念，诸如总体性、一致性、自发性、普遍主体等都内在地存在着契合之处，它揭示了"意识形态话语在所指的形式背后隐藏着必要的情感内容，在表面上赋予世界以特征的行动中描述了说话者与世界之间的生动关系"。② 正是在这个意义上，"康德式的想象"体现了审美形式的意识形态蕴含，这是"康德式的想象"的理性策略，也是审美意识形态的表征。在康德美学中，审美意识形态没有被抽象为普遍的法则，它保留了审美话语的形式特征，但这种形式特征也神秘地担当了普遍法则的强制性逻辑的角色，也就是说，审美形式与意识形态最终要走向普遍性。在康德那里，审美问题的探究最终无法超越"物自体"的限制，但它可以通过主体的想象达到客观的认识和美的认识，实现这种功能的恰恰是审美话语的形式蕴含。所以，伊格尔顿说："美学绝不是认识论，但它拥有与之相关的理性的形式和结构；美学因此在更具有情感的和更直觉的层次上使我们与法则的权威联系起来。使我们结合成主体群之间的不是知识，而是情感之不可磨灭的相关性。这当然是为什么美学在资产阶级思想中起如此重要的作用的一个主要的原因。"③

---

① [英] 特里·伊格尔顿：《审美意识形态》，王杰等译，广西师范大学出版社2001年版，第30页。

② [英] 特里·伊格尔顿：《审美意识形态》，王杰等译，广西师范大学出版社2001年版，第85页。

③ [英] 特里·伊格尔顿：《审美意识形态》，王杰等译，广西师范大学出版社2001年版，第67页。

四、形式的意识形态性：形式主义的马克思主义批评

巴赫金、杰姆逊、马尔库塞、布莱希特、托尼·本尼特等学者都非常重视形式主义批评的理论遗产，他们的理论阐发也是形式主义批评在20世纪西方文论产生重要影响的原因。如果形式主义批评蕴含的丰富的理论内涵能够有效地与其他理论批评结合起来，将会极大地激发文学批评的实践效应，对于马克思文学批评更是如此。

从马克思、恩格斯以来的经典马克思主义批评理论开始，关于审美形式方面的理论思考就内在地存在于他们的理论研究中。马克思在早年关于古希腊神话的研究、晚年"人类学笔记"中的人类学研究、关于"莎士比亚化"和"席勒式"的现实主义文学理论研究，都将审美形式问题纳入他的思想视野之中。在《政治经济学批判·导言》中，马克思指出，古希腊的神话时代已经一去不复返了，古希腊神话虽然失去了其原有的意识形态力量，但已经升华成了具有"永恒魅力"的文化形式。在马克思看来，古希腊艺术的特殊魅力不在于它的古典性，而恰恰在于它的"现代性"，即它在现代社会生活中仍然能够与人们的现实生活经验联系起来，并对未来的理论构建产生影响。马克思主义文学批评中的审美形式研究不像各种形式主义者那样直接标举文学形式方面的意义，而是在一种辩证综合思维方式和哲学方法下对"艺术如何产生""艺术以什么方式存在"等问题做全面的把握，从而突出地展现文学美学研究表征现实社会关系的审美变形机制。马克思主义文学批评对审美形式的重视也充分体现了马克思主义文学理论在把握文学艺术问题方面的特殊理论形式，并在一种全新的理论视野中对理解形式的意识形态性问题有重要的启发。

特里·伊格尔顿对形式主义批评的反思与批判正体现了马克思主义文学批评的这种理论特性。在马克思主义文学批评视野中，伊格尔顿紧紧围绕着"意识形态"这个概念，对形式的意识形态性问题做出了重要的理论说明，在融合马克思主义意识形态理论过程中对形式主义批评所包含的理论问题与方法做出了深入的理论拓展，不但深化了传统马克思主义文学批评理论的研究格局，而且在学理层面上更深入阐明了把握形式主义与马克思主义这两种不同文学批评观念的理论方法。

就形式主义与马克思主义批评的理论对话研究而言，伊格尔顿的理论突破与价值主要体现在两方面。首先，他在意识形态与审美形式之间建立的审美意识形态理论深化了当代文学理论研究的核心问题，即审美话语的

特性问题，为我们理解和描述审美话语的本质特征提供了有效的理论参照；其次，更为重要的是，伊格尔顿对形式主义批评的反思和批判在批评方法论层面上有力纠正了关于形式主义批评的片面认识，深化了文学研究的批评史观，并在一种开阔的理论视野中形成了有自己特色的马克思主义文学批评体系。在这个理论体系中，伊格尔顿提出了"审美形式"与"意识形态"之间动态的交融影响的过程特性，强调审美话语的历史语境中的生成特性，充分体现了把握文学形式与意识形态之间辩证关系的理论创见，在深化了他的审美意识形态批评观念的同时，更提出了关于审美形式研究的新的理论思考。

在他的《批评与意识形态》中，伊格尔顿提出，马克思主义文学理论就是关于审美意识形态的"文本"理论，"文本"是在意识形态与审美形式的张力中产生的，伊格尔顿进而把关于意识形态与审美形式的理论探索定位在实现一种"文本的科学"。所谓"文本科学"，既是作为整个社会生产的一部分的文学生产的独特的运行方式的总结，又是关于审美意识形态文本产生过程和规律的分析。在这个分析中，既凸显了形式的意识形态性，同时又提出形式的意识形态性不是"决定性"的，而是"穿透性"的，在意识形态发挥作用的地方，文学的审美形式是一个既定的存在，审美形式的存在让文学的意识形态性变得既是一个事实，同时又难以完全忽略文学本身的存在与意义，这正是形式的意识形态性所蕴含的批评学意义。

20世纪80年代以后，虽然伊格尔顿在他的文学批评理论研究淡化了他在70年代提出的"文本科学"的概念，研究重心转向了意识形态与政治批评，但他在意识形态与审美形式的理论连接中构建的"文本科学"观念无疑是他的批评理论思想的重要的理论储备，他对形式主义批评的反思与批判也为他的马克思主义文学批评理论的发展奠定了重要的理论基础，是他不断开拓审美意识形态理论研究的重要的理论阶梯。

伊格尔顿说："批评本身就属于意识形态的审美领域，一个在整体中有适当程度自治的领域。"[①] 在当代文学批评理论发展中，各种形式主义批评的强劲发展势头虽然已经淡化，但它们的理论资源及其对文学研究的理论启发仍然值得我们认真总结，在经历了各种来自形式主义以及语言学研究的洗礼之后，更需要充分重视形式主义批评提供的思想启发，只要形式主义和马克思主义的理论对话仍然在进行，对形式主义批评的反思与批判无疑就是有益的。

---

① Terry Eagleton. *Criticism and Ideology*. London：Verso，1978，p.20.

第三节 超越"文本形而上学":托尼·本尼特对形式主义的马克思主义批评

英国马克思主义文学批评家托尼·本尼特对俄国形式主义、阿尔都塞学派等形式主义文论的批判是 20 世纪西方文学理论视野中形式主义和马克思主义理论对话的重要代表。在对形式主义文论的批判反思中,托尼·本尼特深入阐述了马克思主义美学的"理论断裂"主张,提出了马克思主义文学批评如何才能既继承包括形式主义文论在内的资产阶级美学遗产,又避免那种纯粹的"美学效应"的重要理论问题。

相比其他理论家,托尼·本尼特对形式主义的批判反思具有鲜明的文本阐释特性,他对形式主义文论的马克思主义批评体现了深邃的学理思辨品格和深刻的理论反思精神。在反思形式主义文学批评美学遗产的过程中,本尼特深刻地分析了当代马克思主义文学批评的内在的理论"困苦",同时也在形式主义和马克思主义理论对话中开拓了当代马克思主义文学批评新的理论发展方向。

一、"文本的形而上":托尼·本尼特形式主义文论批判的理论与方法

在 20 世纪英国马克思主义文学批评乃至整个西方马克思主义文论视野中,托尼·本尼特是一个有着深邃的学理思辨品格和鲜明的理论反思精神的理论家。托尼·本尼特的文学与文化理论思想内容丰富广泛,相对也比较复杂。20 世纪 70 年代到 80 年代,他曾是英国文化研究学派的重要理论代表,一度和伯明翰学派关系密切。90 年代以来,由于英国文化研究及其伯明翰学派的特殊际遇,本尼特转向了文化政策、文化治理、博物馆与政治等综合文化研究。本尼特从英国文化研究理论中出色地发展了一种基于文化的经验性立场的文本阐释观念,并努力将这种文本阐释融入文化研究的实践立场,从而强化了他的文化理论的现实性和针对性。他在 20 世纪 70 年代所著的《形式主义和马克思主义》(1979)是他转向文化治理性研究之前为数不多的理论研究成果,也是他早期马克思主义文学批评研究中较为集中的内容。

托尼·本尼特曾不止一次地提到他的这部著作,并自述这部著作是"站在马克思主义框架之内来写的"。①《形式主义和马克思主义》最重要的理论成果是对形式主义与马克思主义的理论对话性做了系统的理论把握。形式主义文论自诞生以来,各种理论批评的立场不一而足,从托洛茨基到巴赫金,再到西方马克思主义文论中的杰姆逊、马尔库塞、伊格尔顿等,都对形式主义文论予以充分的关注。巴赫金则强调:"有多少个形式主义者就有多少种形式主义。"② 相比以往学者,托尼·本尼特对形式主义文论的批评具有鲜明的特点。

首先,他较为平实地坚持了一种从语言、意识形态与文本的"互文"关系出发来阐释形式主义的文本学研究路径,他称这种文本学研究路径为"双眼观察法"。所谓"双眼观察法"即将形式主义文本看作一种具体的、历史的、富有变化的文本存在来研究,充分观察文本受到不同时代的批评定位的影响,包括文本占有社会历史的方式和在不同历史时期被接受的"互文"关系,从而"拉近和形式主义的距离,建立起理论上、哲学上和方法论上的基础"③。

其次,本尼特不但直接介入形式主义和马克思主义在哲学基础、理论逻辑、美学资源及其在理论形式方面的复杂学理联系,进而又把形式主义的马克思主义文学批评引向"文本之外",从而建立起了一种有整体性的、有一定知识学观察距离的阐释路径。

最后,相比以往的批评家,本尼特没有对形式主义文论进行直接的批判,而是充分重视形式主义文论的思想资源和美学遗产,在对包括索绪尔的语言学观念、康德美学以来的现代审美形式研究传统进行全面的理论清理过程中,挖掘形式主义的理论启发,充分体现了一种从马克思主义理论视界统摄和观照形式主义文论的特殊的发展眼光。

在一次访谈中,本尼特曾说,在《形式主义与马克思主义》中,"我用了一个我称为'文本的形而上'的术语,表示一种将文本自身视为单一、独一无二、没有变化的意义来源的观点;与此相对,我论述了我们应当关注社会文本,即,使文本作为多种不同意义的来源的历史地变化着的文本

---

① [英]托尼·本尼特:《英国文化研究的另一种范式——托尼·本尼特学术自述》,黄望译,载《洛阳师范学院学报》2007年第4期。
② [苏]巴赫金:《文艺学中的形式主义方法》,李辉凡等译,见巴赫金:《周边集》,河北教育出版社1998年版,第200页。
③ [英]托尼·本尼特:《形式主义和马克思主义》,曾军等译,河南大学出版社2011年版,第36页。

有机结构方式"。① 超越"文本形而上"正是托尼·本尼特形式主义文论研究的方法论概括。所谓"文本的形而上"指的是以俄国形式主义文学批评为代表,同时内在地包含结构主义、阿尔都塞学派等现代西方形式主义文学思潮的一种突出地强调文学文本性的观念。在托尼·本尼特看来,这种文本性观念将文学视为一种独特的语言认知形式,将社会历史背后的各种形式观念看作一种现实性的存在,在"文学性"的立场上维护"文学"与"非文学"的边界,从而切断了文学文本与社会文化进程的联系,使文学文本成了一种抽象的形而上的存在。"文本的形而上"不但指出了形式主义文论的理论弊端,更主要的是,在对"文本形而上学"的理论批判中,托尼·本尼特找到了形式主义和马克思主义对话的理论路径,超越"文本形而上学"的观念因此也构成了托尼·本尼特形式主义的马克思主义批评的基本原则。

在一般的观念中,形式主义与马克思主义往往被视为一种对立的观念,形式主义坚持文学的自主性,马克思主义批评则持一种社会学或政治批评的立场,对这两种理论观念如果采取一种区别分析的立场,很容易得出势不两立的结论,更无法真正透析二者之间的学理联系,但如果深入到它们各自的学理关系的内部,特别是从它们的哲学基础和理论逻辑出发,把握它们各自的学理基础和语言认知方法,不但可以看出其中的理论差异,更能够有效地融通二者的学理关系,从而收到真正的理论对话上的收获。在某种程度上,这也正是托尼·本尼特提出的超越形式主义"文本形而上学"的理论观念的核心。

托尼·本尼特曾说:"形式主义者以复杂和矛盾的方式,给美学操办了丧礼。"② 形式主义"理论化"地将文本之间的变化关系抽象为一套固定不变的法则,现在,在形式主义文论褪去了引人注目的理论光环之后,马克思主义文学批评如何从中获得有益的对话资源,这才是马克思主义文学批评应该思考的地方。在本尼特看来,马克思主义文学批评在从资产阶级美学关注中抽身而出之后,更为重要的问题是需要追问:"马克思主义究竟是否需要一个'文学'概念?它是否需要审美?能否有此无彼?"③ 以这种理论方法,托尼·本尼特在深入批判了形式主义的文本形而上学观念的同时,

---

① [英]托尼·本尼特:《英国文化研究的另一种范式——托尼·本尼特学术自述》,黄望译,载《洛阳师范学院学报》2007年第4期。
② [英]托尼·本尼特:《形式主义和马克思主义》,曾军等译,河南大学出版社2011年版,第57页。
③ [英]托尼·本尼特:《形式主义和马克思主义》,曾军等译,河南大学出版社2011年版,第7页。

提出了复活文本的社会性和意识形态形式的理论努力,并对"后阿尔都塞"学派的文学批评进行了深入的理论反思。

二、"后阿尔都塞"及其理论反思:阿尔都塞学派的理论批评

从形式主义文论发展历程来看,尽管形式主义文学批评早在 20 世纪 20 年代就已经出现,但直到 60 年代阿尔都塞学派文学批评的崛起,形式主义文论才真正吸引人们的注意。在这个过程中,阿尔都塞学派的理论家,包括阿尔都塞、马舍雷以及早期的特里·伊格尔顿,他们的理论贡献是不可磨灭的。托尼·本尼特充分重视法国文学批评家路易·阿尔都塞自 60 年代以来对形式主义文论的理论发展以及对马克思主义批评的理论调整。在他看来,阿尔都塞的理论在使早期马克思主义批评传统摆脱资产阶级的"美学关注"方面功不可没,但他也认为,阿尔都塞学派的文学批评过多地强调了文学批评的文本性特征,在资产阶级美学的理论遗产上,阿尔都塞试图寻找科学、文学与意识形态之间的差别,并在这个差别中强化一种结构意识,从而区分文学批评在"认识效应""美学效应"与"意识形态效应"层面上的不同表现,但阿尔都塞努力突出的文学批评的"意识形态效应"是不成功的。阿尔都塞一方面把意识形态看作一种实践,看作一种实在性、物质性的生产过程的产物;但另一方面,他又强调所有的意识形态都不可避免地有一种"已经存在那儿了"的稳定结构,"来自实践性的生产特征"与"结构主义的意识形态"这二者之间的矛盾使阿尔都塞的立场并不能在严格意义上区别于形式主义,这也正是阿尔都塞学派文学批评的理论悖谬之处。所以在阿尔都塞学派那里,马克思主义文学批评仍然被归结为产生某种"美学效应"的生产过程,这正是资产阶级美学遗产影响的结果。

托尼·本尼特据此对阿尔都塞学派进行了严苛的理论批评。他甚至认为,阿尔都塞并不能称得上一个文学批评家,阿尔都塞的文学理论更多地是"为了展示他在马克思主义领域内更普遍的理论立场"。[①] 阿尔都塞学派的困难在于他们仍然没有真正跳出形式主义的理论窠臼,他们都将文学的特质"理论化"为一种生成于认识论的"转换的实践"。在这方面,甚至形式主义比阿尔都塞学派更具历史性。形式主义虽然在根本上是美学的"俘房",但形式主义者注意到了文本的"互文"关系,阿尔都塞则关注资产阶级的"纯文学"观念,并错误地看待"文学性",他的结构主义马克思主义

---

① [英]托尼·本尼特:《形式主义和马克思主义》,曾军等译,河南大学出版社 2011 年版,第 106 页。

文学批评是通过美学的而不是历史的逻辑来解释和构建的。所以，托尼·本尼特说，必须抛弃阿尔都塞的认识论稳定学说，因为"从马克思主义唯物主义的观点来看面临这样一个矛盾：也就是说，这种不变的结构是写作实践的产物，它不同于其他互相非常明显地参照具体的历史的和物质的因素构成他们作品的基础"。①

阿尔都塞学派的理论脆弱之处在后来西方马克思主义文学理论发展中也得到了体现，但托尼·本尼特从形式主义和马克思主义的理论关系中对阿尔都塞学派的批评仍然充满了鲜明的理论锋芒。在这方面，本尼特对阿尔都塞的批评与对伊格尔顿的批评是一致的。

20世纪70年代，阿尔都塞的意识形态理论曾在特里·伊格尔顿的《批评与意识形态》（1976）中得到了充分的展现。本尼特认为，伊格尔顿的《批评与意识形态》是一本"令人忧虑的书，充斥着一系列唯心主义与唯物主义分析原则之间的意味深长的张力"。② 原因就在于伊格尔顿是在阿尔都塞的理论矛盾中提出他的文学批评观念的，伊格尔顿试图从"文学生产方式"的概念出发系统阐述他的文学批评观念，但由于阿尔都塞认识论的"包袱"，伊格尔顿把文学定义为一个唯心主义的范畴，"其结果如同一场躲猫猫的古怪游戏"。③ 本尼特对阿尔都塞以及伊格尔顿的理论批评是20世纪西方马克思主义文论中关于阿尔都塞学派研究十分难得的商榷意见，这也是自20世纪70年代阿尔都塞学派理论落潮之后最旗帜鲜明的理论反思。阿尔都塞学派的理论批评曾经在文本学的理论阐释中发展了一种形式主义和马克思主义的理论对话路径，本尼特在尊重这种理论对话路径的基础上做出了一种回溯性的理论观照，从而对形式主义和马克思主义的理论对话关系做出了深入的理论发展。

三、巴赫金的历史诗学：形式主义的思想遗产及其理论重组

如果说20世纪60年代以来的阿尔都塞学派的文学批评使形式主义文论开始进入西方文学批评的主要领域的话，那么，苏联文学理论家巴赫金最早创作于20世纪20年代末的《文艺学中的形式主义方法》（1928）、《马克

---

① ［英］托尼·本尼特：《形式主义和马克思主义》，曾军等译，河南大学出版社2011年版，第109页。
② ［英］托尼·本尼特：《形式主义和马克思主义》，曾军等译，河南大学出版社2011年版，第123页。
③ ［英］托尼·本尼特：《形式主义和马克思主义》，曾军等译，河南大学出版社2011年版，第123页。

思主义和语言哲学》(1929)无疑是决定形式主义文论后来的理论命运的著作,更是整体地挽救乃至使形式主义文论重生的作品。在托尼·本尼特看来,巴赫金和帕维尔·梅德韦杰夫提出的"历史诗学工程"不但"发现"了形式主义文论的方法论启发,而且为马克思主义批评勾勒了一个新的理论领域,标志着形式主义和马克思主义持续的理论对话的开始。托尼·本尼特专门研究了巴赫金关于陀思妥耶夫斯基诗学研究中的"对话性"。他提出的问题是,巴赫金是如何在关于形式主义审美特性研究中深入形式主义理论内部,并发展出一种历史诗学理论的。在他看来,"陀思妥耶夫斯基的人物如果没有根据一些真正的对话者(另一个人物)或想象的对话者(读者)的可能反应直接改变和斟酌他们的谈话,就不会说话"。[①]陀思妥耶夫斯基的诗学给我们的启发是,只有在社会历史诗学中,语言意义的达成与展现才成为可能,历史诗学的理论特征就在于强调我们不仅应该沿着语词与其他语词的关系轴来理解语词的含义,而且应该在言说者与倾听者之间的对话关系之中,在语词发挥作用的语境中来理解语词的含义以及文本的对话关系。在本尼特看来,这正是巴赫金在对形式主义文论的批评中发现的理论命题。

任何关注形式主义和马克思主义的理论研究都无法忽略巴赫金的理论贡献,但同样重要的是,如何在深入把握巴赫金关于形式主义的理论批评中复活乃至重构一种批判传统。也就是说,对于形式主义和马克思主义而言,巴赫金说了什么固然重要,但如果从巴赫金的理论研究中提炼出一种完整的学理批评,这才是关于形式主义与马克思主义理论对话性研究的必需工作。托尼·本尼特没有孤立地看待巴赫金对形式主义的理论批评,他关注的正是那种学理层面上的提升与概括。在他看来,巴赫金的历史诗学既突出了形式主义和马克思主义的对话关系,又在马克思主义理论中发展了一种兼容并包的意识形态批评。在巴赫金那里,意识形态不是"意识"的抽象产品,而是自律和客观的存在。既然所有的语言形式都依赖于独特的、历史地生成的言说者与倾听者之间的关系,那么,马克思主义文学批评的主要任务就是分析那些语言形式是如何联结以及如何以内在的组织形式"折射"或象征某种意义的。本尼特认为,巴赫金以这种方式重新阐释了形式主义的"文学性"问题,但他不再关注"文学"自身,而是关注所谓的"文学"是否具有一种自律的意识形态功能,具有一种对社会存在的"折射"功能。在这个过程中,巴赫金找到了一种富有历史感的"文学"范

---

① [英]托尼·本尼特:《形式主义和马克思主义》,曾军等译,河南大学出版社2011年版,第64页。

畴，这种文学范畴不是用形式主义文论术语界定的形式特性，而是一种特殊的社会书写实践的产物，是语言中的社会关系"星群化"的显现，体现了"生产唯物论"被"消费唯物论"所消解的过程。这是一种唯物主义的历史性的叙述，它可以归结为"一个文本不是'刚好发生'的，而是由一种具体的意识形态和政治决定的产物"。①所以，巴赫金不但被形式主义的理论遗产深刻影响，而且重组了这份遗产，巴赫金的研究超越了形式主义文本批评的片面和偏颇之处，体现了形式主义理论遗产的重要启发。

对巴赫金的形式主义批评的理论总结是本尼特完成形式主义和马克思主义理论对话性研究的重要阶段。无论本尼特把巴赫金提到一个什么样的理论位置，在他的理论阐释中都是可以理解的。但是，值得我们注意的是，本尼特并没有仅仅复述巴赫金的理论思考，巴赫金对形式主义的理论批评在某种程度上也启发着本尼特对形式主义文论提出新的理论阐释角度。巴赫金曾提出："马克思主义尤其不能避开形式主义的方法，因为形式主义者正是作为鉴别家出现的。"②巴赫金的历史诗学找到了对形式主义文论进行"内在批评"的方式，但从巴赫金那里，托尼·本尼特也找到了在"后阿尔都塞"理论视野中继承形式主义理论遗产的方式，并起到了"理论透视"和"清理地基"③的效果。在这个意义上，本尼特的马克思主义批评也标志着在巴赫金和阿尔都塞之后对形式主义文论的又一重要的理论丰富过程。

四、马克思主义美学：从形式到政治的批评

英国当代马克思主义批评家马尔赫恩曾警告说，对于以往的批评传统，"如果马克思主义批评做出的判断到头来是前面的唯心主义传统所下断语的幽灵，那将是令人愕然的"。④ 这也正是当代马克思主义文学批评所要面对的理论困境之一。在这方面，托尼·本尼特也认为，"当前马克思主义文学批评自身所遭遇的许多困难的原因可以追溯到一个事实上去，即它的关注从未与那些传统美学的关注区分开来，我们希望，基于对形式主义著作的

---

① ［英］托尼·本尼特：《形式主义和马克思主义》，曾军等译，河南大学出版社 2011 年版，第 80 页。
② ［苏］巴赫金：《文艺学中的形式主义方法》，李辉凡等译，见巴赫金：《周边集》，河北教育出版社 1998 年版，第 156 页。
③ ［英］托尼·本尼特：《形式主义和马克思主义》，曾军等译，河南大学出版社 2011 年版，第 36 页。
④ ［英］弗朗西斯·马尔赫恩：《当代马克思主义文学批评》，刘象愚等译，北京大学出版社 2002 年版，第 206 页。

批评性重审，部分纠正这个问题"。① 本尼特用"批评性重审"的理论设想表达了对当前马克思主义文学批评困境的思考，某种程度上，这也正是他的形式主义马克思主义文学批评的理论初衷所在。在反观形式主义理论遗产的同时，托尼·本尼特也从美学的角度提出了马克思主义文学批评"重新历史化"的理论路径，努力推动马克思主义文学批评从形式到政治的理论转移，并因此提出了他的"政治化"的马克思主义文学批评观。

在托尼·本尼特看来，这种基于"政治化"的马克思主义文学批评就奠基于马克思主义和形式主义的理论对话之中。重新阐释马克思主义与形式主义的理论对话过程，重新发现形式主义丢失的理论遗产，将是马克思主义文学批评理论在当代重要的发展契机。那么，如何达到这种"政治化"的马克思主义文学批评的理论期望呢？托尼·本尼特提出了一种马克思主义文学批评的"理论的断裂"主张。

所谓"理论的断裂"既是指马克思主义文学批评需要更好地吸收包括康德美学在内的资产阶级美学的理论话语资源，但同时又要走出资产阶级美学话语的"形式化"困囿，在一种理论的间离状态中实现马克思主义文学批评的重新"历史化"，这也正是形式主义和马克思主义理论对话释放出来的理论力量。

托尼·本尼特提出，马克思主义文学批评的"理论断裂"关键就是要认识到，在形式主义和马克思主义的理论交汇中，真正应该关注的不是"马克思主义和美学"（Marxism and aesthetics），而是"马克思主义对美学"（Marxism versus aesthetics）。二者区别在于前者关注形式主义和马克思主义的相似性；后者则在形式的差异性中走向理论断裂性的思考，并用唯物主义观念和意识形态观念限制种种"形式化"的理论。这种"理论的断裂"的目的是以不同形式的历史唯物主义理论打破资产阶级美学的理论限定，并在文本的层面上坚持一种历史的和多样性的观念，强调文本的特殊功能和效应是其所在的历史中不同决定因素特别是政治影响的结果。在这个意义上，马克思主义文学批评其实也体现出了一种政治的"承诺"。并非像阿尔都塞说的那样，马克思主义文学批评是一种能看得见的"科学"，而是历史化进程中积极创造"政治"的持续性的生产活动，并在具体的社会进程中为实现文本的现实功能而斗争，从而展现文学文本的政治效应。

托尼·本尼特提出："所有离我们远去的一切将去向何方？马克思主义

---

① ［英］托尼·本尼特：《形式主义和马克思主义》，曾军等译，河南大学出版社2011年版，第3页。

文学批评将走向何方？它又将如何发展？对于这些问题是没有单一答案的。"① 在马克思主义不断被"幽灵化"的时代，这种追问是无奈的。在对形式主义文论的思考中，托尼·本尼特既看到了马克思主义文学批评的理论"困苦"，也看到了马克思主义文学批评的理论生发方向，在形式主义和马克思主义的理论对话中，本尼特努力寻求马克思主义文学批评当代发展的理论空间，不仅向我们展示了鉴别分析形式主义文学批评的理论与方法，更主要的是在批判种种寄生于资产阶级美学观念之上的形式主义理论的过程中，对形式主义和马克思主义的理论对话关系做出了实质性的理论拓展。本尼特既区别于巴赫金、阿尔都塞等理论家对形式主义和马克思主义做出的文本学阐释，又没有局限于"对话"本身，对形式主义和马克思主义的理论研究也没有局限于它们各自的理论范围，而是将它们之间的对话关系视为马克思主义文学批评的学理性建设的重要资源，他的方法论和学理启发无疑是明显的。

除此之外，本尼特提出的马克思主义从文学批评到政治的转移，主要是基于作为资产阶级美学遗产的形式主义如何有效地与马克思主义文学批评的历史化发展结合起来，他无意创造一种马克思主义文学批评的"政治"，而是探索马克思主义文学批评如何真正从形式主义和马克思主义理论对话中汲取更多的理论养分，从而弱化马克思主义文学批评中的资产阶级美学遗产的理论成分，强化马克思主义文学批评的实践性。所以，托尼·本尼特提出的所谓"政治化"的马克思主义文学批评从根本上说仍然是一种学理性的思考，而非纯粹意识形态以及现实政治的理论。但是如果他能够从这种"政治化"的马克思主义文学批评的特殊表意形式出发，在理论特殊性层面上更深入地考虑马克思主义文学批评在特定社会历史中的表达机制和理论展开方式，或许，他提出的从形式到政治的转移中发展马克思主义批评的理论会更加深刻。

马克思曾说："哲学家是以不同的方式去解释世界，而问题在于改变世界。"② 托尼·本尼特也提出，马克思主义文学批评家们仅仅是以各种方式来解释文学，关键是要做出"改变"。改变制约着文学文本发挥社会功能的因素，进而改变文学文本的用途。本尼特对于形式主义的马克思主义批评，不是着眼于形式主义文学批评观点的那些普遍性的偏颇之处，而是重点考

---

① ［英］托尼·本尼特：《形式主义和马克思主义》，曾军等译，河南大学出版社2011年版，第118页。

② ［德］马克思：《关于费尔巴哈的提纲》，见《马克思恩格斯文集》（第1卷），人民出版社2009年版，第501页。

察那种把"形式"视为普遍性观点的形式主义美学及其产生的具体历史条件,他通过对形式主义文学批评的理论反思来讨论这些问题,得出的却是马克思主义文学批评的理论创见,其中的理论启发性值得我们认真对待。

但我们也要看到,本尼特的理论设想不免也有一厢情愿的成分。阿尔都塞当年也曾深刻地提出了马克思的"理论断裂"问题,同样设想借助于其他的理论替代方案来复活马克思主义文学批评的实践特征,但最终仍然难免理论失落之命运。特里·伊格尔顿也曾先于他提出"政治的批评"观念,并坚持马克思主义的政治批评,但同样难以招架来自各个层面的质疑。而像托尼·本尼特所说的,他希望通过提出一套马克思主义的新的关注点,一种新的"文学"观念,把马克思主义批评从审美地带(the terrain of aesthetics)转向它所属的政治地带,从而解决马克思主义文学批评的现实发展困境,这种理论设想仅仅通过对形式主义文论的"批评重审"恐怕仍然是难以实现的。

托尼·本尼特对马克思主义和形式主义的对话性研究,没有巴赫金"历史诗学"宏大宽广的视野,也不像阿尔都塞那样重视绵密细致的思辨分析,但也没有杰姆逊的辩证批评那样晦涩艰深,更没有马尔库塞的理想化与审美化,他更注重文本学的阐释,在理论上更加自然清新,他的理论批评看似平实但层层深入,逻辑性和学理性突出,这无疑是难能可贵的。让我们重温他的话:

> 文学在政治上的建设,离不开政治的批评。迄今为止的马克思主义文学批评就是假定每一个文学文本内部都有其政治因素。并且假定马克思主义文学批评的作用就是阐明这一政治因素,明文规定给予它发言权。而这种政治本质说必须被打破。文学文本不应含有任何政治成分,不应含有任何区分于其工作的定位和在控制文化关系领域内占有的地位。马克思主义文学批评所面临的任务并不是反映抑或揭发已经存在的政治因素,而是揭示那些潜伏在文本内部的明显地表达出来的存在。正是这种积极的政治化的文本,通过在文化关系领域提供一个新的地位,使政治融入文本,从而使新的运用形式在更广泛的社会进程中孕育而生。①

超越"文本形而上学",马克思主义美学从形式到政治的转移,正像他所说的,需要在更广泛的社会进程中"孕育而生"。

---

① [英] 托尼·本尼特:《形式主义和马克思主义》,曾军等译,河南大学出版社 2011 年版,第 138 – 139 页。

第七章　理论面向现实：20 世纪英国马克思主义文学批评的"经验性"

　　20 世纪英国马克思主义文学批评强调从大众文化与社会主导价值体系的关系领域展现文化研究的现实性，在文化和美学研究视野中展现出了丰富的理论的"经验性"。这种理论的"经验性"既与英国文化研究传统有密切的关系，又得益于马克思主义批评视野中的文化唯物主义理论范式的构建与发展，从而在批评实践中超越了传统马克思主义文学批评的理论与方法，实现了大众文化经验研究有效融入美学与文化理论的过程，并在美学和文化层面上凝练成了审美幻象研究的理论体系。

　　20 世纪英国马克思主义文学批评理论的范式与经验是一种深刻的理论资源，对中国马克思主义文学批评的理论建构与发展具有重要的价值。中国马克思主义文学批评的理论建构与实践发展应该重视这种思想资源与理论资源，也需要从自身的理论经验性出发，深入思考理论研究面向现实文化经验的途径与方式，从而增强理论把握现实的能力。

第一节　审美幻象研究与 20 世纪英国马克思主义文学批评的理论资源

　　20 世纪英国马克思主义文学批评对当代美学研究中的审美变形、审美表达机制等问题有深入的阐发，对后现代主义语境中马克思主义美学的理论困境有深入思考，体现了马克思主义文学批评的现代性精神和实践性立场，并在美学与文化层面上形成了具有理论特殊性的审美幻象问题研究。20 世纪英国早期的马克思主义理论家考德威尔在《幻想与真实》中提出的"幻想"的概念，雷蒙·威廉斯对通俗文化与大众文化的研究以及对电视、科技与文化形式的思考，特里·伊格尔顿在《后现代主义的幻象》《后现代主义文化矛盾》《文化的观念》等一系列论著中对审美幻象问题的研究，托尼·本尼特对通俗小说的研究等，构成了审美幻象研究重要的理论资源，在学理层面上展现出了20世纪英国马克思主义文学批评以审美幻象理论把握文化现实的理论方式。20世纪英国马克思主义文学批评在充分观照当代新兴文化传播方式与文化书写的过程中，形成了不同于其他国家马克思主义批评的理论范式，其理论范式与经验对于建立当代形态的马克思主义文学批评有重要的启发。

一、审美与现实：审美幻象研究的理论起点与方法特征

在马克思主义批评视野中，审美幻象问题与审美意识形态问题有密切的理论联系。如果说审美意识形态问题构成了马克思主义文学批评基本的美学问题，体现了马克思主义美学研究面向现实的理论提问方式的话，那么，审美幻象研究则是这种提问方式的哲学化、学理化的提升与概括，体现了马克思主义文学批评把握文化现实问题的具体理论方式，是马克思主义文学批评在美学与文化层面上的重要的理论概括。20世纪英国马克思主义文学批评在文化唯物主义理论范式上展现出了鲜明的理论特征，审美幻象研究正是将这一理论范式予以美学化和哲学化理论提升的形式，并在问题性与经验性的理论思考中将马克思主义文学批评理论推向深处，其理论模式与研究方法正是那种重视自下而上的文化经验性研究典范形式。

作为一个美学和文学批评问题，"审美幻象"的概念与"审美意识形态"的概念一样，都是随着现代审美理论的深入发展才逐渐进入马克思主义美学与文学批评理论视野之中的，特别是审美幻象问题，它是一个随着现代以及后现代美学研究的发展而出现的新问题，与新兴审美文化形式的出现以及大众文化转向中的消费文化、视觉文化、媒介文化的兴起有密切的关系。在美学和文化层次上，审美幻象研究是归纳和把握这些新兴文化经验及其美学影响的理论形式，体现了从审美感性、审美经验与情感心理角度将这些新兴文化经验哲学化、学理化的研究过程。当代美学与批评理论对审美意识形态问题有着较长时间、较为突出的理论探索，但对于审美幻象问题的研究则相对较为平淡，在审美文化批判以及学理层面都缺乏丰富性的理解，很多理论模糊之处缺乏更深入广泛的探讨，这自然也影响了对当代文化语境中那些新兴审美文化经验与形式的理论把握与哲学提升，这也正体现了当代美学中审美幻象研究的必要性。

从理论起点上看，审美幻象研究有两个重要的起点。一是在马克思主义文学批评视野内，审美意识形态问题的文化表征形式构成了审美幻象问

题的理论起点；二是审美幻象问题与后现代主义文化的审美走向息息相关，后现代主义文化与美学所造成的现代审美文化种种断裂的现实和破碎的历史镜像构成了审美幻象研究的思想起点。这两个方面的原因规定了审美幻象研究的主要内容和对象是在马克思主义理论立场下，通过全面剖析现代社会生产关系中审美文化表现方式的变革、审美与现实关系的新变化、文学与意识形态的复杂学理关系以及大众文化经验生成与影响等问题，探索现代审美理论如何进一步深入文化现实，如何通过重建人们的情感、心理、审美欲望与现实文化发展的关系，来增强理论把握现实的能力。审美幻象研究的这个对象与内容自然也影响了它的理论研究方法。从方法上看，审美幻象研究主要是从审美与现实的角度，通过对审美变形问题的思考，阐释审美幻象问题发生的学理基础及其现实表现，探讨如何通过审美和艺术的方式来把握现实文化的发展及其对现实文化经验做出充分的理论说明。

  审美幻象问题既是马克思主义审美意识形态理论中的一个重要问题，包孕着丰富的思想能量，同时又是包括马克思主义文学批评在内的现代美学研究介入现实审美问题的重要的理论视角与方法；它既是审美意识形态的现实征兆，是广阔社会文化语境中多重叠合的文化镜像在审美层面上的折射，更是意识形态对现实文化基础在美学和艺术层面上的反映及其体验方式。审美幻象研究深刻的人文价值在于，它凝聚了社会和历史发展过程中各种文化转向的具体过程，通过对它的研究，可以更好地揭示历史与现实交汇中的审美文化表征的矛盾状态，从现实层面上全面剖析一定社会审美幻象的表达机制与交流机制，可以充分展现美学与文学研究的丰富性与生动性，从而在一定社会文化语境中把握现代审美理论的发展方向。只要有现实审美文化存在的领域，都存在审美幻象的征兆与形式；反过来，只要有审美意识形态、有人类思想文化存在的社会空间，都会有审美幻象的存在方式。从学理层面上把握审美幻象问题的理论资源与实践方式，是我们深刻地理解马克思主义美学与批评理论的思想精髓及其当代价值的重要途径，同时也是马克思主义文学批评理论建设必须面对的一项工作。

二、审美幻象研究与20世纪英国马克思主义文学批评传统

  审美幻象研究与20世纪英国马克思主义文学批评的理论传统有着密切的理论联系。在审美幻象研究中，20世纪英国马克思主义文学批评形成了独特的理论范式，有着不同于其他理论流派的理论表述。

  在20世纪英国马克思主义文学批评的理论视野中，审美幻象问题不是

纯理论性的分析，而是一种批判性的文化研究方式，这种研究方式重视审美幻象作为现实审美文化经验表征机制的中介意义，强调以审美幻象作为媒介观照当代新兴文化传播方式与文化书写方式的意义，将大众文化研究置于文化与审美启蒙的重要位置，并对现代审美文化领域的各种文化现象做出了冷静的审视，在理论范式与研究方法上体现出了明显的自下而上的文化经验性研究的理论特性。

20世纪英国早期的马克思主义理论家考德威尔在他的《幻想与真实》中曾提出过初步的审美幻象研究的理论设想。在《幻想与真实》中，考德威尔从"幻想"的概念出发考察20世纪30年代的英国作家，在对他们的诗歌作品的解读中，提出了"自然主义和温情的资产阶级幻象"之间的创作差异，他用"资产阶级幻象"的概念来描述英国30年代社会运动与审美文化发展的影响关系，其实正是体现了20世纪30年代英国作家的创作与现实审美意识形态发展的关系，并突出展现了当时诗歌创作中重要的审美变形机制和表征现实审美文化经验的作用。

在考德威尔提出并阐述"资产阶级幻象"概念的过程中，由于现代审美理论还处于发展阶段，以及他对马克思主义文学批评的理解相对简单模糊，特别是对资本主义社会文化生产关系复杂性的分析还不能上升到很深刻的哲学和美学高度，所以他对20世纪30年代英国作家的诗歌创作与当时审美意识形态关系的认识还是比较简单的，在审美幻象问题上还没有形成深刻的理论认识。但在当时的历史语境中，考德威尔在审美幻象问题上的理论先声仍然值得重视。在当时的社会条件和理论条件下，考德威尔已经认识到了诗歌创作与温情的资产阶级幻象存在一定的联系，特别是他在使用并阐述"幻想"概念的内涵时就已经指出自古希腊时代以来"诗是用来创造幻象的"，"诗人显然写出了某种创造幻象的东西，即使那东西本身是虚构的"，[①] 这些理论观念显然是不容忽视的。

除此之外，在论心理与幻想的关系时，考德威尔还提出：

> 诗是诗人写的。人的欲望和自然界的必然性之间发生冲突，在人们的现实生活和现实思想中展开斗争，并推动生活前进。产生诗的矛盾是这普遍矛盾的一种特殊形式。诗产生于诗人的本能和经验的矛盾之中，这一矛盾的张力驱使诗人去构建虚拟的幻想。然而这虚拟的幻

---

① ［英］考德威尔：《考德威尔文学论文集》，陆建德等译，百花洲文艺出版社1995年版，第43页。

想与现实世界有着确定的和功能性的联系,是现实世界孕育的花朵。①

在马克思主义的审美意识形态理论还没到得到系统的理论丰富和表达的时期,特别是在考德威尔以一个青年研究者的身份刚刚开始马克思主义文学批评研究的时刻,能提出这样的理论见识其实是非常难能可贵的。他对诗歌创作与现实审美经验的理论认识也成了现代审美理论关于审美幻象问题研究的重要的理论资源,尽管是一种需要更深入的理论提升的资源。

这种理论提升同样是在20世纪50年代英国马克思主义批评发生重大理论飞跃的时刻完成的。20世纪50年代以来,随着雷蒙·威廉斯、理查德·霍加特等人的文化研究理论的丰富发展,英国马克思主义理论视野中的审美幻象研究也获得了积极的理论推动。在《漫长的革命》《文化与社会》等著作中,威廉斯提出的"文化与社会"的理论建构方式蕴含了审美幻象研究的丰富的方法论内涵,而他提出的文化唯物主义理论范式,在将马克思主义的经济基础/上层建筑理论模式推进到一个新的理论高度的同时,也在社会生活的文化分析以及新兴文化形式的理论阐释中深刻地涉及了审美幻象研究的理论价值。

在《文化与社会》中,雷蒙·威廉斯从广阔的社会生活和思想变迁的角度,对18世纪中叶到20世纪中叶英国作家作品的分析,着眼的是这些作家作品所体现出的文学思想的沿革与思想文化变迁之间结构性变化的关系,威廉斯坚持一种文化与社会的阐释方法,这种阐释方法强调的是文学艺术作品与既定社会审美文化传统发展变化的契合之处,即文学发展与社会审美意识形态同步发展的普遍感觉结构,以及这些感觉结构"持续地进入了我们这个时代的文学和社会思想的程度"。②

在"感觉结构"层面上,威廉斯的马克思主义批评没有走向那种普通意义的社会学批评,他在《文化与社会》中的批评阐释既是一种历史性的叙述,同时又在文化与社会变迁的共时性上深化了对文学的审美意识形态功能的认识。正是在这个意义上,威廉斯的"感觉结构"理论与文化唯物主义批评理论范式相得益彰地展现出了审美幻象研究的重要的理论精神,从而成为英国文化马克思主义理论的奠基性的理论思考。威廉斯在他的理论研究中,没有使用过审美幻象的概念,但他对英国文学与批评的系统研究展现了审美文化发展与意识形态现实之间的联系,特别是在通俗文化与

---

① [英]考德威尔:《考德威尔文学论文集》,陆建德等译,百花洲文艺出版社1995年版,第159页。
② [英]雷蒙·威廉斯:《文化与社会》,吴松江译,北京大学出版社1991年版,第153页。

新兴文化形式的研究中已经非常深入地涉及了审美幻象问题。

相比雷蒙·威廉斯，英国马克思主义文学批评家特里·伊格尔顿不但明确地在他的文化理论中积极凸显审美幻象研究的理论意义，而且在《后现代主义的幻象》《后现代主义文化矛盾》等一系列论著中，鲜明地体现了审美幻象研究的理论思考。

伊格尔顿对审美幻象问题的理论研究是与后现代主义文化风格研究结合在一起的。在《后现代主义的幻象》中，伊格尔顿指出，后现代主义其本质是一种文化话语，这种文化话语隐藏着巨大的矛盾性，其具体表现就是资本主义文化语境中的经济基础和上层建筑之间的巨大沟壑及其审美矛盾。在他看来，后现代主义源于晚期资本主义的社会现实，在经济基础上，它依赖于晚期资本主义社会的市场逻辑，晚期资本主义社会的商品交换和欲望至上法则构成了后现代主义主要的价值标准和取向，因为市场的威力已经将一切价值和特征肢解成杂乱的、相对的和多元的符号，在资本主义社会商品交换和欲望至上法则面前，一切坚实的基础都被摧毁了，普遍性的价值、恒定性的标准和总体性的观念被分解成了虚幻的文化符号。从这个意义上说，后现代主义是衍生于发达资本主义的社会法则和经济基础之上的。但是，后现代主义在意识形态上却不断走向与资本主义社会主导意识形态的对抗，它以一副激进的面孔扫荡一切权威和价值，并对资产阶级社会主流意识形态构成威胁，所以，后现代主义的激进姿态就成问题了。这种激进姿态的可疑之处表现为：在政治取向上，它摆出一副激进的毫不妥协的姿态，抵制普遍性的价值标准和总体性的文化观念，但它的激进的文化观念在实践上却始终依靠资本主义社会的经济模式和经济基础，所以，在一种暧昧的妥协中，后现代主义的激进姿态实际上是一个唬人的面具，它既是激进的又是保守的。这种矛盾实际上暴露了后现代主义的可疑本质，同时也展现了作为一种文化风格的后现代主义矛盾的文化取向。

在伊格尔顿看来，作为一种文化风格的后现代主义"以一种无深度的、无中心的、无根据的、自我反思的、游戏的、模拟的、折中主义的、多元主义的艺术反映这个时代性变化的某些方面，这种艺术模糊了'高雅'和'大众'文化之间，以及艺术和日常经验之间的界限。这种文化具有多大的支配性或者流行性——它是一直发展下去，还是仅仅表现为当代生活中的一个特殊领域——还是一个有争议的问题"。[①] 所以，作为一种文化风格的后现代主义是一种混合现象，在这种混合现象面前，我们只能将它当作一

---

① ［英］特里·伊格尔顿：《后现代主义的幻象》，华明译，商务印书馆2000年版，第1页。

种审美幻象而不是实际的世界加以对待,用伊格尔顿的话说是这种审美幻象将后现代主义"小说化"了。

从后现代主义文化风格入手,伊格尔顿找到了批判后现代主义有效的理论方式,也体现了他对后现代主义文化的基本认识。伊格尔顿提出,后现代主义在文化上就是一种审美幻象的形式,是"使一种泛滥大街小巷的政治文化保持热度的一种方法"。① 伊格尔顿对后现代主义文化的批判是围绕着审美幻象问题展开的,他所言的"后现代主义的幻象"指的是后现代主义在文化与美学层面上的意识形态表征。在他看来,后现代主义幻象的根源在于对资本主义社会文化现实的想象性误识和置换,其最大的弊病是在一种异质和分裂的激进面孔下掩饰了当代资本主义社会个体分裂的事实。

在《后现代主义的幻象》的第四章"主体"研究中,伊格尔顿专门从身体角度出发,深入批判了后现代主义文化影响下主体的压抑与分裂汇聚成了一种关于身体的文化政治学,并深刻地提出:"当代文学理论因为它激动人心地谈论文本的物质性,因为它在身体学和符号学之间不断互换,所以它以适当地不再抱有幻想的后现代风格,成了这种幻想的最新版本。"② 伊格尔顿这种观念也延续了他在《文学理论:导论》《审美意识形态》中一贯的审美意识形态批评的理论方法,展现了他在审美幻象问题上的集中思考,代表了20世纪英国马克思主义文学批评在审美幻象研究中最重要的理论成果。伊格尔顿的研究也让我们看到,现代社会中,特别是后现代文化语境下,审美幻象问题在文化与美学上已经具体表现为种种矛盾和分裂的文化现实,现代美学研究在这样的历史语境中无疑面临着巨大的挑战,马克思主义文学批评要在这个特殊的历史阶段把握人类审美文化的发展方向,就必须面对这个复杂的现实。

三、审美幻象研究与20世纪英国马克思主义文学批评的理论资源

面对当代社会的审美意识形态现实,马克思主义文学批评研究的任务不仅在于理论研究本身的拓展,更应该在深刻关注当代审美文化现实的过程中,积极面对现实审美文化发展中的各种挑战,充分思考理论研究把握审美文化现实的有效途径。

现代审美理论发展中的审美幻象研究使我们看到,在后现代文化语境中,随着各种新兴文化表现形式的出现以及人们审美体验方式的变化,文

---

① [英]特里·伊格尔顿:《后现代主义的幻象》,华明译,商务印书馆2000年版,第33页。
② [英]特里·伊格尔顿:《后现代主义的幻象》,华明译,商务印书馆2000年版,第88页。

学、艺术以及审美经验的各种审美变形机制日益多元化,审美意识形态发展的现实也越来越复杂,这无疑对文学与艺术研究的价值与功能有更高的要求。在多元文化条件下,人们情感表达与审美交流的通道并不是随着现代社会的发展更加顺畅了,而是不断陷入审美交流的窘境之中,在这种情形下,如何定位文学艺术研究的审美功能及其文化价值无疑也面临着新的考验。

在《文化与社会》中,威廉斯曾经提出:

> 如果一个社会赖以存在的只有他自己直接的、当代的经验,那么这个社会的确是个贫乏可怜的社会。但是,我们能汲取其他经验的道路还是很多很多,不单单是文学而已。如果我们要汲取记录下来的经验,我们不但可以借助丰富的文学资源,也可以借助历史、建筑、绘画、音乐、神学和政治理论和社会理论、物理和自然科学、人类学。确实,我们可以借助全部学问。如果明智的话,我们还可以借助用其他方式记录下来的经验:机构、礼仪、风俗、家族回忆录。①

在关于文学与文化研究中,威廉斯表现出了非凡的理论视野,他的研究努力集中在作为一种整体生活方式的"文化"的研究上,威廉斯提出,关注作为一种整体生活方式的文化,不能将理论的视野仅仅限定在文学层面上,"文学及其重要,因为文学既是正式的经验记录,而且每部作品都是文学与以不同方式保存下来的共同语言的契合点"。② 但是,如果仅仅让文学研究或文化批评承担起观照全部社会经验的责任,则会存在将文学研究抽象为普通的文化教育的危险。包括马克思主义文学批评在内的文学与艺术研究决不应该仅仅满足于"感性学"的内涵与界限,更应该在充分涵盖其他审美表现领域的过程中深入思考现代审美理论研究的意义与价值。

伊格尔顿说:"现代性的黎明就是我们开始认识到存在着许多种类互相冲突的好生活的时刻。"③ 审美幻象研究正是发生在这一历史时刻,我们重视审美幻象研究就是重视了现代文化条件下审美感性发展的现实情形,同时也重视了更广阔审美表现领域中艺术发展的最新状况,而不仅仅是把研究目光限定在文学及其批评上。正像有的学者指出的那样:"如果我们把审美幻象作为人们掌握世界的一种基本方式,作为个体与环境相互沟通、与群体相互交流的必要媒介;如果我们既注意这种媒介极为敏感,随时都会

---

① [英]雷蒙·威廉斯:《文化与社会》,吴松江译,北京大学出版社1991年版,第327页。
② [英]雷蒙·威廉斯:《文化与社会》,吴松江译,北京大学出版社1991年版,第328页。
③ [英]特里·伊格尔顿:《后现代主义的幻象》,华明译,商务印书馆2000年版,第89页。

发生断裂的特征,又关注这种媒介的极大潜能和对文化异化的顽强抵抗力,那么,美学理论就有可能从'批判理论'发展为建设性的理论,也就有能力阐发审美变形的丰富可能性以及在塑造价值规范方面的重要作用,从而系统地论证文学艺术在当代中国现代化过程中的积极作用。应该说,这也正符合马克思当年对理论的期望。"①

回望20世纪英国马克思主义文学批评,审美幻象研究所占的比重虽然不是很大,但呈现出来的意义启发却是深远广泛的。考德威尔、雷蒙·威廉斯、特里·伊格尔顿等20世纪英国马克思主义文学理论家,他们的文化研究不但重视现代审美文化视野中的马克思主义文学批评的基本问题,而且把理论视野从传统马克思主义文学批评研究转向更广阔的审美幻象领域,从而展现了20世纪英国马克思主义文学批评的一个非常难得的理论品格,这个理论品格就是他们的理论研究在某种程度上仍然是在一种深刻的危机条件下前行的,他们的理论研究没有踯躅于理论观念的演绎与理论话语本身的丰富,而是在面向现实审美文化发展的过程中不断强化理论研究把握现实的能力。虽然,他们在审美幻象研究中有很多理论问题和观点仍然有待提升和挖掘,但从考德威尔开始,一直到后现代文化语境中的特里·伊格尔顿,他们的审美幻象理论构成了20世纪英国马克思主义文学批评理论发展中的一份难得的理论资源。

从理论观念与实践方式来看,20世纪英国马克思主义文学批评在审美幻象研究中也体现了不同的理论追求,它在将马克思主义理论视角引入一定社会审美体验活动与审美交流方式的过程中,更加注意从哲学理解与理论把握层面上突出理论研究的学理来源和经验特征,对这种理论"经验性"的研究本身也是马克思主义文学批评理论研究中的一个非常关键的内容。

第二节 理论与实践:20世纪英国马克思主义 文学批评的"经验性"

在审美幻象研究的理论资源以及文化唯物主义理论范式中,20世纪英国马克思主义文学批评在面向社会发展与审美文化现实中,坚持大众文化研究的经验性立场与审美意识形态批评的理论方法,在学理层面上充分显

---

① 王杰:《审美幻象研究》,广西师范大学出版社1995年版,第4页。

示了理论的"经验性"特征。这种理论的"经验性"特征如何能进一步与批评实践的具体过程联系起来,从而在积极呼应当代审美文化体验与现实经验的过程中,深化马克思主义文学批评的实践性,这既是 20 世纪英国马克思主义文学批评理论范式所内在地包含的理论内涵,同时也是我们要进一步提升和概括的内容。

考察 20 世纪英国马克思主义文学批评理论范式的"经验性"离不开以下几个重要的思考内容:首先,20 世纪英国马克思主义文学批评的理论范式和经验是如何发展而来的?其次,这个理论范式与经验在学理层面上是如何表现出来的?最后,这个理论范式的经验究竟是什么?如何定位以及它的实践影响何在?回答上述问题,其实也就是再次回到了 20 世纪英国马克思主义文学批评传统的发生发展以及整体表现的核心问题。

一、如何看待英国马克思主义文学批评的"后发性"问题

在 20 世纪 80 年代,英国学者、马克思主义理论家佩里·安德森在他的《当代西方马克思主义》中曾经说道:"在过去的 10 年中,马克思主义理论的地理位置已经从根本上转移了。今天,学术成果的重心似乎落在说英语的地区,而不是像战争期间和战后的情形那样,分别落在说德语或拉丁语民族的欧洲。"并且认为,"英国或北美的马克思主义左派对经济、政治、社会学和文化研究兴趣的绝对浓厚程度,及其衍生出来的刊物和论述,使西方马克思主义传统本身原有领地上的研究程度黯然失色"。[①] 佩里·安德森指出了西方马克思主义文学批评在 20 世纪 60 年代以后的一个重要的理论转变,这个理论转变不仅是一种地理位置的转移和语言区域的变化,也是一种理论范式的重要更新和发展。地理位置的转移和语言区域变化的背后是由于理论范式深层次变化主导的。

理论范式的更新和变化是一个复杂的问题,特别是在英国马克思主义文学批评范围内,理论范式的更新与变化离不开英国马克思主义文学批评的特有传统及其新一代英国马克思主义批评家的理论发展。美国历史学家丹尼斯·德沃金曾经把战后英国马克思主义的理论发展概括为"文化马克思主义",并认为这种"文化马克思主义"的理论发展不能孤立地考察,它是在"文化与社会之间,结构和动力之间,经验和意识之间,以及理论和实践之间"展现出的理论发展,并认为必须把这个理论发展的过程"放在

---

① [英]佩里·安德森:《当代西方马克思主义》,余文烈译,东方出版社 1989 年版,第 23 页。

英国左派危机的背景下研究"。① 理解和把握 20 世纪英国马克思主义文学批评的理论范式与经验同样离不开这一理论背景。

丹尼斯·德沃金提出,战后英国文化马克思主义的理论思潮在英国左派危机的背景下,于 20 世纪 50 年代英国保守主义时期开始形成,在 80 年代撒切尔主义的政治和社会改革中变得明显,我们可以发现,其实这一时期也正是 20 世纪英国马克思主义文学批评的理论飞跃时期,雷蒙·威廉斯、理查德·霍加特、斯图亚特·霍尔等人理论研究的黄金时期是在这一时期完成的,这也意味着 20 世纪英国马克思主义文学批评的理论背景与战后英国文化马克思主义的理论发展是同步的。在这个大的理论背景下,20 世纪英国马克思主义文学批评理论范式的发展存在着另外一个值得我们注意的现象,那就是马克思主义文学批评传统在英国的发生都晚于其他理论思潮,这是我们总结和归纳 20 世纪英国马克思主义文学批评理论范式和经验不能忽略的问题。

作为一种现代思想文化领域中的重要理论学说,马克思主义从 19 世纪下半叶就在西欧发展并在世界范围内产生重要影响。但是,英国马克思主义的兴起以及马克思主义批评的确立却是 20 世纪 30 年代以后的事情。20 世纪 30 年代以来,在英国马克思主义文学批评刚刚开始发端的时刻,欧洲以及世界范围内的马克思主义文学理论批评已经经过一个较长时间的理论发展,并具有了较为明显的理论成绩,特别是卢卡奇、葛兰西、柯尔施等西方马克思主义理论家,大多是在 20 世纪 20 年代完成了马克思主义理论在西欧的重要理论发展。② 在英国 20 世纪 30 年代,当考德威尔开始较早地从事马克思主义文学批评研究时,英国的马克思主义的理论观念处于理论上的机械应用的水平上。雷蒙·威廉斯在 1958 年写作《文化与社会》时说,他对马克思主义理论的接触最早是在 1939 年,不是在课堂上,而是在学生讨论的题目中,当时剑桥大学的马克思主义研究还没有完全脱离"激进的民众主义"③的水平。这个过程持续了很长的一段时间,一直到 20 世纪 50 年代以后,在雷蒙·威廉斯、理查德·霍加特的文化研究的促动下,英国

---

① [美]丹尼斯·德沃金:《文化马克思主义在战后英国》,李凤丹译,人民出版社 2008 年版,第 142 页。
② 卢卡奇开启西方马克思主义理论思潮的重要作品《历史与阶级意识》发表于 1923 年,他在 20 世纪早期的其他理论著作还有 1910 年的《心灵与形式》、1911 年的《现代戏剧发展史》、1913 年的《审美文化》、1916 年的《小说理论》等;葛兰西著名的《狱中札记》写于 1929 年左右;德国马克思主义理论家柯尔施则于 1923 年发表了著名的《马克思主义和哲学》。
③ [英]雷蒙·威廉斯:《马克思主义与文学》,王尔勃等译,河南大学出版社 2008 年版,第 1-2 页。

马克思主义文学批评才有了理论上的奠基,一直到70年代在英国文化研究的"葛兰西转向"的影响下,英国马克思主义才开始具有理论研究上的起色。马克思主义的理论影响在20世纪的英国有着非常明显的滞后性和后发性色彩,这种后发性说明了什么呢?既然马克思主义理论在20世纪英国有着后发性的特征,那么,又如何看待它的理论范式和经验?

英国马克思主义兴起与马克思主义文学批评的确立晚于其他国家,除了某些现实的客观的因素外,也体现了英国马克思主义文学批评的理论生成与马克思主义理论传统之间复杂的理论交融过程。这种后发性的特征并非理论落后的标志,也并非意味着理论上的不成熟以及理论影响上的弱势地位,它体现了20世纪英国马克思主义传统的起源与发展是处于一种渐进性的过程中的。国内研究者张亮先生认为,马克思主义在英国的兴起具有明显的理论发展的滞后性,这其中有马克思、恩格斯本人在理论实践过程中语言写作的固有困难。张亮曾指出英国人理解和接受马克思主义中的语言障碍,认为"马克思和恩格斯主要使用德文进行理论创作,尽管他们也曾用英文在英国和美国的报刊上发表过大量文章,但真正能够代表其革命性思想的绝大多数代表作长期缺乏英译本,这给英国人理解和接受马克思主义造成了实质性障碍"。[①] 这是一个值得考虑的因素,就文学理论与美学研究而言,这也恰恰说明了英国马克思主义理论兴起的特征,那就是它是在与英国文化与文学批评研究传统相融合的过程中渐进发生的,意味着马克思主义文学批评理论范式在英国的生成与发展不完全是一种域外理论思潮影响的结果,同时更是英国本土的理论传统与经验与马克思主义思想观念相调适的结果。它的理论上的后发性正说明了这个过程也是复杂的,它不是简单的思想斗争和理论博弈的过程,也不是直接地在理论的层面上发生的,而有着一种理论与经验以及社会文化历史层面上的深层次的交融性;这个过程不是一种理论上的自足的表现,而是理论与经验层面上的有效融合。

理论上提出的问题其实是文化经验与审美认识上的概括,20世纪英国马克思主义文学批评的理论不是一种自上而下的纯粹思辨性的理论范式,而是文化经验与审美分析有效融入理论建构而展出来的一种批判性思考的理论范式。20世纪英国马克思主义文学批评理论范式的后发性特征也正体现了它的理论范式独特的发展轨迹以及过程,展现了它的发展演变的特殊性的一面。现在看来,这种理论特质对我们理解20世纪英国马克思主义文

[①] 张亮:《英国马克思主义理论传统的兴起》,载《国外理论动态》2006年第7期。

学批评的理论经验是一个重要的理论视角,它启发我们对20世纪英国马克思主义文学批评理论范式的锤炼过程有新的认识,雷蒙·威廉斯、理查德·霍加特、斯图亚特·霍尔、特里·伊格尔顿、托尼·本尼特等人正是在与"英文研究"强大的思想惯性发生理论上的冲突与融合的过程中才实现理论范式的创造的,这个过程既使20世纪英国马克思主义文学批评保留了自己的传统,又让它在马克思主义理论内部实现了自身文化传统的创生与转换,让那种精英主义的人文传统与工人阶级的文化经验研究结合起来,这样就造成了一种学理上的丰富拓展与文化实践效应并存的特有的理论经验。

从理论范式的层面上看,20世纪英国马克思主义文学批评理论吸收了包括西方马克思主义理论在内的重要理论原则与方法,同时对本土文学批评传统又有一定的继承,并从中吸取了重要的思想启发;在实践层面上,它在面向工人阶级与大众文化的过程中,找到了马克思主义文化理论与现实文化经验有效融合的理论途径,二者的结合正是20世纪英国马克思主义文学批评理论范式所拥有的理论的"经验性"特征。

二、20世纪英国马克思主义文学批评的经验性形式

20世纪英国马克思主义文学批评基本的理论范式即是在它积极面向工人阶级与大众文化研究中所形成的文化唯物主义的理论范式,其基本的批评方法是在审美幻象研究的理论资源中形成的独特的意识形态批评。这个理论范式与经验在学理层面上是如何表现出来的?这就涉及了20世纪英国马克思主义文学批评理论独特的表达形式问题。从理论上而言,20世纪英国马克思主义文学批评的文化唯物主义理论范式与雷蒙·威廉斯的理论建构密切相关,但它不完全是雷蒙·威廉斯的一人之功,而是理查德·霍加特、斯图亚特·霍尔、E. P. 汤普森、特里·伊格尔顿、托尼·本尼特等20世纪英国马克思主义文学批评家们整体的理论研究所展现的理论形态及其表现方式,这种表现方式与文化经验阐释密切相关。

英国学者迈克尔·丹肯曾说,雷蒙·威廉斯是以"经验主义术语"[①]发展了传统马克思主义的理论体系,主要指的就是他的文化唯物主义的理论建构。威廉斯在他的《政治与文学》中也说到,他是从《细察》那里吸收了"经验"一词才提出后来的"感觉结构"概念的,并认为他在《马克思

---

① [英]迈克尔·丹肯:《新一代英国新左派》,李永新等译,江苏人民出版社2010年版,第135页。

主义与文学》中对马克思主义文学批评的决定论趋向的反驳,在某种程度上正是因为传统马克思主义"将文化生产精神化"了[①],所以他才强调文化的经验性之于马克思主义理论建构的作用。

迈克尔·丹肯所说的威廉斯使用的"经验主义术语"其实就是"文化"的概念。在"文化"的层面上,威廉斯的文化唯物主义理论将大众文化经验研究与马克思主义文学批评的学理建构有效结合起来,他在使用"文化"的概念的时候,并没有停留在纯理论的层面上,他提出的作为一种整体生活方式的"文化"概念,就是考虑到了文化研究其实离不开作为具体生活方式的文化经验层面上的内涵,所以,"文化唯物主义"的理论范式正是体现了20世纪英国马克思主义文学批评理论的"经验性",也是它的重要的理论形态与表现方式。

雷蒙·威廉斯的文化唯物主义理论有一个逐步发展的过程,特别是随着他对"感觉结构"概念的不断完善而发展的。非但如此,威廉斯的文化唯物主义理论不太强调那种纯学理层面上的归纳和概括,他的《文化与社会》《关键词》等著作中体现的是一种广义的文化经验分析,《马克思主义与文学》中较多地对马克思主义文学理论模式做反思性的归纳提升,但仍然着眼于"感觉结构"的理论基点,这说明威廉斯没有完全着力于马克思主义文学理论的学理建构。但很显然,他在《文化与社会》《关键词》中的"文化与社会"的分析过程显然对文化唯物主义理论范式的提出提供了重要的理论经验上的准备,建立在这些理论经验准备的基础上,他的文化唯物主义理论范式更加充满了从文化经验分析逐渐完善到理论范式建构的色彩。雷蒙·威廉斯的文化唯物主义理论重视文化研究的经验性特征也曾经引起过 E. P. 汤普森的批评。

与威廉斯不同,E. P. 汤普森在他的《英国工人阶级的形成》中更多地从马克思主义理论传统的内部出发,而不是像威廉斯那样强调从社会整体生活方式的角度,重视对英国工人阶级文化经验的归纳和理论分析,所以汤普森曾经批判雷蒙·威廉斯将工人阶级文化经验"情不自禁地将其浪漫化"。[②] 但实际上,威廉斯与 E. P. 汤普森在重视工人阶级文化经验研究方面是比较接近的。只不过,作为英国独树一帜的马克思主义历史学家,汤普森对英国工人阶级的文化经验有着更加直观的理解,因为他要从工人阶级文化的内部总结和归纳工人阶级的形成过程,所以在《英国工人阶级的形

---

① [英]雷蒙·威廉斯:《政治与文学》,樊柯等译,河南大学出版社2010年版,第154页。
② [美]丹尼斯·德沃金:《文化马克思主义在战后英国》,李凤丹译,人民出版社2008年版,第142页。

成》中，他对英国工人阶级文化经验的描绘采取了不同于威廉斯那种稍显浪漫的视角，而是多了一些客观冷静的分析。另外，相比于威廉斯带有一定的"利维斯派"的文本分析特征，E. P. 汤普森更重视对作为一种整体社会经验的文化观念的分析，他对工人阶级文化经验的描写包括了政治、工会、工业革命传统以及工人阶级"生活标准"的方方面面，特别是突出了文化抗争与矛盾对立的经验特征。在这个意义上，威廉斯的"文化是日常的"概念在汤普森的《英国工人阶级的形成》中已经转化为工人阶级文化的意识形态。这对于 20 世纪英国马克思主义文学批评理论范式和经验而言是一种非常难得的理论发展，因为它不仅仅重视作为生活方式的文化，以及在这个维度上展现出的工人阶级文化经验，而是将这种文化经验分析引向更深入的社会层面，不仅仅突出工人阶级文化经验和谐浪漫的一面，也强调文化抗争与文化经验的对立，这种理论研究范式正契合了威廉斯的"感觉结构"理论。所以，威廉斯和 E. P. 汤普森其实是共同行进在工人阶级文化经验研究的理论路径上，同时也更加生动丰富地展现了 20 世纪英国马克思主义文学批评理论范式的经验性特征。

  20 世纪英国马克思主义文学批评理论范式的经验性特征还离不开理查德·霍加特的贡献。E. P. 汤普森同样曾批评霍加特对英国工人阶级文化的研究缺乏工人阶级历史的背景，但我们从霍加特的《识字的用途》来看，这恰恰是他的特征所在。《识字的用途》确实缺乏汤普森在《英国工人阶级的形成》中那种对工人阶级文化抗争经验的叙述，而是更多地展现一种对工人阶级文化局部观察的方式。这是 20 世纪 60 年代英国马克思主义文学批评研究主要的理论展现方式，在经历了 70 年代的"葛兰西转向"后，威廉斯的《马克思主义与文学》、霍尔的《编码/解码》以及 E. P. 汤普森的《英国工人阶级的形成》等著作，已经从那种对工人阶级文化经验的局部观察的方式，走向了更广阔的资本主义文化与政治、意识形态与文化权力等整体性的研究，这是 20 世纪英国马克思主义文学批评受欧洲其他国家马克思主义理论思潮影响的结果，但也不可否认的是，正是类似霍加特的《识字的用途》那种强调个人体验和局部观察的文化研究范式，才奠定了以后英国马克思主义文学批评的文化经验性研究的基础。在这方面，我们说，虽然他们在理论内部存在一定分歧，但这种分歧正是一种理论与思想交流的基础。而作为一个理论整体，他们在工人阶级与大众文化研究中展现出的文化研究的经验性特征是一致的，当然他们的启发同样也是一致的。

  回溯 20 世纪英国马克思主义文学批评理论范式的形成和发展，我们可以发现，其理论范式其实是在整体考察 20 世纪以来英国乃至现代社会文化体验与经验现实的过程中，在理论与实践的双向联系中实现理论建构的。在 20 世纪 50—60 年代，雷蒙·威廉斯、理查德·霍加特、E. P. 汤普森、斯图亚特·霍尔等人的理论研究展现了这种理论范式的主要的表达方式，20 世纪 70 年代以来，特里·伊格尔顿、托尼·本尼特等人的理论研究则进一步继承了它的理论传统与经验，特里·伊格尔顿的审美意识形态批评理论、托尼·本尼特的文化治理与文化研究观念，在超越传统马克思主义文学批评的意识形态研究的基础上深化了文化唯物主义的理论范式与审美意识形态批评方法，这意味着 20 世纪英国马克思主义文学批评研究不仅仅是在理论层面上满足于那种学院派研究的案头工作，而是在文化与社会、审美与现实、理论与实践的动态联系中深刻地展现了文化理论与美学研究的现实价值，并以此调整理论批评观察社会的视角，重新审视现实生活的关系。

20 世纪英国马克思主义文学批评理论的经验性特征已经超越了传统马克思主义文学批评的理论范畴，它在文化分析中将理论与哲学融入经验阐释，从而充分显示出马克思主义批评理论的现实发展。同样，我们总结和概括 20 世纪英国马克思主义文学批评理论的"经验性"，不是为了理论描述之必要与方便，而是试图在充分的理论经验分析中继承与发扬它的基本精神。

三、20 世纪英国马克思主义文学批评理论的经验性影响

20 世纪英国马克思主义文学批评理论范式与经验既离不开 20 世纪英国社会历史文化的大语境，也离不开欧陆马克思主义思想与英国文化传统的理论对接与思想启发，但根本上还是雷蒙·威廉斯、理查德·霍加特、斯图亚特·霍尔、E. P. 汤普森、特里·伊格尔顿、托尼·本尼特等人在他们自身的文化研究中，发展出了独特的马克思主义文学批评理论的经验性传统，这种理论的经验性传统具有独特的思想指向，更蕴含着深刻的思想意义。

首先，从理论发生的角度看，20 世纪英国马克思主义文学批评的理论范式与经验是从英国工人阶级与大众文化研究过程中产生的，工人阶级与大众文化经验研究构成了 20 世纪英国马克思主义文学批评主要的理论展开方式，这也让 20 世纪英国马克思主义文学批评理论具有了充分的文化本土色彩。正是在文化本土传统中，雷蒙·威廉斯、理查德·霍加特、斯图亚特·霍尔、E. P. 汤普森、特里·伊格尔顿、托尼·本尼特等人的理论研究才能有效地将自身的理论思考融入现实文化语境之中。

马克思主义理论思潮从20世纪30年代就开始传入英国，当时的考德威尔等人的马克思主义文学批评研究之所以没产生广泛的影响，除了个人原因外，很大层面上就是没有将马克思主义理论研究与本土文化经验联系起来。从20世纪30年代的考德威尔到20世纪50年代雷蒙·威廉斯、E.P.汤普森和理查德·霍加特，20世纪英国马克思主义文学批评完成了重大的理论跨越，这种跨越先是在文化研究的实践过程中完成的，然后才走向深刻的理论建构，这也说明，马克思主义文学批评的理论建构首先离不开对本土文化经验的深刻体察，其次才能谈到理论上的建树。无论是对于马克思主义理论而言，还是对于文学批评的现实发展来说，那种充分关注本土文化实践的经验，努力赓续和发展本土文化传统的意识是走向更高层面的理论建构的重要的实践基础，离开了这个基础，就丧失了与马克思主义理论更深刻的思想融通的条件与优势。

其次，20世纪英国马克思主义文学批评在重视工人阶级与大众文化经验的过程中没有完全走向阶级分析立场与单纯的意识形态批评，而是将英国现代文学批评传统、文化经验研究与马克思主义理论相结合，从而在理论范式上完善了文化唯物主义的理论范式，这对于推动马克思主义文学批评的理论发展起到了重要的作用。相比传统马克思主义和欧洲其他国家的马克思主义文学批评而言，20世纪英国马克思主义文学批评理论具有明显的文化特色：在文化指向上，它不同于法兰克福学派对大众文化采取整体批判的立场；在理论内容上，它不像阿尔都塞学派那样明显具有理论上的思辨色彩；在理论形态上，马克思主义的理论观念、英国现代文学批评传统与大众文化研究经验三方面因素有效结合，它们分别构成了20世纪英国马克思主义文学批评理论范式在理论上、美学上和文化上的重要内容。

在英国现代文学批评漫长的发展历史中，莎士比亚、狄更斯、雪莱、拜伦、柯尔律治、华兹华斯等人创造的文学批评的"文化武库"构成了英国马克思主义文学批评理论发展不可或缺的美学遗产，也是后来的大众文化研究长期浸染的历史文化语境，虽然这种美学遗产和文化语境从一开始就明显带有文化精英主义色彩，但它在很长时间都曾经构成了英国文学批评重要的实践形式。无论是马克思主义理论观念的发展，还是英国大众文化研究理论的推进，都离不开这个美学资源和文化语境提供的重要的思想启发。雷蒙·威廉斯、理查德·霍加特、E.P.汤普森、特里·伊格尔顿等人也非常重视这种文化遗产，也从思想上受惠于这种遗产，他们的理论建构具有明显的文化遗产继承的色彩，当然是一种批判性的继承，并在批判中实现了马克思主义理论发展的积极有效的融通和转换，这也说明了马克思主义文学批评其实也是一种处于发展中的理论，它并非与以往的理论传统有截然相分不可融通的界限，越是能有效地联系和继承自身的文化传统，就越能积极展现出理论上的创新和特色。

最后，也是最为重要的一点，20 世纪英国马克思主义文学批评理论范式与经验是马克思主义文学理论研究中理论建构与实践经验相结合的新的理论样本，是 20 世纪以来马克思主义文学批评理论发展的新的标志。20 世纪英国马克思主义文学批评理论的发展不是固守传统的结果，它具有鲜明的现实感，特别在大众传媒文化兴起的现代性语境中，它充分重视现代社会生活与文化交流形式的新的变化和发展趋向，并积极将这种新的发展方向融汇成有效的文化文本分析，充分体现了马克思主义文学批评理论有效呼应现实审美文化经验的能力，这是值得我们认真借鉴的。

美国学者丹尼斯·德沃金曾在他的《文化马克思主义在战后英国》中概括英国马克思主义批评与法兰克福学派的区别，他说："法兰克福学派倾向于与工人阶级政治保持疏远，而与法兰克福学派不同，尤其是 20 世纪 20 年代以后，英国传统下的知识分子持续地与理论和实践之间的关系进行斗争。他们与工人阶级和激进运动之间从来没有无问题的联系，但是他们倾向于将他们知识分子的工作看成是，以某种方式对那些运动作贡献。"[①] 这种强调理论研究与现实文化经验既斗争又有效结合的理论范式在理论的现实上增强了马克思主义文学批评理论的创造性以及适应时代变化的理论品格，在当代文化发展视野中，更充分显示了马克思主义文学批评理论的生命力。在当代马克思主义文学理论遭受各种危机与挑战的时刻，这种具有理论生命力的理论范式尤其值得我们重视。现在，马克思主义理论研究范围内各种新的理论问题仍然不断出现，如果马克思主义文学理论研究能够在现实的生命力方面呈现出理论更新与推动的精神与价值取向，这对于马克思主义理论发展与建构将是一种难得的理论导向。

在 20 世纪 60 年代，法国阿尔都塞的思想、意大利葛兰西的文化领导权理论风靡欧洲的时候，英国伯明翰学派的文化理论家几乎还没有见到这些著作的英文版；在 1970 年，法国马克思主义理论家吕西安·戈德曼到剑桥大学讲演的时候，雷蒙·威廉斯的马克思主义观念还没有完全走向成熟。在《文化与社会》中，威廉斯曾深入地阐述了包括他本人在内的英国马克思主义文学理论研究的"漫长的革命"，他说道："当我们看到英国人在马克思主义文化理论方面所作的尝试时，我们看到的是浪漫主义与马克思主

---

① ［美］丹尼斯·德沃金：《文化马克思主义在战后英国》，李凤丹译，人民出版社 2008 年版，第 133 页。

义之间的相互作用以及属于英国主要传统的文化观念和马克思主义对它所作的精彩的重新评价之间的相互作用。我们不得不得出这样的结论,这种相互作用还未获得圆满的效果。"① 在《马克思主义与文学》中,威廉斯更是坦陈他是从卢卡奇、布莱希特等欧洲马克思主义那里获得关于马克思主义的更深入的认识的。② 但经过了不到半个世纪的发展,我们看到,不但是雷蒙·威廉斯的理论已经成为马克思主义文学理论研究重要的理论参照,而且,作为一个整体的20世纪英国马克思主义文学批评的理论影响也已经蔚为壮观,它不但在关注本土文化问题的过程中完善了自身的理论范式,而且产生了广泛的辐射性的影响。目前,雷蒙·威廉斯、理查德·霍加特、斯图亚特·霍尔、E. P. 汤普森等这些具有理论奠基贡献的马克思主义文学批评理论家受到了很大的重视,特里·伊格尔顿、托尼·本尼特等新锐理论家也不断为人们所熟悉;同时,他们的马克思主义文学批评理论的经验性特征及其理论价值也在不断地阐释中发生重要的影响,这当然也包括中国马克思主义文学批评的理论研究与建设在内。

第三节 文化研究与"理论之后":英国文化研究的中国接受与反思

从20世纪80年代中后期开始,英国文化研究在中国当代文学理论研究领域得到了较为充分的阐释和接受,英国文化研究的相关理论观念与方法在中国当代文学理论研究领域得到了大面积的播撒。中国当代文学理论从英国文化研究中汲取了丰富的理论资源和思想资源,文化研究和文学研究的理论交汇和实践影响所产生的思想张力正在当下文学研究领域产生重要的积极的影响,但就严肃的学理逻辑与理论范式而言,英国文化研究的理论范式与中国当代文学理论研究之间仍然存在着理论与方法上的阐释间隔,这也意味着它在中国文学研究语境与现实中并非完全就是一种成熟的、稳定的、可以横向移植与接受的理论模式。中国当代的文化研究如何避免那种单向接受的阐释困境,走出"西方文化研究在中国"的话语方式,深化中国本土的文化研究理论与实践,这仍然是中国当代文学理论研究需要反

---

① [英]雷蒙·威廉斯:《文化与社会》,吴松江译,北京大学出版社1991年版,第356页。
② [英]雷蒙·威廉斯:《马克思主义与文学》,王尔勃等译,河南大学出版社2008年版,第3页。

思和批判的所在。

一、文化研究两种话语模式的反思

中国当代的文化研究既是包括 20 世纪英国文化研究在内的西方文化研究理论与资源影响中国文学理论批评的结果，同时，更是中国当代文学理论在特殊历史文化境遇中出现的新现象、新趋势、新发展，体现了文学研究对当下审美文化发展的一种新的判断或描述。近四十年来，中国当代的文化研究成果不断丰富，文化研究的机构与平台不断发展。可以说，文化研究的进展与中国当代文学理论的整体变革几乎是同步发生的，文化研究既是这一理论变革的结果与表征，同时又深刻地融入这一变革之中，并起到了重要的推动作用。

尽管中国当代的文化研究取得了一定的成绩，同时也正不断涌现新的研究话题与方向，但也引发了各种质疑。在中国当代文学理论研究与发展中，文化研究是否就是一种稳定而成熟的理论发展方向？文化研究是否代表了中国当代文学理论的出路，以及文化研究究竟在何种意义上推动了当下文学研究的进展？在它的异军突起中是否还存在着与中国文学理论发展不相适合的地方？这些问题都是中国当代的文化研究需要认真对待的。

对这些问题的梳理与回答显然必须慎重对待关于中国当代的文化研究的整体格局与基本问题，其中有些问题是深层次的文化语境、理论传统层面上的，有些则是研究队伍、研究方式等话语模式的现实应用层面上的。

首先，从研究队伍与研究方式来看，文化研究在中国有着一个广泛的研究队伍，现在这个队伍仍然在不断扩大。从 20 世纪 80 年代中后期开始，最早介入文化研究的是一批从事文学理论与美学研究的学者，现在仍然以这一批学者为主。他们借助于文学理论与美学研究的学科特点和优势把文化研究的理论与方法引入中国，其贡献是应该予以肯定的。但就文化研究的中国接受来说，这既是优势更是短板。因为从文学理论与美学层面发生的文化研究，也意味着它的理论与方法是从文学研究到文化研究的移植过程中横向产生的，而不是真正从文化研究的核心观念、核心范畴、核心方法的内部产生的。这对于中国当代文化研究是一个重要的问题，在从文学研究到文化研究的横向移植中，很容易停留在对文化研究的概念、范畴及其理论范式的基本接受层面，基于不同文化语境中的文化研究的学术传统、思想传统以及批评观念等深层次的理论内容，往往很难真正在具体的实践中得以接受和发挥实际的影响，这也是中国当代的文化研究往往缺乏那种系统性的民族志研究传统和经验分析方法，大多停留在大众文化现象研究层面上的原因。

其次，从研究格局与研究态势来看，中国当代的文化研究存在着两种话语模式，一是"西方文化研究在中国"，二是"中国本土的文化研究理论与实践"。现在，无疑是第一种话语模式即"西方文化研究在中国"占了上风，即西方文化研究的基本概念、范畴和理论术语更多地被中国当代的文化研究所接受，这自然影响了中国本土的文化研究理论与方法的深入拓展，特别是来自中国文学批评传统和当代文化语境，具有自身理论范式特征的文化研究理论与方法的实践问题。这也说明，"西方文化研究在中国"的话语模式与"中国本土的文化研究理论与实践"没能达到一种理论上的、逻辑上乃至现实上的契合，这两种话语模式在中国当代文学理论研究中仍然是"两张皮"式割裂的。当然，西方文化研究理论强大的话语优势及其中国学者的理论选择态度，也导致了中国本土的文化研究理论与方法的遮蔽与搁置。

最后，从理论范式与方法理念来看，中国当代的文化研究仍然没有摆脱那种学理化、学术化、学科化的弊病，甚至在很大程度上还是以西方文化研究的理论转述及其理论旅行为内容的，仍然是把文化研究仅仅当作一种学术研究的对象、理论描述的对象和学理建构的内容，而没有真正实现那种基于具体文化经验分析的文化研究方法的现实发展。正是由于这些因素，中国当代的文化研究仍然面临着深刻的话语接受和本土化发展的困境。

其实，从文化研究在中国当代文学理论研究中开始出现的那一天起，它就面临着深刻的本土化问题。所谓"文化研究的本土化"，即文化研究在中国是以一种什么样的理论方式与理论形式融入文学研究的整体过程的问题，也是文化研究如何与中国文学研究的基本经验与基本问题相契合进而实现理论的现实性问题。在中国当代文学理论研究中，文化研究的兴起毫无疑问是与西方文论的话语引进密切相关的。20世纪80年代，西方文论话语的引进是在中国文论面临一个深刻的历史与现实变化的时刻发生的，在文化研究引入中国的时候，中国文论已经经历了一个深刻的话语转型，但是，很多理论观念并没有得到深刻的消化，这时我们迎来了文化研究的高潮。[①] 在某种程度上，这也让中国当代文学理论失去了一次通过深入的理论

[①] 20世纪80年代，中国当代文学理论曾经发生了深刻的观念突变，比如，1985年曾被称为"文学方法年"，1986年被称为"文学观念年"，并引发了人道主义的讨论、文艺学方法论的突破、文学主体性问题的论争，科学主义、人文主义探讨等，现在看来，这些观念仍然需要认真的清理与反思。

论争反思自己的话语体系及其问题性的机会。也正是由于这个因素,当我们面对文化研究的本土化问题时,我们应该追问的是包括文化研究在内的西方文论话语的移植到底在多大程度上影响了中国当代文学理论研究的经验意识与问题意识。目前,文化研究正愈演愈烈,文学理论研究的现实性与时效性也在接受种种质疑,在这个过程中,反思文化研究的本土化问题其实也正是一种对文化研究进行重新定位与思考的考虑。

二、如何继承作为一种思想资源的文化研究

继承作为一种思想资源的文化研究就是要继承文化研究的经验,从知识论与方法论的层面上将经验研究与经验方法融入具体研究过程,并将文化经验分析作为阐释某些特定文化文本的方法与路径。在文化研究中,经验是一种理论的再生产,它意味着理论研究首先基于具体化的文化实践过程,其次才上升到学理化的建构。这也就要求我们对文化研究不能仅仅满足于那种阐释性分析的理论模式,而是思考如何真正将文化研究的理论经验融入中国当下的历史语境与现实,在文化经验分析与文化个案研究中实现文化研究的方法精神,这也正是英国文化研究提供给我们的重要的理论启发。

在中国当代的文化研究中,20世纪英国文化研究的理论家及其他们的理论著作,如雷蒙·威廉斯、理查德·霍加特、斯图亚特·霍尔、E. P. 汤普森、特里·伊格尔顿、托尼·本尼特等,是最为中国学界所熟悉的,他们的理论观念也是最早被中国学者所引入的。目前,中国学界对这些文化研究理论家的理论资源的阐释分析已非常充分,甚至造成了话语拥堵,但关键的问题不在于阐释分析他们的理论与著作,而是我们如何从中汲取有效的方法与精神。在这方面,其实,我们更应该关注的是他们那种基于理论的经验性和文化研究的实践性而创造的思想资源。

以雷蒙·威廉斯、理查德·霍加特、斯图亚特·霍尔、E. P. 汤普森、特里·伊格尔顿、托尼·本尼特为代表的20世纪英国文化研究有一个共同的特点,那就是他们都重视大众文化的研究,大众文化研究孕育了他们的理论范式和表达形式。但是,对他们来说,大众文化不仅仅是一种研究对象,而且是一种"问题式"的文本经验,由此,他们所开创的文化研究其实也是一种"问题式"的研究,而不是"对象式"的研究。这种"问题式"的研究不仅仅在于他们对待大众文化的理论态度和选择,关键是能够从文化经验与文化分析中走向理论范式的建构。英国文化研究理论是直接

从工人阶级大众文化中生长出来的,大众文化是它理论生长的根,它是在广泛地回应现实文化经验的过程中实现理论的实践性的,这其实也就回答了如何继承文化研究的思想资源的问题,也就是说,横向地阐释分析他们的理论观念与观点其实只是一种简单的复述,能否回到那种"问题式"的语境中,实现理论的再生产,才是中国当代的文化研究需要认真借鉴的。

20世纪英国文化研究还有另一方面的理论启发值得我们重视,那就是在他们的理论中存在着很深刻的文化遗产的成分,它是在对英国现代文学批评传统的继承中才发展了理论的经验性,并实现了深刻的理论转向的。这一点也值得中国当代的文化研究认真思考。

在人们的一般观念中,英国文化研究好像是一种固定的、有明确的理论体系的理论,其实他们的理论并非铁板一块,甚至是一种松散的、充满个性的、各自有不同理论研究领域和侧重的理论,因为英国文化研究是在多重的理论资源、理论谱系、理论观点上发展起来的,具有突出的理论与经验交相融合的特征,理论层面上的建构是从经验中来的。首先,这个过程是复杂的,经验研究与理论建构交相融合的过程不可能直接地在理论层面上发生,而是有一种理论与经验以及文化现象分析的深层次的汇合。其次,这个过程也不是一种理论上的自足的表现,而是理论与经验层面上的理论张力影响的结果,理论上提出的问题是文化经验与审美认识上的概括,它不是一种自上而下的纯粹思辨性的东西,而是文化经验与审美分析有效融入理智思考的过程。就中国当代的文化研究来说,继承作为一种思想资源的文化研究就是要把这种理智性的思考放到批评传统、文化经验的历史语境中去,不是为了仅仅分析这其中具体的理论观点,关键是强调文化经验与理论建构相互作用的过程与形式,从而走出那种"理论化"的文化研究和文化实践的困囿,在微观研究上凸显文化研究的实践性,进而释放文化研究在学理层面上的重负。

在西方文化研究理论刚刚引入中国的时候,学者们曾经担忧文化研究会取代文学研究。现在看来,这种担忧并不是一个严肃的学理问题。因为文化研究影响的是文学研究的内在肌理问题,是文学研究如何进行下去的问题,而不是文学研究能否进行下去的问题。所以,尽管从中国当代文学研究的现实来看,文化研究对文学研究的观念产生了强大的冲击,但是否真的像人们担忧那样文化研究会在理论范式的意义上取代文学研究,恐怕还不能妄下论断。文化研究与文学研究在根本上是方法和思想的交叉关系,文化研究的兴盛影响了文学研究的格局与走向,但在深刻的学理层面和学科层面上,文化研究并不具备跨越文学研究范式的内涵与追求,它是文学研究到了一个特殊的历史阶段而出现的历史转折。这个转折不是文化研究要取代文学研究，而是文学研究的理论形态与理论趋势发生了理论范式层面上的深刻变革。

如今，40年过去了，文化研究其实也在经历转折。相比20世纪80年代以来的文学研究的文化转向，文化研究面临的这个转折同样是在它自身的学科内部发生的。挑战来自文化研究的学科化趋势，在文化研究刚刚开始的时候，约翰生曾直言不讳地说："文化研究就发展的倾向来看必须是跨学科的。"① 特纳也曾经指出："文化研究不仅是某种跨学科的领域，也是许多问题关切点和不同方法交互汇流的领域。""如果有人将文化研究视为一种新的学科领域，或者将文化研究当作某种学科领域的排列组合，将会造成一种错误。"② 但是，现在，文化研究已经有了专门的研究机构和研究课题，文化研究也有了学科化的规划，已经形成了一种准学科的形式，当初坚决寻求从学院、学科、制度、规范中独立出来的文化研究，现在又面临着被再度学院化、学科化、制度化的危机。从跨学科的动力发展而来的文化研究曾经给文学研究带来了新的转折路向，如今文化研究重走学院化和学科化的路子，这一点则是西方文化研究留给我们的警醒。

从英国文化研究的方法论的角度看，文化研究就是文化个案批判，文化研究的理论就是文化研究的实践。这种方法论精神注重的是具体的文化经验的理解和分析，并试图走出学院化、体制化和制度化约束，所以，它的方法论追求不是为了取代文学研究，而是深化拓展文学研究，也可以说，它仍然有文学研究的理想与期盼，只不过这种理想的实现采取不同的方式，如跨学科、反学科、学科交叉、方法融合等都是英国文化研究的方法论原则，在这些方法原则中，文学研究仍然是一个重要的内容。落实到具体的方法形式上，典型的就是20世纪英国马克思主义文学批评中的"文化唯物主义"和"民族志"的方法，它们其实都包含着丰富的文学研究的因素。"文化唯物主义"重视文化与生活经验的关系，"民族志"方法则把人类学的理论运用于大众文化经验的分析，这两种方法都是从最基本的经验、个案出发而不是从一定的理论体系和观念出发来考察文化个案、具体的文化经验在文化意识形成中的作用，这其实也正是文学研究的内容，它们在实现了文化研究的目的之后，更丰富了文学研究的内涵。

---

① ［英］理查德·约翰生：《究竟什么是文化研究》，见罗钢、刘象愚：《文化研究读本》，中国社会科学出版社2000年版，第9页。

② ［澳］格雷姆·特纳：《英国文化研究导论》，唐维敏译，（台北）亚太图书出版社2000年版，第4页。

在这个意义上，无论是文化研究，还是文学研究，都未必拥有一种永远不变的理论范式，像雷蒙·威廉斯、理查德·霍加特、托尼·本尼特等文化理论家，他们既在文化研究的理论与实践层面上研究工人阶级大众文化、通俗文化、青年亚文化，并在这个过程中从事文化研究的理论建构与实践探索，他们也重视文学批评的传统，重视文化与文学的经验研究，研究英国小说，也从事马克思主义文学批评。他们的文化研究其实是立足于文学研究的宏观传统，立足于这个传统其实就是立足于人文学科的整个基础，在这种情况下，文化研究跨越文学研究的边界，文化研究拓展文学研究的范围，也是在另一种意义上复活了文学研究的当代价值。

美国学者劳伦斯·格罗斯伯格曾经说，文化研究"我们对它谈得越多，越不清楚自己在谈什么"。① 在他看来，造成这种局面的原因主要有两方面：一方面是文化研究受到了稳定性、规范性的理论模式的影响，另一方面是文化研究融入更广阔的社会现实时仍然走向了阐释批评这一含混的方向，结果是文化研究一盘散沙，丝毫不能说明它的实践和努力能否深入现实文化经验。法兰克福学派学者霍克海默也提出："如果经验与理论相互矛盾，其中之一必须重新加以检查。"② 我们重视作为一种思想资源的英国文化研究传统也正是基于这样的立场。文化研究的出场体现了某种文学研究传统在一定历史现实中的裂变过程，同时也在这个裂变中折射出了文学研究的当代选择。或如詹姆逊所言："文化研究代表了一种愿望，探讨这种愿望也许最好从政治和社会角度入手，把它看作一项促成'历史大联合'的事业，而不是理论化地将它视为某种新学科的规划图。"③ 20世纪英国文化研究使他们认识到，理论不是生产与阐释，理论不是话语的使用，而是方法和思想，作为方法和思想的文化研究在融入文本经验与现实问题之中为理解当代文化生活提供了不同的方式。20世纪英国文化研究的学者们发现了这一点，所以才深刻地批判大众文化的意识形态，才深刻地批判文化霸权，它带给我们的是比那种纯粹的学理分析更为深刻的批判意识。

目前，中国当代的文化研究越来越多地受到了重视，也不断获得积极的评价，这是文化研究在中国当代思想文化格局中具有重要影响的表现，但文化研究展现出的众多缺憾仍然是我们要认真面对的问题。在中国当代

---

① ［美］劳伦斯·格罗斯伯格：《文化研究的流通》，见罗钢、刘象愚：《文化研究读本》，中国社会科学出版社2000年版，第9页。
② ［德］马克斯·霍克海默：《批判理论》，李小兵译，重庆出版社1993年版，第181页。
③ ［美］弗雷德里克·詹姆逊：《快感：文化与政治》，王逢振等译，中国社会科学出版社1998年版，第399页。

文学理论研究中，文化研究能否走出"西方文化研究理论在中国"的话语模式，能否深入呼应自己的文化传统与经验传统，进而确立自己的理论范式，这是关键所在。换一个层次讲，中国当代的文化研究要想避免理论与经验的割裂，走出"阐释西方的尴尬"与"原创的焦虑"，实现中国本土的文化研究理论的创构就是一个绕不过的问题。中国当代的文化研究其实并不缺乏经验立场，也具有充分的文本资源，但这种经验立场与文本资源如何与有效的理论建构方式结合起来，这是一个重要的问题，更何况在这个过程中更不能丧失批判立场，因为唯有批判，理论的原创性实践才能显现得更加充分。

三、"理论之后"与文化研究

2004年，英国学者特里·伊格尔顿出版了新作《理论之后》(After Theory)。在《理论之后》中，伊格尔顿提出，理论的黄金时代已经过去，"随着一场新的全球资本主义叙事的开始，以及所谓的反恐热，人们曾经熟悉的所谓的后现代主义思维方式正在走向终结"。[①] 他认为，在这个终结点上，当代西方各种文化理论在资本主义文化体制中被专业化和宰制化了，智识生活与日常生活之间不再有任何的缝隙，文化研究也失去了对当代生活最基本的呼应能力，在这个意义上，"'理论之后'所意味的正是我们现在处于理论发展高潮之后的没落时期，在某些方面，我们已经远离因阿尔都塞、巴特与德里达等思想家的洞见而展现的理论富饶的时代"。[②]

伊格尔顿的《理论之后》在西方学界影响也很大，中国学者更是争相引述，英国学者戴维·洛奇在批评文章中同样用了醒目的题名："向这一切说再见"，并认为："《理论之后》是作为理论实践者与捍卫者的伊格尔顿之间的对话。"[③] 可以说，这是最近几年来相对沉寂的西方文学理论界的一个重要的"理论事件"，也是英国马克思主义文学批评领域中的一个重要话题。伊格尔顿提出的观念与当代西方文学理论视野中的"理论的死亡""反理论""理论的抵抗"等种种"理论之后"声音有大致相同的话语背景，它们共同涉及了20世纪80年代以来西方整个人文学科发展的某种隐蔽的思想情势变化，揭示了文学理论的话语走向。

在西方人文社科研究领域，最先引发理论抵抗声音的是20世纪80年代

---

① Terry Eagleton. *After Theory*. London：Allen Lane，2004，p. 221.
② Terry Eagleton. *After Theory*. London：Allen Lane，2004，p. 2.
③ [英] 戴维·洛奇：《向这一切说再见》，载《国外理论动态》2006年第11期。

的西方一批伦理学家，如威廉姆斯、泰勒、麦金太尔等，他们曾掀起一场声势浩大的伦理学的"反理论"运动。这场运动针对的是伦理学研究中的"现代道德理论"，反对的是伦理学研究中那种脱离文化和历史语境、依靠单一价值标准的道德理论的狭隘性。除了威廉姆斯等人的"反理论"运动之外，以当代西方哲学家罗蒂的《后哲学文化》和维特根斯坦的《哲学研究》为代表的"反本质主义"哲学其实也包含了某种"反理论"的意味。罗蒂在《后哲学文化》中将那种本质主义和基础主义的哲学称为"大写的"哲学，并提出了一种"后哲学文化"。他认为，"后哲学文化"就是这种"大写的"哲学消失的文化，"后哲学文化"不再相信终极实在的本质，在"后哲学文化"时代，"将不存在任何称作'大写的'哲学家的人"，"在这个文化中，无论是牧师，还是物理学家，或者是诗人，还是政党都不会被认为比别人更'理性'、更'科学'、更'深刻'。"[①] 奥地利哲学家维特根斯坦也从语言分析的角度提出了一种哲学和美学上的"反本质主义"观念。在《哲学研究》中，维特根斯坦提出，语词与对象的对应指称关系并非语言的本质图像，语词的意义并不是由它与对象的指称关系确定的，而是通过它的"用法"确定的。维特根斯坦借这个观点指向了一种哲学上的困惑，那就是在哲学上，我们通常力图为每个名词寻找相应的实体，在他看来，这种实体的存在只是某类"语言游戏"的一种"用法"而已。

在文学理论研究层面上，最先提出"反理论"问题的则是美国文学理论家保罗·德曼和斯坦利·费什提出的"理论的抵抗"观念。"理论抵抗"出自德曼在20世纪80年代的重要论文《对理论的抵抗》中。在文章中，德曼考察了美国文学教学和文学理论研究的深层次关系。他提出，作为文学研究方法证明的"理论"一直以来都与文学教学和谐共存，但是，随着它内部不断出现的争议和辩论，希望凭借合理论说而演进的"理论"却在文学和语言教学中显露出某些危机征兆，从而暗示出"理论"和人们获取知识的方法与手段之间的不确定性，"理论"成了"学术的因而也是教学的障碍"。[②] 与德曼坚持同样观点的是斯坦利·费什。费什干脆宣称"理论无济于事"，[③] 他认为，理论不过是从它声称要超越的现实世界中借用了某些术语和内容而已，"所谓理论是一件永远不可能企及的事"。[④] 无独有偶，20

---

① ［美］理查德·罗蒂：《后哲学文化》，黄勇编译，上海译文出版社2004年版，第14页。
② ［美］保罗·德曼：《解构之图》，李自修等译，中国社会科学出版社1998年版，第94页。
③ ［美］斯坦利·费什：《读者反应批评：理论与实践》，文楚安译，中国社会科学出版社1998年版，第102页。
④ ［美］斯坦利·费什：《读者反应批评：理论与实践》，文楚安译，中国社会科学出版社1998年版，第100页。

世纪 80 年代，澳大利亚学者尼尔·路西也曾经发表了"反理论"的论文，题目就叫《理论之死》。路西的观点指向的是文学解释传统中的"元理论"观念，他呼应了法国思想家利奥塔的思想，提出的理论观念是如何既能够在利奥塔与康德传统命题之间寻找破解文学稳定结构的理论方案，但同时又不影响"文学反思判断的规则"。[1]

在这些理论背景上，特里·伊格尔顿的《理论之后》无疑是对西方学界自 20 世纪 80 年代就已经出现的"反理论"思潮的一种强力助推。伊格尔顿不但提出了一种非常重要的文化理论变迁的现实，而且深刻地剖析了当代西方文化理论与文学理论的现实境遇与范式转换问题，预示着包括马克思主义文艺理论在内的文学理论研究正在经受新一轮的话语洗礼，也预示了当下文艺学研究正经历某种动荡，甚至是大的转折。

伊格尔顿的《理论之后》这部著作，乍一看来，主题鲜明，观点明确，体现了对曾经风起云涌的当代西方文化理论的一种直接的判断，加之伊格尔顿的身份和影响，自然引起了人们的很多关注。在人们看来，伊格尔顿是在西方文化理论正处于一种不知何去何从的时候，勇敢决绝地唱出了理论的"挽歌"。"理论的黄金时代已经过去"似乎成了一种普遍的见识，文学理论研究就这样迎来了所谓的"后理论时代"。

必须承认，伊格尔顿的批判分析对于我们更深入地认识当代西方文化理论的逆转与突变有非常重要的参照作用。但是，这也并非意味着伊格尔顿的理论观念就是无懈可击的，特别是面对理论研究中的"后理论""反理论""理论的抵抗"乃至弥漫甚久的"理论危机论"，伊格尔顿的理论观念仍然存在着需要认真辨别的方面。虽然伊格尔顿在《理论之后》中不但深刻地提出了当代西方文化理论与文学理论发展的悖谬现实，并对理论如何进一步影响当代生活的主题有深度回应，但如果我们仅仅流于印象与情绪层面上的分析，仅仅满足于对某种理论阐释新说法的介绍和转述，或是仅仅呈现了作为一种现象、话语、思潮层面上的"理论之后"观念，那我们仍然是停留在对西方理论的跟风阐释上的，仍然是在描述作为一种"理论"的"理论之后"观念，因此也就意味着仍然没有对"理论之后"所蕴含的理论发展脉象和思想裂变现实做深入研究，特别是那种理论范式意义上的深入考察仍然是缺位的。

面对伊格尔顿提出的"理论之后"的观念，我们该重视的并非他说了什么，而更应该强调的是他那种关于理论的文化价值批判的思想高度以及

---

[1] [澳] 尼尔·路西：《理论之死》，见阎嘉主编：《文学理论精粹读本》，中国人民大学出版社 2006 年版，第 234 页。

那种审慎的态度。20世纪西方文化理论发展到解构主义、后现代主义等文化研究阶段，确实已经失去了整体性的活力和深度发展的动力，或者说已经到了理论发展的极限，各种文化现象不断渗透日常生活也已经表明了，在巨大的落差中，文化研究理论遭遇了进一步深入现实的困难。在伊格尔顿的批判中，他一直以来的对"性""身体""政治"等文化研究关键问题的热情已经荡然无存了，因为当文化研究越来越以商品化的方式演变成一种关于性、身体与政治的华丽表演之时，这意味着作为一种理论范式的文化研究集体"终结"了。在这方面，伊格尔顿的触觉是灵敏的，所以，《理论之后》显露的并非仅仅是伊格尔顿包含讥讽与俏皮的语言智慧，也不仅仅是那种冷峻犀利入木三分的批判锋芒，而是那份理论研究的责任和热忱。从另一方面来看，他的这份理论责任也有它独特的话语环境和析出背景，这种话语环境和背景就是包括文化理论在内的西方左派文化在西方学术机构和学术体制内的格局与地位的变化，从中折射出了一种重要的理论心态。

在《理论之后》中，伊格尔顿说的"理论"其实就是指20世纪60年代后在西方兴起各种文化理论，包括后结构主义、女权主义、后殖民主义、解构主义、后现代主义以及各种文化研究理论等，这些理论都是西方左派文化。在西方，左派文化是一种特有的知识分子话语，它承续的是一个世纪以来的西方激进文化的思想传统，这种思想传统感染了1968年法国"五月风暴"后的激进情绪，从而具有那种把残余的激进理想演化为浓烈的学院政治的实践特征。正是在这个意义上，西方左派文化其实已不单单是一种纯学术和纯理论的研究，而成了一种知识分子人文理念和政治关切的思想标识。在历史上，西方左派文化曾经雄心勃勃影响甚广。在"新左派运动"逐渐式微之后，当初的运动主体开始从社会的政治舞台退居到学院和讲堂，但那些"新左派"知识分子却始终不忘在思想和知识领域咀嚼和释放"革命"被收编之后的政治情绪，"街头政治"的挫折反而使他们更加清醒地反思曾经躬行不悖的事业，并积极思考新的历史语境下的政治策略和方式。可以说，他们的理想并没有幻灭，而是以种种批判性话语继续对抗资本主义社会的异化现实，继续从文化的边缘地带出发寻求对资本主义社会的普遍性否定方案，并企图通过颠覆话语的逻辑来达到对资本主义文化的边缘分解。20世纪60年代后在西方兴起各种文化理论正是诞生在这样的话语环境之中，风光无限的各类批评理论家也因此缔造了一种以批评理论研究为业的知识分子的共同事业，它曾经支撑着无数学院知识分子的生活方式和生存姿态。但在如今，当各种西方文化研究理论做了资本主义全球叙事的注脚之时，其实也就意味着一种知识分子话语集体坍塌的危机即将来临。所以，与其说是他们在为理论的"终结"而失望，莫不如说是因为不甘心于某种知识分子话语的坍塌而叹息。

正是出于对这种理论心态的考察，我们该思考：伊格尔顿是否真的认为现在西方文学批评理论的已经处于"理论之后"？包括伊格尔顿在内，西方左派学者在西方学界都面临着自身理论研究的文化生态，他们的理论观念更多地具有语境色彩，具有独特的思想指涉。如果我们忽略了这种语境和思想指涉的特殊性而生硬地移植、转述进而进行本土演练，有时就会造成双向伤害。也就是说，一方面我们没有把握某种理论观念真正的思想意义，在移植和转述中失却了对其思想精髓的借鉴和参照；另一方面，在理论接受与本土应用中则会出现所谓"水土不服"的典型症候。这其实也是中国当代文学理论研究的一种长期的阐释悖论。对于伊格尔顿的《理论之后》的解读也存在这样的弊端。从表面来看，伊格尔顿颇有些对理论的失望情绪，给人的感觉是他也扯起了"反理论"的旗帜，但实际上，伊格尔顿并没有认为理论已经"终结"，他充其量表达的是对理论的"不满"。当我们看到他说"不能用理论判断你的生活方式，因为理论是你生活的一部分，并不是从生活中分离出来的某种东西"①，"许多理论的批评者是细心的读者，但是他们也是一些没有理论的人"②，"我们永远不会处于'理论之后'，也就是说没有理论便不会有反思性的人类生活"时，③ 他已经是在提出所谓的"理论之后"的同时走向了再度的理论期望。这说明伊格尔顿仍然存在着很大的矛盾，他"不满意"这些理论，不是说这些理论在实际内容的层面上出了问题，而是在功用上没有达到他所期望的效果，所以才他深深地痛恨所谓的"资本主义全球叙事时代的来临"。

目前，"理论之后"的声音已经此起彼伏，"抵抗理论"的呼声也愈来愈烈，当前文化研究中也以此不断地在强化一种理论的"黄昏"情绪。伊格尔顿、德曼、费什，或许还包括罗蒂、维特根斯坦、尼尔·路西都发出了类似的声音，有些还产生了显著的影响，甚至连杰姆逊也声称，随着语言学、心理分析、社会科学、法律和其他文化学科的理论巡演的结束，理论正在走向枯竭。④ 但我们是否就能够以此断定文化研究的"后理论时代"真的已经来临了呢？在这方面，以他们其中的任何一种观念为核心的预言

---

① Terry Eagleton. *After Theory*. London: Allen Lane, 2004, p. 54.
② Terry Eagleton. *After Theory*. London: Allen Lane, 2004, p. 221.
③ Terry Eagleton. *After Theory*. London: Allen Lane, 2004, p. 221.
④ ［美］杰姆逊：《晚期资本主义的文化逻辑》，陈清侨等译，生活·读书·新知三联书店1997年版，第303页。

都是武断乃至草率的。理论的研究乃至理论的生命本身并不是那么容易消亡的，或者说，它作为一种记录人类思想文化发展的理性方式，不会随着一两种不同主张和观念的分歧就那么轻易地寿终正寝。当前文化、哲学、政治学、伦理学等领域的"理论之后"的著述与言论能够为我们阐释文学研究的某种动态提供一定的言说依据，这既是一种有效的学术融合与交叉阐释的视野，但也不排除某种思想形态与思维观念上的理论误用。关于"理论之后"的说法，文化、哲学、政治学、伦理学等领域的观念并非能够有效地接合文学的历史与现实，也不一定能够完全抛却地域疆界和学科差异因素而上升到一种普遍性的"理论之后"观念，更遑论他们的观念是否能够对于文学研究产生直接应有的效力了。

毋庸置疑，连绵不绝的"理论之后"的声音不但让理论研究的事业显得黯淡，同时也让文化研究变得凄惶。在各种文化理论呈现颓废之势的当口，种种预言和判断令人应接不暇，这自然会对文化研究产生不小的冲击。但是，在具体的研究过程中，人为地助长理论的末路情绪不但于事无补而且更加混淆视听，在深层次的反思中做出认真的应答才是我们的责任。也正是在这样的意义上，"理论之后"并非理论走向末路的标志，而是理论在一个新的文化生态中展现出的新的价值诉求，它所蕴含着的更深层次的理论期望正是需要我们认真对待的。

第四节 语境与问题：文化唯物主义与中国马克思主义文学批评的理论建构

20世纪英国马克思主义文学批评的理论范式与经验对中国当代马克思主义文学批评研究与建设有何启发？中国当代马克思主义文学批评如何从它的理论范式与经验中吸收有效的理论资源，从而完善自身的理论建设？这是我们对20世纪英国马克思主义文学批评理论范式与经验进行理论探索必须回答的问题。相比20世纪英国马克思主义文学批评，中国马克思主义文学批评无疑具有自己的历史语境和基本问题，也无法回避自身的审美文化经验。在新的历史图景中，中国马克思主义文学批评同样需要有效地融合马克思主义文学理论研究范式与中国文学研究的知识经验、基本问题与理论逻辑，以疏通完善中国马克思主义文学批评理论创构与范式转换的内在理路，从而更鲜明地展现理论研究的现实性品格，这是马克思主义文学批评研究在当代语境中的学术定位与历史责任，也是所有致力于马克思主义文学批评研究事业的人们的共同任务。

一、中国马克思主义文学批评的历史语境

中国马克思主义文学批评已经走过了一个多世纪的历史进程。回望这一进程，马克思主义文学批评在中国获得了深入的发展，理论影响和思想启发越来越突出。相比其他国家，中国马克思主义文学批评有着自己特殊的发展线索：一方面，它在中国最初的发生更多地受到了域外理论思潮影响，并在这个过程中集中体现了中国现代社会发展特殊的政治和意识形态诉求，马克思主义文学批评在中国的传播与接收更多的是一种历史语境的选择。总结和探索中国马克思主义文学批评的发展历程离不开这种历史语境的梳理与认识。另一方面，我们也应该看到，马克思主义文学批评在中国的发展演变并非完全是由历史的选择所导致的域外理论影响的产物，也并非全然是政治和意识形态诉求的结果，更有着理论与观念变革的内在发展动因，即理论观念与思想意识层面上的主观创构与理论范式转换因素，这是我们把握中国马克思主义文学批评历史语境首先要考虑的问题。

马克思主义是在中国现代社会思想文化发生重大变革的时代被引入中国的。20 世纪 20 年代，李大钊、陈独秀、瞿秋白等中国早期的马克思主义者在中国特殊文化现实中开始初步译介马克思主义思想，马克思主义文艺思想也逐步开始传播。但是，由于独特的社会文化情势，从马克思主义思想在中国开始传播的那一天起，它就充满了新潮、先锋与激进的色彩，这从当时翻译介绍的马克思主义著作的基本内容上可以看出。当时翻译介绍的马克思主义论著多是与苏联无产阶级革命理论、文艺状况密切相关的作品，如高尔基的《文学与现在的俄罗斯》（郑振铎译）、卢那察尔斯基的《俄国文学与革命》（沈雁冰译）、《托尔斯泰和当代工人运动》（郑超麟译）、托洛茨基的《论无产阶级的文化与艺术》（仲云译）、列宁的《论党的出版物与文学》（一声译）、马克思的《共产党宣言》（陈望道译）等。在当时，还没有出现明显直接呼应中国社会现实与实际问题的马克思主义理论著作，特别是中国学者的理论著作。从思想导向上看，当时翻译介绍的马克思主义理论著作虽然具有明显的思想趋前色彩，但这种趋前性并非完全体现在文艺观念与审美观念上，而更多地表现为一种社会革命的意识，这说明在当时马克思主义在中国的理论萌发更多地展现了社会时代诉求的外在性特征，并没有形成系统性的理论认识。

就马克思主义文学批评的中国发展而言，是否形成关于马克思主义的完整系统的理论认识非常关键，这是检视我们是否能够深入全面理解马克思主义思想精髓的一个重要方面。在 20 世纪的早期，马克思主义文学批评固有的域外来源的特征以及中国的独特现实决定了它在中国的接受特征，就文艺研究与文学批评领域的现实而言，虽然在"五四"时期，中国现代文学在反封建的文学视野中已经开始强调来自社会底层民众的革命意识，但这种革命意识更多地具有民主主义色彩，在文学观念上仍然强调社会外因的促动，文艺观念与文学理念内部的变革还很微弱，真正意义上的马克思主义文学批评理论范式的转换尚难发生。

这种理论范式创构的努力与突出成绩是从 20 世纪 40 年代毛泽东的《在延安文艺座谈会上的讲话》（以下简称《讲话》）开始的。在《讲话》中，毛泽东从当时的社会现实与文艺实践出发，提出了当时文艺工作的根本问题，并从"文艺大众化"的角度深入描述了文艺实践与文艺批评的思想立场，从而为中国马克思主义文学批评的发展确立了基本的发展方向。从《讲话》开始，马克思主义文学批评在中国的发展具有了不同于"五四"时期、"左联"时期的理论特征，开始拥有了自己的理论形态和美学形式。在《讲话》中，毛泽东提出，中国文艺实践与文艺批评的根本问题就是"一个为群众的问题和如何为群众的问题"，[①] 而要解决这个问题进而"把革命工作向前推进"，就需要"革命的文学艺术运动"和当时的革命战争相互结合起来，毛泽东据此提出了"文艺大众化"问题。毛泽东认为，在根本上，"文艺大众化"就是文学体验的大众化，革命的文学要做到"大众化"，首先要做的是"感情起了变化"，"文艺工作者的思想感情和工农兵大众的思想感情打成一片"。[②]

其次，"文艺大众化"不仅仅是文学的表达形式与书写内容的大众化，更主要的是在文学创作和批评实践中真正体现大众的思想情感和经验，进而整体地表达中国新民主主义革命之于中国文学经验的学理诉求。在中国文学批评的发展历程中，"文学"与"大众"的问题并非从《讲话》才开始提出的。从 1928 年鲁迅和郭沫若关于"普罗文学"的论争，到 1930 年瞿秋白、周扬等人提出的"大众文学"口号，以及 1931 年上海文艺界开展的关于"大众文学"的讨论，中国文学在现代化历程中始终寻求"文学"

[①] 毛泽东：《在延安文艺座谈会上的讲话》，见《毛泽东选集》（第 3 卷），人民出版社 1991 年版，第 853 页。

[②] 毛泽东：《在延安文艺座谈会上的讲话》，见《毛泽东选集》（第 3 卷），人民出版社 1991 年版，第 851 页。

与"大众"知识话语的连接。但在当时,这种连接的努力都集中在语法、文风、文体等文学的"表现形式"上,即"文学如何表现大众的语言"。① 在《讲话》中,毛泽东提出的"文艺大众化"则表达了全新的理论观念和具有原创性的理论追求,展现出了毛泽东在理解文学"大众化"问题上与以往截然不同的一种角度和方式。毛泽东的"文艺大众化"理论不同于以往的地方在于它使马克思主义文学批评在中国的理论发展得到深刻的提升,在理论形态上表现出了一种从"形式→内容"到"内容→形式"的超越性的理论变革,马克思主义在中国文学与理论界的实践影响不再仅仅停留在"文学革命"的"形式表达"意义上,也不再单单着眼于"文学革命"的"内容书写"上,而是马克思主义理论原则开始在文学情感经验的层面上与中国当时的文学实践相结合,并最终以"文艺大众化"的理论形式将中国文学普遍的知识经验融入中国新民主主义革命的进程中,从而整体地推动了马克思主义文学批评在中国的理论创构。

在中国马克思主义文学批评发展中,毛泽东的《讲话》是一个标志性的理论进展。《讲话》所提出的"文艺大众化"的理论原则与实践方向,一方面显示了中国马克思主义文学批评在自身的历史语境中深化马克思主义文学理论范式的努力和成绩;另一方面则衍生了中国马克思主义文学批评另一个重要的起源语境和理论范式特征,那就是,中国马克思主义文学批评更多地在文艺界的思想论争,以及与政治意识形态的联系中孕育它的理论形态和理论范式的,文艺界的思想争辩和观念论争以及由此展开的艺术实践构成了中国马克思主义文学批评特有的知识经验,而政治意识形态则不但影响着文艺界的知识经验,而且影响了知识力量的分化组合。也正是从那个时候起,中国马克思主义文学批评在中国文学经验中发展出了一种不同于西方马克思主义文学批评的美学思想和理论形态,这种理论形态虽然在不同的历史条件下呈现出一定的变化,但它具有某种共同的理论基础和思想内涵,那就是"怎样将中国的民间文化模式、中国人的审美经验模式与结合起来,从而真实地表征出中国现代化进程中与社会主义目标相联系的情感和审美经验这一相对困难的理论要求"。② 而这正是马克思主义文学批评的理论范式在中国创构的历史语境。

---

① 陈建华:《"革命"的现代性——中国革命话语考论》,上海古籍出版社 2000 年版,第 268 页。
② 王杰:《现代美学问题:人类学的反思》,北京大学出版社 2013 年版,第 53 页。

二、中国马克思主义文学批评的基本问题及其理论范式的转换

如果说，以毛泽东的《讲话》所确立的"文艺大众化"理论形态为标志，马克思主义文学批评在中国努力实现了理论范式的初步创构的努力的话，那么从《讲话》到今天，七十年来，中国马克思主义文学批评的发展早已摆脱了理论创构的初期特征，开始显示出卓有成效的理论影响，其理论范式转换的特征也更加明显。这同样是一个复杂、矛盾与充满各种思想交锋的过程。在某种程度上，它比马克思主义文学批评在中国的理论创构历程更加艰难。因为，马克思主义文学批评理论范式的转换不仅仅意味着理论学说在选择与接收中的单向传播，也不仅仅意味着理论形态的初期创构，而意味着理论观念与理论范式的纵深发展，是一个马克思主义文学批评理论观念、思想与方法的综合变革的过程。具体而言，马克思主义文学批评在中国的范式转换，在理论上的表现就是从20世纪40年代毛泽东的《讲话》所确立的"文艺大众化"的理论范式走向深入发展、综合创新的过程，同时也是作为一种思想指南与批判精神的马克思主义文学批评观念深刻贯穿于中国文学知识经验与理论研究的过程，是超越了20世纪40年代"文艺大众化"的历史语境、自觉调整理论思维、更新批评观念、系统展现马克思主义文学批评理论有效呼应现实文学发展经验的过程。

中国马克思主义文学批评理论范式的转换，必将引起文学思想观念与批评思维模式的深层变革，它也是中国当代马克思主义文学批评理论建构的逻辑起点。20世纪40年代毛泽东的《讲话》发表后，"文艺大众化"的理论形式曾经在很长时期成了中国文学创作与文学批评实践的基本的理论方式，《讲话》之后的解放区的许多文学作品，如歌剧《白毛女》、赵树理的小说《李有才板话》《李家庄的变迁》等，成了"文艺大众化"理论的成功范例，特别是赵树理的作品在当时曾受到郭沫若、矛盾的赞扬，被誉为"文艺大众化"过程中的"赵树理方向"，从而体现了《讲话》以及"文艺大众化"理论在作家精神体验与审美感受方面的重要影响。《讲话》与20世纪40年代中国文学经验相呼应，深入推动了中国马克思主义文学批评的发展，而在那时，来自中国社会底层人民群众的情感和愿望以及与此相联系的生活经验也表明，中国马克思主义文学批评要想获得理论范式上的有效表达必须更切实地面对来自底层人民的情感与经验，这是马克思主义文学批评之所以在中国发生范式转换的内在的现实制约因素，同时也是中国马克思主义文学批评必须面对的基本问题。

20世纪40年代，《讲话》所确立的文艺大众化理论形式曾经表达了来自最底层的人们的情感和经验之于文学批评理论建构的意义，并且在现代中国文化发展与社会演进中发挥了重要的作用。从《讲话》到今天，虽然历史语境不断变迁，但中国马克思主义文学批评的基本问题仍然并没有改变，马克思主义文学批评仍然需要面对社会大众的生活经验与情感诉求，仍然需要在根本上呼应中国社会与中国文学的现实，并需要将之转化成内在的理论建构的内涵。这也正是中国马克思主义批评的理论范式发生重要转换的理论起点。

正是在这个起点上，从《讲话》到今天的半个多世纪以来，中国马克思主义文学批评立足于中国经验与中国现实，在整体、全面、系统地消化吸收马克思主义的经典文本及其哲学理论观念的基础上开始了理论转换的过程。

中国马克思主义文学批评首先在接受方式与接收策略的基点上展现出了理论范式转换的重要成绩。我们曾经认为，20世纪20年代开始的中国马克思主义文学批评的早期发展历程展现的是一种"文学革命"的"形式化"过程；到了20世纪40年代毛泽东的《讲话》，中国马克思主义文学批评开始从"文学革命"的"形式化"阶段转向文艺大众化的理论创构阶段。无论在20年代还是40年代，中国马克思主义文学批评的发展都具有单一理论线索的特征，其知识谱系与话语方式不同程度地具有狭窄的一面。即使是在20世纪40年代，在毛泽东提出"文艺大众化"的理论方向中，中国马克思主义文学批评仍然无法避免那种理论上的域外影响与本土文学实践之间的尴尬与矛盾，所以，如何摆脱这种域外影响与本土文学实践之间的尴尬正是中国马克思主义文学批评理论范式转换的首要任务。

这里面首先还是一个域外理论"接受"的问题，也就是说在"接受"的层面上我们如何真正摆脱那种横向接受和机械套用的"参照"思维，真正把马克思主义的思想与精神融入我们自己的文学研究与批评实践之中。这方面正是中国马克思主义文学批评理论范式转换的首要标志，其具体表现是马克思主义文学批评在中国的接受不再满足于"理论""主义""学说"的平面介绍，不再是对马克思主义的文本做有选择性的介绍和机械应用式的评述，而是注重马克思主义哲学与方法的深入把握和理论丰富，以及马克思主义文学思想和美学精神的系统消化和吸收，马克思主义不再是平面地介入社会与政治问题的理论手段，而成了真正深入文学领域的精神力量与思想力量。这表明马克思主义作为一种哲学观念和方法开始与中国当代文艺问题、文学实践相融合，马克思主义文学批评的理论建构、体系建设与观念影响、思想指导也已经落实到了文学研究的具体过程。特别是从 20 世纪 80 年代以来，在具体的文艺研究与审美研究领域，中国马克思主义文学批评不再将马克思主义的理论学说和观念简单机械地套用到文学阐释过程，而是开始注意在文学与审美领域中真正践行马克思主义的思想精神与理论精神；不再将马克思主义的文艺思想孤立化、片面化、机械化和程式化，而注重在整体上将马克思主义理论观念融入中国语境与中国问题，不断深化马克思主义文学批评研究的问题领域。这意味着马克思主义文学批评在中国已经开始走出了理论创构的初期阶段，理论范式的转换已经显示出了一定的实践效应，并开始在中国审美文化现实中展现出明显的思想启发。

中国马克思主义文学批评理论范式的转换还体现在理论研究与体系建设上的明显进步与改变。半个多世纪以来，在马克思主义思想观念与中国当代文艺问题、文学实践相融合的过程中，在多个层面上有效地促进了中国当代文学理论与批评理论的发展与建设。在文学与政治的关系、文学的人学观念与人性立场、典型化原则的梳理与接受、现实主义文学原则的理论探索、文学生产与文学消费研究、审美现代性与文学研究、文化研究与文学批评等方面，马克思主义文学批评观念既发挥了重要的作用，同时也展现出了鲜明的理论建设的成绩。在文学主体性精神的探究、文艺学研究方法的开拓、人文精神的大讨论，以及审美意识形态研究、新理性文论、古代文论的现代转换、全球化问题、中国美学与文化多样性、后现代主义与马克思主义等重大学术问题的探索与辨析中，马克思主义文学批评所占的比重也是巨大的。这说明，马克思主义文学批评正在中国文学理论的知识生产与理论建构中发挥了实质性的理论影响，马克思主义文学批评在中国的范式转换也正在理论研究与体系建设层面上展现出它重要的理论辐射能力和启发。

这种启发在于它提示我们注意，作为一种理论范式的马克思主义文学批评不是一种独断性、排斥性、唯一性的理论观念与思想形式，因此我们不能再将马克思主义文艺观念绝对化和独白化，更应该强调在马克思主义与当代西方其他文艺观念的比较对话中，找到马克思主义文学批评更合理有效的应用形式，同时也要在马克思主义和人类思想的多种资源的比较对话中，以更加积极的方式从事马克思主义文学批评实践与理论研究。这既是中国马克思主义文学批评走向深入发展综合创新的过程，也是马克思主义文学批评开始真正意义上展现出中国化、大众化与时代化的实绩的表现。

三、审美意识形态与中国马克思主义文学批评

20世纪80年代以来,中国当代马克思主义文学批评在思维观念、知识形态和价值诉求等多个层面上取得了突出的成绩。从这一时期开始,许多学者从马克思主义哲学与美学立场出发,努力建构基于中国文学实践的马克思主义文学批评理论,审美意识形态理论就是在这个过程中凸显出来的。

值得说明的是,20世纪80年代以来的中国当代审美意识形态研究不仅仅是一个纯粹的理论问题,它与中国当代马克思主义文学批评的意识形态环境和整体思维观念的变化有着密切的联系。一方面,它涉及了中国马克思主义文学批评所面临的复杂的历史语境;另一方面,它引发的理论思考本土色彩比较明显,涉及的正是马克思主义文学批评观念如何有效地深入中国本土的文学经验这一重大问题。

审美意识形态研究不是在中国学界突然发生的,而是与中国当代马克思主义文学批评理论的发展历史有紧密的联系。早在20世纪70年代末期,中国当代美学界就有了对意识形态问题的探索。朱光潜先生在他的《西方美学史》序言中就曾经提出过关于文学的意识形态研究。在《西方美学史》的序言中,朱光潜反对在上层建筑与意识形态之间画等号,认为上层建筑既包括政权、政权机构及其措施,也包括意识形态,而文学艺术自然是一种被经济基础所决定的意识形态。[①]

20世纪80年代以来,童庆炳、钱中文、董学文、王元骧、王向峰、陈传才、杜书瀛、周忠厚、王杰、谭好哲等学者从文学反映的哲学基础、审美主体的精神特性、美学研究对象的特殊性等角度,对审美意识形态问题做出了深入的探索,审美意识形态研究开始在中国当代文学理论与马克思主义文学批评研究中产生重要影响。童庆炳教授在1984年出版的《文学概论》中认为:"包括文学在内的全部意识形态(政治、法律、道德、哲学、艺术、宗教等)和一切社会科学,都是客观社会生活的反映,而文学反映生活的特殊性是审美的反映。"[②] 钱中文教授1984年提出了文学审美意识形态论,他认为:"文学创作不是一般的反映,而是一种审美的反映","审美反映的丰富性在于它的具体性和主观性。"[③] 1986年,他又发表了题为《最具体的和最主观的是最丰富的——审美反映的创造性本质》的论文,再次

---

① 朱光潜:《西方美学史·序言》,人民文学出版社1979年版,第10-18页。
② 童庆炳:《文学概论》,红旗出版社1984年版,第48页。
③ 钱中文:《文艺理论的发展和方法更新的迫切性》,载《文学评论》1984年第6期。

论证文学是审美意识形态的观念。① 王元骧教授在他的《审美反映与艺术创造》（杭州大学出版社1992年版）、《文学原理》（广西师范大学出版社2002年版）、《文学理论与当今时代》（浙江大学出版社2002年版）中，深刻地反思了传统的哲学反映论问题，强调了文学反映与审美创造的思辨特性。

20世纪90年代以来，以童庆炳教授的《文学理论教程》的出版、再版、修订以及大范围的使用为标志，审美意识形态理论的研究进一步推进。《文学理论教程》进一步强调了文学研究在对象、内容和形式上的特殊性，并充分考虑到文学创作在主体层面上的能动性、精神心理层面上的无意识特性以及语言符号运用上的个别性，从反映的对象、反映的目的、反映的形式等方面更加深入地探究了文学的本质属性问题，从而使审美意识形态理论逐渐成为中国当代马克思主义批评中的一种重要的观念。

童庆炳先生曾经指出，中国当代审美意识形态论是中国当代文学理论家"根据时代要求提出的集体理论创新"。② 这种看法是能够提示我们注意某些问题的。首先，我们应该思考的是，为什么审美意识形态理论会在20世纪八九十年代取得突破性的进展？如果说是理论观念的深化与思维方法的变革，为什么此前文学理论研究没有考虑到这些问题？这当中明显地存在着一个时代语境的变换问题。20世纪八九十年代以来，中国当代美学与文学理论研究在多个方面都取得了进展，这是因为时代更进步了，思想更多元了，文化更宽容了，所以审美意识形态研究的深入也是文化意识形态语境变化的结果。其次，许多学者们在提出和阐述"审美意识形态"过程中，对什么是"意识形态""如何认识文学的意识形态"等问题曾经进行过深入的探索，从而使文学的审美性与认识性、生产性与意识形态性、文学的功能性等一系列至关重要的复杂问题重又进入到马克思主义文学批评的视野中来。这些思考与辨析影响了新时期以来美学与文学理论研究的格局，突出地体现了中国马克思主义文学批评在不断变化的历史语境和文学实践中转换思维模式、调整文学理念、变化思想方法的努力。

在以往的评价中，学者们都不同程度地注意到了审美意识形态理论在理论建构层面上的意义，但我们更应该注意的是它与中国马克思主义文学批评发展的文化语境之间的关系。中国当代审美意识形态理论研究是当代多元文化促动的结果，这个促动，最明显的意义在于使中国当代马克思主

---

① 钱中文：《最具体的和最主观的是最丰富的——审美反映的创造性本质》，载《文艺理论研究》1986年第6期。
② 童庆炳：《新时期文学理论转型概说》，载《江西社会科学》2005年第10期。

义文学批评突破了单一性的政治文化格局,纠正了"文艺从属于政治"的口号,没有这种话语思维的转变,理论观念的拓展是不可能的。20 世纪 80 年代以来,文艺学研究领域中的人性论主题的重新确立、文艺学方法论的突破、文艺学主体性问题的论争、人文精神大讨论与新理性精神的确立,都是在这种多元文化语境影响下发生的。

审美意识形态理论强调文学是一种独特的社会意识形态,强调文学以其特有的审美表达机制介入社会意识形态空间,同时社会意识形态的表达和发挥作用都要借助文学的审美之维,我们不能说它包打天下,但它深刻地关注文学特有的审美表达机制和审美蕴含特性,说明中国当代马克思主义文学批评研究正努力建构自己的品格,这至少是理论研究的一个值得重视的收获。由于中国当代审美意识形态与文化语境还有自己的特征,马克思主义文学批评研究往往难以取得一致性的前进步伐也是有目共睹,对那些尚待解决的问题的进一步探索和辨析仍然是必要的。正是由于这个因素,中国当代审美意识形态研究也引发了很多争辩,倡导审美意识形态论的学者们是在马克思主义的立场和视野中看待这个问题的。可以说,中国当代审美意识形态理论研究在思维观念上正是回到了马克思主义文学批评的提问方式,这是一个重要的理论基点。

但是,有的学者提出了这样的问题:不错,意识形态论确实是马克思主义文学批评的核心观念,但是,这一观念只是为认识文学的本质提供了方法论基础,马克思并没有明确使用"审美意识形态"这个概念,用审美意识形态来界定文学本质是不合适的,有明显的"去政治化"之嫌。[①] 这也体现出了当前理论观念的深化和理论视野的拓展面临的难题。也就是说,我们从事马克思主义文学批评,不仅要在"文学本质"这样的问题上进行探讨,还要兼顾到理论研究的政治关切问题。这是一个复杂的问题。马克思主义文学批评的政治品性的确是理论研究的"应有之义",如何看待这个"应有之义"?我们应该采取什么样的态度对待?恐怕确实是中国当代审美意识形态理论所难以回避的问题。实际上,审美意识形态论没有回避这个问题。

从历史看,中国当代审美意识形态论是在纠正马克思主义文学批评的机械反映论的过程中提出来的。"反映论"的文学观念在本质上是文学意识形态论的体现,它的哲学基础是唯物主义的哲学原则。作为马克思主义文学批评的哲学基础和指导思想,"反映论"的文学观念在理论逻辑上是没有

---

① 董学文:《文学本质界说考论》,载《北京大学学报》2005 年第 5 期。

问题的。但是，在我们的研究中，长期以来"政治化"观念和"政治化"思维的参与，我们在践行这一主张的过程中经常偏离了马克思主义批评的唯物主义哲学基础，从而产生了形形色色的机械和片面的理解，批评观念也陷入较大的理论误区。审美意识形态论在理论原则上并不回避"政治"，只是淡化政治的"倾向性"，因为审美意识形态论仍然强调文学的意识形态属性。社会政治与意识形态是研究文学本质问题无法回避的因素，但并非说政治意识形态一定要在文学中有所"倾向"，这与强调文学的意识形态性是两码事。

这一点我们可以从 20 世纪英国马克思主义文学批评那里获得启发。在 20 世纪英国重要的马克思主义文学批评理论家特里·伊格尔顿那里，审美意识形态理论不仅仅是一种理论话语，而且还是一种深刻的批评话语和文学实践形式。伊格尔顿的审美意识形态理论是从一种个性化的文学价值观中展现出来的，体现了文学研究的价值诉求，这种价值诉求就是一种政治关切特性，"政治"是审美价值的归属。作为一个西方马克思主义者，伊格尔顿的审美意识形态理论有他自己的阐释语境，从理论观念上看，伊格尔顿的审美意识形态理论是"政治化"的，但是，伊格尔顿的"政治化"并没有忽略文学的审美特性，因此，"去政治化"的问题并非关键，关键在于审美话语如何有效地介入当代文化现实，这个问题不能笼统地以"政治化"来解决的，因为这很容易走向强调单一政治语境的"政治形态文艺学"，这一点倒是中国当代审美意识形态理论研究所缺失的考虑。中国当代审美意识形态理论研究在强化文学审美特性的时候，并没有充分考虑文学研究与难以规避的历史语境的对话能力问题。

为此，中国当代审美意识形态理论如果真的要突破"政治考量"这个难点，就必须坚持审美话语介入当代文化现实的实践性，就必须在理论体系的建构中兼顾文学研究的社会学视野、美学话语的思想历程以及文学批评的政治实践品格。从这个角度看，审美意识形态研究应该是一种建基于文学观念的批判性反思和现实文学经验的综合性考察之上的理论思考。也正是在这方面，中国当代马克思主义文学批评研究还要面对更多危机与挑战。

四、中国马克思主义文学批评的学术定位与历史责任

马克思主义文学批评在中国已经由一元走向了多元，由封闭走向了开放，由单一走向了综合，马克思主义文学批评理论在中国发生了理论范式

上重要的转型，这是马克思主义文学批评在面向中国问题与中国语境过程中所展现出来的生命力，同时也是中国马克思主义文学批评研究与建设的重要成绩。但是，我们也应该看到，马克思主义文学批评在中国的范式转换不仅仅是充满了希冀、欣喜与理论收获的喜悦，同时也是一个孕育危机、提出问题、面临挑战的过程。

首先，从20世纪20年代到今天，中国马克思主义文学批评理论范式的转换并非直接而简单地发生的，而是裹挟着不同理论传统之间的矛盾与冲突，包含了融合多种理论资源的压力与焦虑，充满了不同理论话语趋同与求异的危机与挑战。即使在今天，中国马克思主义文学批评的理论范式的转换仍然面临着更加艰巨的任务。特别是从20世纪90年代以来，马克思主义理论发展的复杂走向、当代西方各种文化思潮的不断涌现、种种思想裂变的冲击以及中国当下社会审美文化的复杂特征，更给中国马克思主义文学批评建设增加了更大的压力。

在挑战与压力面前，中国马克思主义文学批评需要进一步明确理论建构的原则与方向，同时更需要进一步增强实践性与批判性，实现理论的综合创新。这既是新的文化时代对马克思主义文学批评提出的理论任务，同时也是中国马克思主义文学批评的历史责任。20世纪80年代以来，中国马克思主义文学批评研究已经呈现出了非常崭新的面貌，但我们不能想当然地认为中国马克思主义文学批评的建设与发展会是一帆风顺，不能笼统地认为只要我们坚持马克思主义的唯物史观，坚持马克思主义理论观念，中国马克思主义文学批评的理论成果就会不断地扩大。在当前社会现实演变与思想文化格局的变换中，仍然需要我们对马克思主义文学批评的学术定位保持清醒的认识，对马克思主义文学批评历史责任做出认真的探索。从历史的角度看，中国马克思主义文学批评的理论发展也是经过了一段较长时间才得到系统整理与理论完善的，是经过了近一个世纪的发展才展现出如今的发展格局与态势的，马克思主义文学批评与中国问题、中国语境的融合会通目前仍然是当前马克思主义文学批评研究的主要任务，并且是长期的任务。

另一方面，我们也要认识到，马克思主义文学批评在中国无论是从理论范式上还是从思想影响上，其研究路径都不是单一的，其阐释路径也是多维的。在一个较长的时期内，马克思主义文学批评在中国会与当代其他文化思潮处于大致相当的阐释研究的格局中。而且，由于马克思主义文学批评引入中国较早、介入中国问题与中国语境的过程较深入、全面，自然马克思主义文学批评的当代理解与当代阐释的方向与角度变化也最大，这对中国马克思主义文学批评的发展既是有利的一面，同时也是阻力的根源。这就迫切需要中国马克思主义文学批评在与其他各种理论思潮的撞击、对话与交流中，更加表现出理论上的优势与生命力。目前，我们不能绝对乐观地估计这种优势会一如既往，马克思主义文学批评在中国的现实发展仍然面临着其他社会文化思潮的压力，特别是从20世纪60年代崛起的当代西方各种后现代主义文化思潮的冲击与压力。在西方文化语境中，后现代主义文化思潮本身代表了一种思维方式和理论观念的变革方式，当它与中国马克思主义文学批评研究相遇之后，它提供的不仅仅是一种社会背景和文化语境的新的变化，它自身包含的思维方式和理论观念的变革冲动也会内在地融入了中国马克思主义文学批评研究的基本问题之中，当它与中国马克思主义文学批评相遇之时，不可避免地会在表达方式、理论体系、话语实践等诸多方面产生理论观念与批评话语上的错位与混乱，甚至导致种种理论误读及其理论偏差。目前来看，清理这种误读与偏差不仅十分必要，而且构成了中国当代马克思主义文学批评理论建构中的一项重要的内容。正是在这个意义上，当代西方各种具有"后学"思潮特点的理论观念可以说对中国马克思主义文学批评的建设既构成了挑战同时也提供了契机。

在这种情形下，中国当代马克思主义文学批评建设需要的是冷静的学理反思和宽容的对话心态，需要更为客观地吸收当代西方文化理论发展的新现象、新思潮、新话语，并有效地与中国当代审美文化现实相联系，在面向现实的过程中增强理论的生命力。这既是中国当代马克思主义文学批评的当然选择，同时也是它的内在发展之途。值得我们审慎关注的是，从历史到今天，中国马克思主义文学批评没有将理论建构停留在口号上，而是不断探索理论创构的方向和理论范式转换的途径，在未来的发展中，我们期望中国马克思主义文学批评能发出更强有力的声音。

参考文献

(一) 英文文献

[1] HOGGART R. The uses of literacy: aspects of working-class life [M]. England: Penguin, Harmondsworth, 1958.

[2] WILLIAMS R. The Long Revolution [M]. London: Chatto and Windus, 1961.

[3] WILLIAMS R. Marxism and Literature [M]. Oxford: Oxford University Press, 1977.

[4] HALL S. Culture, Media, Language: Working Papers in Cultural Studies, 1972 – 1979 [M]. London: Routledge, 1992.

[5] HIGGINS J. The Raymond Williams Reade [M]. Oxford: Blackwell, 2001.

[6] BENNETT T. Formalism and Marxism [M]. London and New York: Methuen, 1979.

[7] EAGLETON T. Walter Benjamin, or, Towards a Revolutionary Criticism [M]. London: Verso, 1981.

[8] ALTHUSSER L. Essays on Ideology [M]. London: Verso, 1984.

[9] EAGLETON T. Against the Grain: Essays 1975 – 1985 [M]. London: Verso, 1986.

[10] EAGLETON T. Raymond Williams: Critical Perspectives [M]. Boston: Northeastern University Press, 1989.

[11] WILLIAMS R. Culture and Materialism: Selected Essays [M]. London and NewYork: Verso, 2005.

[12] EAGLETON T. Criticism and Ideology: A Study in Marxist Literary Theory [M]. London: Verso, 1978.

[13] EAGLETON T. Myths of Power: A Study of the Brontes [M]. London: Macmillan, 1975.

[14] WARNER W B. Reading Clarissa: The Struggle of Interpretation [M]. New Haven: Yale University Press, 1979.

[15] EAGLETON T. The Function of Criticism [M]. London: Verso, 1984.

[16] VAN CHENT D. The English Novel: Form and Function [M]. New York: Harper and Row, 1967.

[17] EAGLETON T. The Idea of Culture [M]. Oxford: Blackwell, 2000.

[18] EAGLETON T. Ideology: An Introduction [M]. London; NewYork: Verso, 1991.

[19] WOLIN R. Walter Benjamin: An Aesthetic of Redemption [M]. NewYork: Columbia University, 1982.

[20] ALDERSON D. Terry Eagleton [M]. New York: Palgrave Macmillan, 2004.

[21] JAMESON F. Postmodernism or Cultural Logic of Late Capitalism [M]. New York: 1997.

[22] DERRDA J. Specters of Marx [M]. New York and London: Routledge, 1994.

[23] EAGLETON T. The Ideology of the Aesthetic [M]. Oxford: Basil Blackwell, 1990.

[24] JAMESON F. Marxism and Form [M]. Princeton: Princeton University Press, 1971.

[25] EAGLETON T. Marxism and Literary Criticism [M]. London and New York: Routledge, 2002.

[26] ANDERSON P. The Origins of Postmodernity [M]. London: Verso, 1998.

[27] BERMAN M. All That is Solid Melts into Air [M]. New York: Penguin, 1988.

[28] HARVEY D. The Condition of Postmodernity [M]. Oxford: Blackwell, 1989.

[29] EAGLETON T. After Theory [M]. London : Allen Lane, 2004.

[30] MACHEREY P. A Theory of Literary Production [M]. London: Routledge and Kegan Paul, 1978.

[31] JAY M. Downcast Eyes: The Dengration of Vision in Twentieth – Century French Thought [M]. Berkeley: University of California Press, 1993.

[32] ADORNO, BENJAMIN, BLOCH, LUKÁCS. Aesthetics and Politics [M]. London: Verso, 2007.

[33] BADIOU A. Handbook of Inaesthetics［M］. Stanford：Stanford University Press，2005.

[34] GROYS B. The Total Art of Stalinism［M］. Princeton，Mass：Princeton University Press，1993.

[35] HALLWARD P，BADIOU A. A Subject to Truth［M］. Minneapolis：University of Minnesota Press，2003.

[36] ŽIŽEK S. Art and Aesthetics After Adorno［M］. Berkeley：The Townsend Center &University of California Press，2010.

[37] O'CONNOR A. Raymond Williams：Writing, Culture, Politics［M］. Oxford：Basil Blackwell，1989.

[38] BENNETT T. The Birth of The Museum：History, Theory, Politi［M］. London：New York ：Routledge，1995.

[39] HALL S. The Hard Rroad to Renewal ：Thatcherism and The Ccrisis of The left［M］. London：Verso，1988.

[40] STEINER G. The Death of Tragedy［M］. New Haven：Yale University Press，1996.

（二）哲学、美学与批评理论著作

[1] 马克思，恩格斯. 马克思恩格斯文集[M]. 北京：人民出版社，2009.
[2] 鲍姆加登. 美学[M]. 北京：文化艺术出版社，1987.
[3] 康德. 判断力批判[M]. 北京：商务印书馆，1996.
[4] 康德. 实践理性批判文集[M]. 北京：商务印书馆，1990.
[5] 席勒. 审美教育书简[M]. 上海：上海人民出版社，1999.
[6] 黑格尔. 美学[M]. 北京：商务印书馆，1991.
[7] 黑格尔. 哲学史讲演录[M]. 北京：商务印书馆，1959.
[8] 安德森. 西方马克思主义探讨[M]. 北京：人民出版社，1981.
[9] 安德森. 当代西方马克思主义[M]. 北京：东方出版社，1989.
[10] 阿诺德. 文化与无政府主义[M]. 北京：生活·读书·新知三联书店，2002．
[11] 利维斯. 伟大的传统[M]. 北京：三联书店，2002.
[12] 考德威尔. 考德威尔文学论文集[M]. 南昌：百花洲文艺出版社，1995.
[13] 威廉斯. 文化与社会[M]. 北京：北京大学出版社，1991.
[14] 威廉斯. 政治与文学[M]. 开封：河南大学出版社，2010.
[15] 威廉斯. 关键词[M]. 北京：生活·读书·新知三联书店，2005.

[16] 威廉斯. 电视：技术与文化形式[M]. 台北：远流出版公司，2002.
[17] 威廉斯. 现代悲剧[M]. 南京：凤凰出版集团，译林出版社，2007.
[18] 威廉斯. 现代主义的政治[M]. 北京：商务印书馆，2002.
[19] 威廉斯. 漫长的革命[M]. 上海：上海人民出版社，2013.
[20] 威廉斯. 乡村与城市[M]. 北京：商务印书馆，2013.
[21] 汤普森. 英国工人阶级的形成[M]. 南京：译林出版社，2006.
[22] 伊格尔顿. 马克思主义与文学批评[M]. 北京：人民文学出版社，1980.
[23] 伊格尔顿. 二十世纪西方文学理论[M]. 西安：陕西师范大学出版社，1987.
[24] 伊格尔顿. 文学原理引论[M]. 北京：文化艺术出版社，1987.
[25] 伊格尔顿. 当代西方文学理论[M]. 北京：中国社会科学出版社，1988.
[26] 伊格尔顿. 历史中的政治、哲学、爱欲[M]. 北京：中国社会科学出版社，1999.
[27] 伊格尔顿. 后现代主义的幻象[M]. 北京：商务印书馆，2000.
[28] 伊格尔顿. 审美意识形态[M]. 北京：中央编译出版社，2013.
[29] 伊格尔顿. 文化的观念[M]. 北京：商务印书馆，2003.
[30] 伊格尔顿. 瓦尔特·本雅明或走向革命批评[M]. 南京：译林出版社，2005.
[31] 伊格尔顿. 现象学，阐释学，接受理论：当代西方文艺理论[M]. 南京：江苏教育出版社，2006.
[32] 伊格尔顿. 马克思为什么是对的[M]. 北京：新星出版社，2011.
[33] 伊格尔顿. 甜蜜的暴力：悲剧的观念[M]. 南京：南京大学出版社，2012.
[34] 伊格尔顿. 人生的意义[M]. 南京：译林出版社，2012.
[35] 本尼特. 本尼特：文化与社会[M]. 桂林：广西师范大学出版社，2007.
[36] 本尼特. 马克思主义与形式[M]. 开封：河南大学出版社，2011.
[37] 赫伯迪格. 亚文化：风格的意义[M]. 北京：北京大学出版社，2009.
[38] 班尼特，等. 亚文化之后：对于当代青年文化的批判研究[M]. 北京：中国青年出版社，2012.
[39] 霍尔，等. 通过仪式抵抗：战后英国的青年亚文化[M]. 北京：中国青年出版社，2015.

[40] 威利斯. 学做工：工人阶级子弟为何继承父业[M]. 南京：译林出版社, 2013.
[41] 斯道雷. 斯道雷：记忆与欲望的耦合：英国文化研究中的文化与权力[M]. 桂林：广西师范大学出版社, 2007.
[42] 斯道雷. 文化理论与通俗文化导论[M]. 南京：南京大学出版社, 2001.
[43] 特纳. 英国文化研究导论[M]. 台北：亚太图书出版社, 2000.
[44] 格雷. 文化研究：民族志方法与生活文化[M]. 重庆：重庆大学出版社, 2009.
[45] 鲍尔德温. 文化研究导论[M]. 北京：高等教育出版社, 2007.
[46] 麦克罗比. 文化研究的用途[M]. 北京：北京大学出版社, 2007.
[47] 卡瓦拉罗. 文化理论关键词[M]. 南京：江苏人民出版社, 2013.
[48] 马尔赫恩. 当代马克思主义文学批评[M]. 北京：北京大学出版社, 2002.
[49] 戈德曼. 隐蔽的上帝[M]. 天津：百花文艺出版社, 1998.
[50] 戈德曼. 文学社会学方法论[M]. 北京：工人出版社, 1989.
[51] 阿尔都塞. 读资本论[M]. 北京：中央编译出版社, 2001.
[52] 阿尔都塞. 保卫马克思[M]. 北京：商务印书馆, 2006.
[53] 阿尔都塞. 哲学与政治：阿尔都塞读本[M]. 长春：吉林人民出版社, 2003.
[54] 马尔库塞. 单向度的人[M]. 重庆：重庆出版社, 1993.
[55] 马尔库塞. 工业社会与新左派[M]. 北京：商务印书馆, 1982.
[56] 马尔库塞. 爱欲与文明[M]. 上海：上海译文出版社, 1987.
[57] 本雅明. 德国悲剧的起源[M]. 北京：文化艺术出版社, 2001.
[58] 本雅明. 发达资本主义时代的抒情诗人[M]. 北京：生活·读书·新知三联书店, 1992.
[59] 本雅明. 本雅明文选[M]. 北京：中国社会科学出版社, 1999.
[60] 本雅明. 机械复制时代的艺术作品[M]. 杭州：浙江摄影出版社, 1993.
[61] 布莱希特. 布莱希特论戏剧[M]. 北京：中国戏剧出版社, 1990.
[62] 霍克海默. 批判理论[M]. 重庆：重庆出版社, 1993.
[63] 霍克海默, 阿多诺. 启蒙辩证法[M]. 重庆：重庆出版社, 1993.
[64] 阿多诺. 美学理论[M]. 成都：四川人民出版社, 2001.
[65] 弗洛姆. 健全的社会[M]. 北京：中国文联出版社, 1988.

[66] 弗洛姆. 在幻想锁链的彼岸[M]. 长沙：湖南人民出版社, 1986.
[67] 哈贝马斯. 作为科学和技术的意识形态[M]. 上海：学林出版社, 1999.
[68] 哈贝马斯. 重建历史唯物主义[M]. 北京：中国社会科学出版社, 1994.
[69] 克尔凯郭尔. 基督教的激情[M]. 北京：中央编译出版社, 1999.
[70] 杰姆逊. 政治无意识[M]. 北京：中国社会科学出版社, 1999.
[71] 杰姆逊. 快感：文化与政治[M]. 北京：中国社会科学出版社, 1998.
[72] 杰姆逊. 晚期资本主义的文化逻辑[M]. 北京：生活·读书·新知三联书店, 1997.
[73] 韦伯. 新教伦理与资本主义精神[M]. 西安：陕西师范大学出版社, 2002.
[74] 丹肯. 新一代英国新左派[M]. 南京：江苏人民出版社, 2010.
[75] 德沃金. 文化马克思主义在战后英国[M]. 北京：人民出版社, 2008.
[76] 斯威伍德. 大众文化的神话[M]. 北京：生活·读书·新知三联书店, 2003.
[77] 巴克. 文化研究：理论与实践[M]. 北京：北京大学出版社, 2013.
[78] 韦勒克. 近代文学批评史[M]. 上海：上海译文出版社, 2005.
[79] 洛奇. 二十世纪文学评论[M]. 上海：上海译文出版社, 1993.
[80] 麦克莱伦. 马克思以后的马克思主义[M]. 上海：东方出版社, 1986.
[81] 费斯克. 解读大众文化[M]. 南京：南京大学出版社, 2004.
[82] 卢卡奇. 卢卡奇文学论文集[M]. 北京：中国社会科学出版社, 1981.
[83] 韦尔施. 重构美学[M]. 上海：上海译文出版社, 2002.
[84] 舒斯特曼. 实用主义美学[M]. 北京：商务印书馆, 2002.
[85] 葛兰西. 狱中札记[M]. 北京：中国社会科学出版社, 2000.
[86] 马斯泰罗内. 一个未完成的政治思索：葛兰西的《狱中札记》[M]. 北京：社会科学文献出版社, 2000.
[87] 哈维. 后现代的状况[M]. 北京：商务印书馆, 2003.
[88] 海涅. 论德国哲学和宗教的历史[M]. 北京：商务印书馆, 2000.
[89] 尼采. 悲剧的诞生[M]. 北京：生活·读书·新知三联书店, 1989.
[90] 尼采. 希腊悲剧时代的哲学[M]. 北京：北京联合出版公司, 2014.
[91] 乌纳穆诺. 生命的悲剧意识[M]. 广州：花城出版社, 2007.
[92] 本雅明. 德意志悲苦剧的起源[M]. 北京：北京师范大学出版社, 2013.
[93] 曼海姆. 意识形态与乌托邦[M]. 北京：商务印书馆, 2000.

[94] 齐泽克. 图绘意识形态[M]. 南京：南京大学出版社，2002.

[95] 鲍柯克，等. 宗教与意识形态[M]. 成都：四川人民出版社，1992.

[96] 梅洛-庞蒂. 知觉现象学[M]. 北京：商务印书馆，1999.

[97] 巴特. 批评与真实[M]. 上海：上海人民出版社，1999.

[98] 巴特. 罗兰·巴特自述[M]. 天津：百花文艺出版社，2002.

[99] 巴特. 文之悦[M]. 上海：上海人民出版社，2002.

[100] 卡勒. 结构主义以来[M]. 沈阳：辽宁教育出版社，1998.

[101] 卡勒. 论解构[M]. 北京：中国社会科学出版社，1998.

[102] 德里达. 马克思的幽灵[M]. 北京：中国人民大学出版社，1999.

[103] 德里达. 文学行动[M]. 北京：中国社会科学出版社，1998.

[104] 米勒. 重申解构主义[M]. 北京：中国社会科学出版社，1998.

[105] 爱德蒙森. 文学对抗哲学[M]. 北京：中央编译出版社，2000.

[106] 罗蒂. 后形而上学希望[M]. 上海：上海译文出版社，2003.

[107] 罗蒂. 偶然性、反讽与团结[M]. 北京：商务印书馆，2003.

[108] 罗蒂. 哲学与自然之镜[M]. 北京：商务印书馆，2003.

[109] 萨特康普. 罗蒂和实用主义[M]. 北京：商务印书馆，2003.

[110] 艾略特. 艾略特文学论文集[M]. 南昌：百花洲出版社，1997.

[111] 克莱芒，等. 马克思主义对心理分析学说的批评[M]. 北京：商务印书馆，1987.

[112] 阿隆. 想象的马克思主义：从一个神圣家族到另一个神圣家族[M]. 上海：上海译文出版社，2012.

[113] 塞尔登. 文学批评理论[M]. 北京：北京大学出版社，2000.

[114] 麦克里兰. 意识形态[M]. 长春：吉林人民出版社，2005.

[115] 佛克马，易布思. 二十世纪文学理论[M]. 北京：生活·读书·新知三联书店，1988.

[116] 贝尔塞，等. 重新解读伟大的传统[M]. 北京：中国社会科学出版社，1991.

[117] 法约尔. 批评：方法与历史[M]. 天津：百花文艺出版社，2002.

[118] 克里格. 批评旅途：六十年代之后[M]. 北京：中国社会科学出版社，1998.

[119] 托多洛夫. 批评的批评[M]. 北京：生活·读书·新知三联书店，2002.

[120] 莫兰. 方法：思想观念[M]. 北京：北京大学出版社，2002.

[121] 韦勒克. 20世纪西方文学批评[M]. 广州：花城出版社，1989.

[122] 贝尔. 资本主义文化矛盾[M]. 北京：生活·读书·新知三联书店，1992.

[123] 罗宾斯. 全球化中的知识左派[M]. 北京：中国社会科学出版社，2000.

[124] 布鲁姆. 批评、正典结构与预言[M]. 北京：中国社会科学出版社，2000.

[125] 莱布尼茨. 神义论[M]. 北京：生活·读书·新知三联书店，2007.

[126] 比格尔. 先锋派理论[M]. 北京：商务印书馆，2002.

[127] 今道友信. 东方的美学[M]. 北京：生活·读书·新知三联书店，1991.

[128] 布尔迪厄. 艺术的法则[M]. 北京：中央编译出版社，2000.

[129] 瓦莱里. 文艺杂谈[M]. 南昌：百花洲文艺出版社，2002.

[130] 韦勒克，沃伦. 文学理论[M]. 北京：生活·读书·新知三联书店，1984.

[131] 托洛茨基. 文学与革命[M]. 北京：外国文学出版社，1992.

[132] 托多洛夫. 俄苏形式主义文论选[M]. 北京：中国社会科学出版社，1989.

[133] 巴赫金. 文艺学中的形式主义方法[M]. 北京：中国文联出版公司，1992.

[134] 巴赫金. 周边集[M]. 石家庄：河北教育出版社，1998.

[135] 詹姆逊. 语言的牢笼·马克思主义与形式[M]. 南昌：百花洲文艺出版社，1995.

[136] 韦勒克. 批评的概念[M]. 杭州：中国美术学院出版社，1999.

[137] 弗莱. 批评之路[M]. 北京：北京大学出版社，1998.

[138] 弗莱. 批评的剖析[M]. 天津：百花文艺出版社，1998.

[139] 艾斯卡皮. 文学社会学[M]. 杭州：浙江人民出版社，1987.

[140] 昂热诺，等. 问题与观点[M]. 天津：百花文艺出版社，2000.

[141] 米利特. 性的政治[M]. 北京：社会科学文献出版社，1999.

[142] 甘布尔. 政治和命运[M]. 南京：江苏人民出版社，2003.

[143] 韦伯. 学术与政治[M]. 北京：生活·读书·新知三联书店，1999.

[144] 凯杜里. 民族主义[M]. 北京：中央编译出版社，2002.

[145] 盖尔纳. 民族与民族主义[M]. 北京：中央编译出版社，2002.

[146] 安德森. 想象的共同体[M]. 上海：上海人民出版社，2003.

[147] 沃林. 存在的政治[M]. 北京：商务印书馆，2000.

［148］沃林. 文化批评的观念［M］. 北京：商务印书馆，2000.

［149］赛义德. 文化与帝国主义［M］. 北京：生活·读书·新知三联书店，2003.

［150］赛义德. 东方主义［M］. 北京：生活·读书·新知三联书店，1999.

［151］利奥塔. 后现代状态：关于知识的报告［M］. 北京：生活·读书·新知三联书店，1997.

［152］利奥塔. 后现代道德［M］. 上海：学林出版社，2001.

［153］伯曼. 一切坚固的东西都烟消云散了［M］. 北京：商务印书馆，2003.

［154］卡林内斯库. 现代性的五副面孔［M］. 北京：商务印书馆，2002.

［155］贝斯特，等. 后现代理论：批判性的质疑［M］. 北京：中央编译出版社，2001.

［156］贝斯特，等. 后现代转向［M］. 南京：南京大学出版社，2002.

［157］格里芬. 后现代精神［M］. 北京：中央编译出版社，1998.

［158］多克. 后现代主义与大众文化［M］. 沈阳：辽宁教育出版社，2001.

［159］芬伯格. 可选择的现代性［M］. 北京：中国社会科学出版社，2003.

［160］泰勒. 现代性之隐忧［M］. 北京：中央编译出版社，2001.

［161］德勒兹. 哲学与权力的谈判［M］. 北京：商务印书馆，2001.

［162］雅格比. 最后的知识分子［M］. 南京：江苏人民出版社，2002.

［163］罗宾斯. 知识分子：美学、政治与学术［M］. 南京：江苏教育出版社，2001.

［164］谢泼德. 美学：艺术哲学引论［M］. 沈阳：辽宁教育出版社，1998.

［165］贝尔西. 批评的实践［M］. 北京：中国社会科学出版社，1993.

［166］伊瑟尔. 怎样做理论［M］. 南京：南京大学出版社，2008.

［167］库恩. 科学革命的结构［M］. 北京：北京大学出版社，2003.

［168］李普塞特. 政治人：政治的社会基础［M］. 上海：上海人民出版社，1997.

［169］霍布斯鲍姆. 革命的年代［M］. 南京：江苏人民出版社，1999.

［170］包亚明. 后现代性与地理学的政治［M］. 上海：上海教育出版社，2001.

［171］张京媛. 后殖民理论与文化批评［M］. 北京：北京大学出版社，1999.

［172］罗钢，刘象愚. 后殖民主义文化理论［M］. 北京：中国社会科学出版社，1999.

[173] 徐岱. 批评美学[M]. 上海：学林出版社，2003.

[174] 段吉方. 意识形态与审美话语[M]. 北京：人民文学出版社，2010.

[175] 黄梅. 推敲"自我"[M]. 北京：生活·读书·新知三联书店，2003.

[176] 钱乘旦. 在传统与变革之间：英国文化模式溯源[M]. 杭州：浙江人民出版社，1996.

[177] 张华. 伯明翰文化学派领军人物述评[M]. 济南：山东大学出版社，2008.

[178] 冯俊. 后现代哲学讲演录[M]. 北京：商务印书馆，2003.

[179] 张亮. 阶级、文化与民族传统：爱德华 E. P. 汤普森的历史唯物主义思想研究[M]. 南京：江苏人民出版社，2008.

[180] 张亮. 马克思的哲学道路及其当代延展[M]. 南京：江苏人民出版社，2013.

[181] 张亮. 英国新左派思想家[M]. 南京：江苏人民出版社，2010.

[182] 王毅，陆扬. 文化研究导论[M]. 上海：复旦大学出版社，2007.

[183] 武桂杰. 霍尔与文化研究[M]. 北京：中央编译出版社，2009.

[184] 张一兵. 西方马克思主义哲学的历史逻辑[M]. 南京：南京大学出版社，2003.

[185] 田子渝，等. 马克思主义在中国初期传播史（1918—1922）[M]. 北京：学习出版社，2012.

[186] 邱运华. 19—20 世纪之交俄国马克思主义文学思想史论[M]. 北京：北京大学出版社，2006.

[187] 付德根等. 20 世纪英国马克思主义文艺理论研究[M]. 北京：北京大学出版社，2012.

[188] 谭好哲. 文艺与意识形态[M]. 济南：山东大学出版社，1998.

[189] 俞吾金. 意识形态论[M]. 上海：上海人民出版社，1993.

[190] 王逢振. 六十年代[M]. 天津：天津社会科学出版社，2000.

[191] 王杰. 审美幻象研究[M]. 桂林：广西师范大学出版社，1995.

[192] 王元骧. 审美反映与艺术创造[M]. 杭州：杭州大学出版社，1992.

[193] 钱中文. 文学理论：走向交往与对话的时代[M]. 北京：北京大学出版社，1999.

[194] 程正民，等. 卢那察尔斯基文艺理论批评的现代阐释[M]. 北京：北京大学出版社，2006.

[195] 周宪. 激进的美学锋芒[M]. 北京：中国人民大学出版社，2003.

[196] 陆梅林. 西方马克思主义美学文选[M]. 桂林：漓江出版社，1988.
[197] 王逢振. 最新西方文论选[M]. 桂林：漓江出版社，1991.
[198] 陆扬，王毅. 大众文化研究[M]. 上海：上海三联书店，2001.
[199] 陶东风，等. 亚文化读本[M]. 北京：北京大学出版社，2009.
[200] 王杰. 马克思主义与现代美学问题[M]. 北京：人民文学出版社，2004.
[201] 刘进. 文学与"文化革命"：雷蒙·威廉斯的文学批评研究[M]. 成都：巴蜀书社，2007.
[202] 肖琼. 伊格尔顿悲剧理论研究[M]. 北京：中国书籍出版社，2013.
[203] 谢柏梁. 世界悲剧通史[M]. 上海：上海古籍出版社，2013.
[204] 程孟辉. 西方悲剧学说史[M]. 北京：商务印书馆，2009.
[205] 赵毅衡. 新批评文集[M]. 天津：百花文艺出版社，2001.
[206] 张庆熊. 现象学方法与马克思主义[M]. 上海：上海三联书店，2014.
[207] 李凤丹. 英国文化马克思主义研究：基于大众文化与政治的关系[M]. 南昌：江西人民出版社，2010.
[208] 仰海峰. 实践哲学与霸权：当代语境中的葛兰西哲学[M]. 北京：北京大学出版社，2009.
[209] 董学文，等. 中国当代文学理论（1978—2008）[M]. 北京：北京大学出版社，2008.
[210] 曾繁仁. 中国新时期文艺学史论[M]. 北京：北京大学出版社，2008.
[211] 王晓路. 西方马克思主义文化批评研究[M]. 北京：北京大学出版社，2012.
[212] 张永清，等. 后马克思主义读本：文学批评[M]. 北京：人民出版社，2011.
[213] 张炯. 论马克思主义与文学[M]. 北京：中国社会科学出版社，2014.
[214] 滕翠钦. 被忽略的繁复：当下"底层文学"讨论的文化研究[M]. 上海：上海三联书店，2009.
[215] 刘方喜，等. 批判的文化经济学：马克思理论的当代重构[M]. 石家庄：河北大学出版社，2013.
[216] 高建平. 全球与地方：比较视野下的美学与艺术[M]. 北京：北京大学出版社，2009.
[217] 高建平. 当代中国文艺理论研究（1949—2009）[M]. 北京：中国社会科学出版社，2011.

[218] 王斑. 历史的崇高形象：二十世纪中国的美学与政治[M]. 上海：上海三联书店，2008.

[219] 陈建华. "革命"的现代性：中国革命话语考论[M]. 上海：上海古籍出版社，2000.

后　　记

　　2004年，在完成博士学位论文之后，在一段时间内，我像很多刚刚博士毕业走出校门的研究生一样，感觉除了博士学位论文之外很难找到学术研究的方向。2010年，经过了大量修改之后，我的博士学位论文《意识形态与审美话语——伊格尔顿文学批评理论研究》出版。在完成伊格尔顿的专门研究之后，专业研究的直觉告诉我，在接下来的工作中恐怕不能将研究兴趣仅仅集中在伊格尔顿一个理论家的身上。理论家的专人研究有若干优势，特别是对于像我这样刚刚开始从事学术研究的年轻人，比如说，论题较为集中，文献资料容易把握，研究话题便于深入，如果研究对象的选择有较为持久的学术创造力，可以作为长期研究的目标，便于日后学术研究的长线发展。

　　但也存在一定的不足，无论选取哪个理论家作为研究对象，都难免受研究对象所限，如果研究视点选择不当或者融会贯通为我所用的理论素养不强，更容易陷入对研究对象的简单梳理和平移介绍的误区，从而产生严重的学术仰视，个人的观点及其批判性思考更难以呈现。毫无疑问，当初我也面临着这样尴尬的学术选择。伊格尔顿的学术价值及影响暂且不论，但是就对他的研究本身，还是充满困难。不但适应他充满修辞性的文风要花费较长时间，从他复杂的批评观念中梳理出自己的思路，完成理论上的阐释和批判更要花一番气力。在我关注伊格尔顿并进行博士学位论文写作的时候，学界已经有了两三本博士学位论文，但由于十几年前，正是包括伊格尔顿的文学批评在内的西方文论话语在中国学界如火如荼的时刻，伊格尔顿的理论在中国文学理论批评研究中是一个热点，其理论研究尚有可开掘发展的空间，我仍然选择了伊格尔顿的专人研究作为博士学位论文的选题，并经过了一番努力后，顺利完成学业。

　　从当前的学术体制与环境来看，博士阶段的学习以及博士学位论文的写作非常重要。完成博士学位论文，获得博士学位，不仅仅意味着有了可能进入学术研究领域的资格证，更主要的是，很多初涉学术的研究生需要通过这个重要的人生阶段而掌握独立开展学术研究的专业素养，更需要从中锤炼学术研究的价值观，说得再严肃一点儿，就是树立学术研究的信心与理想。当然，这个过程是需要付出时间和努力的。就我所知，除了少数天资聪颖的幸运儿之外，大部分研究生攻读博士学位都要经历一番身体与精神的炼狱，这个过程，除了证实那句普通的话——"没有人能随随便便成功"之外，也更说明了"天上永远不会掉馅饼"这个朴素的道理。即便如此，并不意味着博士毕业博士论文的完成，就摸到了学术研究的门道，博士毕业，参加工作，深入领域，人生百味，更艰难的选择与挑战恐怕刚刚开始。

我深深有这样一种感受。在写作关于伊格尔顿的博士学位论文的时候，我读完了所有的伊格尔顿的中译著作以及与伊格尔顿研究相关的西方马克思主义美学著作，国内相关的伊格尔顿研究成果只要能找得到，一定是认真研读吸收理论研究精髓，并花了大量时间去阅读伊格尔顿最重要的两部理论著作的英文版《审美意识形态》与《意识形态：导论》。后来由于不得不考虑博士毕业以及博士论文写作的时间限制，最后是以自己的理解方式与能力为这项工作画上句号。现在看来，对于我现在的研究而言，这一阶段的专业训练实在是太重要了，在以后的日子里，很少再有机会能那么认真严肃地对待一件事。博士毕业之后的一段时间，每每三五好友相约玩耍取乐，大家畅所欲言大吐苦水，有的朋友和同学甚至说博士毕业以后再不想看书了，特别是那些佶屈聱牙的美学理论，都是因为当初卖力的缘故。当然，只是说说而已，生活还得继续，学术的理想仍然难以放弃，特别是进入高校从事教学与研究，大家都发现，吃老本的日子不仅难以长久，时间一长自己也感觉索然无味。

经过一段时间的散漫生活，收拾停当，准备做点儿事情的时候，我突然发现，以往关于伊格尔顿的研究经验与收获其实非常丰富。首先伊格尔顿自己新作不断，今年还刚刚出版了新著《物质主义》，对他的跟踪研究没有让自己放慢学术研究的步伐，更主要的是，经过一段时间的沉潜式的思考，以往的阅读经验与研究体会好像更容易形成新的研究战略。所以，不知从哪个时候开始，或许是一种自然的惯性，我开始更为深广地涉猎与伊格尔顿相关的整个20世纪英国马克思主义文论与美学。有以往的研究基础，考德威尔、理查德·霍加特、雷蒙·威廉斯、佩里·安德森、斯图亚特·霍尔、E. P. 汤普森、特里·伊格尔顿、托尼·本尼特等人的著作，在我读来有一种久违的亲切感。至今仍然记得，在阅读霍加特的《识字的用途》的时候，给我留下了非常深刻的印象。霍加特是如此深情地描写他笔下的20世纪英国工人阶级文化，工人阶级的生活在他的笔下尽管辛劳，面临各种各样的困境，但全然没有我们通常理解的那样充满水深火热充满艰难困苦，而是仍然拥有那个时代属于他们的欢乐。这些理论家是英国文化左派，美国哲学家罗蒂等人将他们批判得体无完肤。用我们现在的话说，他们很了解"底层"，但在理论上，他们没有将工人阶级与底层描写成好斗的战士，而是一群充满生命情趣的鲜活个体。他们努力、上进，像英国文化理论家威利斯在他的《学做工》中描写的那样，子承父业安分守己，即使是表达对现实的所谓的压迫不满，笔触中仍然充满理性与智慧。

在理查德·霍加特那里，我明白了为什么雷蒙·威廉斯能够在理论上创新性地对"文化"的概念重新解释，区分出所谓的"高雅文化"和"大众文化"，并以自己积极的态度对待大众文化。这既是威廉斯理论研究的结晶，同时更是英国 20 世纪社会和文化发展现实影响他的结果。霍加特的《识字的用途》出版于 1958 年，这个时候英国现代资本主义社会发展已经起步，但还远未达到所谓的发达资本主义社会，后来对西方左派文化影响巨大的"撒切尔—里根时代"也未来临，工业革命的物质成果已经非常明显，社会科层化的程度还不是非常演变，文化消费的趋势还没有形成，这让英国工人阶级文化发展能够健康有序地发展。霍加特的《识字的用途》以朴素的理论表述展现了这一现实，那要比半个世纪以后的那些云山雾罩的现代性理论更要浅显有效，很简单，霍加特的研究既是理论，也是生活。

这样的思想风格在雷蒙·威廉斯的《文化与社会》《漫长的革命》、E. P. 汤普森的《英国工人阶级的形成》、威利斯的《学做工》中均有反映。可能在这方面，伊格尔顿的理论和文风仍然是个例外。2012 年，我有机会到伦敦、曼彻斯特参加学术会议并进行交流访问。在学术活动之余，我参观了伦敦和曼彻斯特留存的马克思、恩格斯最初从事理论研究以及生活的地方，特别是曼彻斯特保留的较为完整的各种工业博物馆和工人图书馆，那里很多是当年理查德·霍加特、雷蒙·威廉斯、斯图亚特·霍尔、特里·伊格尔顿等人从事成人教育的地方，让我深受感动，一种理论家的情怀感动了我。在这些地方，没有激动人心的口号，也没有英国小说家玛·哈克奈斯在她的《城市姑娘》中所描写的伦敦东区和伦敦西区之间资本家和工人阶级生活的严重差异。曼彻斯特郊区大片的当代产业工人居住的楼房，红墙掩映，绿树成荫，这个时候，阶级、差异、他者、意识形态等高头讲章式的马克思主义文化理论已经消融在实实在在的生活场景之中。雷蒙·威廉斯等人当年以大学讲师的身份从事工人阶级文化教育，既是职业，现在看来更是一种理想化的行动，伦敦和曼彻斯特的工人阶级文化以非常特殊的方式保留了他们的传统和记忆，这份传统和记忆对于理论研究是多么重要啊!

在这部小书中,我试图理论化地呈现这些传统。理论的研究重在学理和思辨,还需要适度的批判和反思。同样是理论研究,雷蒙·威廉斯、理查德·霍加特、特里·伊格尔顿很好地解决了这个问题,他们的理论研究突出了一种"理论的经验性",所谓"理论的经验性"就是理论逻辑的展开和思想批判的发散是从经验中得来的,是文化启迪的结果,这让他们的理论少了一些刻板的匠气,多了一些情感体验的鲜活和生动。这种"理论的经验性"是自下而上的文化经验的概括,不是纯粹思辨的逻辑演绎,20世纪英国工人阶级文化和大众文化经验提供了这种"理论的经验性"的丰富土壤,他们也融入这种文化土壤之中,这让他们的理论研究在把握现实文化经验方面展现出较为明显的优势,展现出来的理论效果是理论对现实文化经验的充分把握,不但让人看得懂,更主要的是能够得到理解和认同,至少不会厌烦。

在本书中,我也试图在"理论把握现实文化经验"方面加以阐释。我将这种阐释尽量仍然根植于20世纪英国工人阶级大众文化和青年亚文化的发展之中。自理查德·霍加特和雷蒙·威廉斯以来,他们在英国文化研究和马克思主义美学研究中最重要的成就,莫过于扭转了英国文学批评家马修·阿诺德以来的精英主义文化传统,开始将文化研究的理解和表达方式与工人阶级大众文化研究和青年亚文化研究联系起来,使难登大雅之堂的工人阶级大众文化有了在牛津大学、剑桥大学等这样精英云集的高等学府进行学术探讨的可能。这个过程令人敬佩,但不能轻易忽视的是,威廉斯等人强调的工人阶级大众文化和大众文化研究的品格和价值属性依然非常重要,特别是它的文化生成土壤,英国文学批评中也具有非常根深蒂固的精英文化传统,让工人阶级的文化生活和关于莎士比亚《哈姆雷特》《奥赛罗》的审美经验在人们的审美感受中共存,这并非易事。但正是经过了理查德·霍加特、雷蒙·威廉斯等人的理论和实践倡导,在经过漫长的精英文化洗礼和灌注之后,在特殊的时刻,当工人阶级文化崛起之时,20世纪英国马克思主义美学和文学批评仍然不失文化上活泼生动的本色。这是我在这部小书中努力强调的,当然理论效果如何,还是需要方家批评指正。

西方马克思主义文化与美学理论发展较为复杂,近十年来,我持续关注并研究西方马克思主义美学,深感力不从心。英国学者佩里·安德森在他的小册子《西方马克思主义探讨》中对其产生语境、发展过程及理论特征有过深入描述,但他的阐释也仅限于20世纪80年代。近三十年来,西方马克思主义美学和文化理论的发展产生了很多新的理论方向和观念,特别是随着后阿尔都塞学派的理论家雅克·朗西埃、巴迪欧、阿甘本、齐泽克等人的理论观念不断受到重视，欧洲马克思主义美学理论发展日新月异。佩里·安德森和伊格尔顿等曾谈到的1968年"五月风暴"后的马克思主义美学，在近30年内至少经过了"撒切尔－里根主义"和"后阿尔都塞主义"理论两轮的重新洗礼，再加上全球化的后现代主义和消费文化的崛起，审美、文化、生产、资本、意识形态等问题错综复杂地存在马克思主义美学理论之内，并再度将马克思主义美学重新引入当代资本主义的丰富语境之中。再加上拉克劳、墨菲等人早就倡导的"后马克思主义"，托尼·本尼特提出的"博物馆政治"和"形式主义和马克思主义的对话"，约翰·斯道雷倡导的"后葛兰西主义"，马克思主义美学与文化理论极大地改变了20世纪80年代以来奠定的英国传统、德国传统、法国传统以及美国传统的理论格局。如果说20世纪80年代以来，像佩里·安德森说的那样，西方马克思主义在美学和艺术问题上有力甚多，审美与文化批判特别是审美形式的超越占据理论研究的主流的话，那么当代西方马克思主义美学，由于生产、政治、无意识、性别、生态等新视角的融入，其理论形态和理论范式早已超越了传统的阶级、革命与政治问题的思想关联，而与当代西方社会文化思想的整体发展复杂地叠合在一起。当代马克思主义美学笼罩在名目繁多的美学"概念的星丛"之中，各种让人晕晕乎乎的美学观念也不断累加出新的"家族相似"式的新潮理论，德里达所说的"马克思的幽灵"在当代文化语境与左派文化"复兴"中"再度归来"。在这个过程中，英国马克思主义美学与批评处于一个什么位置，所展示的理论与实践效应如何，这是值得思考的。

相比其他国家的马克思主义美学理论传统以及新兴的法国左翼文化美学、东欧的日程生活批判美学，英国马克思主义美学传统不像德国传统强调美学思辨，也不像法国传统重视存在本体以及美国传统那样重视大众文化批判，它侧重经验分析和文化分析，这种文化经验分析在理论表达方式上较为平滑和散漫，理论形态不容易归纳，被理论家们所称作的"文化马克思主义"的理论范式更容易陷入经济基础/上层建筑理论模式的消解论之中。我在本书中我试图重新提炼并发展"文化马克思主义"这个传统，并做了集中阐释，目的是展现20世纪英国马克思主义美学与批评的理论范式与经验，这既是重点，更是难点，同样希望能得到朋友们的批评指正。

与西方马克思主义美学与文化理论一样，中国当代美学与文论研究也处在一种复杂的语境和状况之中。在过去的一些年中，理论的全球化很快将中国文论裹挟进西方话语之中，当各种理论旅行和话语归置完成之后，我们试图抽身而退强调中国经验、中国问题与中国立场，却发现问题仍在但经验与立场全无，于是乎义论危机的沮丧与话语建构的高昂情绪几乎同时产生。学者们都在感叹理论的高潮和衰退似乎都太快了，西方理论旅行结束，失去了阐释的依托之后，不但影响了研究热度和锐利，思想创构和理论研究的原发动力好像也缺失了。但是，失语也好，危机也罢，都是暂时的惋惜。伊格尔顿说，理论的高潮已经过去，但理论的高潮过去之后如何迎接新的挑战仍然是问题所在。但无论如何，在当下，"做"理论再也不能抱着躺在"理论的全球化"上睡不醒的态度了，谁说了什么，谁怎么看，这样的理论研究在文献资料充分网络化的时代，不但已经落伍，而且难以为继。所以，这个时代怎么"做"理论，仍然是一个值得探讨的问题。

经过几年的努力，当我再次向20世纪英国马克思主义美学研究这个选题告别之时，仍然感觉言犹未尽。好在青山不改，绿水长流。让我再次以这部小书向我的师长们致以真挚的谢意，他们是林宝全教授、杜奋嘉教授、王杰教授、徐岱教授、曾繁仁教授、高建平教授。你们教给我学问与方法，你们的关爱和支持激励我前行，更主要的，你们教我坦荡，教我本分，教我做人要厚道，办事要认真，为师要奉献；更让我懂得什么是无所畏惧，什么是谦卑宽容，什么是脚踏实地。还要感谢我的家人的支持，亲情的熏陶与滋养永远是我生命的动力，让我义无反顾又不失守望相助。感谢学界的长辈和朋友的支持鼓励，在我才力不逮之时，你们没有嫌我平庸。

最后，仍然要说明，本书是我申报的2010年国家社会科学基金项目的结项成果，感谢评委们的认可，让我这部书稿在结项时忝列"优秀"等级。云南财经大学肖琼教授是当代西方马克思主义悲剧美学研究的专家，她作为课题组成员对我予以支持，我们共同撰写了本书第五章"悲剧与现代性"部分，在此深表感谢。本书部分章节曾在《文学评论》《文艺理论研究》《学术研究》《华南师范大学学报》等刊物发表，并被《中国社会科学文摘》《人大报刊复印资料》《全国高等院校文科学报文摘》《光明日报》等转载，感谢编辑们的辛苦工作。

2016年，我以课题结项后的书稿申报广东省哲学社会科学优秀成果文库，有幸入选，现在将由省社科管理部门统一组织出版，感谢予以我支持的华南师范大学文学院、华南师范大学社科处以及广东省社科联、规划办的领导、同仁。责任编辑要费力阅读编辑我的这部书稿，非常辛苦，也感谢您的付出！

段吉方

2017年2月20日于广州

再 版 后 记

《文化唯物主义与现代美学问题——20世纪英国马克思主义文学批评理论范式与经验研究》第一版是在 2017 年出版的，被收入广东省哲学社会科学优秀成果文库，它也是我主持的 2010 年国家社科基金项目的结项成果。五年过去了，听出版方说该著销售情况尚可，经与出版方商量决定再版；同时，趁着再版的机会，也对师友们表示深深的谢意。

这部著作是关于 20 世纪英国马克思主义文学批评理论的研究，在初次出版的时候，我曾在"导论"中对 20 世纪英国马克思主义文学批评理论的发展及其理论价值做过总结。我是从"问题与方法"的角度来看待这个问题的。

所谓"问题"就是从当下文学理论研究普遍呼吁的问题意识出发，努力将 20 世纪英国马克思主义文学批评理论发展所触及的重要和核心理论问题揭示出来，我提出的问题有"文化唯物主义"、"大众文化转向"、审美意识形态、"感觉结构"、"葛兰西转向"、文化治理与马克思主义文学批评、悲剧与现代性、现代悲剧、感觉结构与悲剧经验、"神义论、反讽与马克思主义"、形式主义与马克思主义、文化研究与"理论之后"、文化唯物主义与中国马克思主义文学批评等，然后围绕这些问题展开研究，我基本上也是在这些问题研究的层面上设计该著的内容及章节结构的。由于研究内容是"20 世纪英国马克思主义文学批评理论"，在通常的意义上，可能很多研究者惯于从时间线索出发或者从专人研究的角度展开，但我更钟情于理论问题研究的结构性以及纵深性。这种研究和设计在研究过程中多少有些困难，但也锤炼了我的"问题链接"与"理论归纳"能力，通过这个研究过程，我从文献、历史、理论批评实践等多方面对 20 世纪英国马克思主义文学批评与美学有了一个通盘的了解，奠定了研究的基础，开阔了研究视野，并让从这以后的研究有了十分便利及顺手的感觉。

所谓"方法"，我认为是紧跟"问题"并时刻回望"问题"，这也是 20 世纪英国马克思主义文学批评与美学理论的特色。在书中，我谈到，在当代西方马克思主义美学研究中，英国马克思主义文学批评理论是有着深厚的理论传统的，传统来自经验与历史，同时也与研究方法分不开，文化唯物主义、审美意识形态、感觉结构、文化治理与马克思主义文学批评、现代悲剧经验、形式主义与马克思主义等，既是问题也是方法，至今在当代美学与批评理论研究中仍然有十分丰富的讨论空间，这也就是它的方法论的启迪所在。在这部著作中，我在方法的层面用力甚多，目的是让问题与方法的研究有一个切实的联系，并在具体的理论研究中呈现出来。不知效果如何，期待朋友们批评指正。

在这部著作初版的"后记"中，我曾和朋友们交流我在这部著作研究中的感受与经历，以及如何从特里·伊格尔顿的研究转向20世纪英国马克思主义文学批评与美学的整体研究，现在看来，这种以点带面的研究感受与收获仍然是十分真切的。即便是现在，当我为这部著作的再版写个简短的"再版后记"时，仍然感到当初寻找到这样一个研究领域对我本人的研究是意义重大的，所以，这五年来，我的很多研究选题仍然是在这个基础上进行的，这也是我想再版的缘由之一。

近年来，我继续在当代西方马克思主义美学研究中，努力从学理上反思"文化与社会"、文化唯物主义、伯明翰学派的文化研究、民族志与工人阶级文化、感觉结构与悲剧经验等理论观念，努力从研究方法的角度涉入相关问题，从问题探讨中总结方法与经验，也尝试秉承批判性阐释的方法立场，探讨理论研究有效把握现实审美文化经验的方式的问题。这种努力不敢说产生了什么影响，但它至少为我打开了其他领域的研究，现在回想起这段研究经历，仍然心怀感念，颇有值得回味之处。

这部著作从出版到再版，5年的光阴不短也不长，这期间大多是平凡如常的日子，特别是对于一个人文学者而言，基本的工作是在重复昨天的故事，但也有很多不期而遇的艰难。所幸仍有各位师友的提携支持，有三五同道的理解信任，才让一个个枯燥的理论研究的日子变得有趣，感谢的话仍要一说再说！

最后，再次感谢中山大学出版社以及金继伟编辑为本书再版付出的辛苦工作！

段吉方

2022年5月20日于广州